Flexible Beschäftigung, neue Abhängigkeiten

MAX-PLANCK-INSTITUT FÜR GESELLSCHAFTSFORSCHUNG
MAX PLANCK INSTITUTE FOR THE STUDY OF SOCIETIES

Birgit Apitzsch, Dipl.-Soz., ist wissenschaftliche Mitarbeiterin am Institut für Soziologie der Universität Duisburg-Essen.

Birgit Apitzsch

Flexible Beschäftigung, neue Abhängigkeiten

Projektarbeitsmärkte und ihre Auswirkungen auf Lebensverläufe

Campus Verlag
Frankfurt/New York

Schriften aus dem Max-Planck-Institut für Gesellschaftsforschung Köln, Band 69

Bibliografische Information der Deutschen Nationalbibliothek:
Die Deutsche Nationalbibliothek verzeichnet diese Publikation in der Deutschen Nationalbibliografie.
Detaillierte bibliografische Daten sind im Internet über http://dnb.d-nb.de abrufbar.
ISBN 978-3-593-39147-2

Diese Arbeit wurde vom Fachbereich Gesellschaftswissenschaften der Universität Duisburg-Essen als Dissertation zur Erlangung des Doktorgrades (Dr. phil.) genehmigt.

Namen der Gutachterinnen und Gutachter:

1. Prof. Dr. Dr. h.c. Wolfgang Streeck
2. Prof. Karen A. Shire, PhD

Tag der Disputation: 25. Juni 2009

Umschlagmotiv: Gebäude des Max-Planck-Instituts für Gesellschaftsforschung, Köln
Satz: Thomas Pott; Max-Planck-Institut für Gesellschaftsforschung, Köln
Gedruckt auf Papier aus zertifizierten Rohstoffen (FSC/PEFC).
Printed in Germany

Besuchen Sie uns im Internet: www.campus.de

Inhalt

Vorwort

Dieses Buch beruht auf der an der Fakultät für Gesellschaftswissenschaften der Universität Duisburg-Essen eingereichten und verteidigten Dissertation »Von internen zu informellen Arbeitsmärkten? Die Auswirkungen der Projektifizierung von Arbeit und Beschäftigung auf Lebensverläufe, soziale Integration und Interessenvertretung am Beispiel von Architektur und Medien«. Ausschlaggebend für dieses Unterfangen war die Frage, was es für die Beschäftigten und ihre Lebensplanung bedeutet, wenn sich die Arbeitswelt in einer Weise verändert, die ihnen immer größere Flexibilität abverlangt und weniger Sicherheit bietet. Können sie sich dann auf Netzwerke stützen oder sammeln sie Erfahrungen und Qualifikationen, die ihnen bei der Bewältigung dieser Flexibilitätsanforderungen helfen? Wodurch konstituieren sich Grenzen der Vermarktlichung und Flexibilisierung? Im Fortgang des Projekts erschien es mir zudem immer wichtiger, auch das Zusammenspiel zwischen verschiedenen Ebenen der Erwerbsregulierung zu verstehen: Wie verhalten sich Organisation und Arbeitsmarkt in Flexibilisierungsprozessen zueinander? Wie wirken sich die Veränderungen von Arbeitsmärkten und Erwerbsverläufen auf die Handlungsmöglichkeiten kollektiver Akteure aus? Diesen Fragen bin ich in meiner Dissertation nachgegangen, und viele Personen haben zum Gelingen des Vorhabens beigetragen.

Ohne die Aufgeschlossenheit und Bereitschaft der Architekten und Medienschaffenden sowie der Expertinnen und Experten aus beiden Bereichen, in Interviews Erfahrungen und Wissen über ihre Arbeitsbereiche mit mir zu teilen, wäre dieses Forschungsprojekt nicht möglich gewesen. Ihnen bin ich sehr dankbar.

Ich danke den Direktoren des Max-Planck-Instituts für Gesellschaftsforschung, Wolfgang Streeck und Jens Beckert, für die Möglichkeit, mein Forschungsvorhaben in der International Max Planck Research School on the Social and Political Constitution of the Economy (IMPRS-SPCE) zu verfolgen, es dort, wie auch in seinem internationalen Umfeld, zur Diskussion zu stellen, und die Ergebnisse schließlich zu veröffentlichen. Den Mitarbeiterinnen und Mitarbeitern aus Redaktion, Bibliothek, EDV-Abteilung und Verwaltung danke ich für die immer fachkundige, unkomplizierte und schnelle Unterstützung meiner Arbeit. Bei der Umsetzung des Buchprojekts war mir die kompetente Begleitung von Thomas Pott und Jeanette Störtte eine große Hilfe. Den Wissenschaftlerinnen und Wissenschaftlern des Instituts danke ich für anregende Diskussionen in Kolloquien, Vorträgen und Seminaren sowie für den Gedankenaustausch im informellen Rahmen. Für ihre Verbesserungsvorschläge und Gutachten zum Buchmanuskript danke ich Christoph Deutschmann und Marius Busemeyer.

Besonderer Dank gilt Wolfgang Streeck und Karen Shire für die Betreuung der Arbeit von den ersten Ideen bis zum Buchmanuskript. Wolfgang Streeck hat mich engagiert dabei unterstützt, mein Vorhaben als Doktorandin und Postdoc am Max-Planck-Institut für Gesellschaftsforschung in Köln zu konkretisieren, durchzuführen, weiterzuentwickeln und zu publizieren. Karen Shire hat mich bereits in meinen ersten Vorüberlegungen zum Projekt zu seiner Weiterverfolgung ermutigt und es die ganze Zeit über mit konstruktiver Kritik und wertvollen Denkanstößen begleitet. Die Anregungen und kritischen Einwände beider haben in allen Phasen des Projekts zum Gelingen desselben beigetragen. Beiden möchte ich auch für das entgegengebrachte Vertrauen danken. Die Erfahrung, dass Forschung in unschätzbarem Maße von dem Freiraum gewinnt, auch zunächst unerwarteten Ergebnissen und Fragen gründlich nachgehen zu können, hat mich nachhaltig geprägt.

Karl Ulrich Mayer hat mir einen sehr anregenden und produktiven Gastaufenthalt am Center for Research on Inequalities and the Life Course (CIQLE) der Yale University ermöglicht. Ihm und den Mitgliedern des CIQLE danke ich für die herzliche Aufnahme in dieses intellektuell stimulierende Umfeld und insbesondere für die Möglichkeit, von interessanten Gesprächen und Vorträgen zu lernen. Nicht zuletzt von Impulsen und hilfreichen Kommentaren zu meiner Arbeit aus diesem Umfeld hat dieses Projekt gewonnen.

Freunde und Kollegen in Köln und anderswo haben mich bei meinem Vorhaben in verschiedenen Phasen auf vielfältige Weise unterstützt. An dieser Stelle möchte ich besonders Saskia Freye, Stefanie Hiß, Thorsten Kogge, Jessica Longen, Guido Möllering, Sascha Münnich, Britta Rehder, Anna Skarpelis und Markus Tünte danken. Sie haben frühere Texte und einzelne Teile der Arbeit gelesen und kommentiert oder mir in Gesprächen darüber zu mehr Klarheit verholfen.

Schließlich danke ich meinen Eltern, Lothar und Sieglinde Apitzsch, für ihre Unterstützung auf meinem Weg, ohne die vieles nicht möglich gewesen wäre. Und Fritz Müller danke ich, für alles.

Duisburg, im Januar 2010 *Birgit Apitzsch*

Einleitung

In den vergangenen Jahrzehnten zeichnen sich in der Produktionsorganisation und in den Arbeitsmärkten weitreichende Flexibilisierungstendenzen ab. Die vorliegende Arbeit möchte zu einem besseren Verständnis dieser Veränderungsprozesse in der Arbeitswelt beitragen. Im Vordergrund stehen dabei folgende Fragen: Was sind die sozialen Voraussetzungen und Folgen flexibler Arbeitsmärkte? Bedingt eine Flexibilisierung der Produktionsweise auch die der Beschäftigung und der sozialen Bindungen? Wie wirken sich Flexibilisierungsprozesse für die Beschäftigten aus; lassen sich Grenzen einer Vermarktlichung, alternative Stabilisierungsmöglichkeiten oder eine Erweiterung der Handlungsspielräume feststellen?

Verschiedene Teilaspekte des Wandels wurden in der Arbeitsmarkt-, Organisations- und Arbeitsforschung sowie in der Lebenslaufforschung behandelt. Hier stehen repräsentative Untersuchungen zu bundesweiten Trends der Arbeitsmarktflexibilisierung und De-Standardisierung der Lebensverläufe vielen Einzelfallstudien aus der Arbeits- und Organisationsforschung mit häufig engem Branchenfokus gegenüber. Der Ausgangspunkt dieser Arbeit ist die Vermutung, dass Prozesse des Organisationswandels, der Arbeitsmarkt- und der Lebenslaufstrukturierung einander bedingen. Da es kaum vergleichende Studien über Arbeitsflexibilisierung gibt, die Organisations- und Arbeitsmarktebene aufeinander beziehen, bleiben das Zusammenspiel der Flexibilisierung von Arbeitsorganisation und von Beschäftigung sowie deren Auswirkungen für die Beschäftigten unzureichend erforscht. Beispielsweise stehen bislang Forschung zur Segmentierung von Arbeitsmärkten und Untersuchungen zu Netzwerken in Arbeitsmarktprozessen eher unverbunden nebeneinander. Zwar legt die bisherige Forschung zur Beschäftigung in der Medienbranche nahe, dass es Arbeitsmarktsegmente gibt, in denen soziale Netzwerke bei der Rekrutierung einen besonders hohen Stellenwert einnehmen. Dennoch weiß man wenig darüber, ob und warum in einigen Beschäftigungssegmenten informelle Rekrutierungspraktiken eine wichtige Rolle spielen, und in anderen nicht. Auch weiß man wenig darüber, wie sich diese informellen Rekrutierungspraktiken zur institutionellen Verfassung des jeweiligen Teilarbeitsmarktes, zur Organisation der Arbeit und zu den Mobilitätschancen der Beschäftigten verhalten.

Genau diese Zusammenhänge zwischen historisch gewachsenen Arbeitsmarktstrukturen, Arbeitsorganisation und Lebensverläufen zu verstehen, ist jedoch Voraussetzung, um die aktuellen Transformationen und Flexibilisierungsprozesse in der Arbeitswelt zu beurteilen. Dazu möchte die vorliegende Untersuchung einen Beitrag leisten.

Sie vergleicht am Beispiel von zwei Sektoren, der Architektur und der Medienwirtschaft, die Bedeutung eines institutionalisierten Berufsprinzips und einer netzwerkbasierten Strukturierung von Arbeit und Beschäftigung miteinander. Dieser Vergleich soll auch dazu dienen, die Funktions- und Wirkungsweise formaler und informeller Arbeitsmarktinstitutionen besser zu verstehen. Es wird gezeigt, dass die Auswirkungen der Beschäftigungsflexibilisierung entscheidend durch die im Arbeitsmarkt bereitgestellten Möglichkeiten der Herausbildung einer rationalen Herrschaft in den Arbeitsbeziehungen bestimmt werden. Die Rationalisierung und Begrenzung der Anforderungen des Erwerbssystems entscheiden schließlich über das Ausmaß, in dem im Erwerbsverlauf von Projektbeschäftigten Konflikte zwischen der beruflichen und privaten Lebensplanung auftreten und sich verschärfen. Die Studie weist nach, dass eine Beschäftigungsflexibilisierung und Projektifizierung der Arbeit in wenig professionalisierten Arbeitsmarktsegmenten zu einer Dominanz informeller Zugangsregulierungen führt, die für Beschäftigte die Handlungsautonomie bei der beruflichen und außerberuflichen Lebensplanung beschneidet. Die daraus resultierenden Arbeitsmarkt- und Netzwerkstrukturen sowie Mobilitätsmuster prägen ihrerseits die Möglichkeiten der Artikulation und Organisation von Interessen von flexibel Beschäftigten.

Die Argumentation wird in vier Schritten entwickelt: Zunächst wird die historische Entwicklung zweier Projektarbeitsmärkte beschrieben, anschließend werden die netzwerk- und segmentationstheoretischen Ansätze der Arbeitsmarktforschung auf die Formen der Koordination und Kontrolle in projekt- und netzwerkbasierten Arbeitsorganisationen bezogen und in zwei Branchen empirisch analysiert. Die daraus gewonnenen Erkenntnisse zum Zusammenhang zwischen Arbeitsorganisation und Arbeitsmarkt sind der Ausgangspunkt für die Analyse der Lebensverläufe von Projektbeschäftigten. Zuletzt werden Schlussfolgerungen für die Organisier- und Vertretungsfähigkeit von Interessen der flexibel Beschäftigten gezogen.

Arbeitsmarktstrukturen und Beschäftigung im »deutschen Modell« und deren Wandel

Am Beginn steht ein kurzer Überblick über die Diskussionen zu den Arbeitsmarktveränderungen, die den Ausgangspunkt der Untersuchung bilden. Diese vielfältigen Veränderungen in Wirtschaft und Arbeitswelt werden unter dem Schlagwort der Abkehr vom fordistischen Produktionsmodell diskutiert. Dieses zeichnet sich aus durch ein stabiles Zusammenwirken verschiedener Faktoren: die Produktion von Massengütern in zergliederten und technisierten Arbeitsorganisationen, den Vorrang der Produktions- über die Marktökonomie und damit eine vergleichsweise stabile Auslastung und Beschäftigung in den Unternehmen, eine keynesianische Nachfragesteuerung sowie durch die sozialstaatliche Regulation und die Arbeitsbeziehungen, die sich an diesen Produktions- und Arbeitsverhältnissen ausrichten (vgl. Dörre 2001: 10f.; Bernard 1994: 218ff.; Dankbaar 1995: 296ff.). Das fordistische Produktionsmodell findet in verschiedenen Ländern unterschiedliche Ausprägungen (Boyer/Durand [1993] 1997: 7ff.); die deutsche Variante wird charakterisiert als:

> *institutionalized high-wage economy* combining high competitiveness in world markets with strong social cohesion and, in particular, low levels of inequality along a variety of dimensions. This combination is explained by a unique set of socio-economic institutions, in particular *socially instituted and circumscribed markets, negotiated firms* commanding long-term attachment of both labor and capital, a *facilitating state* relying mainly on indirect means of intervention, widespread *associational self-governance* by organized groups in civil society, and institutionalized cultural patterns that promote *long-term commitments and continuity*. These institutions are shown to call forth and support a particular pattern of production, sometimes referred to as *diversified quality production*, that has in the 1970s and 1980s made possible both high wages and a low dispersion of wages and incomes. (Streeck 1995: 2)

Die Beschäftigten verfügen aufgrund ihrer berufsfachlichen Qualifikationen über große Autonomiespielräume bei der Arbeit. In diesem »occupational-professional model of skill and work organization« (Streeck 1996: 147) wird die Arbeit weniger durch enge, formal-hierarchische Kontrolle als durch professionelle, in der einheitlichen, staatlich anerkannten Ausbildung vermittelte Standards, Fertigkeiten und fachliches Wissen koordiniert. Diese über den einzelnen Betrieb hinaus transferierbaren Fachqualifikationen ermöglichen es außerdem, eine vom Arbeitgeber unabhängige berufliche Identität zu entwickeln, und erleichtern Arbeitgeberwechsel ohne Qualifikationsverlust (Streeck 1996: 164ff.).

Man hat dieses Modell auch als Kombination von beruflichen und betrieblichen Arbeitsmärkten beschrieben, die für den deutschen Arbeitsmarkt typisch ist (Deutschmann 2002: 151; Sengenberger 1987: 318ff.). Der Verbindung beruflicher und betrieblicher Arbeitsmarktstrukturen, also der unbefristeten Vollzeitbeschäftigung bei gleichzeitiger Verankerung des Berufsprinzips, entspricht der Erwerbstypus des verberuflichten Arbeitnehmers (Gottschall/Betzelt 2001). Insbesondere die stabile Vollzeitbeschäftigung gilt als Normalitätsmaßstab und lässt sich als Kontrastfolie für flexible Beschäftigungsverhältnisse in Projekten verwenden. Osterland definiert das Normalarbeitsverhältnis als

> ein Arbeitsverhältnis in Form einer arbeits- und sozialrechtlich abgesicherten, im Einklang mit tarifrechtlichen Vereinbarungen stehende, kontinuierliche, auf Dauer angelegte Vollzeitbeschäftigung, die es erlaubt, über einen hinreichenden Lohn die Reproduktion zu sichern, ohne daß während der Beschäftigungszeit finanzielle Leistungen des Familien- bzw. Haushaltsverbundes und/oder existenzsichernde Transferzahlungen des Staates in Anspruch genommen werden müssen. (Osterland 1990: 351)

Dieser Definition entsprechend hat das Normalarbeitsverhältnis drei Funktionen, die sich im Wesentlichen auf seine orientierende und strukturbildende Kraft für die Erwerbstätigen sowie für die Systeme der Arbeitsregulierung, der sozialen Sicherung und der beruflichen Bildung zurückführen lassen. Die »Antriebsfunktion« bezeichnet die normative Forderung, das Leben auf eine kontinuierliche abhängige Erwerbsarbeit auszurichten. Als »Selektionsfunktion« wird etwa die Zuteilung sozialversicherungsrechtlicher Ansprüche in Abhängigkeit von kontinuierlicher Beschäftigung bezeichnet. Die »Schutzfunktion« des Normalarbeitsverhältnisses bezieht sich auf einen Ausgleich des Machtungleichgewichts im Arbeitsmarkt zugunsten der Arbeitskraftanbieter durch Mindeststandards oder indem Arbeitnehmer kollektiv an der Gestaltung von Arbeitsbedingungen beteiligt werden. Beispiele dafür sind gesetzliche Begrenzungen der maximalen Belastungen im Arbeitsprozess, wie Arbeitsschutzgesetze, und tarifvertragliche Arbeitszeitregelungen (Mückenberger 1990: 161ff.; Bosch 2004). So unterliegen die Ansprüche des Erwerbssystems an die Verfügbarkeit der Beschäftigten institutionellen und kollektiv ausgehandelten Begrenzungen (vgl. Streeck 1996).

Umfang und Richtung eines Wandels in Bezug auf einzelne Aspekte, wie Beschäftigung, Arbeitsorganisation, soziale Sicherung oder Arbeitsregulierung, oder der Gesamtheit des »fordistischen Produktionsmodells« und insbesondere seiner deutschen Variante, werden intensiv diskutiert. Es wird dabei häufig die Rückkopplung von Produktion und Beschäftigung an die Marktbewegungen, und infolgedessen deren Flexibilisierung, hervorgehoben (Dörre 2001; Kratzer/Sauer 2005). Die folgenden Ausführungen skizzieren die Hauptlinien der Diskussionen um gegenwärtige »postfordistische« Entwicklungstendenzen.

In der empirischen Arbeitsmarktforschung werden Fortbestehen oder Erosion des Modells der Verbindung beruflicher und betrieblicher Arbeitsmärkte und des Erwerbstypus des verberuflichten Arbeitnehmers kontrovers beurteilt. Vor allem die Stabilität des Normalarbeitsverhältnisses, der Betriebs- und der Berufszugehörigkeit stehen zur Diskussion. Quantitative Arbeitsmarktstudien kommen dabei zu widersprüchlichen Ergebnissen hinsichtlich der Veränderungen der Beschäftigungsstabilität (Struck et al. 2007; Erlinghagen/Knuth 2002; Bosch 2004), setzen diese allerdings kaum zu Arbeitsorganisationscharakteristika und Rekrutierungsstrategien der Unternehmen in Beziehung (vgl. auch Tünte/Apitzsch/Shire 2007).

Sowohl Unternehmensstrategien als auch allgemeine wirtschaftsstrukturelle Veränderungen gelten als Ursachen für Veränderungen von Qualifikationsangebot und -nachfrage. In Bezug auf die berufliche Strukturierung von Bildung, Erwerbschancen und den Zuschnitt von Arbeitsplätzen wird diskutiert, dass trotz einer generell hohen Stabilität des dualen Ausbildungssystems insbesondere mit einer stärkeren Prozess- und Kundenorientierung der Arbeitsorganisation für Unternehmen eine größere Flexibilität, anspruchsvollere fachliche sowie kommunikative und soziale Fähigkeiten an Bedeutung gewinnen (Mayer 2000: 401ff.; Baethge/Baethge-Kinsky 1998; Struck 2006). So prognostiziert auch Daheim (2001) einen Bedeutungsverlust des Modells der Verbindung beruflicher und interner Arbeitsmärkte. Des Weiteren wird in der Arbeits- und Industriesoziologie ein Bedeutungsgewinn subjektiver Potenziale der Beschäftigten konstatiert. Insbesondere infolge von Rationalisierungs- und Reorganisationsprozessen in Unternehmen steigen etwa Anforderungen an die Fähigkeit zur Selbstorganisation der Arbeit und der intrinsischen Motivation (Kratzer et al. 2003; Moldaschl 2003; Pongratz 2004; Voß 1998). In dieser Lesart der Veränderungsprozesse spielen Ausbildungssysteme jedoch kaum eine Rolle für die Flexibilisierung; allenfalls erweisen sie sich als zu rigide angesichts sich schnell wandelnder Qualifikationsanforderungen (vgl. Baethge/Baethge-Kinsky 1998). So konstatiert Voß (2001a) eine Ablösung des Erwerbstypus des verberuflichten Arbeitnehmers durch den Arbeitskraftunternehmer mit seinem »Individualberuf«. In der Folge zeichnen die Beschäftigten selbst für ihre Beschäftigungsfähigkeit verantwortlich; ihnen obliegt die Vermarktung, Qualifizierung und Rationalisierung des eigenen Arbeitsvermögens.

Die Auswirkungen auf die Mobilitätschancen sind ebenfalls umstritten. Sie werden in der Lebenslaufforschung diskutiert als Erosion des Normalarbeitsverhältnisses und als Abkehr von Normalbiografie und institutionalisiertem Lebenslauf (Kohli 1988) hin zu einer De-Standardisierung und De-Institutionalisierung von Lebensverläufen (Brückner/Mayer 2005), zur Verbreitung eines post-fordistischen Lebenslaufregimes (Mayer 2001) oder sogenannter Bastelbiografien (Beck/Beck-Gernsheim 1993). In der Folge würden Lebensphasen weniger voneinander abgrenzbar, die Altersspanne ihres Auftretens würde sich vergrößern, ihre Abfolge wäre weniger standardisiert. Damit verringern sich für die Individuen die Erwartungssicherheiten hinsichtlich der eigenen Lebensplanung. Gleichwohl ist die Reichweite dieser Entwicklung umstritten (Brückner/

Mayer 2005) und die Lebensverlaufsforschung bezieht kaum die Ebene der Arbeitsorganisation in die Analysen ein (vgl. Kapitel 5).

Diese Arbeit trifft keine Aussagen über das quantitative Ausmaß von Flexibilisierung und Veränderungen von Lebensverläufen. Sie versucht vielmehr, zu einem qualitativen Verständnis der Wechselwirkungen zwischen Arbeitsmarktinstitutionen, Arbeitsorganisation und Beschäftigungsstrategien in Unternehmen sowie Lebensverläufen in flexiblen, unterschiedlich professionalisierten Arbeitsmärkten beizutragen. Im Vordergrund stehen folgende Fragen: Prägt eine Flexibilisierung der Arbeitsorganisation in Form von Projektarbeit auch die Ausgestaltung der Beschäftigungsverhältnisse und die Rekrutierungsstrategien von Unternehmen? Welche Folgen lassen sich für Funktionsweise und Grenzen von Teilarbeitsmärkten erwarten? Wie beeinflussen Beschäftigungsstrategien von Unternehmen Lebensverläufe? Welche Rolle spielen Arbeitsmarktinstitutionen für die Organisation sowie für die Mobilität und Planungsperspektiven der Erwerbstätigen? Die Auswirkungen einer Arbeitsflexibilisierung sollen also unter Berücksichtigung mehrerer Ebenen – Arbeitsmarktinstitutionen, Organisation und Individuum – und ihrer Wechselwirkungen umfassend beurteilt werden. Es handelt sich somit um eine »holistische« (vgl. auch Kalleberg 2009) Untersuchung der Flexibilisierungsprozesse in der Arbeitswelt am Beispiel einer Extremform von Flexibilisierung, der Projektarbeit.

Projektarbeit zwischen Markt, Netzwerk und Profession

Die Flexibilisierung von Beschäftigung wird häufig mit allgemeinen Annahmen zur Flexibilisierung von Arbeitsorganisationen in Verbindung gebracht. Besondere Prominenz kommt dabei flexibleren, netzwerkgetragenen und projektbasierten Kooperationsformen zu (vgl. Powell 2001; Midler 1995; Dörre 2005). Zwei neuere Gegenwartsdiagnosen stellen diese ins Zentrum umfassenderer Veränderungsprozesse. Nach Manuel Castells' These vom Aufstieg der Netzwerkgesellschaft (2001, 2004) etablieren sich im »Informationszeitalter« netzwerkartige Organisationsformen, die verschiedene gesellschaftliche Sphären, wie Wissenschaft, Politik, Wirtschaft, Arbeit und Kultur, umspannen. In der daraus resultierenden neuen Wirtschaftsform bestimme die Fähigkeit zur Wissensproduktion und Informationsverarbeitung über die Wettbewerbsfähigkeit ökonomischer Einheiten, deren zentrale Aktivitäten weltweit gleichzeitig vollzogen werden können und die in Netzwerke integriert sind (Castells 2004: 83). Die zumindest für die Dauer eines gemeinsamen Geschäftsprojekts anhaltende Verbindung der Netzwerkeinheiten – ob Teile eines Großunternehmens oder kleine und mittlere Unternehmen – beruhe wesentlich auf der Teilung von Informationen (Castells 2001: 428f.).

Die Studie »Der neue Geist des Kapitalismus« von Luc Boltanski und Eve Chiapello ([1999] 2003) setzt Veränderungen in der Arbeitswelt in Beziehung zur Legitimation der Wirtschaftsordnung und insbesondere zur Verarbeitung und Endogenisierung der Kapitalismuskritik: »Als Ergebnis der Konflikte, in denen um Verteilungsgerechtigkeit gerungen oder gegen Entfremdung gekämpft wird, bilden sich historisch wandelbare Rechtfertigungsordnungen heraus« (Wagner 2007: 6). Es entstanden neue kulturelle Orientierungen, Beschäftigungs- und Produktionsstrukturen, die auf den Vorwurf der Entfremdung der Kapitalismuskritiker der 1960er- und 1970er-Jahre reagierten und stärker auf die Einbringung subjektiver Potenziale abstellten. Eine neue Rechtfertigungsordnung[1], die projektbasierte Polis, bildete sich heraus. Diese beruht auf der »netzbildende[n] Tätigkeit des Vermittlers« (Boltanski/Chiapello [1999] 2003: 152). Sie stellt spezifische Erfolgsmaßstäbe bereit, denen zufolge sich die Wertigkeit der Akteure nach deren Aktivität im Sinne einer fortwährenden Beteiligung an und (Mit-)Initiierung von Projekten bemisst, nach der Erweiterung ihrer Kontaktnetze und dem Ausmaß, in dem auch andere von diesen Netzwerken profitieren können. Interessanterweise liegt der Schwerpunkt auf der Erweiterung der Netzwerke, der Überbrückung größtmöglicher Distanzen, während die Festigung bestehender Beziehungen als Stagnation und Scheitern interpretiert wird. Diese Lesart erinnert an Grannovetters (2002) Postulat der Stärke der schwachen Beziehungen. Mobilitätsbereitschaft, Polyvalenz, Begeisterungs- und Anpassungsfähigkeit sind der Aktivität und dieser Form der Vernetzung zuträglich (vgl. Boltanski/Chiapello [1999] 2003: 156ff.). Die kritische Bewährungsprobe ist der Übergang von einem Projekt zum nächsten, also das erfolgreiche Herstellen von Anschlüssen (ebd.: 172), wobei Erfolg und Scheitern je individuell zugerechnet werden (Wagner 2007).

Die Beschäftigung in der konnexionistischen Welt der Projektpolis unterscheidet sich signifikant vom Normalarbeitsverhältnis. Dies ist auf die zentralen Charakteristika von Projekten zurückzuführen: Komplexität, Einzigartigkeit und zeitliche Befristung (Grabher 2002a: 208). Während das Normalarbeitsverhältnis typischerweise mit einem Arbeitsvertrag mit unbefristeter Dauer und eher

1 Es lassen sich sechs Rechtfertigungsordnungen oder »Polis-Formen« (Boltanski/Chiapello 2003: 62f.) unterscheiden, die sich jeweils auch auf allgemeine Wert- und Gerechtigkeitsvorstellungen beziehen: die erleuchtete, die familienweltliche, die Reputations-, die bürgerweltliche, die marktwirtschaftliche und die industrielle Polis. Während der »erste« und der »zweite Geist des Kapitalismus« auf unterschiedlichen Kombinationen einiger dieser sechs Rechtfertigungsordnungen aufbauen, beruht der »neue Geist des Kapitalismus« auf der projektbasierten Polis (vgl. ebd.: 63).

unspezifischen Leistungsanforderungen assoziiert wird (Streeck 2005: 265f.), zeichnen sich die vertraglichen Grundlagen von projektbasierter Beschäftigung nach Marsden (2004) idealtypisch durch ihre inhaltliche Offenheit bei gleichzeitiger Befristung aus. Die Befristung der Projektzugehörigkeit bedeutet eine nur temporäre Zuweisung von Positionen und – sofern die Beschäftigungs- an die Projektdauer gebunden ist – den Verlust von Beschäftigungssicherheit. Für die Beschäftigten nehmen »Bewährungsproben« und Bewerbungssituationen erheblich zu (vgl. Kocyba/Voswinkel 2008: 48). Abhängige Beschäftigung und Selbstständigkeit sind weniger klar unterscheidbar. Die oben skizzierten Funktionen des Normalarbeitsverhältnisses lassen zudem weitere Folgen einer Beschäftigungsflexibilisierung erwarten: Abweichungen vom Normalarbeitsverhältnis wirken sich potenziell auf die langfristigen Planungsperspektiven der Beschäftigten, ihren Zugang zu sozialen Sicherungsleistungen, ihre Aus- und Weiterbildungsmöglichkeiten sowie ihre Macht- und Aushandlungsposition im Arbeitsmarkt aus. So haben Karin Gottschall und Sigrid Betzelt am Beispiel der Alleindienstleister in Kulturberufen auf die Risiken von Erwerbsformen hingewiesen, die von der institutionalisierten Selbstregulation der Professionen und der korporatistischen Regulation des Normalarbeitsverhältnisses beziehungsweise des verberuflichten Arbeitnehmers abweichen (Betzelt 2006; Gottschall 1999; Gottschall/Betzelt 2001, 2003).

Die Arbeiten von Castells wie von Boltanski und Chiapello diagnostizieren umfassende Veränderungsprozesse in Wirtschaft und Arbeitswelt. Das Konzept der projektbasierten Polis ist ein hilfreicher Ausgangspunkt, um diese Veränderungen zu analysieren. In der vorliegenden Studie soll anhand eines Vergleichs von Projektarbeitsmärkten genauer untersucht werden, wie Flexibilisierungsprozesse von Arbeitsmarkt, Arbeitsorganisation und Mobilität zusammenhängen und institutionell geprägt werden.

Studien zu unterschiedlichen Branchen deuten darauf hin, dass Projektorganisationen und Beschäftigungsverhältnisse in verschiedener Weise der Spannung zwischen Flexibilitäts- und Stabilitätserfordernissen Rechnung tragen und in ihrer konkreten Ausgestaltung variieren können. Die Bandbreite von Organisations- und Beschäftigungsformen wird durch eine Gegenüberstellung von verschiedenen, aber bislang nicht vergleichend untersuchten Industrien, in denen Arbeit projektförmig organisiert ist, deutlich. Dazu gehören Handwerk und Baubranche (Ebers et al. 2000; Blau 1984; Stinchcombe 1959; Syben 1997, 1999), Filmindustrie (Marrs 2007; Marrs/Boes 2003; Windeler/Sydow 2004; Windeler/Wirth/Sydow 2001; Jones 1996; Faulkner/Anderson 1987), Theater (Eikhof/Haunschild 2007; Haunschild 2003, 2004), Werbebranche (Koppetsch 2006), Buch- und Zeitschriftenverlagswesen (Powell 1996: 228ff.; Smith-Doerr/Powell 2005: 385) sowie Neue Medien (Henninger/Gottschall 2005; Mayer-

Ahuja/Wolf 2004; Batt et al. 2001). Die Flexibilisierung wird beispielsweise in der Baubranche (vgl. Bosch/Zühlke-Robinet 2000), nicht jedoch in der Film- und Fernsehwirtschaft durch umfassende institutionelle Regulierung gestützt und abgefedert. Im Bereich der Software- und Internetdienstleistungen dominiert offenbar in Deutschland – im Gegensatz zu den USA (Batt et al. 2001) – das Normalarbeitsverhältnis, wenngleich die Arbeitsbedingungen dort weniger einer kollektivvertraglichen Regulierung unterliegen (vgl. Mayer-Ahuja/Wolf 2004). Im Journalismus und bei Übersetzern hingegen finden sich wenig abgesicherte Alleinselbstständige (vgl. Gottschall 1999; Gottschall/Betzelt 2001). Daher kann man nicht von vornherein von einem einseitigen Wirkungszusammenhang von technologischen und ökonomischen Umweltbedingungen und Unternehmensziel auf die Organisationsstruktur ausgehen. Die offensichtliche Varianz der konkreten Ausgestaltung der Arbeitsorganisation – unternehmensinterne oder unternehmensübergreifende Projektarbeit – sowie der damit verbundenen Beschäftigungsverhältnisse und Arbeitsmarktstrukturen wäre sonst nicht zu erklären.

Die Unterschiede zwischen Projektindustrien sind, das ist hier die Ausgangsvermutung, vielmehr auch auf das Wechselspiel von Arbeitsmarktinstitutionen und Organisationspraktiken zurückzuführen. So lässt sich mit Stinchcombe (1965) annehmen, dass einerseits spezifische historische Bedingungen während der Entstehung von Industrien und Unternehmen, wie beispielsweise die Verteilung von Ressourcen sowie die Struktur des Arbeitsmarktes, die Organisationsform prägen. Auch Lebensverläufe werden institutionell, etwa durch Bildungssysteme und Sozialpolitik geformt (Blossfeld/Mayer 1988; Kohli 1988, 2003; Mayer 2001). Andererseits prägen Organisationen durch ihre Nachfrage nach bestimmten Qualifikationen, die Form der Einbindung von Beschäftigten und durch Rekrutierungspraktiken Arbeitsmarktprozesse und individuelle Erwerbsbiografien (Baron/Bielby 1980; Struck 2005). So sind auch die Implikationen organisationaler Flexibilisierungsstrategien, konkret hier: der projektbezogenen Kooperation, nur im Kontext institutioneller Regulierung, der jeweiligen Arbeitsmarktverfassung und deren historischen Entwicklung bewertbar. Daher werden in die vergleichende Untersuchung nicht nur die Lebensverläufe in Projektarbeitsmärkten, sondern auch die historische Entwicklung, insbesondere Institutionalisierungsprozesse, die Organisations- und die Rekrutierungspraktiken einbezogen.

Dieser Vergleich soll auch Aufschluss darüber geben, ob und unter welchen Bedingungen mit der Projektfizierung von Arbeit und Beschäftigung auch Netzwerke, und welche, an Bedeutung gewinnen. Zwar konstatieren die beiden skizzierten Gegenwartsdiagnosen einen umfassenden Trend hin zu netzwerkförmigen Koordinationsformen (Castells 2001, 2004) und zur Ausweitung loser

Beziehungsnetzwerke im Zuge von Projektarbeit über weite Distanzen hinweg (Boltanski/Chiapello [1999] 2003). Doch lassen Arbeitsmarktsegmentationstheorien und die Vielfalt der möglichen Formen der Flexibilisierung es plausibler erscheinen, dass es länder-, branchen- oder berufsgruppenspezifische und durch Arbeitsmarktinstitutionen geprägte Spielarten der Projektifizierung gibt.

Die Arbeitsmarktsegmentationstheorie stellt die Alternativen berufsfachlicher und unstrukturierter neben die betriebsinternen Teilarbeitsmärkte (Sengenberger 1987; Doeringer/Piore 1971; Kerr 1954). Daraus ließe sich ableiten, dass mit der Schwächung der Betriebsbindung marktförmige oder professionelle Steuerungsformen an Bedeutung gewinnen. In sogenannten unstrukturierten Arbeitsmärkten werden Angebot und Nachfrage allein durch Lohnunterschiede vermittelt. Diese, dem neoklassischen Arbeitsmarktmodell ähnlichste Koordinationsform ist jedoch dort unwahrscheinlich, wo spezifische Qualifikationsanforderungen bestehen, Leistung nicht ohne Weiteres individuell zurechenbar ist und wo Gewerkschaften und Arbeitsrecht regulierend in Arbeitsbeziehungen eingreifen (vgl. Sengenberger 1987: 119ff.). Auch die Professionssoziologie beschreibt nichtmarktförmige Koordinationsformen auf Arbeitsmärkten, die durchaus mit flexibler Arbeit und Beschäftigung vereinbar sind (Stinchcombe 1959; Tolbert 1996; Freidson 2001: 77). Diese Formen der Arbeitsmarktstrukturierung beruhen auf formaler, standardisierter und zertifizierter Ausbildung, Regulation des Arbeitsmarktzugangs und der professionellen Praxis durch Professionsangehörige und professionelle Institutionen. Die Arbeitsmarktposition von Professionsangehörigen ist nicht von einzelnen Arbeitgebern abhängig und wird von Marktbewegungen abgeschirmt (Sengenberger 1987: 126ff.; Freidson 2001: 72ff., 87ff.). Werden diese Alternativen durch eine Netzwerklogik überlagert oder ist der Bedeutungsgewinn von Netzwerken nur eine von verschiedenen Entwicklungsmöglichkeiten infolge einer »Projektifizierung« (Midler 1995) von Arbeit?

Argumentation und Aufbau der Arbeit

Die vorliegende Arbeit gliedert sich in die drei aufeinander aufbauenden Hauptteile (I) zur Charakterisierung der Projektarbeitsmärkte in Architektur und Medien, (II) zur Analyse der Koordinations- und Kontrollformen in Architektur- und Filmprojekten sowie (III) zur Untersuchung der Lebensverläufe von Projektbeschäftigten. Der erste Teil beschreibt die Herausbildung und die Funktionsweise der Projektarbeitsmärkte in der Architektur sowie der Film- und Fernsehwirtschaft. Internationale und branchenspezifische Fallstudien verweisen auf eine Vielfalt von Erscheinungsformen projektbasierter Arbeit und Beschäftigung. In Architektur und Film- und Fernsehwirtschaft, den beiden hier untersuchten Feldern, wurde die Arbeit schon immer projektförmig organisiert; die Beschäftigungspraktiken und Professionalisierung hingegen unterlagen historischen Veränderungen. Die gegenwärtige Vielfalt und die unterschiedlichen Strukturen und Funktionsweisen von Projektarbeitsmärkten sind vor dem Hintergrund der historischen Entwicklung der institutionellen Verfassung von Teilarbeitsmärkten besser zu verstehen. Die Herausbildung der Projektarbeitsmärkte in den Bereichen Architektur und Medien wird deshalb mit Bezug auf die unterschiedlichen Professionalisierungsstrategien, Beschäftigung, Interessenvertretungsstrukturen und Arbeitsmarktsituationen beschrieben (Kapitel 1).

Dabei zeigt sich, dass die Professionalisierung der Architektur bereits im 18. Jahrhundert von staatlicher Seite vorangetrieben wurde, um das Qualifikationsangebot von Staatsbaubeamten zu sichern. Im späten 19. Jahrhundert etablierten sich zunehmend Privatarchitekten, deren Interessenvertretung, zunächst in Abgrenzung und später teils in Kooperation mit der Vertretung der Baubeamten, schrittweise eine Regulierung der Gebühren und des Zugangs zum Planungsmarkt durchsetzen konnte. Seit Mitte des 20. Jahrhunderts wird die Tätigkeit und der Zugang zum Architekturberuf durch Kammern kontrolliert sowie durch Gesetze und Verordnungen reguliert (Bolenz 1991; Clark 1985). Der hohe Anteil Selbstständiger und kleiner Organisationsgrößen ist seit der Etablierung der Privatarchitekten verbreitet und zudem typisch für das deutsche Professionsmodell (Littek/Heisig/Lane 2005) mit seiner am einzelnen Professionsmitglied ansetzenden, vorgelagerten Regulierung. Die gewerkschaftliche Organisation der Architekten ist vergleichsweise schwach, doch besteht neben den Kammern der einzelnen Bundesländer als einheitlicher Interessenvertretungs- und Kontrollinstanz eine lange Tradition vielfältiger und fragmentierter berufsständischer Vereinigungen. Sie fördern den Austausch zwischen verschiedenen Architektengruppen sowie deren Vertretung und setzen sich teils erfolgreich für zusätzliche Schließungsprozesse innerhalb des Architektenarbeitsmarkts ein (vgl. Abschnitt 1.2).

Im Gegensatz dazu dominierten in der Film- und Fernsehwirtschaft neben wenigen Studiengängen und Ausbildungsstätten lange das informelle, erfahrungsbasierte Lernen und der Aufstieg über Assistenzpositionen. Seit den 1990er-Jahren sind jedoch zahlreiche medienspezifische Studiengänge und Ausbildungswege entstanden. Die Zugangswege sind dadurch heterogener geworden, und von einer Durchsetzung des »Berufsprinzips« im Sinne einer Entsprechung von Aufgabenprofilen und standardisierten sowie zertifizierten Ausbildungsinhalten kann keine Rede sein. Dieser geringe Professionalisierungsgrad fällt zusammen mit der Liberalisierung des Rundfunksektors, infolgedessen sich der Produktionsschwerpunkt und damit auch der Arbeitsmarkt der Medienschaffenden von den vertikal integrierten Sendern zu einer neu entstandenen Produzentenlandschaft verschiebt, in der Filmschaffende nur noch für die Produktionsdauer eingestellt oder beauftragt werden (vgl. Abschnitt 1.1).

Die Unterschiede in der Professionalisierung von Architektur und Audiovisuellen Medien müssten sich in den Rekrutierungspraktiken widerspiegeln, da eine einheitliche und zertifizierte Ausbildung die Transparenz der Fachqualifikationen des Arbeitskraftangebots erhöht. Allerdings, so zeigt sich, spielen informelle Rekrutierungspraktiken und extrafunktionale Selektionskriterien in beiden Bereichen eine Rolle. Dies lässt sich auf den Stellenwert persönlicher Kontroll- und Koordinationsformen in Projekten und damit auf Organisationen, die die Qualifikationsnachfrage strukturieren, zurückführen.

Im zweiten Teil diskutiere ich daher unter Rückgriff auf organisations- und kontrolltheoretische Konzepte, welche Steuerungsformen in der Projektarbeit möglich sind, auf welchen Voraussetzungen sie beruhen, welche sozialen Kontrolldimensionen und Qualifikationsanforderungen damit verbunden sind. Die Koordination von Projektarbeit ist prinzipiell nicht mit bürokratischen Organisationsformen vereinbar. Gegenüber den vorliegenden Studien zur Projektorganisation, die sich auf die wenig professionalisierte Medienindustrie konzentrieren, wird hier eine breitere Perspektive eingenommen, die grundlegend zwischen rationaler und persönlicher Kontrolle unterscheidet. Während rationale Kontrollformen, wie beispielsweise die bürokratische und professionelle Organisation von Arbeit (Stinchcombe 1959), funktional spezifische Ansprüche an einen Positionsinhaber stellen, tendieren persönliche und damit weniger formalisierte Kontrollformen dazu, die soziale Kontrolle über den Arbeitsprozess hinaus auszuweiten. Daher, so das hier vertretene Argument, bewirkt die Projektifizierung von Arbeit und Beschäftigung bei fehlendem Berufsprinzip eine Informalisierung der Kontrolle des Arbeitsprozesses und des Arbeitsmarktzugangs und verstärkt Ansprüche an die Anpassung der Lebensführung.

Dies bleibt nicht ohne Folgen für die Planbarkeit biografischer Entscheidungen und für den Zusammenhang von Erwerbsverläufen und außerberuflichen Bindungen. Zwar könnte man von einem Einfluss fachlicher Arbeitsmarktsegmentierung auf die Mobilitätsmuster von Erwerbstätigen ausgehen (Blossfeld/Mayer 1988). Doch der Zusammenhang zwischen Netzwerken und Lebensverläufen ist bisher nicht ausreichend erforscht worden. Daher untersuche ich im dritten empirischen Teil (Kapitel 5–7), wie die Einbindung in Projekte die Erwerbsverläufe, die Lebensplanung und die persönlichen, außerberuflichen Nahbeziehungen prägt. Die Analyse konzentriert sich auf den Lebensabschnitt vom Übergang in den Beruf bis zu den langfristigen Perspektiven von Projektbeschäftigten mit längerer Berufserfahrung. Beschäftigung und beruflicher

Aufstieg müssen aufgrund des temporären Charakters von Projektpositionen im Extremfall nach jedem Projekt erneut ausgehandelt werden. Informelle Beziehungen spielen dabei eine herausragende Rolle. Inwiefern sie anstelle eines Normalarbeitsverhältnisses auch langfristige berufliche und private Planungen ermöglichen, hängt maßgeblich davon ab, ob auf zertifizierte Fachqualifikationen zurückgegriffen werden kann. Die Ausprägung einer professionellen Identität hingegen ist interessanterweise nicht zwingend an die formale Berufsqualifikation gebunden: Architekten und Filmschaffende entwickeln gleichermaßen eine Art von professionellem Ethos und eine Identifikation mit Berufsidealen, die motivierende Wirkung haben. Die Veränderungen der außerberuflichen Beziehungen und, allgemein, die Ausweitung der Ansprüche an die Anpassung der Lebensführung dort, wo kein Rückgriff auf formale Qualifikationen möglich ist, kann allerdings Konflikte hervorrufen, die den Ausstieg aus der Branche als einzige Alternative erscheinen lassen.

Gerade die große Unsicherheit und die beanspruchenden, die Lebensführung und Lebensplanung verändernden Arbeitsbedingungen würden eine stärkere Artikulation und Organisation der Interessen der Projektbeschäftigten erwarten lassen. Allerdings scheinen die Beschäftigteninteressen gerade dort, wo Arbeit und Beschäftigung projektifiziert sind, am wenigsten organisiert und einflussreich zu sein. Gleichwohl haben die Voraussetzungen der Interessenvertretung »jenseits des Betriebs« bislang wenig Aufmerksamkeit erfahren. Im Kapitel »Ausblick: Artikulation und Organisierbarkeit von Interessen in Projektarbeitsmärkten« wird von den Rekrutierungspraktiken, der Netzwerkeinbindung und den Erwerbsverläufen auf spezifische »vororganisatorische Organisationsmechanismen« (Streeck 1981: 62) geschlossen. Zusammen mit der historisch herausgebildeten Fragmentierung der Interessenvertretung in der Film- und Fernsehwirtschaft und der starken berufsständischen Organisation der Architekten prägen diese Strukturen maßgeblich die zukünftigen Möglichkeiten der Solidarisierung und Interessenvertretung der Arbeitnehmer in Projektarbeitsmärkten.

Anlage der Untersuchung

Der Medienbranche wird häufig eine Vorreiterrolle der Beschäftigungsflexibilisierung und der Projektifizierung der Arbeit zugeschrieben, wobei der Fokus der Forschung auf diese Branche die unterschiedlichen Arbeitsmarktbedingungen und -segmentierungen und deren Einfluss auf die Projektorganisation aus dem Blick geraten lässt. Gibt es keine internen Arbeitsmärkte, können Marktmechanismen, das Berufsprinzip oder Netzwerke an Bedeutung gewinnen (Sengenberger 1987; Tolbert 1996; Arthur/Rousseau 1996; Voß 2001a). Man nimmt an, dass gerade im Kontext flexibler, projektbasierter Kooperationsformen informelle Netzwerke eine kontinuitätsstiftende Funktion haben (vgl. Sydow/Windeler 1999). Sie ermöglichen zudem eine schnellere und reichhaltigere Informationsweitergabe und reduzieren somit Unsicherheit bei Arbeitsmarkttransaktionen. Sind informelle Netzwerke also in der Lage, nicht nur Marktversagen bei Arbeitsmarktransaktionen zu verhindern, sondern auch Projektbeschäftigten Stabilität und biografische Orientierung zu vermitteln? Wie werden Anforderungen aus Berufs- und Privatleben in Arbeitsmärkten ausbalanciert, die nicht durch Qualifikationen oder Betriebszugehörigkeit, sondern durch soziale Beziehungen segmentiert sind und in denen die Verfügbarkeit der Arbeitskraft kaum wirksam institutionell begrenzt wird? Unter welchen Bedingungen kommt es auf projektbasierten und netzwerkgetragenen Arbeitsmärkten zur Artikulation und Organisation von Interessen?

Um diese Fragen zu beantworten, vergleicht diese Arbeit Architektur mit Film- und Fernsehwirtschaft. Private Architekturdienstleistungen und Filmwirtschaft stellen »klassische« Projektarbeitsmärkte dar. Arbeit ist dort schon immer projektförmig organisiert gewesen, beide haben in Deutschland eine mehr als hundertjährige Geschichte. Damit stehen sie im Kontrast zu den in der neueren Arbeits- und Organisationsforschung untersuchten und als Vorreiter der Veränderungen der Arbeitswelt betrachteten Neuen Medien und der Kreativwirtschaft.

Im Vordergrund der vergleichenden Untersuchung steht die Frage, wie sich berufliche Qualifikationen und informelle Beziehungen im Hinblick auf die Strukturierung von Arbeitsmarktprozessen, Arbeitsorganisation und Lebensverläufen sowie von Ansätzen der Interessenvertretung verhalten. Ein Vergleich zwischen verschiedenen Branchen, die sich durch eine weitgehende Projektifizierung von Arbeit und Beschäftigung auszeichnen, sollte es erleichtern, die Spezifika der Branche einzuordnen und die Zusammenhänge zwischen Arbeitsmarkt, Arbeitsprozess und Lebensverläufen zu verallgemeinern. Ausschlaggebend für die Fallauswahl waren also die Ähnlichkeit hinsichtlich der Projektifizierung von Arbeit und Beschäftigung und der Unterschied im Professionalisierungsgrad.

Allerdings berücksichtigt die Untersuchung auch historische Entwicklungen. Zum einen spiegeln Lebensverläufe immer auch spezifische historische Konstellationen von Regulierung und Arbeitsmarktbedingungen wider (vgl. auch Mayer 2005; Brückner/Mayer 2005). Zum anderen werden Unterschiede und Gemeinsamkeiten der gegenwärtigen Verfassung beider Teilarbeitsmärkte, die den Ausgangspunkt für die Analyse von Rekrutierungspraktiken, Koordination der Arbeit und Lebensverläufen bilden, mit einer Betrachtung der historischen Entwicklung in beiden Bereichen plausibel. Dabei stütze ich mich auf verschiedene, etwa von Berufsverbänden herausgegebene, Brancheninformationen sowie historische und medienwissenschaftliche Sekundärliteratur zu den Berufsgruppen. In beiden Bereichen wird die Arbeit schon immer projektförmig organisiert. Sie teilen gegenwärtig das Charakteristikum eines hohen Anteils atypischer Beschäftigungsverhältnisse. Während der hohe Anteil an selbstständigen Architekten ein typisches Merkmal der sogenannten freien Berufe ist, lässt sich die Ausweitung atypischer Beschäftigungsverhältnisse in der Film- und Fernsehwirtschaft auf den Bedeutungsgewinn des freien Produktionsmarktes seit den 1980er-Jahren zurückführen. Die Betrachtung der historischen Entwicklung beider Sektoren dient also vor allem dem besseren Verständnis der gegenwärtigen Arbeitsmarktstrukturen.

Zur Untersuchung der gegenwärtigen Organisations- und Rekrutierungspraktiken sowie der Lebensverläufe stütze ich mich auf qualitative Forschungsmethoden. Theoretisches Vorwissen und »sensitizing concepts« (Blumer 1954) strukturieren die Analyse. Gleichzeitig sollte diese offen bleiben, um neue Zusammenhänge zu entdecken. Entsprechend wurden Sample, Interviewleitfäden und Auswertung gestaltet.[2] Die empirische Basis besteht aus Interviews mit 16 Experten und 57 Erwerbstätigen. Die Experteninterviews mit Produzenten, Vertretern von Gewerkschaften (Ver.di und Connexx.AV), Berufsverbänden (Verband der Szenenbildner, Filmarchitekten und Kostümbildner in Europa; Berufsverband Kamera; Bundesverband Filmschnitt Editor; Bundesverband Produktion) und der Architektenkammer sowie der Ingenieurkammer des Bundeslandes, in dem die Untersuchung stattfand, dienten zunächst der Erschließung des Feldes, insbesondere im Hinblick auf die Organisations- und Beschäftigungspraktiken sowie einem genaueren Bild der lokalen Entwicklung des Arbeitsmarktes und der Interessenvertretungsstrukturen (vgl. Anhang 1a, 1b).

Die leitfadengestützten Interviews mit den Erwerbstätigen hatten deren Erwerbsverlauf, die berufliche und private Lebensplanung, die Netzwerkeinbindung sowie die Arbeits- und Beschäftigungssituation und eigene Erfahrungen bei der Rekrutierung von Mitarbeitern zum Inhalt (vgl. Anhang 2a, 2b). Der Hauptteil der Interviews bestand aus der Schilderung des Erwerbsverlaufs und wurde mit einer offenen, stärker auf biografische Narrationen zielenden Frage (vgl. Witzel 2000; Kelle/Kluge 2001: 19f.; Holtgrewe 2002; Schütze 1983) zum Berufseinstieg begonnen. Die verschiedenen Erwerbsstationen und Übergänge – der Berufseinstieg, Wechsel des Arbeitgebers, der Erwerbsform, des Tätigkeitsschwerpunktes und des Berufs – wurden so rekonstruiert. Die Art der Netzwerkeinbindung wurde nicht mit den in der sozialen Netzwerkforschung verbreiteten standardisierten Frageinstrumenten zu den egozentrierten Netz-

2 Zu einer Diskussion der Notwendigkeit theoretischen Vorwissens bei der qualitativen Forschung und insbesondere bei Vertretern der Grounded Theory vgl. Kelle/Kluge (1999: 16ff.).

werken erhoben (beispielsweise Schweizer 1996; Jansen 2003; Molina 2001; Pfennig/Pfennig 1987; Wellman 1979; Ibarra 1992a, 1995). Da primär der Zusammenhang von Lebensverlauf und sozialen Beziehungen interessierte, wurde vielmehr versucht, die Bedeutung der Netzwerke im biografischen Kontext zu rekonstruieren (für diese Art der kontextbezogenen Netzwerkanalyse im Auswertungsprozess biografischer Interviews vgl. Kühn 2002). Dies geschah zum einen durch klärende Nachfragen nach der Schilderung des Erwerbsverlaufs, zum anderen im Rahmen der Rekonstruktion der verschiedenen Statuspassagen bei der Auswertung. Schließlich wurden im Anschluss an die Narrationen zum Erwerbsverlauf stärker resümierende netzwerkanalytische Fragen gestellt. Weitere Fragen zur Planungsperspektive in Bezug auf die berufliche und die familiäre Situation, zur Vereinbarkeit von Berufs- und Privatleben, zur sozialen Absicherung, Arbeitszeit, zu den eigenen Erfahrungen mit der Personalauswahl sowie zu soziodemografischen Merkmalen bildeten den Abschluss der Interviews. In dieser teilstandardisierten Form ließ sich die Interviewführung an die Gesprächssituation anpassen (vgl. Hopf 2000: 351). Die Interviews wurden vollständig transkribiert und entlang vorab spezifizierter, doch bei der Auswertung ergänzter und verfeinerter Kategorien ausgewertet. Zum Einsatz kam das Programm MaxQDA, das sich insbesondere zur vergleichenden Analyse von Textdokumenten eignet (vgl. Kelle 2000b, 2000a).

Die Interviews mit den Architekten und Filmschaffenden dauerten durchschnittlich eine Stunde. Sie fanden an einem vom Interviewpartner gewählten Ort und Termin statt. Fünf Gespräche wurden auf Wunsch der Interviewpartner aus Termingründen telefonisch durchgeführt. Die Interviews mit Architekten waren im Schnitt kürzer, was zum einen auf die klarere Trennung verschiedener Erwerbsphasen und die damit geringere Komplexität der Erwerbsverläufe zurückzuführen ist. Zum anderen lässt sich vermuten, dass das Umfeld und der Interviewzeitpunkt einen Einfluss auf die Interviewdauer hatte (vgl. Holgrewe 2002): So fanden die Interviews mit Architekten überwiegend an deren Arbeitsplatz (in den Besprechungsräumen der Büros) und während der normalen Bürozeiten statt, während die Interviews mit Filmschaffenden nur in der produktionsfreien Zeit, also der Freizeit, und in einem Café oder der Wohnung des Interviewpartners durchgeführt werden konnten.

Die Auswahl erfolgte nach den Kriterien der Länge der Berufserfahrung, des Wohnorts (in einem der fünf deutschen Mediencluster und Umgebung) und der beruflichen Stellung aus den öffentlich zugänglichen Architektenlisten der Architektenkammer des entsprechenden Bundeslandes und im Fall der Filmschaffenden aus den Verzeichnissen der Berufsverbände sowie der Internet-Plattform Crew United, die nach Angaben der Experten die meistgenutzte Freelancer-Plattform ist. Die Konzentration auf Erwerbstätige aus einem der

Mediencluster und Umgebung war notwendig, um die lokalen Markt- und Arbeitsmarktbedingungen konstant zu halten. Während Architekten gleichmäßig über das Bundesgebiet verteilt sind, gibt es in der Film- und Fernsehwirtschaft eine ausgeprägte Clusterbildung (vgl. Kapitel 1). Das untersuchte Cluster ist eines der fünf bedeutenden Medienzentren und für diese Untersuchung besonders interessant, da die Auswirkungen der Liberalisierung des Rundfunksektors – die Etablierung privater Sender und eines freien Produktionsmarktes – hier besonders deutlich zu beobachten sind (Elbing/Voelzkow 2006; Baumann 2002b). Weiterhin wurden schwerpunktmäßig Architekten und Filmschaffende mit mehr als zehn Jahren Berufserfahrung ausgewählt, um die Wahrnehmung der beruflichen Möglichkeiten und die private Lebensplanung über einen längeren Zeitraum erfassen zu können. Allerdings wurde das Sample auch im Laufe der Erhebung mit Personen ergänzt, die die Filmbranche verlassen haben. Im Verlauf der Erhebung zeigte sich, dass der »Ausstieg« aus der Filmbranche ein weitverbreitetes Phänomen ist. Die Motivationen und Erwerbsverläufe dieser Aussteiger waren sowohl für das Verständnis der Funktionsweise des Medienarbeitsmarktes als auch für das Verständnis der Wahrnehmung und Bewältigung erwerbsbiografischer Unsicherheit wichtig.

Insgesamt wurden 24 Architekten, davon 11 Frauen und 13 Männer sowie 21 Selbstständige und 3 Angestellte, interviewt. Frauen sind im Sample im Vergleich zur Grundgesamtheit, in der sie nur ein Viertel der Architekten stellen, überrepräsentiert. Angestellte, die circa 40 Prozent der erwerbstätigen Architekten darstellen, sind im Sample hingegen unterrepräsentiert. Zum einen sind angestellte Architekten nur wenig dazu bereit, während oder außerhalb der Bürozeiten ein Interview durchzuführen (vgl. Kapitel 4). Dies lässt sich auf ihre extrem langen und im Vergleich zu den Freiberuflern wenig flexiblen Arbeitszeiten sowie auf die räumliche Bürosituation zurückführen. Zum anderen nimmt der Anteil an Selbstständigen mit zunehmender Berufserfahrung zu, da im typischen Erwerbsverlauf nach einigen Jahren Berufserfahrung im Anstellungsverhältnis die Bürogründung steht. Daher wurden zwei der drei angestellten Interviewpartner über private Kontakte erreicht.

Außerdem wurden 33 Filmschaffende interviewt. Nach ersten Interviews mit verschiedenen Berufsgruppen[3] wurde die Auswahl auf Kameraleute aus dem szenischen Bereich eingegrenzt, um die Ausbildungswege und Erwerbsverläufe vergleichbar zu halten. Der szenische Bereich umfasst die Produktion von Filmen und fiktiven Fernsehinhalten unter Verwendung von Filmmaterial, und

3 Darunter jeweils ein Produktionsassistent, Szenenbildner, Requisiteur, Cutter, Regieassistent, Kostümbildner, Produktionsfahrer sowie zwei Oberbeleuchter und sieben Kameramänner aus dem aktuell-dokumentarischen Bereich.

nicht von Videotechnik. Aus dem Vergleich dieser Interviews und auf Grundlage der Expertengespräche lässt sich jedoch auf eine weitgehende Verallgemeinerbarkeit der Erkenntnisse über Kameraleute hinaus schließen: Die verschiedenen Berufsgruppen ähneln sich dahingehend, dass die Zugangswege und Qualifikationsprofile heterogen sind, die Beschäftigung für die Produktionsdauer befristet und hochgradig von den im Projekt geknüpften Kontakten abhängig ist. Sie unterscheiden sich allerdings im Hinblick auf die Frauen- und Männeranteile, wobei beispielsweise die Beleuchtungsabteilungen traditionell männerdominiert sind und in den Kostümabteilungen und in der Postproduktion, vor allem im Schnitt, der Frauenanteil hoch ist. Unter den 17 interviewten Kameraleuten aus dem szenischen Produktionsbereich waren 11 Männer und 6 Frauen. Traditionell bestand die Kameraabteilung nahezu ausschließlich aus Männern, allerdings stieg der Frauenanteil in den vergangenen zwei Jahrzehnten an. Innerhalb der Kameraabteilung in szenischen Produktionen gibt es schließlich eine deutliche hierarchische Ausdifferenzierung zwischen leitenden und assistierenden Positionen. Diese sind auch im Sample vertreten. Die Aufgaben der Kameraleute, wie auch der Architekten, umfassen sowohl kreative, künstlerisch-gestaltende Tätigkeiten als auch deren Umsetzung nach technischen Anforderungen.

Teil I
Entwicklung und Funktionsweise von Projektarbeitsmärkten

Vorbemerkung

Teilarbeitsmärkte zeichnen sich in erster Linie durch ihnen eigene strukturelle Arrangements hinsichtlich des Zugangs und des Aufstiegs sowie durch spezifische Qualifikationsangebote und -anforderungen aus (Lutz/Sengenberger 1974; Sengenberger 1987; Doeringer/Piore 1971). Um das Zusammenspiel von organisationalen Praktiken und Arbeitsmarktverfasstheit besser zu verstehen, werden historisch herausgebildete Arbeitsmarkt- und Organisationsformen vergleichend untersucht und zueinander in Beziehung gesetzt.

Der erste Teil der Untersuchung konzentriert sich also auf die Arbeitsmarktseite. Im Mittelpunkt stehen die historische Genese und die Funktionsweise der Projektarbeitsmärkte in Architektur und Medien. Die Beschreibung der gegenwärtigen Arbeitsmarktcharakteristika und ihrer Herausbildung dient dazu, die Mobilitätsmuster der dort Beschäftigten zu erklären (vgl. Kapitel 6).

Das erste Kapitel beschreibt für die Sektoren Architektur und Filmwirtschaft die wirtschaftliche und organisatorische Entwicklung, die Veränderungen der Berufsbilder und Professionalisierungsprozesse sowie die Entwicklung der Interessenvertretungsstrukturen. Außerdem wird jeweils die neuere wirtschaftliche Lage und Arbeitsmarktsituation beleuchtet. Datengrundlage sind Expertengespräche, Veröffentlichungen der Berufsverbände und anderer Branchenakteure, amtliche Statistiken und Sekundärliteratur.

Das zweite Kapitel untersucht auf Grundlage der Expertengespräche und der Interviews mit den Projektbeschäftigten, wie das Problem der Rekrutierung geeigneter Projektmitglieder für befristete Zusammenarbeit gelöst wird. Im Gegensatz zu betriebsinternen Arbeitsmärkten kann nicht ohne Weiteres auf Beurteilungen der früheren Leistungen zurückgegriffen werden (vgl. Stinchcombe 1990: 252ff.). Auch die Möglichkeiten der betriebsinternen Sozialisation (vgl. Etzioni 1965) oder der Motivation durch die Aussicht auf Beschäftigungssicherheit und Aufstieg stehen aufgrund der Fluidität der Organisationsstrukturen und der flexiblen Personalbesetzung nicht zur Verfügung. Daher leiten die folgenden Fragen die Analyse der Arbeitsmarktfunktionsweise in Architektur und Medien: Auf welche Rekrutierungswege wird in diesem Kontext zurückgegriffen? Welches sind die Auswahlkriterien? Inwiefern werden die Rekrutierungspraktiken durch historisch entstandene Besonderheiten des Teilarbeitsmarktes geprägt? Finden sich klassische Segmentationsformen auch in flexiblen Arbeitsmärkten wieder und wie verhalten sie sich zu Netzwerkstrukturen?

1 Die Herausbildung der Projektarbeitsmärkte in Architektur und Medien

Dieses Kapitel skizziert, wie sich die für Architektur und Film- und Fernsehindustrie charakteristischen Arbeitsmarktstrukturen entwickelt haben. Dabei stehen die Entwicklungen der gegenwärtigen Produktionsstrukturen, der Regulierung des Arbeitsmarktzugangs sowie die Interessenvertretungsstrukturen für beide Berufsgruppen im Vordergrund der Analyse. Darüber hinaus werden die Organisation der Dienstleistungserstellung und die gegenwärtige Arbeitsmarktsituation beschrieben. Ziel ist eine historische Einordnung der aktuellen institutionellen Verfassung der beiden Projektarbeitsmärkte.

1.1 Film- und Fernsehindustrie

1.1.1 Struktur und Entwicklung der Film- und Fernsehwirtschaft

Die Filmindustrie hat eine mehr als hundertjährige Geschichte. Als Ausgangspunkt gelten die ersten öffentlichen Filmvorführungen im Jahr 1895 durch die Brüder Louis und Auguste Lumière in Paris und Max und Emil Sklandanowsky in Berlin. Die Filmwirtschaft prosperierte besonders in der Stummfilmzeit sowie zwischen 1910 und 1929. Vor dem Ersten Weltkrieg zeichnete sich die Filmindustrie weltweit durch ein starkes Wachstum aus. Während des Ersten Weltkrieges profitierte jedoch insbesondere die deutsche Filmindustrie von der Isolation vom internationalen Filmvertrieb. Mit den 1917 gegründeten UFA-Studios etablierte sich zudem ein einflussreicher Konzern, der Produktion, Distribution und Spielstätten in sich vereinte und 1919 bereits 2.500 Mitarbeiter beschäftigte (vgl. Iljine/Keil 2000: 12ff.). 1920 entwickelte sich die Filmwirtschaft mit einem Investitionsvolumen von 20 Milliarden Reichsmark und 20.000 gewerkschaftlich organisierten Beschäftigten zum drittgrößten Wirtschaftszweig der Weimarer Republik (vgl. Iljine/Keil 2000: 23f.; Kauschke/Klugius 2000: 49). Die deutsche Filmwirtschaft, und insbesondere die UFA, wurde seit der Mitte der 1920er-Jahre aber wieder durch die expandierende amerikanische Filmindustrie geschwächt, die in großem Maße Filme nach Deutschland exportierte. Um Kosten einzusparen, wurde die UFA nach dem Vorbild amerikanischer Studios restrukturiert; im Zuge dessen trennte man Produktion und Buchhaltung von der Regiearbeit. Ende der 1920er-Jahre wurde die Filmproduktion schließlich zunehmend auf Tonfilme umgestellt.

Durch die Konzentrierung, Verstaatlichung und Gleichschaltung der Filmindustrie, dadurch, dass viele Filmschaffende zwischen 1933 und 1945 verfolgt worden sind und auswanderten, sowie schließlich durch die Reprivatisierung, Entflechtung und Desintegration der Filmwirtschaft in der Nachkriegszeit, insbesondere der Großproduzenten wie UFA und Bavaria-Studios, verlor die deutsche Filmindustrie zunächst sehr an Bedeutung. Ab 1946 erteilten die Militäradministrationen wieder Produktionslizenzen. In den 1950er-Jahren stabilisierte sich die Filmwirtschaft zunächst und prosperierte, bis Ende der 1950er- und Anfang der 1960er-Jahre Importe ausländischer Produktionen und das Fernsehen an Bedeutung gewannen (Iljine/Keil 2000: 31ff., 45ff., 57ff.).

Auch das Fernsehen wurde nach dem Krieg durch die Alliierten dezentralisiert, indem in den verschiedenen Bundesländern Sender gegründet wurden, die sich als Anstalten öffentlichen Rechts regierungsunabhängig selbst verwalten sollten und die durch von der Post eingezogene Gebühren finanziert wurden. Die einzelnen (westdeutschen) Sender koordinierten sich ab 1950 in der Arbeitsgemeinschaft der öffentlich-rechtlichen Rundfunkanstalten Deutschlands (ARD) und beschlossen mit dem Fernsehvertrag 1953 die Ausstrahlung eines Gemeinschaftsprogramms, zu dem die einzelnen Anstalten Sendungen beitrugen (Iljine/Keil 2000: 57f.; Beck 2002: 166ff.).

Der Markt für die Produktion von Filmen und Fernsehinhalten außerhalb von vertikal integrierten Großunternehmen entwickelte sich erst allmählich. Innerhalb der öffentlich-rechtlichen Sendeanstalten überwog die Eigenproduktion von Fernsehinhalten, auch wenn ab 1957 die ARD die UFA mit der Produktion von Fernsehfilmen beauftragte und später in den Film-Fernseh-Abkommen ab 1974 Investitionen der Sendeanstalten in Gemeinschaftsproduktionen von Film und Fernsehen beschlossen wurden (Kauschke/Klugius 2000: 50; Iljine/Keil 2000: 60ff.).

Erst das ZDF, dessen Einrichtung mit dem Rundfunkstaatsvertrag 1961 beschlossen wurde, vergab einen größeren Teil der Produktion fiktionaler Sendungen regelmäßig an circa 70 externe Produktionsfirmen (Kauschke/Klugius 2000: 50). Mit der Einführung des dualen Rundfunksystems im Jahr 1984 kam mit den privaten Sendern zusätzliche Nachfrage nach fremdproduzierten Sendeinhalten hinzu: Die privaten Sender kauften zunächst zwar überwiegend ausländische Produktionen, doch vergaben sie zunehmend mehr Aufträge an deutsche Produktionsfirmen, die Sendeinhalte in projektbezogener Kooperation mit technischen Dienstleistern, Selbstständigen und projektbezogen Beschäftigten produzierten (Sydow/Staber 2002; Windeler 2004; Sjurts 2004). Dies markierte eine Verschiebung vom bis dahin dominanten Modell der Eigenfertigung der Sendeinhalte durch die Sendeanstalt zum Outsourcing der Produktion zu externen Produktionsfirmen. Sehr ähnliche Entwicklungen fanden in der britischen Rundfunklandschaft statt. Für Sendeanstalten, die entsprechende Strategien verfolgten, wurden dort die Begriffe »Producer-Broadcaster« oder »Publisher-Broadcaster« geprägt; die Transformation der Produktionsweise wurde als Ablösung des Producer-Broadcaster-Modells durch das Publisher-Broadcaster-Modell bezeichnet (Tunstall 1993: 6ff.). Infolge dieser Entwicklung stieg das Auftragsvolumen für Film- und Fernsehproduktionen von 800 Mio. Euro im Jahr 1988 auf 2 Mrd. Euro im Jahr 2000. Unabhängige Film- und Fernsehproduzenten nahmen an Bedeutung und Zahl zu. Im Jahr 2000 gab es laut Umsatzsteuerstatistik 5.275 filmwirtschaftliche Produktionsunternehmen. Davon produzierten etwa 1.600 Unternehmen primär Fernsehinhalte, 450 Unternehmen Kinofilme, 240 Werbefilme, 800 Industriefilme und 2.200 Unternehmen agierten als Videofilmproduzenten oder technische Dienstleister. Vor allem größere Kinofilm- und Werbefilmproduzenten erstellten auch Fernsehinhalte (vgl. DIW 2002: 7, 19). Im Jahr 2004 gab es 123 gewinnorientierte private Fernsehveranstalter und 13 öffentlich-rechtliche Sendeanstalten, wobei die öffentlich-rechtlichen Sender fast zwei Drittel der Erwerbstätigen der gesamten Rundfunkwirtschaft beschäftigten und der größere Anteil der Eigenfertigung sich in einem höheren Personalkosten- und Honoraranteil an den Aufwendungen niederschlug (39 Prozent bei den öffentlich-rechtlichen im Vergleich zu 14 Prozent bei den privaten Sendern; vgl. Hans-Bredow-Institut für Medienforschung 2006: 14ff., 27ff.). Zusammenfassend lässt sich festhalten, dass die in den 1960er-Jahren einsetzenden Restrukturierungen in der Fernsehwirtschaft einen signifikanten Wandel der Produktions- und Beschäftigungsstruktur einleiteten.

Der öffentlich-rechtliche Rundfunk finanziert sich hauptsächlich durch Rundfunkgebühren. Da deren Anhebung aber nur begrenzt durchsetzbar ist, bemühten sich auch öffentlich-rechtliche Sender um Kosteneinsparungen, beispielsweise durch Personalreduktion und Outsourcing. Sie konkurrieren zudem zunehmend mit privaten Sendern im Markt für Werbezeitenverkauf. Gleichwohl fiel 2002 mit 6 Prozent nur ein marginaler Teil der Werbeeinnahmen den öffentlich-rechtlichen Sendern zu (im Vergleich zu einem Anteil der privaten Sender von 94 Prozent, vgl. Bleses 2005: 237ff.) und die Gesamterträge der öffentlich-rechtlichen Sender stiegen zwischen 1995 und 2004 um ein Drittel (vgl. Hans-Bredow-Institut für Medienforschung 2006: 88). Für private Sender hingegen sind Werbeeinnahmen die wichtigste finanzielle Basis, sodass ein Rückgang der Werbeeinnahmen zwischen 2000 und 2004 um ein Viertel (ebd.), zusammen mit der Kirch-Krise, bis 2002 einen Rückgang des Produktionsvolumens auf den Stand von 1997 nach sich zog.

Da – im Gegensatz zu Großbritannien – in Deutschland keine Quoten existieren, die einen bestimmten Anteil an Fremdproduktionen im Programm festschreiben, sind infolge der Krise der Film- und Fernsehwirtschaft die unabhängigen Produktionsfirmen im Wettbewerb um das schrumpfende Produktionsvolumen gegenüber den mit den Sendern verflochtenen Produktionsfirmen tendenziell benachteiligt (Elbing/Voelzkow 2006: 320). Immerhin die Hälfte der Produktionsfirmen, darunter die im Jahr 2000 umsatzstärksten, ist mit den Sendern eigentumsrechtlich verflochten (Kühnel 2003: 5). Aufgrund der Lösung verschiedener Produktionsfirmen aus der Kapitalverflechtung mit den Sendern und insbesondere infolge der Insolvenz des Kirch-Konzerns im Jahr 2002 verloren jedoch die abhängigen Produktionsfirmen 2003 und 2004 an Bedeutung und trugen 2004 nur noch ein Drittel zum Gesamtauftragsvolumen bei (FORMATT-Institut 2005: 28f.). Zusätzlich zu den Kapitalverflechtungen von Sendern mit einem beträchtlichen Anteil der Produktionsfirmen ist die wirtschaftliche Abhängigkeit der Produktionsfirmen von den Sendern als Abnehmern von Fernsehproduktionen groß: Nach einer Studie des Deutschen Instituts für Wirtschaftsforschung (DIW) für das Jahr 2000 machte der wichtigste Kunde im Durchschnitt die Hälfte des Umsatzes aus, die drei wichtigsten Kunden stellten zwei Drittel des Gesamtumsatzes der Produktionsfirmen und ein Drittel der Produktionsfirmen für fiktionale Inhalte hatten nur einen Kunden (DIW 2002: 14). Insgesamt gibt es daher eine erheblich Fluktuation auf dem Produktionsmarkt: So war beispielsweise weniger als die Hälfte der 193 im Jahr 1992 im Raum Köln bestehenden Produktionsfirmen zehn Jahre später noch aktiv, wenngleich sich die Anzahl der Produktionsfirmen durch Neugründungen bis 2002 mehr als verdoppelt hat (Mossig 2006: 115).

Kinofilme und Fernsehsendungen werden teils von denselben Unternehmen produziert und ihre Produktion konzentriert sich auf dieselben Standorte (vor allem Berlin, Hamburg, Köln und München, zunehmend auch die Rhein-Main-Region und Leipzig), an denen auch Sender ansässig sind. Außerdem sind Kino und Fernsehen durch die Verwertung der Kinofilme im Fernsehen sowie durch Förderinstitutionen miteinander verbunden. Fördermittel spielen eine zentrale Rolle für die Finanzierung von Filmprojekten, wobei für die Realisierung eines Projekts oft mehrere Förderungen kombiniert werden (vgl. FORMATT-Institut 2005: 16). Das Fördervolumen der in den 1990er-Jahren gegründeten Filmförderungen in Nordrhein-Westfalen, Bayern, Berlin und Brandenburg, Baden-Württemberg, Hamburg sowie der Mitteldeutschen Medienförderung und des Nordmedia Fonds betrug 2007 circa 140 Mio. Euro. An diesen Filmförderungsgesellschaften (in der Rechtsform der GmbH) der Bundesländer sind teils auch öffentlich-rechtliche und private Sender beteiligt. Der Bund vergab zudem im Jahr 2007 Fördermittel im Umfang von 92 Mio. Euro. Die 1968 gegründete Filmförderanstalt, die auf Grundlage des Filmförderungsgesetzes durch die öffentlich-rechtlichen und privaten Fernsehsender und durch Abgaben von Kinobetreibern und Videoverleihern finanziert wird, verfügte 2007 über Fördermittel im Umfang von 77 Mio. Euro (FFA-Filmförderungsanstalt 2008: 8f.). Im Film-Fernseh-Abkommen aus dem Jahr 1974 verpflichteten sich zudem die öffentlich-rechtlichen Sender zu Investitionen in Gemeinschaftsproduktionen von Film und Fernsehen (vgl. Iljine/Keil 2000: 72).

1.1.2 Berufsgeschichte und Interessenvertretung

Die Brüder Lumière und Sklandanowsky, deren erste Filmvorführungen 1895 den Beginn der Filmgeschichte markieren, Thomas Edison, der zu dieser Zeit ebenfalls ein kinematografisches Aufnahmegerät und einen Projektor entwickelte, sowie später Oskar Messter und Guido Seeber vereinten noch die Rolle des Geräteentwicklers, Kameramanns und Filmvorführers in einer Person (Neubauer 1996: 29f.). Auch in den ersten um die Jahrhundertwende in Deutschland gegründeten Produktions- und Verleihfirmen waren organisatorische, inhaltliche und handwerkliche Aufgaben kaum voneinander getrennt. Erst in den 1920er-Jahren differenzierten sich Filmberufe heraus. Insbesondere die Produktionsleitung und Regie wurden getrennt. Für die Filmaufnahmen wurden Kameraleute, ihre Assistenten sowie Redakteuren, die in Teams arbeiteten, eingesetzt. Bei Tonaufnahmen kamen Tonmeister hinzu. In Deutschland gab es in den späten 1920er-Jahren 125 Autoren, 109 Regisseure, 68 Filmarchitekten und 89 Kameraleute (vgl. Iljine/Keil 2000: 27). Mit der technischen Fortentwicklung wird zudem unterschieden zwischen Kameraleuten, die mit Film arbeiten, und denen, die Videotechnik benutzen (hauptsächlich im dokumentarischen Bereich und der aktuellen Berichterstattung).

Die Berufe in der Film- und Fernsehindustrie sind kaum reguliert: Es existieren weder einheitliche Qualifikationsanforderungen und Ausbildungswege noch kodifizierte und durchsetzbare Regeln der Berufspraxis oder geschützte Berufsbezeichnungen. Sie wurden traditionell während der praktischen Arbeit erlernt. Es gab jedoch vereinzelt Bemühungen eine geregelte Ausbildung zu etablieren. Nach dem Ersten Weltkrieg entstanden dazu in München die Höhere Fachschule für Phototechnik und die Deutsche Film-Schule, 1935 wurden beide aber wieder aufgelöst. An deren Stelle wurden 1938 zentral an der Deutschen Filmakademie Berlin filmspezifische Studiengänge (mit den Schwerpunkten Filmkunst, Filmtechnik, Filmwirtschaft und -recht und einem Kamera-Studiengang) eingerichtet, die 1940 wieder eingestellt wurden (Neubauer 1996: 40, 50).

Erst ab dem Jahr 1962 kam es in verschiedenen deutschen Städten wieder zur Einrichtung von Filmstudiengängen, und zwar zuerst in Ulm, München und Berlin, später in Babelsberg, Ludwigsburg und Hamburg (Iljine/Keil 2000: 66f., 81ff.). Seit 1996 wurden zudem elf neue medienspezifische Ausbildungsgänge eingerichtet, und um 2000 allein in Nordrhein-Westfalen vierzig medienspezifische Studiengänge an Universitäten, Technischen Hochschulen oder Kunsthochschulen (Baumann/Voelzkow 2004: 267f.). Einige der Ausbildungswege, wie der neu geschaffene Ausbildungsgang zum Mediendesigner in Bild und Ton, zielen auf eine breite Qualifikationsbasis, während beispielsweise die Ausbildung zum Kameraassistenten an der staatlichen Fachschule für Optik und Fototechnik in Berlin sowie die duale Berufsausbildung zum Film- und Videoeditor für ein eng umrissenes Aufgabenfeld qualifizieren (vgl. Baumann 2002b: 196). Der Zuschnitt auf ein enges Aufgabenprofil entspricht der ausgeprägten horizontalen Ausdifferenzierung der Tätigkeitsbereiche (vgl. Baumann 2002b: 142). Die vergleichsweise breit qualifizierten Mediendesigner hingegen arbeiten innerhalb der Film- und Fernsehindustrie (im Gegensatz zu den Neuen Medien) häufig in eng umgrenzten Tätigkeitsbereichen, wie der Kamera- oder Schnittabteilung, doch nicht in verschiedenen Bereichen oder Schnittstellenfunktionen (Baumann 2002b: 186). Je nach Ausbildungsweg sind Qualifikation und Tätigkeit somit oft nur lose gekoppelt. Aufgrund der Vielfalt der Ausbildungswege und angesichts des weiterhin verbreiteten Quereinstiegs ohne formale medienspezifische Qualifikation ist das Qualifikationsprofil der Erwerbstätigen in Film und Fernsehen insgesamt sehr heterogen (vgl. Baumann 2002b: 149ff.; Henninger/Mayer-Ahuja 2005: 30). Außerdem sind die Berufsbezeichnungen nicht geschützt.

Trotz der fehlenden einheitlichen Regulierung der Ausbildung und des Arbeitsmarktzugangs spielte das Berufsprinzip für die Organisation und Vertretung der Interessen in der Filmwirtschaft eine große Rolle. Der 1925 gegründete Klub der Kameraleute Deutschlands ist der älteste Berufsverband. Er schloss sich 1928 mit den einzelnen Verbänden der Autoren, Regisseure, Filmarchitekten, Filmdarsteller, Tonmeister, Musikautoren und Cutter in der Dachorganisation Filmschaffender Künstler Deutschlands (Dacho) zusammen. Diese Dachorganisation wurde jedoch, wie auch die Mitgliedsverbände, 1933 aufgelöst und erst 1951 neu gegründet und auf 18 Mitgliedsverbände erweitert. Die Dacho löste sich aber bereits 1956 wieder auf. Im Jahr 1950 wurde in Berlin ein weiterer Berufsverband, der Verband der Filmschaffenden gegründet (ab 1954 Verband der Film-, Funk- und Fernsehschaffenden).

Die 1923 gegründete Spitzenorganisation der deutschen Filmwirtschaft (SPIO) war die erste Interessenorganisation der gesamten Filmwirtschaft. Sie ging jedoch 1933 in der Reichsfilmkammer auf (Iljine/Keil 2000: 32; Elbing/Voelzkow 2006: 327f.; Neubauer 1996: 40) und wurde erst 1950 neu gegründet.

Sie vertritt als Dachverband verschiedener Produzenten- und Verleiherverbände und anderer Verbände die Interessen der Film-, Fernseh- und Videowirtschaft und hat die Freiwillige Selbstkontrolle der Filmwirtschaft eingerichtet. Ihr gehört außerdem auch die Interessengemeinschaft Deutscher Schauspieler an (www.spio.de, Zugriff 4.7.2008). Zu den Mitgliedsunternehmen der einzelnen Verbände gehören sowohl von den Sendern abhängige als auch unabhängige Produzenten, sodass deren Interessen nicht gesondert verbandlich vertreten werden (Elbing/Voelzkow 2006: 328).

Die gewerkschaftliche Vertretung der Filmschaffenden entstand im Jahr 1950 als Fachgruppe Film in der Gewerkschaft Kunst im DGB aus dem Zusammenschluss der 1949 gebildeten gewerkschaftlichen Vertretung der Beschäftigten der Filmtheater und der Gewerkschaft Kunst. In dieser Fachgruppe wurden die Interessen der Beschäftigten aus der Filmproduktion, aus filmtechnischen Betrieben, Filmverleih und Filmtheatern vertreten. 1953 gründeten die Filmschaffenden wiederum eine eigene Organisation, die Gewerkschaft Film in der Gewerkschaft Kunst im DGB. Sowohl die beiden Berufsverbände als auch die Gewerkschaft Film schlossen sich 1956 zur tariffähigen Organisation »Deutsche Union der Filmschaffenden (DFU) in der Gewerkschaft Kunst im DGB« zusammen, die sich in 19, später 21 Berufsgruppen gliederte. Diese Berufsgruppen wurden 1965 wiederum zu den drei Sektionen Produktion, Filmtechnische Betriebe und Filmtheater zusammengefasst. Später fusionierte die DFU mit der Gewerkschaft Rundfunk und Fernsehen zur Rundfunk-Fernseh-Film-Union (RFFU). Innerhalb der IG Medien bildete sie schließlich die Fachgruppe Rundfunk/Film/Audiovisuelle Medien (vgl. Roeber/Jacoby 1973: 455ff.).

Heute ist die Interessenvertretung der Erwerbstätigen in der Film- und Fernsehindustrie wieder stark fragmentiert. Im Gegensatz zu vielen Mitarbeitern der meisten freien Produktionsunternehmen und Dienstleister sind für die sozialversicherungspflichtig Beschäftigten (sowie bei den öffentlich-rechtlichen Sendern freie Mitarbeiter und sogenannte »feste Freie«[1]) der Sender die Arbeits- und Beschäftigungsbedingungen tarifvertraglich geregelt, und ihre Interessen werden durch einen Betriebsrat vertreten. Die öffentlich-rechtlichen Sender haben Haustarifverträge, die im Gegensatz zu den privaten Sendern neben den Angestellten auch freie Mitarbeiter einschließen (Bleses 2005: 236ff.). In freien Produktionsfirmen hingegen ist die Tarifbindung gering (Marrs/Boes 2003; Windeler/Wirth 2004, 2005) und Betriebsratsstrukturen gab es 1997 nur in etwa 40 von 1.500 Unternehmen (Baumann/Voelzkow 2004: 276). Tarifpartner sind

1 Die Erwerbsform des betrieblich gebundenen und arbeitnehmerähnlichen »festen Freien« ist Resultat der gewerkschaftlichen und berufsverbandlichen Strategien, freie Mitarbeit im journalistischen Bereich sozialverträglich zu gestalten. Sie gewinnt allerdings seit den 1990er-Jahren gegenüber der nicht regulierten freien Mitarbeit an Bedeutung (vgl. Gottschall 1999).

auf der Arbeitgeberseite verschiedene Produzentenverbände und auf der Arbeitnehmerseite die Dienstleistungsgewerkschaft Ver.di. Ver.di hat bundesweit circa 25.000 (sowohl abhängig beschäftigte als auch selbstständige) Mitglieder im Fachbereich »Rundfunk, Film, AV-Medien«, deren Organisationsgrad im Bereich der unabhängigen Film- und Fernsehproduktion jedoch als gering eingeschätzt wird (Elbing/Voelzkow 2006: 328f.; Windeler/Wirth 2004; 2005).

Die Dienstleistungsgewerkschaft Ver.di bemüht sich allerdings um eine Erhöhung des Organisationsgrades und breitere Anerkennung bei den Filmschaffenden. Dazu hat sie 1999 das »offene Projekt« Connexx.av mit Vertretern in den fünf Medienclustern Köln/Düsseldorf, Berlin, Hamburg, München und Leipzig begonnen. Connexx.av organisiert regelmäßige Treffen von Filmschaffenden, informiert und berät über den Tarifvertrag und stellt Brancheninformationen zur Verfügung. Das Projekt Connexx.av unterscheidet sich in vielen Aspekten von der klassischen Gewerkschaftsarbeit: Es werden sowohl professionelle Dienstleistungen (wie Beratung, Vernetzung) auch für Nicht-Mitglieder angeboten, als auch gewerkschaftliche Strategien (wie die Erhöhung der Transparenz der Gagen, Tarifverträge) verfolgt, es werden verschiedene Erwerbsformen angesprochen (Betzelt 2006: 29ff.). Auch organisatorisch nähert sich Connexx.av der Zielgruppe an, indem es die Projektform adaptiert und professionelle Experten für die Gewerkschaftsarbeit einsetzt (ebd.), und nicht zuletzt, indem mit Berufsverbänden kooperiert wird.

Aus diesem Projekt ist der BundesFilmverband als Initiative der in Ver.di organisierten Film- und Fernsehschaffenden entstanden. Er setzt sich neben der Tarifpolitik in Zusammenarbeit mit einigen Berufsverbänden der Film- und Fernsehindustrie dafür ein, die filmwirtschaftlichen Rahmenbedingungen sowie die soziale Sicherung zu verbessern, beispielsweise mit einem Gesetzesvorschlag zur Verkürzung der Anwartschaftszeiten für Arbeitslosengeld (vgl. Elbing/Voelzkow 2006: 329 sowie www.connexx-av.de, Zugriff 8.5.2007).

Die Interessenvertretung ist zudem entlang der Berufsgruppen organisiert. Die Berufsverbände präsentieren jedoch nur einen vergleichsweise kleinen Teil der Berufsgruppen, haben niedrige Mitgliederzahlen und wenig Einfluss auf die Gestaltung der Arbeits- und Beschäftigungsbedingungen sowie das Arbeitskraftangebot. Sie sind zudem unterschiedlich offen: Der Bundesverband Kamera (BVK) beispielsweise verknüpft die Aufnahme an den Nachweis der Arbeitspraxis sowie die Stellungnahmen von zwei Bürgen, die bereits Mitglied sind. Die Mitgliedschaft im BVK wird als eine Art »Qualitätssiegel« betrachtet. Andere Verbände, wie die Bundesvereinigung Maskenbild e.V., explizieren keine besonderen Aufnahmebedingungen außer der angestrebten oder tatsächlichen Tätigkeit im Beruf.

Angesichts dieser Situation bemüht man sich um eine umfassendere Organisierung der Interessen der Filmschaffenden. So haben sich einige der Berufsverbände zum Dachverband »Die Filmschaffenden« zusammengeschlossen. Dieser Zusammenschluss geht auf die Initiative des Regieverbandes zurück, der anregte, dass die einzelnen Berufsverbände der Regisseure, Kameraleute, Cutter, Szenen- und Kostümbildner, Tonmeister und Schauspieler lose kooperieren. In diesem losen Verbund forderten die Verbände 1984 im »Feldafinger Manifest« mehr Gleichheit zwischen den Werkschöpfern, Produzenten und Verwertern, eine freie Wahl der künstlerischen Teammitglieder zu gewährleisten und die von einzelnen Berufsverbänden formulierten Berufsbilder durchzusetzen. Seit 1995 kooperierten die Berufsverbände lose in der Arbeitsgemeinschaft »Die Filmschaffenden«, im Jahr 2005 bildeten sie einen rechtsfähigen Dachverband. In der »Freisinger Resolution« forderte der Dachverband im Juni 2006 eine Anpassung der Regelungen für den Erwerb von Anwartschaften auf Arbeitslosengeld I an die besonderen Bedingungen der Beschäftigung in der Film- und Fernsehindustrie, wie kurze Beschäftigungsdauern und Saisonalität der Produktionen. Außerdem richtete der Verband eine zentrale Meldestelle ein, bei der Filmschaffende anonym und ohne Rückschluss auf ihre Berufsgruppe ihre Arbeitsverträge prüfen lassen und Verstöße gegen den Tarifvertrag melden können. Der Dachverband mahnt daraufhin die jeweiligen Produktionsfirmen zunächst individuell zur Einhaltung der Tarifbestimmungen an, dann unter Einbeziehung der Produzentenverbände und schließlich mit Meldung bei der Gewerkschaft Ver.di, bei den Berufsgenossenschaften, den Sozialversicherern und dem Amt für Arbeitsschutz (vgl. Presseinformation »Deutsche Filmschaffende gründen Bundesvereinigung«, www.die-filmschaffenden.de, Zugriff 8.5.2007).

1.1.3 Produktionsstrukturen

Die verschiedenen Bereiche der Film- und Fernsehproduktion unterscheiden sich hinsichtlich Projektlänge und -größe. Bezüglich der Produkte kann zwischen der Produktion von Informations- und Unterhaltungsformaten unterschieden werden (Sjurts 2004: 21). Im aktuell-dokumentarischen oder Informationsbereich, der die Produktion von Beiträgen zur aktuellen Berichterstattung, Dokumentationen, Industrie- oder Imagefilmen umfasst (vgl. Neubauer 1996: 25f.), bestehen Projektteams häufig nur aus einem Redakteur beziehungsweise Journalisten, Kameramann oder -frau und Assistenz. Aufgrund der technischen Entwicklung und der Rationalisierungsbestrebungen der Sender werden allerdings zunehmend Beiträge von Journalisten in »Ein-Mann-Teams« oder durch Videojournalisten nicht nur konzipiert, sondern auch produziert und nachbearbeitet. Dadurch ist die Funktionstrennung zwischen klassischen journalistischen und technischen Aufgaben teilweise aufgehoben (Gottschall 1999: 646). Nachrichtenbeiträge können oft in wenigen Stunden oder Tagen produziert werden, größere Dokumentationen benötigen oft mehrere Wochen Produktionszeit. Im fiktionalen Unterhaltungsbereich ist zwischen Studioproduktionen (etwa Fernsehshows), Animationsfilmen, Werbung, Spielfilmen und Serien (als »szenischen Produktionen«) zu unterscheiden (vgl. Neubauer 1996: 26).

Das Hauptaugenmerk liegt in dieser Arbeit auf Kameraleuten, die vorwiegend in szenischen Produktionen tätig sind, also in der Herstellung von Spielfilmen und Serien. Hier sind die Produktionsteams weitaus größer und die Zuständigkeiten sind sowohl vertikal als auch horizontal sehr ausdifferenziert. Spielfilme für das Fernsehen oder Neunzigminüter einer Fernsehreihe werden oft in drei bis vier Wochen produziert, die Drehzeit für einen Kinofilm beträgt circa dreißig Tage, wobei die Zeit für Vorbereitung und Postproduktion jeweils noch nicht eingeschlossen ist. Im Segment der Werbe- und Industriefilme sind die Produktionszeiten wiederum kürzer. Die Drehzeit dauert oft nur wenige Tage, wenngleich die Arbeitszeit an den wenigen Drehtagen sehr lang sein kann. Während der Drehzeiten sind die Teammitglieder mindestens in Vollzeit in das Projekt eingebunden. Einzelne Drehtage dauern oft zwischen zehn und sechzehn Stunden. In Werbefilmproduktionen wird von interviewten Kameraleuten gar von bis zu zwanzig Arbeitsstunden pro Tag berichtet. Damit werden bei vielen Produktionen die Arbeitszeitbegrenzungen des Tarifvertrags und des Arbeitsschutzgesetzes überschritten. Die intensive Einbindung verhindert die gleichzeitige Mitarbeit in weiteren Projekten.

Die verschiedenen Abteilungen oder »Departments« sind entsprechend den technischen Produktionsvoraussetzungen strukturiert. Sie sind zudem vertikal ausdifferenziert in leitende Positionen (*Head of Department* im Fachjargon) sowie verschiedene Abstufungen von Assistenzstellen, die in der Regel nur während der Drehzeit in die Produktion eingebunden sind. In der Kameraabteilung sind das in leitender Funktion der lichtsetzende und bildgestaltende Kameramann oder *Director of Photography*.[2] Je nach Aufwand der Dreharbeiten werden sogenannte Schwenker oder *Camera Operator* und *Second Unit Operator* für die Bedienung zusätzlicher Kameras nach den Anweisungen des Kameramanns eingesetzt. Weiterhin wird unterschieden zwischen der ersten Kameraassistenz, die vor allem für die technische Umsetzung der Bildgestaltung nach Weisung des Kameramanns (wie die Einstellung der Bildschärfe) zuständig ist, und der zweiten Assistenz oder sogenannte Materialassistenz, die vor allem Zuarbeiten wie

2 Vor allem der Berufsverband Kamera versuchte, die englischen Bezeichnungen der einzelnen Positionen zu etablieren, da die deutsche Bezeichnung »Kameramann« keine eindeutige Differenzierung zulasse und oft auch für verschiedene Assistenzpositionen genutzt werde. Wenn im Folgenden von »Kameraleuten« die Rede ist, sind alle Mitglieder der Kameraabteilung gemeint.

das Einlegen der Filme in die Kameras und Auf- und Abbau der technischen Geräte ausführt. Im Bereich der Lichttechnik unterscheidet man zwischen dem leitenden Oberbeleuchter und den Assistenzpositionen 1. Lichttechniker und Lichttechniker. Der oder die Verantwortliche für die »Kamerabühne« ist für die Befestigung von und den Umgang mit Kameras auf Schienen, Kränen oder Fahrzeugen zuständig und arbeitet mit der Beleuchtungs- und Kameraabteilung eng zusammen.

Eine ähnliche Ausdifferenzierung zwischen leitenden und Assistenzpositionen gibt es auch in den anderen Abteilungen. Die starke horizontale und vertikale Ausdifferenzierung resultiert in einer Vielzahl von Positionen mit einem eng umgrenzten Aufgaben- und Verantwortungsbereich, die sowohl als jeweils eigenständige Berufe wie auch als Hierarchie von im Erwerbsverlauf nacheinander eingenommenen Positionen betrachtet werden können (vgl. Kapitel 6).

Die Projektzusammensetzung variiert in den einzelnen Projektphasen. In der Vorbereitung arbeiten in der Regel die Produktionsfirma beziehungsweise die Redaktion des Senders, Autor und Regie eng zusammen. Sie entscheiden gemeinsam über die Besetzung der Leitungspositionen von verschiedenen am Dreh beteiligten Abteilungen, wie Kamera, Kostüm, Ausstattung, Szenenbild und Schnitt. Entsprechend können – Schauspieler nicht mitgerechnet – schnell zwischen 30 und 50 Personen an einer Produktion beteiligt sein. In der Postproduktion arbeiten wiederum Regie, Kamera-, Ton- und Schnittabteilung sehr intensiv zusammen. Verteilte oder sequenzielle Zusammenarbeit ist nicht möglich. Dies erfordert von den Beteiligten zeitliche Verfügbarkeit und außerdem häufig regionale Mobilität, insofern der Drehort in der Regel nach Drehbuch ausgewählt wird.

1.1.4 Arbeitsmarktsituation

Für 1997 wurde der Personalumfang der audiovisuellen Medienproduktion auf insgesamt circa 101.000 Erwerbstätige geschätzt (vgl. Baumann 2002b). Davon waren rund 42 Prozent (43.000) bei öffentlich-rechtlichen Sendern (davon circa 1/3 als Selbstständige) und 15 Prozent (16.000) bei privaten Sendern beschäftigt (davon circa 40 Prozent selbstständig, vgl. Baumann 2002b: 36). Der Bereich der Film-, Video- und Fernsehproduktion erreichte mit 42.400 Erwerbstätigen fast den gleichen Anteil am gesamten Beschäftigungsvolumen. Von diesen 42.400 Erwerbstätigen in den filmwirtschaftlichen Produktionsunternehmen waren 21.600 fest angestellt, waren 18.500 projektbezogen als freie Mitarbeiter tätig und 2.300 als »Hospitanten und Praktikanten«. Eine neuere Studie hat das Beschäftigungsvolumen der filmwirtschaftlichen Produktionsunternehmen im Jahr 2000 auf 32.000 sozialversicherungspflichtig Beschäftigte und 50.000 freie für ein Projekt eingebundene Mitarbeiter geschätzt (DIW 2002: 9).

Die durch eine Studie des Hans-Bredow-Instituts ermittelten Beschäftigtenzahlen für den privaten und öffentlich-rechtlichen Rundfunk erlauben darüber hinaus eine Betrachtung der Beschäftigungsentwicklung zwischen 1995 und 2004 (Hans-Bredow-Institut für Medienforschung 2006: 86f.): So sank zwischen 1995 und 2004 die Zahl der sozialversicherungspflichtig Beschäftigten der öffentlich-rechtlichen Sender leicht von rund 30.300 auf 29.400. Dabei nahm jedoch insbesondere der Anteil der fest angestellten Vollzeitkräfte ab (von 27.500 auf 24.000), während sich die Zahl der Teilzeitkräfte und der Auszubildenden auf 3.986 und 1.473 verdoppelte. Im selben Zeitraum ist allerdings die Zahl der sonstigen Mitarbeiter, also der Praktikanten, festen Freien und sonstigen Freien von insgesamt 17.600 auf 22.900 gestiegen. Somit erklärt sich die Zunahme an Erwerbstätigen insgesamt bei den öffentlich-rechtlichen Sendern (von 47.900 im Jahr 1995 auf 52.300 in 2004) vor allem durch den Anstieg atypischer Beschäftigungsverhältnisse, während der Anteil an sozialversicherungspflichtig beschäftigten Vollzeitkräften von 57 Prozent auf 45 Prozent gesunken ist. Beim privaten Fernsehen hingegen hat sich die Zahl der sozialversicherungspflichtig Beschäftigten zwischen 1995 und 2004 von 4.900 auf 12.700 mehr als verdoppelt, die Zahl der sonstigen freien Mitarbeiter dagegen von 1.550 im Jahr 1995 auf 650 in 2004 mehr als halbiert. Die Zahl der Praktikanten hat sich im selben Zeitraum verdoppelt (auf 660 im Jahr 2004) und die Zahl der festen Freien ist von 1.070 auf 1.780 gestiegen. Das Beschäftigungsvolumen der privaten Fernsehsender insgesamt hat sich von 7.800 auf 15.800 verdoppelt, wobei sich der Anteil an sozialversicherungspflichtig beschäftigten Vollzeitkräften von 60 Prozent auf 76 Prozent erhöht hat.

Der hohe Anteil an Selbstständigen und befristet Beschäftigten steht in engem Zusammenhang mit dem Wandel der Produktionsorganisation von der Inhouse-Produktion zur Produktion in Projektnetzwerken beziehungsweise mit den Outsourcing-Strategien der Sender. Produktionsaufträge werden an externe Produktionsfirmen vergeben, die teils auch wirtschaftlich oder rechtlich von den Sendern abhängig sind und die Erwerbstätige nur befristet sozialversicherungspflichtig oder freiberuflich einbinden. Insbesondere in der Boomphase der Film- und Fernsehwirtschaft in den 1990er-Jahren bestand eine große Nachfrage nach Personal, die einerseits Quereinstiege in die Branche förderte und später eine Ausweitung der Qualifizierungsangebote nach sich zog (vgl. am Beispiel des Medienclusters Köln: Baumann/Voelzkow 2004: 271). Während der Erwerbsstatus dieser befristet Beschäftigten häufig mit den Präferenzen der Produktionsfirmen und teils auch der Erwerbstätigen von Produktion zu Produktion variieren konnte, gilt seit 1999 eine schärfere rechtliche Grenzziehung. Produktionsfirmen müssen für Erwerbstätige, die sie trotz Weisungsgebundenheit nicht sozialversicherungspflichtig beschäftigen, gegebenenfalls Sozialversicherungsbeiträge nachzahlen. Zugang zu den Sozialversicherungsleistungen der Künstlersozialkasse haben zudem nur Selbstständige, die überwiegend freiberuflich und künstlerisch, nicht aber weisungsgebunden arbeiten und keine eigenen Angestellten haben. In der Künstlersozialkasse sind selbstständige Künstler und Publizisten für die Hälfte der Beiträge renten-, kranken- und pflegeversichert, die andere Hälfte wird aus öffentlichen Mitteln finanziert (vgl. Informationen zur Künstlersozialkasse, www.kuenstlersozialkasse.de, Zugriff 5.4.2007).

1.2 Architektur

1.2.1 Berufsgeschichte und Interessenvertretung

Die Geschichte des Berufsstandes der Architekten in Deutschland ist von der Entwicklung des staatlichen Baubeamtentums beeinflusst. Darin ähneln sie anderen Professionen beziehungsweise freien Berufen in Deutschland. Deren Herausbildung war »geprägt von staatlichen Institutionen und insbesondere einem Interesse an der Effektivitätssteigerung der öffentlichen Verwaltung« (Littek/Heisig/Lane 2005: 80).

Zuvor zeichneten verschiedene Berufsgruppen für unterschiedliche Segmente der Bauwirtschaft verantwortlich: Seit dem 17. Jahrhundert wurden vor allem die Hofarchitekten an Kunstakademien ausgebildet. Privat- und Sakralbauten wurden hingegen von Baumeistern geplant und durchgeführt. Somit existierten für die »Handwerker-Künstler« und die »Hof-Künstler« (Müller-Jentsch 2005) klar abgegrenzte Tätigkeitsfelder. Die Ausbildung der Baumeister, die vor allem aus den Maurer- und Steinmetzberufen stammten, stand in der mittelalterlichen Tradition der Vermittlung von Erfahrungswissen in Zünften und Bauhütten (Wiesand/Fohrbeck/Fohrbeck 1984: 60ff., 186ff.). Preußische Baubeamte wurden erstmals 1799 in der Berliner Bauakademie ausgebildet. Diese Ausbildung zielte fast ausschließlich auf eine spätere Tätigkeit im Staatsdienst; es war die erste planmäßige Technikerausbildung (Bolenz 1991: 287; vgl. Clark 1985: 536f.; Bolenz 1994). Bis in die 1860er-Jahre gab es in der Ausbildung jedoch keine Trennung zwischen Architektur/Hochbau, Bauingenieurwesen/Tiefbau sowie Maschinenbau (Bolenz 1991: 287).

Freiberufliche Architekten traten vermehrt erst auf, als seit den 1870er- und 1880er-Jahren immer weniger Absolventen des Baufachs der Technischen Hochschulen tatsächlich im Staatsdienst eine Stelle als Baubeamte fanden und im Zuge der Industrialisierung und des Bedeutungsgewinns bürgerlicher Schichten die Nachfrage nach repräsentativen Privatbauten stieg (Bolenz 1991: 217; Clark 1985: 531f.). Die Tätigkeit als freiberuflicher Architekt galt bis dahin nur als Übergangslösung zur Überbrückung der Wartezeit auf eine Beamtenstelle (Bolenz 1991: 217). Während der Zugang zu staatlichen Bauvorhaben zunächst nur den Baubeamten vorbehalten war, wurden private Bauprojekte überwiegend von Bauhandwerksmeistern als »Handwerker-Künstler« (Müller-Jentsch 2005: 162ff.) sowie von Baubeamten in Nebentätigkeit geplant und durchgeführt (Bolenz 1991: 252f.). Die Ausdifferenzierung der technischen Ausbildungswege in handwerkliches Niveau, Fachschul- und Hochschulniveau fand somit zunächst keine klare Entsprechung in der Abgrenzung der Tätigkeitsgebiete (ebd.: 292).

Die Unterschiede in der Ausbildung standen jedoch im Mittelpunkt von Identitätsbildungs- und Abgrenzungsprozessen. Sowohl Staatsbaubeamte, die sich sehr an den Juristen in der Verwaltung orientierten, als auch die privaten Architekten, die ein Studium an einer Technischen Hochschule absolvierten, identifizierten sich über ihre akademische Ausbildung und standen der Aufnahme künstlerischer Fächer wie der Bauformenlehre in den Fächerkanon der Baugewerbeschulen ablehnend gegenüber (Bolenz 1991: 290). Die freiberuflichen Architekten versuchten sich vor allem über künstlerische Leistungsfähigkeit zu definieren und diese den Staatsbaubeamten abzusprechen. So spalteten sie sich aus dem Berliner Ortsverein des Verbands deutscher Architekten und Ingenieure (VDAI; heute Deutscher Architekten- und Ingenieurverband, DAI), der bis dahin einzigen überregionalen, doch von Staatsbaubeamten dominierten Interessenorganisation, ab und gründeten 1876/77 die »Vereinigung zur Vertretung baukünstlerischer Interessen«. Ähnliche Abspaltungen der Freiberufler aus den Organisationen der Staatsbaubeamten fanden in anderen deutschen Großstädten statt (vgl. Bolenz 1991: 222f.; Wiesand/Fohrbeck/Fohrbeck 1984: 120). Aufgrund der einflussreichen Stellung der Baubeamten gelang es den Freiberuflern allerdings nicht, eine Monopolstellung im Hinblick auf Qualifikationen und Fachwissen zu erlangen, denn der Staat konnte auf die Baubeamten als Quelle von Sachverstand zurückgreifen (Bolenz 1991: 292).

Der wichtigste Verband der freiberuflichen Architekten, der 1903 gegründete Bund Deutscher Architekten (BDA), benutzte ebenfalls den Vorwurf des Mangels an Kreativität und künstlerischem Leistungsvermögen, um sich von Baubeamten und Bauunternehmern abzugrenzen. Der BDA versuchte, sich als künstlerische Elite der freiberuflichen Architekten zu etablieren, das Ansehen der freiberuflichen Architekten zu heben und ihnen Zugang zu den staatlichen Bauvorhaben zu verschaffen. Somit manifestieren sich die widersprüchlichen Anforderungen der Ausrichtung an Marktbedürfnissen und dem Selbstverständnis als Künstler (vgl. Blau 1984: 6ff.) besonders deutlich mit dem Aufkommen des freiberuflichen Architekten, und im Berufsverband BDA wurden nicht nur latent, sondern offensichtlich neben den ästhetischen professionspolitische Ziele (vgl. Müller-Jentsch 2005: 160) verfolgt. Insbesondere in seiner Gründungszeit wurden vornehmlich berühmte Architekten aufgenommen. Auch danach beruhte die sehr selektive Mitgliederrekrutierung auf vagen Kriterien und der Bewertung der baukünstlerischen Leistungen durch den Vorsitzenden eines BDA-Ortsvereines. Als sie ihre staatlichen und kommunalen Aktivitäten etwa auf Bauberatungen und kommunale Siedlungsprogramme ausweiteten, und auch wegen einer verstärkten Nebentätigkeit von Baubeamten im privaten Baumarkt nach dem Ersten Weltkrieg, verschlechterte sich die Marktsituation für die freiberuflichen Architekten. Infolgedessen versuchte der BDA, sich auch klar von angestellten akademischen Architekten abzugrenzen (Bolenz 1991: 225ff., 236ff.), die sich ihrerseits im Vergleich zu den berufsständischen, antigewerkschaftlichen Interessenorganisationen der Beamten und Freiberufler sowie zu den gewerkschaftlich organisierten Technikerverbänden nur schwer organisieren konnten (vgl. ebd.: 269ff.). Bereits vor dem Ersten Weltkrieg und erneut im Jahre 1920 versuchten der BDA, der VDAI und andere Vereine erfolglos, auf die Errichtung einer Architektenkammer und den Schutz des Titels »Architekt« hinzuwirken. Sie erreichten jedoch im Jahr 1920, dass der Zugang zur Planung staatlicher Bauvorhaben für Privatarchitekten geöffnet wurde. Zusätzlich bemühte sich der BDA verstärkt um Distinktion im Hinblick auf künstlerische Leistung und Qualität, indem er weiterhin sehr selektiv Mitglieder rekrutierte, in einer verbandlichen »Ehrenordnung« professionelle Normen kodifizierte und damit die an die Mitgliedschaft gebundene Bezeichnung »Architekt-BDA« bis heute erfolgreich als eine Art Gütesiegel etablierte (ebd.: 256ff.). Trotz der Differenzen zwischen den verschiedenen Organisationen der Baubeamten, freiberuflichen Architekten, Ingenieure und Techniker kooperierten sie bei der Regulierung der Preise für Dienstleistungen, indem sie sich schrittweise der vom VDAI 1868 entwickelten Gebührenordnung anschlossen und an ihrer Überarbeitung mitwirkten (ebd.: 274ff.).

Neben dem BDA gibt es auch heute weiterhin eine Vielzahl an berufsständischen Organisationen. Davon adressieren der BDA und der Verein freischaffender Architekten (VfA) vor allem freiberuflich tätige Architekten. Der Deutsche Architekten- und Ingenieurverband (DAI, zuvor VDAI) sowie der Bund Deutscher Baumeister und Ingenieure (BDB) richten sich sowohl an angestellte und verbeamtete als auch an freiberufliche Architekten und Ingenieure. Die Interessen der angestellten Architekten und Stadtplaner werden, insbesondere in den Gremien der Architektenkammer Nordrhein-Westfalen, von der Vereinigung Angestellter Architekten (VAA, in Nachfolge der Freien Liste Angestellter Architekten FLAA, die in der Architektenkammer die Angestellteninteressen repräsentierte) vertreten. Tarifpartner sind schließlich der 1981 gegründete Arbeitgeberverband Selbständiger Ingenieure und Architekten (ASIA) sowie die Dienstleistungsgewerkschaft Ver.di (zuvor IGBCE und DAG).

1.2.2 Regulierung der Architektentätigkeit

Architektenkammern als Selbstverwaltungsorgane des öffentlichen Rechts, um die sich der BDA bereits 1909 und 1920 erfolglos bemühte, wurden erst zwischen 1947 und 1971 (beziehungsweise 1991 bis 2005 in den neuen Bundesländern) auf Grundlage der Architektengesetze in den einzelnen Bundesländern eingerichtet. Im Rahmen der Selbstverwaltung wird der Zugang zur Architektentätigkeit durch die Überprüfung der individuellen Voraussetzungen der Eintragung in die Architektenliste reguliert (vgl. Clark 1985: 542; Wiesand/Fohrbeck/Fohrbeck 1984: 125f.). Die Verwendung des Titels Architekt wurde damit geschützt und an die Kammermitgliedschaft sowie die Eintragung in die Architektenliste gebunden. Außerdem wird ein Architekturstudium an einer Fachhochschule, Universität, Hochschule oder Akademie für Bildende Künste oder Gesamthochschule sowie eine zertifizierte (zwei- bis dreijährige) Berufspraxis vorausgesetzt. Die Architektenkammern als Körperschaften des öffentlichen Rechts kontrollieren zudem die Einhaltung der berufsrechtlichen Normen, die in den Architektengesetzen der Länder festgeschrieben sind. Indem sie sich auf den Marktzugang und die professionelle Praxis bezieht, ist die Regulierung der Dienstleistungserstellung vorgelagert und richtet sich an das einzelne Mitglied – ein typisches Kennzeichen des »kontinentalen Modells« der Professionalisierung (Littek/Heisig/Lane 2005). Zudem obliegt es den Architektenkammern, die berufsständischen Interessen der Architekten zu vertreten.

Im Kern definieren die Architektengesetze der Länder die beruflichen Aufgaben der Architekten als »gestaltende, technische und wirtschaftliche Planung von Bauwerken« (vgl. www.bak.de, Zugriff 6.2.2008); die detaillierten Berufspflichten können in den Berufsordnungen der einzelnen Kammern leicht variieren (vgl. Wiesand/Fohrbeck/Fohrbeck 1984: 128f.). Architekten, sowie unter bestimmten in den Bauordnungen der Länder festgelegten Bedingungen wie Kammermitgliedschaft auch Bauingenieure, sind bau- beziehungsweise planvorlageberechtigt. Sie dürfen also bei den zuständigen Behörden Bauanträge stellen (vgl. ebd.: 130f., sowie exemplarisch §70, Absatz 3 der Bauordnung des Landes Nordrhein-Westfalen BauO NRW). Aufgrund der Komplexität von Bauvorhaben nehmen Architekten innerhalb eines Bauprojekts traditionell die Rolle des »Agenten des Bauherren« ein, der nicht nur Pläne für Bauvorhaben entwirft, sondern auch Baugenehmigungen einholt und den Ausführungsprozess koordiniert und überwacht. So koordinieren Architekten als »Generalisten« die Zusammenarbeit der beteiligten Fachplaner, Baufirmen und Handwerker im gesamten Projekt (Ebers et al. 2000: 253ff.) und vermitteln klassisch zwischen Bauplanung und -umsetzung, Bauherren und öffentlichen Interessen sowie zwischen Angebot und Nachfrage an Bauleistungen (vgl. Syben 1997: 12ff.). Diese im gesamten Bauprozess zentrale und vermittelnde Rolle der Architekten wird jedoch tendenziell, und verstärkt durch die krisenhafte Entwicklung in der Baubranche seit der zweiten Hälfte der 1990er-Jahre, durch andere Baubeteiligte und neue Organisationsmodelle wie Generalunternehmer, Generalübernehmer und Projektentwickler infrage gestellt (Ebers et al. 2000: 255ff.; Syben 1997: 16ff.). Im Zuge dieser Entwicklung verlagern sich die Entscheidungs- und Kontrollrechte sowie die Risiken vom Bauherrn zu Dritten, insbesondere zu den ausführenden Firmen (vgl. Ebers et al. 2000: 255ff.).

Das Leistungsspektrum sowie die Projektphasen sind in der Honorarordnung für Architekten und Ingenieure (HOAI) definiert, die professionelle Praxis unterliegt zudem den Regulierungen der Architektengesetze und Bauordnungen der Länder. In der HOAI werden Mindest- und Höchstsätze für Architektenleistungen bestimmt. Sie löste 1977 die Gebührenordnung für Architekten aus dem Jahr 1950 und die Gebührenordnung der Ingenieure aus dem Jahr 1956 ab. Diese bundesweit geltende Preisverordnung, die den Preiswettbewerb zugunsten eines Leistungswettbewerbes der Architekten beschränken soll, stand und steht unter Veränderungsdruck. Dies wird am Beispiel der Diskussionen um eine geplante Novellierungen durch die Bundesregierung sowie um eine Anpassung an die EU-Richtlinien zur Dienstleistungs- und Niederlassungsfreiheit deutlich.[3]

Wie auch Film- und Fernsehproduktionen, unterscheiden sich Bauvorhaben hinsichtlich Größe, Dauer, Komplexität und Umfang. Dabei reicht das Spektrum von Planungen kleiner Umbauarbeiten oder Autostellplätze bis zur vergleichsweise komplexen, aufwendigen und umfangreichen Planung von Neubauten wie Einfamilienhäusern, Museen oder Einkaufszentren. Neben Umfang, Aufwand und Komplexität der Bauvorhaben variieren Projekte auch je nachdem, ob ein Architekt für einzelne Projektphasen oder für ein Gesamtprojekt beauftragt wird. Von diesen Faktoren hängt die Intensität und Dauer der Einbindung des Architekten ab. Architekten oder Architekturbüros, die für die gesamte Planung und die Koordination und Überwachung der Umsetzung eines Museumsneubaus verantwortlich sind, werden langfristig kaum in andere Projekte eingebunden sein. In einzelnen Projektabschnitten, insbesondere jedoch während der Koordinierung und Überwachung der Bauausführung und abhängig von den Fristen für die Fertigstellung, können jedoch Phasen entstehen, in denen sie andere Projekte akquirieren oder durchführen können. Die Wahrscheinlichkeit, mehrere Projekte gleichzeitig bearbeiten zu können, ist größer, wenn diese weniger oder unterschiedlich umfangreich sind. Der Umbau eines Einfamilienhauses

---

3 Vgl. die Stellungnahmen der Bundesarchitektenkammer vom 29.4., 23.6. und 18.12.2003, vom 1.9.2005 sowie vom 8.2.2008 und März 2008 unter www.bak.de, Stellungnahme der Architektenkammer Nordrein-Westfalen vom 26.2.2008, www.aknw.de, jeweils Zugriff am 20.6.2008.

etwa lässt sich in einigen Wochen planen, gleichzeitig können für andere Bauvorhaben Ausschreibungen innerhalb weniger Tage erstellt oder Bauleitungsfunktionen wahrgenommen werden.

Die einzelnen Projektphasen sind in der Honorarordnung für Architekten und Ingenieure (HOAI) definiert und umfassen den Entwurf (die Leistungsphasen Grundlagenermittlung, die Vorplanung, Entwurfsplanung), die Genehmigungsplanung (also das Einholen von Baugenehmigungen durch Planvorlageberechtigte), die Werk- oder Ausführungsplanung, die Vorbereitung der Vergabe, Mitwirkung bei der Vergabe, Bauleitung oder Objektüberwachung, Objektbetreuung sowie Dokumentation. In diesen Phasen werden nach den Vorgaben des Bauherrn Baupläne erstellt. Bauleistungen werden ausgeschrieben und vergeben, ihre Ausführung wird durch die Bauleitung kontrolliert. Sowohl Architekten als auch Bauhandwerker sind in der Lage, Bauleitungsfunktionen übernehmen.

Diese verschiedenen Phasen erstrecken sich, je nach Größe des Projekts, von wenigen Wochen bis zu mehreren Wochen, Monaten oder gar Jahren. Architekten können für alle oder einzelne Phasen beauftragt werden. Innovativität und Prestige der einzelnen Projektarten und Leistungsphasen variieren ebenfalls, wobei der Entwurf von Neubauten stärker der künstlerisch-kreativen Ausrichtung der Architektenausbildung entspricht und es eher ermöglicht, unter Berufskollegen Reputation zu erlangen. Neben der Entwurfsqualität sind für Bauherren die Ausführungsplanung und Bauleitung von großer Bedeutung, da deren Qualität die Kosten und Dauer des Vorhabens maßgeblich prägen. Für Laien ist es prinzipiell schwierig, die Tätigkeiten in den einzelnen Leistungsphasen zu beurteilen; die detaillierte Beschreibung der Tätigkeiten in der HOAI, die in den Architektengesetzen definierten Berufsnormen und Baugesetze, erleichtert dies jedoch.

Des Weiteren sind die Aufgabenbereiche der Architekten weniger eng umgrenzt als die der Fernseh- und Filmschaffenden. Architekten können in verschiedenen Leistungsphasen arbeiten. Traditionell haben sie im Planungs- und Bauprozess die Funktion, zwischen Bauherren und anderen am Bauvorhaben Beteiligten zu vermitteln und Planung und Umsetzung zu koordinieren (vgl. Syben 1997: 13ff.). In den Planungsprozess werden je nach Projekterfordernissen auch Fachplaner im Bereich Statik, Haustechnik oder Brandschutz einbezogen. Bei der Umsetzung des Bauvorhabens sind schließlich Baufirmen für die verschiedenen Gewerke involviert, deren Zusammenarbeit von der Bauleitung koordiniert und überwacht wird. Die am Bauvorhaben Beteiligten arbeiten jedoch eher sequenziell als simultan und weniger interdependent zusammen. Zwar ist es erforderlich, dass Fachplaner und Architekten sich immer wieder untereinander und mit dem Bauherrn abstimmen, doch müssen die einzelnen Aufgaben nicht gleichzeitig und am gleichen Ort erledigt werden, wenngleich Architekten häufig innerhalb eines begrenzten Einzugsbereiches tätig sind.

1.2.3 Struktur und wirtschaftliche Situation der Architekturbüros

Im Jahr 2008 war die Hälfte (55.000) der rund 110.000 Architekten und Stadtplaner (davon mit ähnlichen Anteilen der verschiedenen Erwerbsformen 95.000 Hochbauarchitekten) freischaffend tätig, sei es als Dienstleister für andere Architekturbüros oder Baufirmen oder als Büroinhaber. Rund 46.700 Architekten und Stadtplaner waren angestellt und 4.200 beamtet (Bundesarchitektenkammer 2008). Die Mehrheit der Architekturbüros ist, wenn man die Zahl der dort tätigen Personen zugrunde legt, sehr klein: In über 92 Prozent der 85.000 in der Dienstleistungsstatistik des Statistischen Bundesamtes erfassten Architektur- und Ingenieurbüros sind weniger als neun Personen tätig (Statistisches Bundesamt 2006). Ein noch stärker differenziertes Bild ergibt sich aus zwei bundesweiten Befragungen der freischaffenden Mitglieder der Architektenkammern: Im Jahr 2007 waren in 85 Prozent aller befragten Architekturbüros außer den Inhabern nur bis zu vier Personen tätig (2004: 81 Prozent), 41 Prozent der Büros werden ohne Mitarbeiter betrieben (2004: 42 Prozent) und in nur 4 Prozent der befragten Büros sind außer den Inhabern zehn und mehr Personen in Vollzeit beschäftigt (2004: 6 Prozent, Hommerich/Ebers 2008: 29f.; 2006: 11f.). Diese Dominanz von kleinbetrieblichen Organisationsstrukturen und der hohe Anteil von Selbstständigen an der Zahl der Erwerbstätigen ist ebenfalls typisch für die Orientierung von Professionen in Deutschland am Ideal des Freien Berufs (Littek/Heisig/Lane 2005: 77).

Die Größe der Büros hat offenbar einen Einfluss auf die Personalpolitik, Spezialisierung, Auftragsakquise und den Umsatz: Größere Büros setzen häufiger auf einzelne Leistungsphasen spezialisierte Architekten oder auch Bauingenieure ein (Raabe 2004), während kleine Büros und Freiberufler kaum in der Lage sind, sich zu spezialisieren und gezielt Aufträge auszuwählen oder auszuschlagen.

Weiterhin gibt es Unterschiede im Leistungsspektrum: Nach einer Bürobefragung der freischaffenden Mitglieder der Architektenkammern im Auftrag der Bundesarchitektenkammer wurden 2007 76 Prozent der Leistungen innerhalb der Honorarordnung für Architekten und Ingenieure (HOAI) erbracht, zum Großteil im Bereich der Objektplanung. Büros mit mehr als zehn Mitarbeitern konzentrieren sich dabei eher auf Leistungen im Neubau, kleinere Büros wählen häufiger den Schwerpunkt Sanierung, Umbau und Modernisierung. Auch bei den Leistungen außerhalb der HOAI gibt es Unterschiede in der Spezialisierung. Für kleinere Büros spielen Sachverständigentätigkeiten eine größere Rolle, für große Büros eher Projektentwicklungstätigkeiten (Hommerich/Ebers 2008: 14f.; 2006: 6).

In Bezug auf die räumliche Mobilität ist festzustellen, dass sich Architekten in der Regel auf ein bestimmtes Einzugsgebiet konzentrieren. Die im Jahre 2004 befragten freischaffenden Mitglieder der Architektenkammern gaben an, dass 88 Prozent ihrer Auftraggeber aus dem jeweils eigenen Bundesland kamen. Dabei ist die regionale Konzentration bei kleineren Büros noch ausgeprägter, und die Größe beschränkt auch den Wettbewerb mit ausländischen Büros (Hommerich/Ebers 2006: 7f.; Raabe 2004).

Die Struktur der Auftraggeber variiert ebenfalls mit der Bürogröße: Insgesamt waren vier Fünftel der Auftraggeber der 2004 befragten freischaffenden Mitglieder der Architektenkammern private und nur ein Fünftel öffentliche Auftraggeber, wobei öffentliche Auftraggeber mit einem Anteil von 36 Prozent für Büros mit mehr als zehn Mitarbeitern eine größere Rolle spielten. Von den privaten Auftraggebern waren über die Hälfte private Bauherren und 37 Prozent gewerbliche Auftraggeber, allerdings unterschied sich die Struktur der Auftraggeber wiederum nach Bürogröße. Gewerbliche Auftraggeber haben mit einem Anteil von 64 Prozent der privaten Aufträge einen höheren Stellenwert für größere Büros als für Ein-Personen-Büros (29 Prozent der privaten Aufträge), während private Bauherren 62 Prozent der privaten Aufträge von Ein-Personen-Büros, aber nur 30 Prozent der privaten Aufträge der Büros mit mehr als zehn Mitarbeitern stellen (Hommerich/Ebers 2006: 48ff.). Auch die Teilnahme an Wettbewerben ist eher für größere Büros wichtig: Eine Befragung von 2.500 Mitgliederbüros des Bundes Deutscher Architekten bestätigte, dass Wettbewerbe nur für 20 Prozent der Büros ohne Mitarbeiter, jedoch für 80 Prozent der Büros mit mehr als zehn Mitarbeitern für die Auftragsakquise von Bedeutung sind. Ein weiteres interessantes Ergebnis der Befragung der BDA-Mitglieder ist, dass für die Auftragsakquise persönliche Kontakte und Empfehlungen durch Dritte für kleinere Büros einen überragenden Stellenwert einnehmen: Für 60 bis 70 Prozent der Büros mit weniger als zehn Mitarbeitern, jedoch für 50 Prozent der Büros mit mehr als zehn Mitarbeitern spielten Empfehlungen durch Dritte eine Rolle. Sonstige persönliche Kontakte stellen für 60 Prozent der Büros ohne Mitarbeiter, jedoch nur für 40 Prozent der Büros mit mehr als sechs Mitarbeitern die wichtigste Akquisemethode dar (BDA).

Schließlich gibt es Hinweise darauf, dass sich mit zunehmender Bürogröße die wirtschaftliche Situation der Büros verbessert: Gemäß einer Befragung des Instituts für Wirtschaftsforschung im Jahr 2003 erwarteten größere Architektur- und Ingenieurbüros eher Umsatzsteigerungen (Institut für Wirtschaftsforschung 2006). Zwei bundesweite Befragungen von freischaffenden Mitgliedern der Architektenkammern in den Jahren 2004 und 2007 verwiesen ebenfalls auf steigende Umsätze und Gewinne der Büros mit der zunehmenden Bürogröße (Hommerich/Ebers 2006: 10ff.; 2008: 6). Die Strukturerhebung des Statistischen Bundesamtes des Jahres 2004 ergab schließlich, dass die wenigen Büros mit mehr als zwanzig Beschäftigten (2,7 Prozent von 84.750) 47 Prozent des Gesamtumsatzes aller Architektur- und Ingenieurbüros (31,6 Mrd. Euro, davon zwei Drittel in Ingenieurbüros) erwirtschaftet haben (Statistisches Bundesamt 2006).

Mehr als drei Viertel der 84.750 Architektur- und Ingenieurbüros, die 2004 in der Strukturerhebung des Statistischen Bundesamtes erfasst wurden, sind Einzelunternehmen mit überwiegend weniger als 250.000 Euro Jahresumsatz, 10.660 Büros sind Personengesellschaften und nur 1.730 Büros sind Kapitalgesellschaften (Statistisches Bundesamt 2006). Auch eine bundesweite Befragung der freischaffenden Architekten aus dem Jahr 2007 bestätigt, dass das Einzelunternehmen mit einem Anteil von 78 Prozent die häufigste Rechtsform der Architekturbüros darstellt, 15 Prozent der Büros sind Gesellschaften bürgerlichen Rechts und 4 Prozent Kapitalgesellschaften (Hommerich/Ebers 2008: 11). Von den Einzelunternehmen liegt der Anteil an Büros mit über 250.000 Euro Jahresumsatz bei 10,6 Prozent, verglichen mit 60,5 Prozent bei den Kapitalgesellschaften (Statistisches Bundesamt 2006).

Die wirtschaftliche Situation im Bauplanungsmarkt ist angespannt (vgl. Hommerich/Ebers 2008: 11; 2006: 5). Zwischen 1995 und 2002 haben sich sowohl die Anzahl der Architekturbüros (um 1.500) als auch der Branchenumsatz (von 9,5 auf 7,5 Mrd. Euro) reduziert (Welter 2005a). Das Institut für Wirtschaftsforschung berichtet 2006 von einem Rückgang der Investitionen im Wohnungsbau um 20 Prozent und einer Verringerung der öffentlichen Investitionen um 25 Prozent innerhalb von 6 Jahren. Für 2006 und 2007 wurde eine leichte Trendwende erwartet, insbesondere durch eine Zunahme der Investitionen von Unternehmen beziehungsweise gewerblichen Auftraggebern. Im ersten Quartal 2006 verbesserten sich erstmals die Geschäftserwartungen, nachdem diese sich seit 2004 zunehmend verschlechtert hatten (Institut für Wirtschaftsforschung 2006). Diese Einschätzung wurde jedoch von weniger nordrhein-westfälischen Architektur- und Stadtplanerbüros im Herbst 2006 geteilt: Der Anteil an den 335 befragten Architektur- und Stadtplanerbüros bei der Umfrage der nordrhein-westfälischen Architektenkammer im November 2006, der eine Verbesserung der Auftragssituation erwartete, war seit Mai 2006 von 36 Prozent auf 28 Prozent gesunken, 34 Prozent der befragten Architektur- und Stadtplanerbüros erwarteten hingegen eine Verschlechterung der Auftragslage (Hommerich 2006).

1.2.4 Arbeitsmarktsituation

Seit Mitte der 1990er-Jahre hat sich die Arbeitsmarktsituation für Architekten zunehmend angespannt: Nach einer Studie der Bundesagentur für Arbeit steht den seit 1993 konstant hohen Absolventenzahlen seit 2000 eine fast halbierte Nachfrage gegenüber, die 2003 ihren Tiefpunkt erreichte (Raabe 2004). Die Zahl der arbeitslosen Bauingenieure und Architekten hat sich zwischen 1994 und 2004 verdreifacht (Abbildung 1), die Arbeitslosenquote bei den Architekten

Abbildung 1 Entwicklung der Arbeitslosenzahlen bei Bauingenieuren und Architekten, 1994–2004

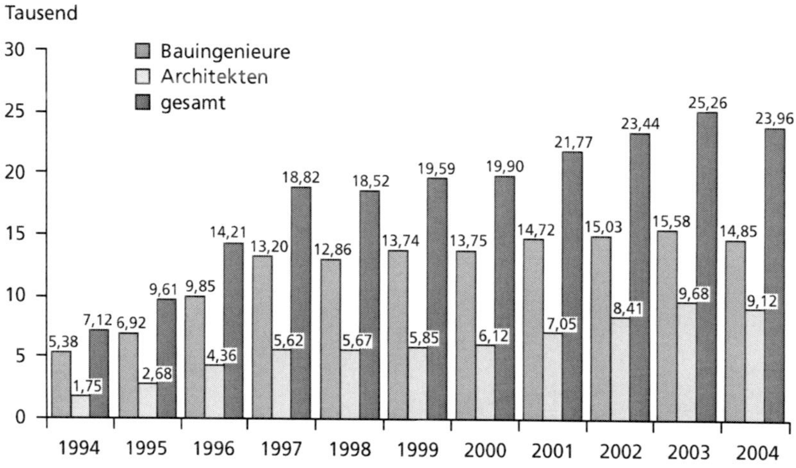

Quelle: Arbeitslosenstatistik der Bundesagentur für Arbeit, http://bundesingenieurkammer.de/ingenieur_statistik.htm, Zugriff 13.10.2006.

ist zwischen 1999 und 2003 von 4,9 Prozent auf 8,1 Prozent gestiegen (Statistisches Bundesamt 2005).

Nach Einschätzung der nordrhein-westfälischen Architektenkammer führt die anhaltend schlechte Konjunktur bei den Angestellten zu höherer Arbeitslosigkeit sowie einem späteren Wechsel in die Selbstständigkeit (Mattauch 2006). Die Bundesarchitektenkammer prognostizierte, dass ein Drittel der Architekten zukünftig ihren Beruf aufgeben müsse und sich Tätigkeitsschwerpunkte insgesamt vom klassischen Bereich Entwurf hin zu Beratungs- und Dienstleistungstätigkeiten, Projektentwicklung, Bauen im Bestand und zum ökologischen Bauen verschieben (Welter 2005a). Da seit 1994 auch bei den Bauingenieuren die Arbeitslosigkeit ansteigt (Statistisches Bundesamt 2005) und auch diese sich neue Tätigkeitsbereiche erschließen müssen, ist offen, in welchem Ausmaß sich mit dem Verschieben des Tätigkeitsschwerpunktes die Konkurrenz zwischen Bauingenieuren und Architekten verstärkt (Welter 2005b; Raabe 2004).

Die schlechte Arbeitsmarktsituation erschwerte zum einen den Wiedereinstieg älterer arbeitsloser Architekten in die Erwerbstätigkeit. Die Arbeitslosigkeit dauerte im Jahr 2003 durchschnittlich 285 Tage, für Personen unter 35 Jahren nur 160 Tage, für Architekten über 50 aber durchschnittlich 400 Tage. Allerdings ist der Anteil von über 50-Jährigen an den Arbeitslosen bei den Architekten mit

20 Prozent deutlich geringer als in anderen Ingenieurberufen (Raabe 2006: 6). Zum anderen wird der Berufseinstieg von Absolventen problematischer: Absolventen beginnen die Erwerbsphase häufig mit Praktika und befristeten Stellen oder »sonstigen Tätigkeiten«, wobei für die Arbeitssuche Kontakte, die bereits während des Studiums zu Architekturbüros geknüpft wurden, eine große Rolle spielen (Raabe 2004). Der Anteil der 30-Jährigen an den arbeitslosen Architekten liegt mit 12 Prozent über dem Durchschnitt anderer Ingenieurberufe (Raabe 2006: 6).

Die Befragung von Absolventen durch das Hochschul-Informations-System im Auftrag des BMBF, die seit 1989 im Vier-Jahres-Turnus durchgeführt wird, ermöglicht detailliertere Einblicke in den Übergang vom Studium ins Erwerbsleben (Briedis/Minks 2003).[4] Auffällig sind hierbei Unterschiede zwischen Architekten und Bauingenieuren im Übergang zur Erwerbstätigkeit. Unter den Absolventen des Jahrganges 2001 war den Bauingenieuren eine schnellere Integration in die (selbstständige wie nichtselbstständige) »reguläre Erwerbstätigkeit« möglich als den Architekten: 70 Prozent der Absolventen aus dem Bereich Bauingenieur- oder Vermessungswesen waren bereits innerhalb von vier Monaten nach Studienabschluss »regulär erwerbstätig«, 70 Prozent der Architekten erst nach circa zehn Monaten (Briedis/Minks 2003: 59). Der Anteil der Architekten, die in ihrer ersten Tätigkeit in der Privatwirtschaft in einer unbefristeten Vollzeitstelle arbeiteten, ist mit 33 Prozent (Fachhochschul-Diplom) beziehungsweise 28 Prozent (Universitätsabschluss) deutlich geringer als der Anteil der Bauingenieure mit 64 Prozent (Fachhochschule) beziehungsweise 56 Prozent (Universität; Briedis/Minks 2003: 120). Demgegenüber ist der Anteil der Selbstständigen unter den Architekten in der ersten Tätigkeit nach Studienabschluss fünf Mal (Fachhochschule: 29 Prozent) beziehungsweise sieben Mal (Universität: 28 Prozent) so hoch wie der Anteil selbstständiger Bauingenieure (6 Prozent Fachhochschule, 4 Prozent Universität; Briedis/Minks 2003: 129). Auffällig ist zudem der bei den Architekten – im Vergleich zu den Bauingenieuren und zu den anderen Absolventen – überdurchschnittlich hohe Stellenwert von Werk- und Honorartätigkeiten in den ersten zwölf Monaten nach Studienabschluss (Briedis/Minks 2003: 63f.). Architekten sind zudem auch überdurchschnittlich

4 Dazu wird eine Stichprobe aus jedem vierten Jahrgang seit 1989 zuerst etwa ein Jahr, und dann erneut circa fünf Jahre nach Studienabschluss befragt. Stichprobengrößen: Jahrgang 1989: insgesamt 8.201 Absolventen (davon 204 Architekten und 387 Absolventen mit Abschlüssen im Bauingenieur- oder Vermessungswesen); Jahrgang 1993: insgesamt 11.167 Absolventen (davon 381 Architekten und 403 Absolventen mit Abschlüssen im Bauingenieur- oder Vermessungswesen); Jahrgang 1997: insgesamt 9.586 Absolventen (davon 335 Architekten und 358 Absolventen mit Abschlüssen im Bauingenieur- oder Vermessungswesen); Jahrgang 2001: insgesamt 8.103 von 33.000 gemeldeten Absolventen (davon 361 Architekten und 382 Absolventen mit Abschlüssen im Bauingenieur- oder Vermessungswesen; Briedis/Minks 2003: 159f.).

häufig bereits während des Studiums freiberuflich tätig (von den Absolventen des Jahrgangs 2001 27 Prozent Fachhochschule, 35 Prozent Universität zu 17 Prozent beziehungsweise 19 Prozent im Durchschnitt aller Absolventen, Briedis/Minks 2003: 14), innerhalb der ersten vier Monate nach Studienabschluss arbeiteten circa 8 Prozent der Absolventen, nach zwölf Monaten noch etwa 5 Prozent der Absolventen mit Werk- und Honorarverträgen.

Bei den Architekten macht sich die Konjunktur der Bauwirtschaft beim Übergang in die Erwerbstätigkeit bemerkbar, insofern die Absolventen der Jahrgänge 1989 und 1993 schneller in eine reguläre Erwerbstätigkeit integriert wurden als die Absolventen der Jahrgänge 1997 und 2001. Die Absolventen des Jahrganges 1997 waren durch die nachlassende Nachfrage nach Planungsdienstleistungen seit Mitte der 1990er-Jahre besonders betroffen. Die Mitte der 1990er-Jahre beginnende Krise der Bauwirtschaft führte offenbar nicht nur zu einer verspäteten Integration in reguläre Erwerbstätigkeit, sondern auch zu einem selbst für Architekten überdurchschnittlich hohen Anteil von Honorar- und Werkvertragstätigkeiten im Anschluss an das Studium: Zwischen 15 und 20 Prozent der Absolventen des Jahrgangs 1997 übte in den ersten zwölf Monaten nach Studienabschluss eine Honorar- oder Werkvertragstätigkeit aus. Bei den Absolventen eines Architekturstudiums an der Universität stieg der Anteil sogar von 15 Prozent innerhalb von drei Monaten nach Studienabschluss im Jahr 1997 auf über 20 Prozent nach zwölf Monaten (Briedis/Minks 2003: 63f.). Außerdem war der Anteil der Absolventen der Jahrgänge 1997 und 2001, die nach dem Studienabschluss zunächst einen Übergangsjob ausübten, höher als der der Absolventen der Jahrgänge 1989 und 1993 (1997 und 2001: 7 bis 9 Prozent der Absolventen 12 Monate nach Studienabschluss, 1989 und 1993: 1 bis 2 Prozent zwölf Monate nach Studienabschluss, Briedis/Minks 2003: 69f.). Ebenso liegt der Anteil der arbeitslosen Absolventen der Jahrgänge 1997 und 2001 höher als der der früheren Jahrgänge, und zwar bei 8 bis 10 Prozent in den zwölf Monaten nach Studienabschluss im Vergleich zu 2 bis 4 Prozent bei den Absolventen der Jahrgänge 1989 und 1993 (vgl. Briedis/Minks 2003: 77f.).

1.3 Zusammenfassung

Sowohl Bau- und Bauplanungsvorhaben als auch Film- und Fernsehproduktionen sind projektförmig organisiert. Projektbezogen arbeiten verschiedene Beteiligte zusammen, das Projektziel ist vorab relativ präzise definiert, die Dauer der Zusammenarbeit ist zeitlich begrenzt. Gemeinsam sind den Bauplanungs- und den Film- oder Fernsehprojekten des Weiteren die Einzigartigkeit und Innovativität des Produktes, der große Aufwand und Stellenwert der Kreation im Vergleich zur Reproduktion und die hohen Flexibilitätsanforderungen an die Beteiligten. Die Projektorganisation in beiden Bereichen unterscheidet sich jedoch im Hinblick auf die Ausdifferenzierung und Begrenzung der Tätigkeitsbereiche sowie das Ausmaß an Interdependenz der Projektbeteiligten: Die Organisation von Film- und Fernsehproduktionen ist vertikal und horizontal ausdifferenziert und Aufgabenbereiche sind relativ eng zugeschnitten, während Architekten prinzipiell in allen Planungsphasen tätig sein können. Außerdem sind Film- und Fernsehschaffende für die gesamte Produktionsdauer so intensiv eingebunden, dass sie nur sequenziell an verschiedenen Projekten beteiligt sein können. Im Bereich der Bauplanung hingegen variiert die Auslastung sehr, und abhängig von der Projektgröße arbeiten Architekten oft in mehreren Projekten gleichzeitig.

Auch hinsichtlich der Entwicklung und der Arbeitsmarktverfasssung gibt es markante Unterschiede zwischen Architektur und Film- und Fernsehindustrie, die im Folgenden sowie in Tabelle 1 zusammengefasst werden.

Die verschiedenen Filmberufe haben sich seit den 1920er-Jahren ausdifferenziert. Sie definieren sich über die technischen Funktionen, doch Berufsbezeichnungen und Ausbildung sind bis heute nicht standardisiert und geschützt. Zusätzlich zur traditionellen und noch immer sehr verbreiteten Praxis des praktischen Lernens und des Aufstiegs durch Assistenztätigkeiten existiert eine Vielzahl von Ausbildungs- und Studiengängen. Die Vielfalt der Zugangswege und Qualifikationsprofile der Filmschaffenden steht im Kontrast zur Zugangsregulierung für Architekten.

Die Akademisierung und Vereinheitlichung der Architektenausbildung wurde hingegen bereits im 18. und 19. Jahrhundert, zunächst von staatlicher Seite, vorangetrieben, um die Qualifikation der Staatsbaubeamten sicherzustellen. Um die künstlerische Ausrichtung waren vor allem die freiberuflichen Architekten bemüht. Damit wollten sie sich von Handwerksmeistern und Staatsbaubeamten abgrenzen und sich den Zugang zu Planungsvorhaben sichern. Für die Zugangsregulierung treten seit Beginn des 20. Jahrhunderts der Bund Deutscher Architekten als Vertretung der freiberuflichen Architekten gemeinsam mit dem Verband deutscher Architekten und Ingenieure als Repräsentant der Staatsbaubeamten sowie mit anderen Berufsverbänden ein (vgl. Bolenz 1991). Heute sind Architekten als Berufsgruppe stark professionalisiert: Der Zugang zur Architektentätigkeit sowie die Tätigkeit selbst wird durch Bauordnungen und Architektengesetze definiert, deren Einhaltung die seit den 1950er-Jahren gegründeten Kammern garantieren sollen. Die Berufsbezeichnung Architekt ist im Gegensatz zu den Filmberufen geschützt und mit einem begrenzten Dienstleistungsmonopol verbunden, der in den Bauordnungen festgeschriebenen Planvorlageberechtigung. Die Kammern vertreten ebenfalls die Interessen der Architekten.

Tabelle 1 Charakteristika der Projektarbeitsmärkte

	Architektur	Film- und Fernsehindustrie
Beginn der Entstandardisierung von Beschäftigung	Privatarchitekten als wichtige Gruppe seit der Sättigung des Arbeitsmarktes für Staatsbaubeamte und steigender Nachfrage im privaten Planungsmarkt ab ca. 1870	Beginn der Vergabe von Programmproduktionen an private Produktionsfirmen mit der Etablierung des ZDF 1961 mit der Einführung des dualen Rundfunksystems 1984 Verschiebung von der Eigenfertigung zur Fremdproduktion in Projektnetzwerken
Anteil an Selbstständigen	um 50 Prozent	zwischen 30 und 60 Prozent bei Annäherung der Anstellungsverhältnisse an freie Mitarbeit aufgrund der Befristung der Beschäftigung
Professionalisierung	Etablierung von Kunst- und Bauakademien für die Ausbildung von Hofbaumeistern und später Baubeamten seit dem 17. und 18. Jahrhundert Qualifikationsbasierte Zugangsregulierung zum Planungsmarkt (Architekturstudium, Berufserfahrung und Kammermitgliedschaft) mit den Architektengesetzen der Bundesländer seit 1947	Ausdifferenzierung der Filmberufe seit den 1920ern, doch bis heute keine einheitlichen Qualifikationsanforderungen Heterogenität der Ausbildungswege und Qualifikationsprofile der Filmschaffenden Dominanz von informellem, erfahrungsbasiertem Lernen
Unternehmensstruktur	Dominanz von kleinen Architekturbüros mit weniger als neun Personen (neben Behörden, Unternehmen der Immobilienwirtschaft und wenigen großen Büros)	Dominanz kleiner Produktionsfirmen mit wenigen Festangestellten (neben Sendern und wenigen großen Studios und Produktionsfirmen)
Interessenvertretung	Dominanz berufsständischer Interessenorganisation: – Architektenkammern, zusätzlich Vielzahl von unterschiedlich großen und einflussreichen Berufsverbänden für freiberufliche, beamtete und angestellte Architekten – geringe gewerkschaftliche Organisation und Tarifbindung in kleinen Architekturbüros	stark fragmentiert: – Vielzahl kleiner Berufsverbände – geringe gewerkschaftliche Organisation und Tarifbindung im freien Produktionsmarkt
Soziale Sicherung	Versorgungswerke der Architektenkammern, Sozialversicherungspflicht für angestellte Architekten	für Freiberufler: Künstlersozialkasse, Sozialversicherungspflicht für angestellte Filmschaffende

Daneben existiert eine große Vielfalt von Berufsverbänden, von denen sich der BDA vorwiegend auf die Interessen der freiberuflichen Architekten konzentriert; er konnte die BDA-Mitgliedschaft erfolgreich als eine Art »Qualitätssiegel« etablieren. Daneben gibt es weitere Verbände, deren Mitglieder sich entweder ausschließlich aus bestimmten Beschäftigtengruppen (Freiberufler, Angestellte und Beamte) rekrutieren oder die für alle Architekten offen sind. Außerhalb der Behörden und der wenigen großen Unternehmen gibt es jedoch kaum gewerkschaftlich organisierte Architekten und ihre Tarifbindung ist gering.

Die Vertretung der Interessen der Filmschaffenden oszillierte bislang zwischen den Polen der berufsständischen und einheitsgewerkschaftlichen Organisation. Aus dem Zusammenschluss von Berufsverbänden, die sich bereits in den 1920er-Jahren etablierten, und der 1949 gegründeten gewerkschaftlichen Vertretung der Kunst- und Filmschaffenden entstand eine in Berufsgruppen untergliederte Gewerkschaft der Filmschaffenden, deren berufsbezogene Binnendifferenzierung aber schrittweise aufgehoben wurde. Gemeinsam mit den Vertretern von Rundfunk- und Fernsehbeschäftigten bildeten die Filmschaffenden schließlich eine Fachgruppe Rundfunk/Film/Audiovisuelle Medien in der IG Medien und schließlich verschiedene Bereiche innerhalb des Fachbereichs Medien, Kunst und Industrie in der Vereinten Dienstleistungsgewerkschaft Ver.di. Parallel haben in den 1980ern wiederum Berufsverbände begonnen, sich zusammenzuschließen. Heute ist die Interessenvertretung weitgehend fragmentiert. Sowohl Berufsverbände, die nur einen Teil der Freischaffenden organisieren, und hier vor allem Filmschaffende (und weniger Erwerbstätige im aktuell-dokumentarischen Bereich), sowie Gewerkschaften, die bislang in der Vertretung von Beschäftigten in Rundfunk- und Fernsehanstalten stärker waren, bemühen sich um stärkere Anerkennung und wirksame Vertretung der Film- und Fernsehschaffenden.

Die Zulassung des Privatfernsehens in den 1980er-Jahren markierte schließlich einen Wandel in der Produktionsorganisation, der auch für den Arbeitsmarkt der Film- und Fernsehschaffenden weitreichende Veränderungen auslöste. Die privaten Fernsehsender verfügten nicht über die organisationsinternen Kapazitäten zur Eigenproduktion von Sendeinhalten und kauften diese daher zunächst zu. Aufgrund der hohen Nachfrage nach kulturspezifischen Inhalten begannen sie jedoch bald, externe Produktionsunternehmen mit der Herstellung von Sendeinhalten zu beauftragen. In der Folge wuchs der Produktionsmarkt und die Nachfrage nach qualifizierten Beschäftigten für die Auftragsproduktionen überstieg bald das Angebot an freiberuflichen Film- und Fernsehschaffenden. Aufgrund des gestiegenen Konkurrenz- und Kostendrucks gingen schließlich auch öffentlich-rechtliche Sender dazu über, vermehrt vor allem fiktionale Sendeinhalte durch externe Produktionsfirmen herstellen zu lassen. Der Anstieg der Beschäftigung im freien Produktionsmarkt und die Outsourcing-Strategien und Personaleinsparungen der öffentlich-rechtlichen Sender ließen die Anzahl atypischer Beschäftigungsverhältnisse erheblich zunehmen. Diese sind auf die Produktionsdauer befristet und nicht durch Tarifverträge geregelt. Nur ein sehr kleiner Teil der Produktionsfirmen ist tarifgebunden und hat Betriebsräte, der Organisationsgrad der Beschäftigten außerhalb der Sender ist gering. Die Befristung der Beschäftigung in Film- oder Fernsehprojekten auf die Produktionsdauer impliziert sowohl für Freiberufler als auch für sozialversicherungspflichtig Beschäftigte regelmäßige Erwerbsunterbrechungen, eine ständige Suche nach Anschlussbeschäftigung sowie eine größere Eigenverantwortung in Bezug auf die Absicherung von Risiken wie Krankheit, Arbeitslosigkeit und des Alters. Die Verkürzung des Zeitraums für den Erwerb von Ansprüchen auf Arbeitslosengeld verschärfte diese Situation zusätzlich. Während der Medienkrise, die 2001 einsetzte, sank zudem die Arbeitskraftnachfrage und Beschäftigungs- sowie Aufstiegsmöglichkeiten wurden noch unsicherer.

Nach dem Aufschwung der Baubranche infolge der deutschen Wiedervereinigung hat sich seit Mitte der 1990er-Jahre auch die Arbeitsmarktsituation für Architekten verschlechtert. Der Anteil an freiberuflichen Architekten ist mit fast 50 Prozent im Vergleich zu anderen Berufsgruppen sehr hoch, jedoch ist dies nicht das Resultat der Outsourcing-Strategien, wie in der Fernsehindustrie, sondern entspricht dem Ideal des Freien Berufs und hat eine lange Tradition. Viele der freischaffenden Architekten haben ein eigenes Büro, einige sind zusätzlich oder ausschließlich als Dienstleister für Architekturbüros oder andere Unternehmen tätig. Daher gibt es überwiegend kleine Unternehmen beziehungsweise Architekturbüros, was wiederum typisch für die individuelle, vorgelagerte Regulierung der professionellen Praxis in Deutschland ist. Die freiberuflichen, häufig auch die in kleinen Büros angestellten Architekten sind eher »Generalisten« als Spezialisten und decken alle Leistungsphasen ab, wofür sie die Architektenausbildung auch qualifiziert. Dies steht im deutlichen Kontrast zum engen Aufgabenzuschnitt im Bereich der Film- und Fernsehproduktionen. Allerdings verschließt sich durch die kleinbetriebliche Struktur oft der Zugang zu (auch internationalen) großen Prestigeprojekten. Ferner können sehr kleine Büros oft nicht die Kapazitäten für Wettbewerbsbeteiligungen stellen. Kleine Büros sind zudem wirtschaftlich weniger leistungsstark und haben eine schwankende Auslastung, was in einer größeren Einkommens- und Beschäftigungsunsicherheit der Inhaber und Angestellten resultiert.

2 Rekrutierungspraktiken in Projektarbeitsmärkten

Die historische Analyse der Projektarbeitsmärkte im Bereich Architektur und Medien hat die zentralen Rahmenbedingungen für die Arbeitsmarktstrukturen aufgezeigt: auf der Angebotsseite des Arbeitsmarktes vor allem die fortgeschrittene beziehungsweise die geringe Professionalisierung, auf der Nachfrageseite insbesondere die Produktions- und Marktstrukturen. Auch die Institutionalisierungsprozesse, wie die Etablierung professioneller Kontrollinstanzen und die Regulierung von Ausbildung und Arbeitsmarktzugang im Bereich der Architektur, wurden rekonstruiert. Hinsichtlich der Beschäftigungsformen lässt sich festhalten, dass sich in der Film- und Fernsehwirtschaft interne Arbeitsmärkte zu freien Produktionsmärkten entwickelt haben und dass atypische Beschäftigungsverhältnisse zugenommen haben. Bevor untersucht wird, wie sich die umfassenden Flexibilisierungsprozesse in Form der Verbreitung projektgebundener Beschäftigungsverhältnisse auf die Beschäftigten ausgewirkt haben (siehe Kapitel 5, 6), soll die Funktionsweise dieser flexiblen Arbeitsmärkte geklärt werden. Dazu ist es zunächst nötig, die Nachfrageseite des Arbeitsmarktes, und zwar im Hinblick auf Rekrutierungspraktiken und Spezifika der Projektorganisation, genauer zu betrachten.

Die Art, wie Projektstellen besetzt werden, hängt unter anderem ab von der Arbeitsmarktverfassung sowie den Qualifikationsanforderungen. Die Argumentation in dieser Studie bedient sich der in der soziologischen Arbeitsmarkt- und Bildungsforschung (etwa Mayer/Solga 2008; Sengenberger 1987), in der Industrial-Relations-Forschung sowie der in der Vergleichenden Kapitalismusforschung (zum Beispiel Streeck 1996; Hall/Soskice 2001; Estévez-Abe/Iversen/Soskice 2001) etablierten Unterscheidung von Qualifikationen nach ihrer Kontextgebundenheit oder Spezifität. Berufsspezifische Qualifikationen sind unter bestimmten Voraussetzungen transparenter für Arbeitgeber und mobilitätsförderlich für die Beschäftigten. Ihre Transferierbarkeit wird insbesondere durch die koordinierte, einheitliche und zertifizierte berufliche Ausbildung erhöht, oder allgemein: durch die auf formalen fachlichen Qualifikationen beruhende Regulierung des Arbeitsmarktzugangs. Dagegen ist betriebsspezifisches Erfahrungswissen nicht oder nur sehr eingeschränkt über das Unternehmen, in dem es akquiriert wurde, hinaus übertragbar. Die durch Betriebszugehörigkeit erworbenen Qualifikationen sind erstens außerhalb des Unternehmens schwer bewertbar, da sie nicht zertifiziert sind. Zweitens sind sie außerhalb des Ausgangsbetriebs nur begrenzt verwertbar. Wenn es keine betriebsspezifischen Qualifikationen und Fachqualifikationen gibt, spricht man in der Arbeitsmarktsegmentationstheorie von unstrukturierten Arbeitsmärkten; hier werden Arbeitsmarkttransaktionen über den Preismechanismus koordiniert (vgl. Sengenberger 1987: 119ff.).

Neben einer Segmentation von Arbeitsmärkten in fachliche, betriebsinterne und unstrukturierte Teilbereiche, die mit spezifischen Kombinationen von Flexibilisierung und Regulierung von Beschäftigungsverhältnissen, Aufstiegswegen und Qualifizierung verbunden sind, sind informelle Beziehungen seit Granovetters (1995) Studie über Matchingprozesse auf dem Arbeitsmarkt, die durch spezifische Netzwerkstrukturen vermittelt sind, ein prominentes Thema der Arbeitsmarktforschung. Die Literatur dazu fokussiert im weiteren Sinne auf die Effizienz von Markttransaktionen und steht damit stärker in der Tradition der Neuen Wirtschaftssoziologie. Netzwerken wird für Betrugsverhinderung und die Entstehung von Vertrauen sowie für die Informationsübermittlung ein besonderer Stellenwert zugesprochen (Ibarra 1992b; Lazega 2000; Uzzi 2001; Granovetter 2002, 1985). Die einschlägige Literatur zu Netzwerken auf Arbeitsmärkten konzentriert sich auf deren Informationsfunktion: Netzwerke beeinflussen Beschäftigungsmöglichkeiten, insbesondere die Wahrscheinlichkeit erfolgreicher Arbeitssuche, sowie das Einkommen und andere Charakteristika des Arbeitsplatzes, indem sie Qualifikationen und Eignung des Bewerbers signalisieren und Informationen über Bewerber wie Arbeitsplätze verbreiten (vgl. Granovetter 1995; Marsden 2004; Marsden/Gorman 2001; Baumann 2002a). Diese Forschungstradition ist bislang jedoch wenig mit den segmentationstheoretischen Ansätzen[5] verbunden, sodass kaum etwas darüber bekannt ist, wie sich Qualifikationsbedarf, -angebot und Rekrutierungspraktiken zueinander verhalten.

Die Unterscheidung zwischen Arbeitsmarktteilbereichen und die Prominenz der netzwerkanalytischen Ansätze in der Arbeitsmarktforschung deuten bereits darauf hin, dass fachliche Qualifikationen auf unterschiedliche Arten kommuniziert und übertragen werden können. So ist die standardisierte und zertifizierte Fachqualifikation in verschiedenen Unternehmen, die Arbeitsplätze nach dem Berufsprinzip gestalten, einsetzbar und ermöglicht Arbeitgeber-

5 Zwei Ausnahmen sind die Untersuchungen der Rekrutierungspraktiken in Unternehmen in verschiedenen deutschen und britischen Regionen durch Tony Manwaring (1984) und durch Paul Windolf (1986). Sie zeigen, wie die sozialen Bindungen von fest Beschäftigten zu Mitgliedern religiöser, ethnischer oder anderer lokaler Gemeinschaften außerhalb des Unternehmens als Rekrutierungskanal genutzt werden und dadurch interne externe Arbeitsmärkte strukturieren.

wechsel auch auf formalen Rekrutierungswegen, wie der Bewerbung auf Ausschreibungen, ohne zwingend den beruflichen Aufstieg zu erschweren. Darüber hinaus können jedoch andere Kriterien an potenzielle Stelleninhaber angelegt werden. Im Kontext von flexibilisierter Arbeitsorganisation und Beschäftigung in Projektarbeitsmärkten kann somit aus Sicht der Beschäftigten gefragt werden, ob zertifizierte Qualifikationen oder informelle Beziehungen die mit hoher zwischenbetrieblicher Mobilität möglicherweise verbundenen Risiken kompensieren können (vgl. Tolbert 1996: 343). Die Ausgangsthese dieses Kapitels ist, dass Qualifikationsanforderungen und ihre Kommunizierbarkeit oder Transferierbarkeit mit den Rekrutierungspraktiken in engem Zusammenhang stehen.

2.1 Qualifikationskonzepte und Rekrutierungskriterien

Für die Analyse der Kriterien, auf deren Grundlage Personen rekrutiert und weiterempfohlen werden, und allgemeiner: Für die Untersuchung des Zusammenhangs von Arbeitsmarkstrukturen, Mobilität und Organisationsform ist es nötig, zwischen verschiedenen Qualifikationen und Qualifikationsanforderungen zu differenzieren. Für die sogenannten kreativen Industrien oder Künstlerarbeitsmärkte wird häufig die Abhängigkeit des (Arbeits-)Markterfolgs der Künstler von den sich wandelnden Moden und dem Geschmack der Konsumenten hervorgehoben (Menger 1999: 548; Faulkner/Anderson 1987). Dabei geht man implizit davon aus, dass es unproblematisch ist, die Bewertung des Endproduktes dem einzelnen Künstler zuzurechnen. Allerdings ist das nicht in allen sogenannten kreativen Industrien und nicht für alle dort Arbeitenden gleichermaßen der Fall. Vielmehr ist davon auszugehen, dass abhängig von Arbeitsteiligkeit und Abstimmungsbedarf im Produktionsprozess Probleme auftreten, den Beitrag der einzelnen Beteiligten zu bewerten. So ist es in der Regel einfacher, von einem Gemälde oder einem Roman auf die Originalität und handwerklichen Fertigkeiten des Schriftstellers oder des Malers zu schließen,[6] als in einem Film zu bestimmen, wie sehr die Bildgestaltung durch den Regisseur oder durch den Director of Photography geprägt wurde. Abgesehen von bestimmten Fehlern (wie unscharfen Bildern) ist der Beitrag der zahlreichen Assisten-

6 Hier wird primär auf die Arbeitsteiligkeit des *Produktionsprozesses* und deren Implikationen für die Zurechenbarkeit der Leistung der einzelnen Beteiligten abgestellt. Zudem ist aber auch die Bewertung eines Arbeitsergebnisses, sei es ein arbeitsteilig erstellter Film oder das Kunstwerk eines einzelnen Künstlers, seitens der Käufer aus marktsoziologischer Perspektive ein komplexer sozialer Prozess, an dem wiederum verschiedene Akteure beteiligt sind (vgl. zu Kunstmärkten Beckert/Rössel 2004).

ten in den einzelnen *Departments*, die an einer Filmproduktion beteiligt sind, im Endprodukt noch weniger sichtbar. Um die Prozesse der Bewertung der Arbeit der Projektbeteiligten, die sich in der Projektbesetzung widerspiegeln, besser zu verstehen, soll im Folgenden auch auf Konzepte aus der Arbeits- und der Arbeitsmarktforschung zurückgegriffen werden, die eine feinere Unterscheidung zwischen verschiedenen Qualifikationsdimensionen erlauben.

Die soziologische Arbeitsmarkt- und Bildungsforschung (in jüngerer Zeit etwa Mayer/Solga 2008) hat gezeigt, dass es problematisch ist, Qualifikationen auf individuelle Fähigkeiten von Arbeitnehmern oder deren rationale Investitionsentscheidungen zu reduzieren, wie dies von Vertretern der Humankapitaltheorie und der Neuen Institutionenökonomik vorgeschlagen wird (Becker 1964: 40ff.; vgl. auch Williamson 1981: 564). Demgegenüber berücksichtigt die Definition durch Walter Müller und Marita Jacob (2008: 126) explizit den sozialen Kontext des Erwerbs und der Verwertung von Qualifikationen als »sets of skills needed to perform more or less homogeneous sets of tasks [which are] institutionally shaped and socially and culturally constructed«. Die institutionelle Formung von Qualifikationen bezieht sich dabei zum einen auf den Prozess des Qualifikationserwerbs (»institutionally shaped processes of teaching, learning, testing, and certifying skills in specific education and training institutions«) als auch auf deren Anerkennung im Arbeitsmarkt (»recognition, use, and valuation of obtained qualifications in recruitment processes by social actors such as firms or other work organizations«, ebd.).

Auf die Humankapitaltheorie (Becker 1964) geht allerdings die erste für die weitere Analyse relevante und oben bereits angedeutete Unterscheidung zwischen beruflichen, betriebsspezifischen und unspezifischen Qualifikationen zurück. Sie ist grundlegend für die Abgrenzung verschiedener Arbeitsmarktsegmente voneinander (vgl. Sengenberger 1987; Lutz/Sengenberger 1974) sowie für die Analyse von Bildungssystemen und Arbeitsmärkten aus soziologischer (siehe Mayer/Solga 2008; Blossfeld/Mayer 1988) sowie politökonomischer Perspektive (Estévez-Abe/Iversen/Soskice 2001; Hall/Soskice 2001; Iversen 2005).

Berufsspezifische Qualifikationen sind nicht an Unternehmen gebunden und werden idealtypisch in überbetrieblich koordinierten und standardisierten Ausbildungswegen erworben. Für Beschäftigte ermöglicht die zertifizierte berufliche Qualifikation einerseits eine Beschäftigungssicherheit unabhängig von einem Arbeitgeber (Sengenberger 1987: 126; Streeck 1996: 145ff.), somit zwischenbetriebliche Mobilität und eine Orientierung der Lebensplanung. Berufsbilder mit klar definierten Ausbildungsinhalten und daran gebundenen Berufsbezeichnungen können andererseits die Unsicherheit des Arbeitgebers bei der Personalrekrutierung und bei der Gestaltung von Arbeitsplätzen reduzieren (Daheim 2001; Bolte/Beck/Brater 1988: 45; Baethge/Baethge-Kinsky 1998).

Durch Beschäftigungssicherheit innerhalb eines Unternehmens sowie durch hohe Investitionen in betriebsspezifische Qualifikation (Sengenberger 1987: 150ff.) in internen oder betrieblichen Arbeitsmärkten erfahren Beschäftigte Sicherheit für die Lebensplanung. Die Ausbildung betriebsspezifischer Qualifikationen ermöglicht Arbeitgebern eine interne Neuzusammensetzung von Projekten und Tätigkeitswechsel der Mitarbeiter, was die internen Flexibilisierungsmöglichkeiten erhöht. Betriebsspezifische Qualifikationen erhöhen vor allem die Produktivität innerhalb eines Unternehmens (Becker 1964: 40ff.; vgl. auch Williamson 1981: 564) und gehen bei einem Arbeitgeberwechsel verloren. Diese Unterscheidung zwischen berufs- und betriebsspezifischen Qualifikationen verweist auf den Einfluss des Kontextes und der Formalisierung des Qualifikationserwerbs für die Transferierbarkeit der Qualifikationen über Unternehmensgrenzen hinweg.

Zweitens kann zwischen Qualifikationen, die notwendig sind, um eng umgrenzte Aufgaben durchzuführen, und Qualifikationen, die für einen flexiblen Einsatz in einem breiten Aufgabengebiet entlang spezifischer Funktionen vorbereiten, unterschieden werden (vgl. Marsden 1999: 37f.). Diese Unterscheidung hat ebenfalls Konsequenzen für die Flexibilität bei der Besetzung verschiedener Positionen.

In Bezug auf den Inhalt der Qualifikationen und insbesondere im Hinblick auf die Flexibilität von Beschäftigten bei sich ändernden, unvorhergesehenen Anforderungen ist ein weiterer Aspekt relevant, der auf Dahrendorfs Unterscheidung zwischen funktionalen, also technisch zwingend erforderlichen, und extrafunktionalen Fertigkeiten zurückgeht. Diese werden wie folgt definiert:

> Unter funktionalen Fertigkeiten im Sinne dieser Hypothese sollen Fertigkeiten verstanden werden, die 1. durch die rein technischen Anforderungen von Arbeitsprozessen verlangt werden. Sie umfassen die elementaren Kenntnisse bzw. das elementare Können, die ein Arbeiter braucht, um seine Aufgabe zu erfüllen. Dem Monteur, der das Fließband, an dem er arbeitet, im Fall eines Schadens nicht reparieren kann, fehlen die funktionalen Fertigkeiten zu einer solchen Reparatur. Funktionale Fertigkeiten sind also streng »spezifisch«, insofern sie bestimmt werden können durch die »Trennung eines instrumentalen Vollzuges … von der Verantwortung für dessen Kontext von Voraussetzungen und Auswirkungen, so daß vom Handelnden keinerlei Anpassungsentscheidungen in diesem Bereich verlangt werden«. 2. Zugleich sind funktionale Fertigkeiten für die erfolgreiche Ausführung von Arbeitsprozessen unbedingt erforderlich. Ohne ihren Besitz können gegebene Aufgaben nicht erfolgreich erfüllt werden.
>
> Extra-funktionale Fertigkeiten sind im Gegensatz hierzu 1. eher »diffus«. Sie »vereinigen die besondere Komponente mit den anderen Komponenten, die ihren Bezugsraum ausmachen«. Sie sind also nicht in erster Linie auf die rein technischen Ansprüche von Arbeitsprozessen bezogen, sondern auf deren organisatorischen und sozialen Zusammenhang. Sie bezeichnen Entscheidungen ihres Trägers, ein gewisses Maß an Unabhängigkeit und Übersicht. 2. Damit sind sie auch streng genommen nicht unbedingt erforderlich für den Produktionsvollzug. […]

Die Produktion ist möglich, auch wenn solche Qualifikationen nicht gegeben sind; sind sie aber gegeben, dann geht die Produktion besser, reibungsloser, sicherer vonstatten. (Dahrendorf 1956: 553f.)

Zu diesen extrafunktionalen Fertigkeiten gehören:

a) die Anpassung an die Fabrikatmosphäre [...]; b) [...] die Anpassung an einen gegebenen Arbeitsrhythmus; [...] c) [...] Anpassung an besonders schwierige Arbeitsbedingungen. (ebd.: 555f.)

Außerdem sind die »Verantwortung für den weiteren Zusammenhang einzelner Arbeitsvollzüge« (in Bezug auf die Arbeitsmittel, Sicherheit oder Arbeitsabläufe) sowie »latent funktionale Fertigkeiten« im Sinne von aktuell nicht genutzten Qualifikationen und Kenntnissen in angrenzenden Arbeitsbereichen und Aufgabengebieten zu diesen extrafunktionalen Fähigkeiten zu zählen (Dahrendorf 1956: 555). Diese extrafunktionalen Fähigkeiten werden zudem weniger in formaler, systematischer Ausbildung als durch praktische Erfahrungen (vgl. ebd.: 557, sowie Stinchcombe 1990: 45ff.) und die informelle Weitergabe von Kontextwissen in der Arbeitsgruppe erlernt (vgl. Stinchcombe 1990: 246). Bezogen auf projektbezogene Arbeit in nicht industriellen, sondern wissensintensiven Bereichen wird argumentiert, dass gerade durch den Wechsel zwischen Projekten wichtige Erfahrungen und extrafunktionale Qualifikationen erworben werden und somit Projektarbeit als wichtiger Lernkontext fungiert (Shire 2002; Gottschall/Shire 2007).

Dahrendorfs Unterscheidung zwischen funktionalen und extrafunktionalen Fertigkeiten ist besonders fruchtbar für die genauere Bestimmung verschiedener, eher diffuser Anforderungen, die häufig unscharf als »Schlüsselqualifikationen« bezeichnet werden (vgl. Struck 2006: 390). Die Beispiele für diese Unterscheidung bleiben auf im Arbeitsprozess nützliche, wenn auch nicht unmittelbar technisch erforderliche Fertigkeiten konzentriert. Im Folgenden wird noch gezeigt, dass es notwendig ist, das Spektrum extrafunktionaler Qualifikationen und Bewertungskriterien für die Analyse von Beschäftigungskontexten mit geringem Professionalisierungs- und Bürokratisierungsgrad explizit zu erweitern.

Die erste Erweiterung greift auf Parsons' (1951: 64ff.) *pattern variables* zurück, um zwischen verschiedenen Orientierungen in Rekrutierungsprozessen zu unterscheiden. So können sich Erwartungen an Arbeitnehmer über ein vielseitiges Arbeitsvermögen hinaus auf *askriptive* Kriterien wie Alter, Geschlecht und Persönlichkeit sowie auf *diffuse*, das heißt nicht unmittelbar auf ein Rollensegment (zum Beispiel Beruf) bezogene Verhaltensweisen, Einstellungen und Lebensstile erstrecken. Weiterhin können Erwartungen an eine bestimmte Person *partikularistischer* Natur sein, also nicht eine breitere Kategorie von Personen betreffen:

> The question is whether or not a discrimination is made between those objects with which ego stands in a particularistic relationship and other objects possessing the same attributes. Such a discrimination is incompatible with the conception of a universalistic norm.
> (Parsons 1951: 64)

Diffusität, *Partikularismus* und *Askription* bei Selektionsentscheidungen betreffen jeweils stärker persönliche Eigenschaften einer Person oder die besondere Qualität einer Beziehung.

Die zweite Erweiterung stellt konkreter auf berufliche Qualifikationsanforderungen ab. Dahrendorfs Unterteilung diente für Offe (1970) als Ausgangspunkt für die weitergehende Differenzierung zwischen verschiedenen Arten von extrafunktionalen Aufstiegs- und Rekrutierungskriterien, die sich nicht nur auf individuelle Fertigkeiten beziehen und stärker Charakteristika des sozialen Herkunftskontextes und der Organisation berücksichtigen. *Ausbildungsstandards* haben immer auch normative und ideologische Gehalte. Zudem sind Ausbildungsinhalte und funktionale Erfordernisse der Zielposition oft nicht kongruent (ebd.: 95f.). Weiterhin kann eine signalisierte ideologische *Anpassungsbereitschaft* an die Arbeitsorganisation Beförderungs- oder Rekrutierungsentscheidungen beeinflussen:

> In den Lebensstil integrierte regulative Normen, Anpassungsbereitschaft, Vermeidung von Konflikten, Loyalität mit den beherrschenden Interessen der Organisation, Übernahme der kulturellen Muster der herrschenden Statusgruppen, Fähigkeit zur antizipatorischen Sozialisation usw. – kurz: eine mehr oder weniger abstrakte Adaptivität wird zum Beurteilungskriterium, nach dem sich individuelle Mobilitätschancen bemessen. (Offe 1970: 96)

Schließlich gelten auch bei Offe verschiedene *askriptive Merkmale* wie Geschlecht, Alter, Familienstand, Konfession oder Vereinsmitgliedschaft als extrafunktionale Rekrutierungs- und Aufstiegskriterien (Offe 1970: 97ff.). *Erfolgsstandards* für die Leistungsbewertung können irreführend sein, wenn in Arbeitsteams das Ergebnis nicht mehr auf den Beitrag Einzelner zurückzuführen ist oder Aufgaben von Ausgangs- und Zielposition stark divergieren (Offe 1970: 93f.; Stinchcombe 1990: 247ff.). Die Zurechenbarkeit von Arbeitsergebnissen wird umso schwieriger, je arbeitsteiliger und abstimmungsintensiver der Produktionsprozess ist. Dieses Problem stellt sich also, so ist anzunehmen, in Projektorganisationen, die Erwerbstätige für die Produktion oder Dienstleistungserstellung befristet zusammenführen, in verschärfter Form.

Die hier skizzierten Dimensionen des Qualifikationsbegriffs verdeutlichen, dass funktionale und extrafunktionale Qualifikationen in unterschiedlich eng umgrenzten Organisationskontexten und Arbeitsmarktsegmenten von Bedeutung sind. Außerdem unterscheiden sie sich im Ausmaß, in dem sie auf den unmittelbaren Produktionsprozess gerichtet sind, und in der Art, wie sie bewertet werden. Im Folgenden werden insbesondere die Aspekte der Verwertbarkeit und der Bewertbarkeit dieser Kriterien genauer betrachtet, um genauer zu verstehen, wie Qualifikationen und Rekrutierungspraktiken zusammenhängen.

2.2 Rekrutierungspraktiken in Architektur und Medien

Die Standardisierung der Ausbildung sowie der Schutz der Berufsbezeichnung im Bereich der Architektur lassen erwarten, dass die Transparenz der fachlichen Qualifikationen hoch ist und daher formale Rekrutierungsverfahren, wie Stellenausschreibungen und Initiativbewerbungen, in den Suchprozessen im Arbeitsmarkt eine große Rolle spielen. Die Qualifikationsprofile in der Film- und Fernsehindustrie sind hingegen sehr heterogen und die Berufsbezeichnungen nicht geschützt. Daher sollten informelle Rekrutierungsformen verbreiteter sein, die schneller, umfangreicher und verlässlicher den Zugang zu Informationen über die Qualifikation ermöglichen (vgl. Baumann 2002a). Dies ist auch aufgrund der Ergebnisse bisheriger Untersuchungen der Branche zu vermuten (Marrs/Boes 2003).

Die interviewten Architekten verfügten über Erfahrungen bei der Rekrutierung von eigenen Angestellten, freien Mitarbeitern oder zumindest von studentischen Hilfskräften. Auch die interviewten Kameraleute waren in der Regel selbst für die Auswahl von Assistenten verantwortlich, auch wenn in Einzelfällen die Produktionsfirma Assistenten oder Praktikanten vorgeben kann. Rekrutierungsentscheidungen gehören zum Arbeitsalltag, da Mitarbeiter im Extremfall für jedes Projekt erneut ausgewählt werden. Darüber hinaus wurde in den Interviews nach den Kriterien der Weiterempfehlung von Kollegen und Mitarbeitern gefragt. In den folgenden Ausführungen geht es daher um das Vorgehen sowie die Kriterien für die Auswahl und Weiterempfehlung von Architekten und Kameraleuten. Besondere Aufmerksamkeit gilt dabei der Rolle formaler berufsbezogener Qualifikation und der Formalisierung der Rekrutierung für Projekte.

2.2.1 Vorgehen der Architekten und Filmschaffenden bei der Besetzung von Projektstellen

Architekten rekrutieren sowohl mithilfe persönlicher Kontakte als auch durch formalere Verfahren. Sie nutzen das ganze Spektrum der Rekrutierungswege: Initiativbewerbungen und Bewerbungen auf Ausschreibungen sind sehr verbreitet. Alternativ werden jedoch auch Angestellte oder freie Mitarbeiter durch Empfehlungen rekrutiert. Diese Empfehlungen stammen von befreundeten oder zumindest gut bekannten Architekten, genauer: früheren Kollegen, Mitarbeitern oder Kommilitonen. Diese werden häufig auch direkt in Projekte eingebunden.

Wichtig scheint in vielen Fällen auch der vorgeschaltete persönliche Kontakt in Form eines Vorstellungsgesprächs zu sein, sofern der Rekrutierung nicht schon gemeinsame Arbeitserfahrungen, Studium oder Freundschaftsbeziehungen vorausgehen. So beschreibt ein freiberuflicher Architekt den Entscheidungsprozess bei der Auswahl von freien Mitarbeitern, die ihm durch Kollegen empfohlen wurden, und bei studentischen Hilfskräften, die sich auf eine Ausschreibung hin beworben haben:

> Ich treffe mich natürlich vorher, unterhalte mich mit den Leuten, und gehe dann natürlich auch ganz stark nach dem persönlichen Eindruck, das muss auch irgendwie passen. (A15, 159–161)[7]

Es scheint zudem eine Differenzierung der Rekrutierungswege nach der Art der geplanten Zusammenarbeit zu geben:

> Bei Projektarbeiten würde ich niemanden Fremdes nehmen, dafür kenne ich genug Leute. Und einen Studenten, den muss man kennenlernen. Kann man auch nicht so viel falsch machen: Er kommt, und kriegt sein Geld. Und wenn er nicht passt, geht er irgendwann wieder. (A8, 231–233)
>
> *Wie gehen Sie vor, wenn Sie für Projekte Verstärkung brauchen?*
>
> Eine gute Freundin, mit der ich zusammen studiert habe, die hat inzwischen Kinder, und die kann eben nur stundenweise arbeiten. Aber das wäre zum Beispiel so eine Sache, wo ich sagen könnte, für dieses Projekt kannst du gut einspringen. […] Im Grunde, entweder durch Bekannte oder dass man sich selber vom Studium oder so her kannte. Oder von irgendwelchen arbeitstechnischen Dingen, wo man dann hört, da ist jemand, der sucht was, und Bekannte, oder man kriegt sie empfohlen, »guck sie dir mal an, oder guck denjenigen mal an, vielleicht kommt ihr klar«. (A9, 295–310)

Hier wird deutlich, dass für eine Zusammenarbeit in Form einer Anstellung oder freien Mitarbeit tendenziell befreundete frühere Kollegen, Kommilitonen oder von diesen empfohlene Personen bevorzugt werden. Dies lässt sich zum einen als Marktschließungsprozess (Weber [1921] 1972: 201ff.) und als Unterstützungsleistung interpretieren: Angesichts schwieriger wirtschaftlicher Bedingungen, die auch befreundete Kollegen betreffen, werden diese bevorzugt beauftragt oder eingestellt und es werden somit ein Stück weit (Arbeits-) Marktchancen innerhalb des erweiterten Freundeskreises monopolisiert. Zum anderen, dies zeigen die zweiten Abschnitte der Zitate deutlich (»Studenten, den muss man kennenlernen«, »guck dir denjenigen mal an, vielleicht kommt ihr

7 Die Quellen der Zitate sind wie folgt abgekürzt: F(Film) oder A(Architektur)-Nummer des Interviews, Zeilen im Transkript.

klar«), deutet die Bevorzugung von bereits bekannten oder empfohlenen Personen und die Bedeutung des Kennenlernens im Vorfeld oder zu Beginn der Zusammenarbeit darauf hin, dass sich über die persönliche Bekanntschaft besser einschätzen lässt, ob der Bewerber die Anforderungen erfüllt.

Während Architekten formale *und* informelle Rekrutierungskanäle nutzen, verlassen sich Filmschaffende bis auf wenige Ausnahmen *ausschließlich* auf persönliche Kontakte, das heißt, sie rekrutieren direkt Personen, die sie bereits kennen, oder sie verlassen sich auf Empfehlungen. Die Bekanntschaften und Freundschaften, die für direkte Rekrutierung oder Informationen und Empfehlungen relevant sind, stammen oft aus dem Kreis von Kollegen und Assistenten oder aus dem Ausbildungskontext: ehemalige Vorgesetzte, technische Dienstleister, Personen aus dem Ausbildungsjahrgang oder dem Studium. Formalere Verfahren, das heißt Ausschreibungen oder Initiativbewerbungen, wurden nicht genutzt und spielen höchstens, so wird die Analyse des Berufseinstiegs im folgenden Kapitel zeigen, für Einstiegspositionen wie Praktika eine Rolle.

Ein weiterer, für die Rekrutierungskriterien und das Interessenhandeln (vgl. Kapitel »Ausblick«) bedeutender Unterschied im Rekrutierungsverhalten der Architekten und der Filmschaffenden liegt in der Trennung von Arbeitgeberrolle und fachlich Vorgesetzten bei Film- und Fernsehproduktionen. Der formale Arbeitgeber der Film- und Fernsehschaffenden, die Produktionsfirma, nimmt nur zum Teil auf die Besetzung der Projektstellen Einfluss. Sie bestimmt, häufig gemeinsam mit dem Autor, den Regisseur, der dann jedoch maßgeblich die Besetzung der Stabsstellen oder Heads of Department bestimmt. Die Heads of Department ihrerseits können in der Regel autonom über die Besetzung der Mitarbeiter- und Assistenzstellen in ihrem Department entscheiden. Dabei ist die Verantwortung für die Besetzung der einzelnen Positionen innerhalb eines Departments derart aufgeteilt, dass die jeweils in der Hierarchie höher stehende Person die Position, die in der Hierarchie unmittelbar unter ihr steht, besetzt. So rekrutiert ein Regisseur idealtypisch die Heads of Department, ein Kameramann besetzt die Position der ersten Kameraassistenz und diese wiederum die Position der Materialassistenz. Allerdings kann die Budgetkontrolle seitens der Produktionsfirma auch beeinflussen, ob statt der vom Head of Department präferierten Assistenten eher Assistenten oder auch Praktikanten vom jeweiligen Drehort beschäftigt werden, um Personal- und Reisekosten zu sparen.

Vor dem Hintergrund des unterschiedlichen Professionalisierungsgrades beider Berufsgruppen erscheint es plausibel, dass informelle Rekrutierungspraktiken bei der Selektion von Kameraleuten überwiegen, da hier kaum verlässliche Informationen über fachliche Qualifikationen verfügbar sind. Allerdings nutzen auch Architekten Empfehlungen und Kontakte zu Kollegen, um Projektmitarbeiter auszuwählen, und einer Auswahlentscheidung geht häufig ein persönlicher Kontakt voraus. Es ist daher zu vermuten, dass nicht nur Intransparenz der fachlichen Qualifikationen dazu führt, dass der persönliche Kontakt und informelle Netzwerke Teil von Auswahlprozessen werden. Um die Rekrutierungsprozesse besser zu verstehen, werden im Folgenden die Qualifikationsanforderungen und Rekrutierungskriterien von Architekten und Filmschaffenden genauer betrachtet.

2.2.2 Rekrutierungskriterien

Rekrutierungskriterien der Filmschaffenden

Die Anforderungen an fachliche Qualifikationen für Mitglieder der Kameraabteilung variieren einerseits mit der Position innerhalb der horizontal und vertikal ausdifferenzierten Teams. So ist ein Kameramann oder *Director of Photography* hauptsächlich für die Bildgestaltung durch Licht, Ausschnitte, Bewegung etc. verantwortlich. Die ersten Kameraassistenten hingegen arbeiten stärker weisungsgebunden und müssen vor allem die technische Ausrüstung beherrschen und beispielsweise verhindern, dass Bilder unscharf werden. Die zweiten Kameraassistenten erledigen Zuarbeiten, wie das Einlegen der Filme. Die folgenden Zitate beschreiben die verschiedenen, dem eng umgrenzten Zuständigkeitsbereich entsprechenden Anforderungen an Kameramänner und Kameraassistenten.

> Da sehe ich es dann so, dass es eine gewisse Aufteilung gibt. Das heißt: Der Kameraassistent kümmert sich um das Equipment. Ich habe keine Ahnung, wie die Kamera, die ich benutzt habe bei dem Kurzfilm, genau funktioniert. Da habe ich Kameraassistenten, brauche ich nicht. Ich muss im Prinzip wissen, was kann ich damit machen, und dementsprechend halt Anweisungen geben, dass man das so einstellt und so einstellt. (F4, 377–382)

> Ich finde, das sind zwei verschiedene Berufe: Das eine ist wirklich ein rein technisch orientierter Beruf. Und Kamera ist sozusagen, dass man die Kamera bedienen kann, und dass man sich mit dem Licht auskennt. Das Licht ist wie beim Maler Pinsel und Farbe – man hat Lampen und Beleuchter, und die Kamera selbst zu bedienen, das ist irgendwie so, wie beim Autofahren – man muss auch schalten, aber eigentlich ist wichtig, wie man von A nach B kommt. So kann man das eigentlich sehen. Und für mich ist eigentlich wirklich: Geschichten erzählen, wie ich sie emotional erzählen kann, wie sie visualisieren. Das ist einfach der kreative Part daran, der glücklicherweise auch häufig, bei vielen Filmen, der größte Part ist – das ist mein Interesse. Und Kameraassistent ist anders gelagert, deshalb wollte ich das auch nie richtig […] Abgesehen davon, dass man auch eine ganze Portion Menschenführung mitbringen muss, weil man auch ein relativ großes Team in relativ effektiver Art führen muss. (F31, 195–222)

Die im zweiten Zitat formulierte Auffassung, wonach Kameraassistenz und Kameramann beziehungsweise Director of Photography unterschiedliche Berufe sind, ist allerdings sehr spezifisch. Sie widerspricht dem traditionellen Weg der

Qualifizierung zur leitenden Funktion durch die Arbeitserfahrung als Assistent. Auf diesen Aspekt geht Kapitel 6 ausführlich ein.

Die fachlichen Qualifikationen stehen jedoch bei den informellen Auswahlprozessen nach der Einschätzung der Filmschaffenden und Experten oft nicht oder nicht ausschließlich im Vordergrund. So berichten zwei Kameramänner von Erfahrungen in ihrem Umfeld:

Es gibt Produzenten, die achten darauf, dass die Leute einen fachlichen Hintergrund haben. Die schauen sich dann auch mal Sachen von ihnen an, setzen sich damit auseinander. Das ist den meisten viel zu stressig, denn das wäre ein Riesenaufwand. Deswegen verlassen sie sich halt auf Leute, die dann sagen: Der ist gut. Dann wird es sehr ungerecht, oder realitätsnah, könnte man auch sagen, dann ist es halt auch oft so: Wer die frechste Schnauze hat, kriegt einen Job. Das ist das Spannungsfeld, zwischen dem es liegt. Und ich freue mich darüber, wenn jemand sagt: Das kriegst du, weil du einen guten Job gemacht hat. Und wenn einer sagt: Ey, du bist cool, dann freue ich mich auch, aber ich nehme es nicht ernst. Aber es gibt beide Sachen. (F10, 389–397)

Dann gibt es immer Premierenfeiern, Berlinale, man muss halt irgendwie so gucken, dass man seine Nase zeigt. Und irgendwie kommt dann was raus, hoffentlich. Und wie gesagt, das Ganze hilft natürlich nur, wenn auch das, was man tut, den anderen gefällt. Es muss noch nicht mal gut oder schlecht sein. Es muss einfach nur, man muss nur das Gefühl haben, es sei besser als anderes. Es gibt ganz viele Kollegen, die keine Arbeit haben. Das ist so. Das Produktionsvolumen ist unglaublich zurückgegangen in den letzten Jahren, und es verteilt sich in einem sozialen Sinn ungerecht, das ist einfach so. Es gibt einfach Leute – also ich könnte jetzt im September, glaube ich, vier Filme drehen. Und ich kenne einfach bestimmt vier Kollegen, die im September nichts haben. Wobei man dann noch nicht mal sagen kann, die sind schlechter.
(F11, 145–164)

Die Erfahrungen dieser beiden Kameramänner verweisen darauf, dass häufig Kontakte, die Selbstdarstellung im Arbeitsumfeld sowie subjektive Einschätzungen der Persönlichkeit oder der Besonderheit des Arbeitsstils zu einer Einbindung in Projekte führen.

Die interviewten Kameraleute bewerteten ihrerseits bei Rekrutierungsentscheidungen, die sie selbst treffen, Kriterien wie Sympathie, Persönlichkeit, »Chemie« und Verlässlichkeit oft als genauso wichtig wie fachliches Können:

Ich muss mich auf die verlassen können, oder auf den, dass er seinen Job vernünftig macht und gut macht. Natürlich muss die Chemie stimmen. Das ist natürlich auch andersrum wieder wichtig, wenn ich gebucht werde. Also wenn die mich nicht, wenn man sich nicht leiden kann, werde ich natürlich auch nicht gebucht. (F21, 189–192)

Man ist ja auch froh, wenn man jemanden gefunden hat, mit dem es gut funktioniert, einmal menschlich – ich habe überhaupt keine Lust auf jemanden, der perfekt funktioniert in der Arbeit aber es halt anstrengend ist mit dem und den ich so nicht ertragen kann. Das finde ich fast wichtiger, für mich jetzt, dass das Menschliche – man verbringt ja wirklich viel Zeit miteinander. Und dass es da mit der Arbeit noch gut funktioniert, ist dann zweitrangig bei mir. (F16, 305–311)

Die »Persönlichkeit« der Mitarbeiter und die Möglichkeit, Mitarbeiter nach eigenen Präferenzen auswählen zu können, scheinen für eine vertrauensvolle, reibungslose Zusammenarbeit unter tendenziell belastenden und interaktiven Arbeitsbedingungen besonders relevant zu sein:

Ein Drehtag dauert per Vertrag zehn Stunden, oftmals wird er natürlich auch länger. Wir sind ja die Arbeitsdinos mit einer Fünfzig-Stunden-Woche. Und wenn du mit der Arbeit so viel Zeit verbringst, ist der persönliche Kontakt schon ganz wichtig, dass du dir nicht auf den Senkel gehst. Gehst du auch mal, aber wenn man sich unter guten Freunden auf den Keks geht, ist das auch egal. (Kameraassistent, F1, 165–169)

Ich suche dann natürlich einen Kameraassistenten nach persönlichen Vorlieben aus, das heißt, mit dem Menschen muss ich die ganze Zeit zusammenarbeiten, das heißt: wir müssen uns verstehen, im Prinzip die gleiche Sprache sprechen und es muss halt eine gewisse Vertrauensbasis da sein. Ich muss dem einfach sagen können: Hier, bau die Kamera auf. Und muss mich dann drauf verlassen können, dass alles soweit korrekt ist. Es gibt halt Kameraassistenten, mit denen ich zusammengearbeitet habe, wo dieses Vertrauen halt nicht da war, und dementsprechend ist man dann übervorsichtig und kann sich nicht auf seine wesentliche Arbeit konzentrieren. (F4, 387–394)

In diesen Schilderungen der Auswahlkriterien liegt die Betonung auf dem Vertrauen in die Qualität und Zuverlässigkeit der Arbeitsweise von Assistenten. Bewertungen wie »sich verstehen« und »die gleiche Sprache sprechen« können auch als die Herausbildung von Routinen der Kooperation in wiederholter Zusammenarbeit gedeutet werden. Kriterien wie »Teamfähigkeit« und Verhaltensweisen, die in der engen Zusammenarbeit als angenehm und nicht als störend wahrgenommen werden, haben einen diffuseren und partikularistischen Charakter. Dies wird besonders aus dem ersten Zitat deutlich, in dem der Interviewte zwischen der Toleranz für Konflikte mit befreundeten und nicht befreundeten Kollegen differenziert (»aber wenn man sich unter guten Freunden auf den Keks geht, ist das auch egal«).

Zu den Kriterien der Auswahl gehört ebenfalls die wahrgenommene Ähnlichkeit von Arbeitseinstellungen:

Auf jeden Fall Persönlichkeit. Auch wenn ein Assistent noch so gut ist, wenn der mir persönlich nicht liegt, dann würde ich ihn niemals nehmen. Da ist es mir wichtig, dass das jemand ist, der auch diesen Job nicht zu ernst nimmt. Die müssen eine bestimmte Lockerheit haben und auch mal über sich selbst ein bisschen lächeln können, aber ihren Job natürlich auch verstehen. Und um jemanden weiterzuempfehlen, das ist eine Mischung zwischen Können und Persönlichkeit. (F7, 483–488)

Die Selektionskriterien stehen jedoch nicht nur in mehr oder weniger loser Beziehung zu den unmittelbar zwingenden technischen Anforderungen der Arbeit, sondern erstrecken sich auch auf Aktivitäten außerhalb der Arbeit, wie die Auszüge aus einem Interview mit einer Kameraassistentin und einem Kameramann illustrieren:

Eigentlich dieses unauffällig und schnell und effektiv arbeiten, und die Chemie zwischen den Leuten. Es gibt viele, die am Abend noch ein Bier trinken und sozialisieren total viel und sind von ihrer Arbeitsweise schlechter als ich. Aber die machen ihre Kontakte, und sind dann so kumpelmäßig oder abenteuermäßig drauf, und kriegen mehr Jobs als ich. Also, es ist ganz unterschiedlich, wo da Wert drauf gelegt wird. Es kommt darauf an, wie man sich verkaufen kann. Man muss sich halt gut verkaufen können. (F25, 301–306)

Und ich sage mal, salopp, wenn das so Leute sind, mit denen ich auch gerne noch abends ein Bier trinke, dann war es die richtige Entscheidung so. (F31, 487–493)

Schließlich spielen die mit askriptiven Kriterien wie Geschlecht und Alter verbundenen Rollenzuschreibungen bei der Besetzung von Projektstellen eine Rolle, wie die nachstehenden Zitate von Kameraassistenten und zweier Directors of Photography verdeutlichen:

Und da habe ich gemerkt, dass ich mit dieser Einstellung, dass das kein Job ist, den ich bis 60 machen kann. […] und dass diese ganze Branche keine Branche ist, wo man entspannt älter werden kann. Sondern dass das – je älter man wird, desto härter wird der Kampf. (F7, 291–295)

Ich hatte ja als Assistentin viel mit Kameramännern zusammengearbeitet. Das hat immer super funktioniert. Aber als Kamerafrau einen Assistenten zu haben, da muss man ganz gut aufpassen, wen man da nimmt. […] Ich habe das schon bemerkt, dass die sich bei einer Frau bestimmt eher einmischen als bei einem Mann. Ganz klar. Und Frauen waren mir dann letztendlich lieber als Assistenten. (F7, 464–472).

Aber ich bin so ein bisschen irritiert, weil ich bisher immer Assistentinnen hatte, und das auch immer mochte. Und jetzt aber, wenn ich wechseln würde, wenn ich diesem Systemen folgen würde, dann hätte ich jetzt plötzlich einen Kameraassistenten und ich glaube, das geht nicht. (F11, 486–489)

Es gibt einfach ganz wenige [Kamerafrauen], weil das natürlich auch ein physischer Beruf ist. Das hat auch etwas damit zu tun, das Ding auch mal auf die Schulter zu nehmen und aus der Hand zu drehen. Mittlerweile sind die Kameras so leicht geworden, dass man das auch als Frau kann. Aber das war früher schon auch anders. Und dann gab es auch Beleuchter, die sich von einer Frau nichts haben sagen lassen. Das war viel schwerer. (F27, 961–973)

Nach der Erfahrung der Interviewten führt dies zu einer wahrnehmbaren ungleichmäßigen Verteilung von Geschlechter- und Altersgruppen auf die Filmberufe:

Aber wie gesagt [in dieser Stadt], Kamerafrau kenne ich nur eine. Und die Assistentin. Es gibt wirklich sehr, sehr wenige. [...] Ich meine, das muss man auch ganz klar sagen, 1990 war eine Kamerafrau der totale Exot. Wenn es da im BVK fünf Kamerafrauen gab, war das viel. Ich glaube eher, dass das zwei waren. (F27, 944–960)

Auffallend ist, dass viele Frauen um die 30, 35, ein bisschen älter vielleicht noch, das Set verlassen. Das ist wirklich auffallend. Und insgesamt ist es schon so, dass es, in Anführungsstrichen, eine junge Branche ist. Es hat schon Drehs gegeben, da war [ein Kameramann] mit 40 mit Abstand der Älteste. Aber richtig mit Abstand der Älteste. Ich würde mal sagen, wenn man nicht von den Heads of Department spricht, ist es schon so, dass viele Leute früh abwandern, Mitte 30 oder so was. (F27, 73–78)

Diese Befunde spiegeln sich im Frauenanteil an den Mitgliedern des Berufsverbandes Kamera wider. Im August 2008 waren 38 Prozent der 47 zweiten Kameraassistenten beziehungsweise Materialassistenten oder Clapper Loader Frauen, jedoch nur 13 Prozent der 97 ersten Assistenten und je 5 Prozent der 317 Camera-Operator und der Director of Photography (vgl. das Mitgliederverzeichnis des BVK, www.bvkamera.org/cameraguide/index.php, Zugriff 7.8.2008). Außerdem schätzt man den Altersdurchschnitt bei den Filmschaffenden auf circa 30 Jahre, was relativ niedrig ist. Während die ersten Zitate explizit auf eine Bevorzugung von Frauen bei der Besetzung von Assistenzpositionen verweisen, bleibt an dieser Stelle noch unklar, warum und wie freiwillig insbesondere »viele Frauen um die 30, 35 [...] das Set verlassen« und die Film- und Fernsehindustrie als »eine junge Branche« erscheint, ob dies auf Rekrutierungsentscheidungen oder auf die individuelle Berufs- und Lebensplanung zurückzuführen ist. In der Analyse der Berufsverläufe und Aufstiegswege (Kapitel 6) werden die geschlechts- und altersspezifischen Zuschreibungen von Leistungsvermögen und einige Gründe für die ungleichmäßige Verteilung von Altersgruppen sowie Männern und Frauen auf die Positionen in Film- und Fernsehproduktionen noch genauer beleuchtet.

Rekrutierungskriterien der Architekten

Alle Interviewten nannten fachliche Qualifikationen als Kriterium für die Einstellung oder die Empfehlung an Kollegen, allerdings ist die Qualifikation auf einem hohen Ausgangsniveau bereits durch die qualifikationsbasierte Zugangsregulierung gewährleistet. Der konkrete Inhalt der Anforderungen, für den zusätzliche Berufserfahrung gewünscht wurde, korrespondiert mit der Aufgabe beziehungsweise Projektphase, für die personelle Verstärkung gesucht wurde:

In meinem Bereich ist [es] so, dass ich jemanden brauche, der sehr unterschiedliche Eigenschaften mitbringt. Weil ich alle Leistungsphasen abdecke und das auch von meinen Mitarbeitern erwarte, dass die von denen abgedeckt werden. Das heißt, man muss eine Form des

Umgangs finden mit den Bauherren, dass neben den fachlichen Fertigkeiten auch Fertigkeiten der Gesprächsführung [wichtig sind], in dem Einsetzen von Psychologie – sich den Bauherren und deren Gedanken und Vorstellungen hineinzuversetzen. Das geht dann über die entwurflichen Qualitäten in den ersten Leistungsphasen bis zu den technischen, wenn es zur Ausführungsplanung und Ausschreibung geht. Und wiederum sehr viele menschliche Qualitäten, wenn es dann um die Bauleitung geht. In der Bauleitung, mit Handwerkern, wo Führungsaufgaben übernommen werden müssen, mit Handwerkern, und der Kontakt zum Bauherren durchaus einen ganz anderen Prüfstein gestellt wird, weil Schwierigkeiten auf der Baustelle im Verlauf auftauchen. Ob es nun Budget- oder Zeitprobleme sind, oder Mängel sind, die im Bauverlauf auftauchen, die dann kommuniziert werden müssen zwischen Handwerker, Architekt und Bauherrn. Und zu den vorhersehbaren Problemen führen. (A1, 217–236)

Wie diese Interviewpassage verdeutlicht, wird von Angestellten erwartet, dass sie in allen Leistungsphasen und Aufgabengebieten tätig sind, wobei die Leistungsphasen hinsichtlich ihrer Abstimmungsintensität mit Kunden und anderen Projektbeteiligten variieren. Diese Anforderung ist wiederum repräsentativ für die Anforderungen, die die interviewten freiberuflichen Architekten an Angestellte gerichtet haben und typisch für die Situation vor allem der kleinen Architekturbüros, die die Mehrheit der Architekturbüros stellen (vgl. Kapitel 1). Anders verhält es sich jedoch bei der Auswahl von freien Mitarbeitern. Diese werden oft nur für bestimmte Projektphasen und Teilaufgaben eingebunden und nach einer Spezialisierung in dem jeweiligen Gebiet ausgewählt:

Man kennt Architekten, die können sehr viel so was, und andere können sehr viel etwas anderes. Einer ist in Ausschreibungen und Bauleitung gut, und eine andere, die kann Wärmeschutzgutachten und solche Sachen machen. Und dann sucht man sich aus, wer was kann, wer wofür geeignet ist. (A8, 220–232)

Hier zeigt sich, dass auf der Grundlage der breiten Ausgangsqualifikation durch die Akkumulation von Berufserfahrung und formale Weiterbildung (beispielsweise zum Gutachter für Wärmeschutz) in bestimmten Dienstleistungssegmenten und Leistungsphasen eine Spezialisierung stattfinden kann, die zur bevorzugten Rekrutierung durch Kollegen für diese begrenzten Aufgabenpakete führen kann. Aufgrund der breiten Ausbildung im Studium und durch die praktische Tätigkeit vor der Eintragung in die Architektenliste ist die Unsicherheit über die Qualität der Fachqualifikationen jedoch deutlich geringer als in Arbeitsmarktsegmenten ohne qualifikationsbasierte Zugangsregulierung.

In der Beschreibung der Rekrutierungskriterien durch eine Büroinhaberin, die auch die Erwartungen der anderen interviewten Architekten repräsentiert, zeigt sich jedoch, dass auch über fachliche Anforderungen hinaus verschiedene Erwartungen an die Mitarbeiter von Architekturbüros gerichtet werden:

Wichtig ist natürlich, das ist natürlich die Voraussetzung, die Fachkompetenz. Wobei es nicht darum geht, dass einer alles wissen muss, sondern dass er im Grunde genommen sehr selbst-

ständig merkt, das kann ich und das kann ich nicht. Und wo er merkt, das kann ich nicht, dass er fähig ist, diese Informationen auf welche Weise auch immer, irgendwie, herbeizuschaffen. Weil der Arbeitsbereich im Grunde genommen so groß ist, dass man gar nicht alles wissen kann. Aber die Leute müssen auf jeden Fall so selbstständig sein, dass sie so einen gewissen Mangel ausgleichen können. Wichtig ist mir immer, es muss schon ganz schön viel Engagement in dem Ganzen stecken. Ich selber habe es auch nie gelebt als einen Nine-to-five-Job. Ich kann das von keinem wirklich verlangen, und ich erwarte auch nicht, dass jeder hier immer 12 Stunden sitzt. Aber ich erwarte, dass jemand erkennt, wenn es anfängt zu brennen, und dann auch Engagement an den Tag legt, zu sagen: Okay, das muss jetzt einfach fertig gemacht werden, egal, wie lange es dauert. Und ich erwarte auch ein Hinterfragen der eigenen Arbeit. Ich möchte schon spüren, einen Mitarbeiter, dass er selber merkt, was er da tut, und nicht einfach nur etwas hinzeichnet. Sprich, ich möchte nicht immer diejenige sein, die sagt: Das ist immer noch nicht fertig, und das sieht nicht aus, und kannst du dir nicht noch mal etwas anderes überlegen? Sondern dass jemand erkennt, das ist jetzt so eine Art Zwischenstand, da müssen wir aber noch ein bisschen was arbeiten, dran feilen. Die Leute müssen Spaß an der Arbeit haben, und das muss man auch merken, wirklich merken. Und sie brauchen auch einen gewissen Biss, das ist schon ein harter Job, irgendwie, das sind schon auch harte Voraussetzungen, wie ich es formuliere. Das hat von mir, explizit ausgesprochen, auch nie einer verlangt. Aber ich hätte ganz einfach die Aufgaben nicht geschafft, wenn ich das nicht so gemacht hätte. Man erwartet ganz einfach, nicht immer einen ganz gleich starken Partner, aber man erwartet zumindest, dass alle an einer Karre auch ziehen. […] Man merkt ganz einfach sofort, wenn jemand nicht in dem Sinne mitzieht. Und das, ja, das kann auch schon mal auch zu Konflikten führen. Das kann man nie halt einem ansehen, wenn er anfängt, wie er arbeitet.
(A10, 315–343)

Auffällig an den hier aufgezählten Anforderungen ist ihr Bezug zum Leitbild der professionellen Autonomie in der Dienstleistungserstellung. Von Mitarbeitern wird erwartet, dass sie fähig sind, die Qualifikationsanforderungen selbst einzuschätzen und Fachwissen eigenständig zu erarbeiten. Zum anderen werden Eigenschaften erwartet, die sich nicht zwingend aus den technischen Anforderungen der Aufgaben ergeben und daher einen extrafunktionalen Charakter besitzen. Sie ergeben sich aber ebenfalls aus den Anforderungen an die Fähigkeit zur eigenständigen Koordinierung der Arbeit entsprechend den Projekterfordernissen. Dazu gehören Engagement, Flexibilität sowie die Bereitschaft, bei der Arbeitszeitgestaltung den Projekterfordernissen Vorrang zu gewähren. Zudem wird erwartet, dass Mitarbeiter Motivation aus der Arbeit beziehen, sichtbar »Spaß« an der Arbeit haben. Die Bewertung dieser Fähigkeiten und Eigenschaften ist allerdings erst durch die direkte Zusammenarbeit möglich.

Weitere Erwartungen an die Mitarbeiter, die sich nicht unmittelbar aus den Erfordernissen der Arbeit ergeben, betreffen die Arbeitseinstellungen und die Ausrichtung auf ein bestimmtes Marktsegment. Die folgenden Ausschnitte aus Interviews mit freischaffenden Architekten illustrieren dies. Im ersten Zitat wird diesen Arbeitseinstellungen und -tugenden sogar ein größerer Stellenwert als der formalen beruflichen Qualifikation zugeschrieben. Diese Position ist im Sample aber eine Ausnahme. Zudem verschließen die standardisierten fachlichen Zulassungskriterien zum Arbeitsmarkt für Architekten die Option, für originäre Architektentätigkeiten geringer Qualifizierte einzubinden.

Eben weil die Architekten, und vor allem auch die Architekturstudenten ein ganz falsches – meiner Meinung nach falsches – Berufsbild haben und immer noch träumen von der schönen Form, und vor allen Dingen der schönen Form, die sie selber entworfen haben. Das kann ich nicht brauchen. Ich brauche Leute, die sehr viel nüchterner sind in ihrem Denken. Deshalb bin ich auch gerne bereit, einem x-beliebigen Selbstdenker eine Chance zu geben. Jemand, der keine Berufsausbildung nachweisen kann, der mir aber sagen kann: Ich kann gut mit Office umgehen, ich mache dir diese Massenermittlungen fehlerfrei, ich konzentriere mich darauf. Dann ist es mir egal, was jemand für eine Geschichte hat. Hauptsache, er ist zuverlässig. Das ist für mich wichtig. (A2, 395–406)

Ich treffe mich natürlich vorher, unterhalte mich mit den Leuten, und gehe dann natürlich auch ganz stark nach dem persönlichen Eindruck, das muss auch irgendwie passen. Ich bin nicht so der Künstlerarchitekt, bin eher so ein normaler, wie soll man sagen, Feld-Wald-und-Wiesen-Architekt. Da brauch ich auch Leute, die da kein Problem mit haben. Das ist manchmal so, wenn sie die jungen Leute von der FH bekommen, die nur Museen entworfen haben, da kann ich nichts mit machen. Brauch ich nicht. Es ist natürlich auch üblich, dass zu den Vorstellungsgesprächen Mappen mitgebracht werden, die gucke ich mir natürlich an, da kann man schnell sehen, ob jemand das, was ich brauche, beherrscht oder nicht. Und wenn dann auch noch die Chemie stimmt, dann reicht das, um erstmal loszulegen. (A15, 154–172)

Die Bedeutung, die diese beiden Architekten den Arbeitseinstellungen von Bewerbern zumessen, lässt sich hier aus der Differenz ableiten zwischen den häufig im Studium vermittelten Idealen der kreativen Tätigkeit mit dem Schwerpunkt auf der Gestaltung von sichtbaren, prestigeträchtigen Bauten, und der verbreiteten Ausrichtung auf ein bestimmtes Marktsegment, in dem kleinere Aufträge dominieren, die weniger Gestaltungsspielraum bieten. Diese Anforderungen rühren daher weniger aus der Unsicherheit über Fachqualifikationen als aus der befürchteten Gefährdung der Motivation der Mitarbeiter, die wiederum wichtig ist für die engagierte und selbstständige Ausrichtung der Arbeit und der Arbeitszeit an Projekterfordernissen. Am Ende der zweiten Interviewpassage wird außerdem auf die Bedeutung von Sympathie für die Selektionsentscheidung hingewiesen. Dies hat die Hälfte der interviewten Architekten in ähnlicher Weise – als das persönliche Miteinander-Auskommen und Sich-Mögen, Miteinander-Spaß-Haben und »Nett-Sein« – als Kriterium für die Entscheidung zur Zusammenarbeit genannt.

Ein weiteres, offenbar für kleine und wirtschaftlich schwache Büros typisches Kriterium ist die häufig geäußerte Präferenz für Berufsanfänger, da diese geringere Gehaltserwartungen haben als erfahrene Architekten:

Für mich war dann eben der finanzielle Aspekt ein wichtiger. Ich war nicht in der Lage, Mitarbeiter einzustellen, die langwierige Berufserfahrung mitbringen und entsprechende Gehalts- oder Honorarforderungen mitbringen. Von daher musste ich auf einen Berufseinsteiger gucken. Und brauchte da jemanden, der speziell in meine Bürosituation reinpasst. Sprich: Ein Ein-Mann-Büro, das eine zweite Person bekommen wird und jemanden braucht, der flexibel alle Tätigkeitsbereiche des Architekten abdecken muss und gleichzeitig eine Eigenständigkeit entwickeln muss, dass er auch diese Dinge in die Hand nehmen kann, wenn ich mal nicht da bin. (A1, 200–213)

Dieses Kriterium ist ebenfalls nicht aus den unmittelbaren fachlichen Qualifikationsanforderungen ableitbar, sondern resultiert vielmehr aus den wirtschaftlichen Rahmenbedingungen kleiner Büros (vgl. Kapitel 1).

2.3 Zusammenfassung

Die Auswertung der Auswahlkriterien und -verfahren von Architekten und Filmschaffenden bei der Besetzung von Projektstellen ermöglicht ein erstes Verständnis des Zusammenspiels von Arbeitsmarktstruktur, Arbeitsorganisation und Rekrutierungspraktiken, das in der weiteren Analyse schrittweise ergänzt und vertieft werden wird. Die Ergebnisse zeigen zunächst, dass neben spezifischen und spezifizierbaren fachlichen Qualifikationsanforderungen, die aus den Aufgaben ableitbar sind, verschiedene Kriterien, die in loserem Zusammenhang zu den technischen Anforderungen stehen, für die Auswahl von Mitarbeitern relevant sind. Die Arbeitssituation prägt auch die extrafunktionalen Rekrutierungskriterien, wobei die Rolle der selbstständigen Projektkoordination, die Architekten typischerweise innehaben (vgl. Syben 1997), der abstimmungsintensiven und interaktiven, sehr arbeitsteiligen Zusammenarbeit der Filmschaffenden gegenübersteht.

Die interviewten Architekten formulierten fachliche Anforderungen an zukünftige Mitarbeiter, die überwiegend dem Ideal des Generalisten und der geringen Spezialisierung und Ausdifferenzierung der Aufgaben in kleinen Büros entsprechen: Mitarbeiter sollten die Anforderungen in allen Leistungsphasen eines Projekts – seien es Entwurf, Detailplanung, Ausschreibung oder Bauleitung – weitgehend erfüllen und dabei selbstständig arbeiten. Diese Qualifikationen erwerben Architekten im Wesentlichen während des Studiums sowie in den praktischen Phasen der Ausbildung, in Praktika und in der zwei- bis dreijährigen Berufspraxis im Anschluss an das Studium. Inhaber der geschützten Berufsbezeichnung »Architekt« sind in der Lage, ein Bauprojekt in allen Phasen weitgehend autonom zu planen und zu koordinieren.

Architekten, die angestellte oder freiberufliche Architekten rekrutierten, erwarteten auch bestimmte »menschliche Qualitäten« im Umgang mit Bauherren und Handwerkern. Diese Eigenschaften beziehen sich stärker auf den sozialen Kontext der Projektarbeit und fallen in die Kategorie der extrafunktionalen Qualifikationen. Dazu gehören Geschick in den Verhandlungen und beim Erklären von fachlichen Problemen im Gespräch mit dem Bauherrn sowie Führungsqualitäten bei der Bauleitung. Stärker auf den organisatorischen Zusammenhang der Bauvorhaben beziehen sich die Anforderungen an Engagement, Motivation, »Spaß an der Arbeit« sowie flexible Anpassung der Arbeitszeit an Projekterfordernisse. Darin spiegelt sich zum einen wider, dass die Planungsprozesse in Projekten im Baubereich stark beeinflusst werden durch häufig modifizierte Anforderungen und Zeitvorgaben, die aus Bauherrenwünschen und aus der Zusammenarbeit aller Projektbeteiligten resultieren. Zum anderen gibt es innerhalb der komplexen Projektabläufe immer wieder auch Autonomiespielräume, die im Sinne des Architekturbüros und des Bauherrn genutzt werden sollen.

Durch die längere Berufserfahrung mit einer Vielzahl von Projekten kann diese breite Ausgangsqualifikation je nachdem, wie häufig der Tätigkeitsschwerpunkt auf bestimmte Projektabschnitte oder Kundensegmente gelegt wird, vertieft und erweitert sowie um extrafunktionale Qualifikationen, wie geschickter Umgang mit Bauherren oder Handwerkern, ergänzt werden. So können auch für formal hochqualifizierte Architekten, wenngleich in geringerem Maße als für vorwiegend informell qualifizierte Filmschaffende, Projekte einen wichtigen Lernkontext darstellen (vgl. Gottschall/Shire 2007; Shire 2002).

Extrafunktionale Qualifikationen sind somit nicht allein aufgrund der zertifizierten Ausbildung vorauszusetzen. Dies gilt auch für die von einigen Architekten genannten Auswahlkriterien Sympathie oder passende »Chemie« von Bewerbern und Mitarbeitern; diese fallen in den Bereich der diffusen und partikularistischen Kriterien. Das Kriterium der Honorar- oder Gehaltsvorstellungen von Bewerbern beschäftigt Architekten als Büroinhaber, nicht jedoch die Filmschaffenden, die ihre Gagenverhandlungen jeweils mit den Produktionsfirmen und unabhängig von den fachlich Vorgesetzten führen.

In den funktionalen und extrafunktionalen Anforderungen, die von Kameraleuten formuliert wurden, spiegelt sich hingegen die ausgeprägte vertikale und horizontale Arbeitsteilung wider, also die Untergliederung der Projektteams in sogenannte Departments, innerhalb derer die Arbeit von Assistenten vor allem durch die jeweils hierarchisch direkt höher stehende Position fachlich kontrolliert und koordiniert wird. So wird innerhalb des Kamera-Departments zwischen der Zuständigkeit für verschiedene Zuarbeiten, technische Parameter und Kameraeinstellungen (erste und zweite Kameraassistenz) und der Verantwortung für die künstlerisch-kreative Gestaltung der Bilder (Kameramann/Director of Photography) unterschieden. Die fachlichen Qualifikationen können auf sehr unterschiedliche Weise erworben werden. Weit verbreitet sind noch immer der Quereinstieg und das informelle Lernen bei der Arbeit in verschiedenen Projektpositionen. Zusätzlich haben sich vielfältige medienbezogene Studiengänge und Ausbildungswege etabliert. Die darin vermittelten Inhalte sind aber nicht standardisiert und decken sich häufig nicht mit den eng zugeschnittenen Aufgabenprofilen der Projektstellen.

Viele der extrafunktionalen Kriterien, die bei der Rekrutierung für Film- und Fernsehproduktionen eine Rolle spielen, lassen sich auf die enge Zusammenarbeit innerhalb der Projektteams oder *Departments* beziehen. Dazu zählen die genannten Kriterien Zuverlässigkeit, die Einordnung in die Projekthierarchie, Teamfähigkeit sowie die partikularistischen und diffusen Kriterien »sich gut verstehen«, »die gleiche Sprache sprechen«, Sympathie, Persönlichkeit, die »passende Chemie« und Ähnlichkeit der Arbeitseinstellungen. Gemeinsame Aktivitäten außerhalb der Arbeit und askriptive Kriterien wie Alter und Geschlecht werden von den Arbeitsmarktakteuren häufig mit extrafunktionalen Eigenschaften in Verbindung gebracht. Darauf geht die Analyse der Lebensverläufe der Projektbeschäftigten in Kapitel 6 näher ein.

Dies lenkt den Blick darauf, wie man sich auf dem Arbeitsmarkt über diese Qualifikationen verständigt, und damit auf ihre Transferierbarkeit. Die im Vergleich stark institutionalisierte, qualifikationsbasierte Zugangsregulierung für Architekten gewährleistet ihre fachliche Qualifikation. Man würde erwarten, dass die in informellen Beziehungsnetzwerken prozessierten Informationen für die Rekrutierung hier kaum relevant sind, wenn man der Annahme folgt, dass diese die Standardisierung und Zertifizierung von Fachqualifikationen ersetzen (vgl. Baumann 2002a). Tatsächlich sind formale Rekrutierungswege für Architekten von Bedeutung, nicht jedoch in der Film- und Fernsehindustrie, wo nahezu ausschließlich persönliche Bekanntschaften und Empfehlungen genutzt werden, um Projektstellen zu besetzen. Die Bedeutung von informellen Beziehungen für Rekrutierungsprozesse im Feld der Audiovisuellen Medien lässt sich mit Baumann (2002a) durch fehlende Transparenz bezüglich der fachlichen Qualifikationen erklären. Wenn es keine standardisierten Ausbildungswege, geschützten Berufsbezeichnungen und einheitlichen Qualifikationsnachweise gibt, ermöglichen es informelle Beziehungen, über fachliche Qualifikationen zu kommunizieren.

Die Analyse deutet jedoch darauf hin, dass in Netzwerken auch Informationen über die extrafunktionalen Qualifikationen weitergegeben werden. Dazu gehören die Flexibilität in Bezug auf Arbeitsaufgaben und -zeiten bei den Architekten oder die aufgabenbezogene Arbeitsteilung und die Anforderung an das »Einordnen« in die Teamhierarchie bei den Filmschaffenden. Viele dieser Kriterien sind eher diffus und partikularistisch und unterliegen sehr subjektiven Bewertungsmaßstäben, sodass »Verlässlichkeit«, »Team- und Leidensfähigkeit«, »Selbstständigkeit«, »die passende Chemie«, der »Spaß an der Arbeit«, »sich ohne Worte verstehen« oder der »Biss« erst in der konkreten Zusammenarbeit im Team oder mit den Teammitgliedern gut bekannten »Bürgen« nachgewiesen – oder gar erst erlernt – werden können. Insofern sie zum Projekterfolg beitragen, sind sie auch am Arbeitsergebnis abzulesen. Die Zurechenbarkeit zu einzelnen Personen ist aber in sehr interdependenten Arbeitsprozessen, wie in Film- und Fernsehproduktionen, schwieriger als dort, wo einzelne Projekte oder Projektphasen selbstständig bearbeitet werden können (vgl. Stinchcombe 1990: 251; Offe 1970: 93f.).

Zusammenfassend lässt sich festhalten, dass der Professionalisierungsgrad eines Teilarbeitsmarktes, genauer: die Standardisierung und Zertifizierung beruflicher Qualifikationen, wesentlich dazu beiträgt, Unsicherheit über die Fachqualifikation in Rekrutierungsprozessen zu reduzieren. Die Analyse der Rekrutierungskriterien hat jedoch gezeigt, dass bei beiden Berufsgruppen (und stärker noch bei den Filmschaffenden) extrafunktionale, partikularistische und diffuse Bewertungskriterien eine Rolle spielen, die aber an die Einschätzung und Kommunikation der Personen gebunden bleiben, mit denen eng zusammengearbeitet wird. Diese Besonderheiten der Arbeitsorganisationen werden im folgenden Kapitel näher beleuchtet. Vorläufig ist festzuhalten, dass in der wenig professionalisierten Film- und Fernsehbranche, in denen die Produktionen sehr arbeitsteilig und abstimmungsintensiv sind, die Unsicherheit über die Eignung – hinsichtlich fachlicher *und* extrafunktionaler Qualifikationen – offenbar besonders hoch ist. Der Aufbau von Reputation kann sich dann dort sowohl auf die Bewertung der funktionalen als auch der extrafunktionalen Qualifikationen beziehen, doch bleibt damit auch immer von Arbeitsstilen und persönlichen Vorlieben derjenigen abhängig, die Empfehlungen aussprechen oder direkt rekrutieren. Die Qualifikationsanforderungen und Selektionskriterien, die in den Rekrutierungsprozessen in Projektarbeitsmärkten zum Tragen kommen, sind daher teils berufsspezifisch, teils aber auch spezifisch für den sozialen Beziehungskontext, in dem gelernt und gearbeitet wird.

Bemerkenswert ist daran, dass Rekrutierungsprozesse auch bei nicht vorhandenen betriebsinternen Arbeitsmärkten und professionellen Institutionen nicht durch gänzlich unspezifische Qualifikationsanforderungen in Kombination mit dem Preismechanismus oder allein von standardisierten und zertifizierten Fachqualifikationen geprägt werden, sondern sich auch ohne Betriebsbindungen eine Spezifität von Qualifikationen herausbildet. Die Spezifität von Qualifikationen besteht vor allem darin, dass sowohl die Einschätzung fachlicher Qualifikation als auch die Bewertung extrafachlicher Eigenschaften nur informell in Netzwerken kommuniziert und dadurch untrennbar miteinander verbunden. Die nur persönlich beurteilbaren extrafachlichen Qualifikationen und Merkmale sind kaum in Form von Zertifikaten transferierbar und bleiben somit an einen bestimmten sozialen Beziehungskontext gebunden. Somit besteht ein enger Zusammenhang zwischen Qualifikationsanforderungen und Rekrutierungswegen. Mit zunehmender Bedeutung dieser extrafachlichen Qualifikationen überlagern Beziehungsnetzwerke die klassischen Arbeitsmarktsegmentationslinien.

Teil II
Koordination und Kontrolle von Projektarbeit

Vorbemerkung

Die vorangegangenen Kapitel haben verdeutlicht, dass die historisch gewachsenen Arbeitsmarktstrukturen gegenwärtige Rekrutierungspraktiken in dem Maße beeinflussen, in dem sie Transparenz über Fachqualifikationen herstellen. Architektengesetze und Architektenkammern vereinheitlichen die Ausbildung, regulieren den Arbeitsmarktzugang und reduzieren damit die Unsicherheit, die in Rekrutierungsprozessen hinsichtlich der berufsspezifischen Qualifikationen besteht.

Die Analyse der Arbeitsmarktstrukturen und insbesondere der Rekrutierungspraktiken hat auch gezeigt, dass die Qualifikationsanforderungen häufig über zertifizierte Fachqualifikationen hinausgehen. Dabei wurden erste Bezüge zwischen den Qualifikationsanforderungen und den Spezifika der Projektarbeit in der Architektur und der Film- und Fernsehwirtschaft herausgestellt. Um die Bedeutung informeller Netzwerke in den Rekrutierungsprozessen besser zu verstehen, untersucht dieser Teil systematischer den Zusammenhang zwischen Arbeitsorganisation, der Bewertung von Leistungsvermögen und der Leistungskontrolle. Dafür bedarf zunächst der bislang zur Kennzeichnung befristeter und kooperativer Arbeitszusammenhänge verwandte Projektbegriff einer Konkretisierung. Allgemein lässt er sich auf das Konzept des »temporary system« (Goodman/Goodman 1976) zurückführen. Dieses wird als »set of diversely skilled people working together on a complex task over a limited period of time« definiert (ebd.: 494). Gerade unter den Bedingungen von Befristung und Einzigartigkeit ist eine bürokratische, die einzelnen Arbeitsschritte a priori festschreibende Arbeitskoordination unmöglich. Denkbar sind jedoch verschiedene Steuerungsformen in diesen befristeten Kooperationszusammenhängen, wobei in Studien zur Projektarbeit häufig nicht systematisch zwischen ihnen differenziert wird.[1] Daher soll im Folgenden zunächst in allgemeiner Form, und dann bezogen auf Projektarbeit, der Rahmen für die Analyse von Koordinations- und Kontrollformen in Projektorganisationen in Architektur und Medienproduktion gespannt werden.

1 Der oft fehlende Rückbezug auf etablierte Unterscheidungen von verschiedenen Koordinationsformen sowie die Betonung von Ergebnissteuerung und in projektüberdauernden Netzwerken emergierenden Ordnungen lässt sich vermutlich auch dadurch erklären, dass sich die Studien auf relativ neue, oder zumindest wenig professionalisierte Branchen, wie die Neuen und die Audiovisuellen Medien und Werbebranche (vgl. etwa Sydow/Windeler 1999; Faulkner/Anderson 1987; Jones 1996; Grabher 2002c; Grabher 2002b) oder sogenannte kreative Industrien (Haunschild 2003; Koppetsch 2006; Eikhof/Haunschild 2007) konzentrieren, die kaum mit stärker professionalisierten Bereichen verglichen werden.

3 Theoretische Perspektiven auf die Koordination von Arbeit

Einerseits können Qualifikationsanforderungen aus Organisationscharakteristika abgeleitet werden. Andererseits prägen das Qualifikationsangebot und die Arbeitsmarktstruktur in der Entstehungszeit von Unternehmen und Industrien die Art und Weise, in der Arbeit organisiert wird (vgl. Stinchcombe 1965: 153ff.). So beruht die von Stinchcombe (1959) beschriebene *Craft Administration* auf einer formalisierten und standardisierten Ausbildung und beruflichen Sozialisation. Überlegen ist diese Koordinationsform der bürokratischen Arbeitsorganisation insbesondere unter der Bedingung der Instabilität und Variabilität von Marktbedingungen, Auftragsvolumen, Arbeitsort und Kundenanforderungen sowie der Einzigartigkeit des zu erstellenden Produktes. Die Herausbildung professioneller Steuerungsformen der Arbeit ist ihrerseits abhängig von der Arbeitsmarktregulierung durch professionelle Institutionen:

> Continuity in status in a labor market, instead of an organization, we take to be the defining characteristic of professional institutions. Both the traditional professions and crafts in construction have professional institutions in this sense. These are characterized by (roughly) occupationally homogeneous organizations seeking control of the rights and duties associated with doing work within a defined jurisdiction. By this control they assure competence discipline. Both professions and crafts, then, guarantee labor rights and enforce labor market duties which make up a professional status. (Stinchcombe 1959: 186f.)

Stinchcombe hat diese Form der Organisation von Arbeit als alternative *rationale* Organisationsform in Abgrenzung zur bürokratischen Steuerung von Arbeit vorgeschlagen. Wie lässt sie sich aber im Kontext anderer Koordinationsformen verorten? Mintzberg betrachtet professionelle und bürokratische Steuerung als zwei Formen der Standardisierung – zum einen der Qualifikationen, zum anderen der Arbeitsprozesse. Die bürokratische Steuerung oder Standardisierung der Arbeitprozesse setzt allerdings voraus, dass die Nachfrage stetig und der Arbeitsprozess im Voraus planbar ist (Stinchcombe 1959: 180). Eine dritte Form der Standardisierung stellt die Festlegung von Arbeitsergebnissen dar. Mintzberg beschreibt die Standardisierung der Arbeitsprozesse, Qualifikationen oder Arbeitsergebnisse als Koordinationsform für komplexere Arbeit; in einfacheren

Konstellationen und in kleineren Arbeitsteams steht ihr die direkte Kontrolle *(direct supervision)* durch Vorgesetzte und die wechselseitige spontane Abstimmung durch informelle Kommunikation *(mutual adjustment)* der Teammitglieder gegenüber (Mintzberg 1979: 3ff.).

Neben diesen organisationstheoretischen Definitionen wird in der neueren industriesoziologischen Literatur eine weitere Form der Koordinierung von Arbeit diskutiert. Sie beruht auf der Selbststeuerung der Arbeit durch die Beschäftigten, die sich an allgemeinen Ergebnisvorgaben oder Marktanforderungen orientieren. Im Mittelpunkt der Debatte um die Entgrenzung der Arbeit steht die Annahme einer Erosion der fordistischen Regulierung von Arbeit. Davon seien »alle sozialen Ebenen der Verfassung von Arbeit« (Voß 1998: 747) betroffen, wobei in dieser Literatur vor allem auf die betrieblichen Flexibilisierungs- und Rationalisierungsprozesse und die damit verbundenen Anforderungen an subjektive Gestaltungs- und Strukturierungsleistungen der Beschäftigten abgestellt wird (vgl. Moldaschl/Voß 2003; Kratzer et al. 2003; Kratzer/Sauer 2003, 2005; Kratzer 2005). Insbesondere im Zusammenhang mit veränderten Rationalisierungs- und Kontrollstrategien im Unternehmen wird »Entgrenzung« auf die Nutzung der rationalisierenden, kreativen und gestaltenden subjektiven Eigenleistungen bezogen. In der Folge würden auch das Subjekt und seine lebensweltlichen Ressourcen im Produktionsprozess vereinnahmt (Sauer 2002; Moldaschl/Sauer 2000; Altmann et al. 1986; Gottschall/Voß 2003). Die größere Autonomie, so die Erwartung an die Beschäftigten, wird durch Selbstkontrolle und Selbststeuerung in Bezug auf die Arbeitsorganisation, die konkreten Arbeitsprozesse und den Umgang mit Problemen, unter stärkerer Orientierung an Kundenbedürfnissen und der Marktsituation, im Sinne des Unternehmens genutzt. Hier bezieht sich »Entgrenzung« und Subjektivierung also auf den konkreten Produktionsprozess, auf die Transformation von Arbeitsvermögen in Arbeitsleistung unter Zuhilfenahme subjektiver Potenziale und Leistungen.

Eine zweite Dimension von Entgrenzung betrifft die zeitliche, räumliche und soziale Trennung von Erwerbs- und Privatsphäre und damit auch den Reproduktionsaspekt. Die alltägliche Ausbalancierung zwischen Erwerbs- und Privatleben wird demnach stärker von subjektiven Strukturierungs- und Selbstorganisationsfähigkeiten sowie von Kunden- und Marktanforderungen abhängig. In der Arbeitskraftunternehmerthese geht man von einer Anpassung der Lebensführung hinsichtlich einer effizienzorientierten Selbstorganisation aus:

[J]e ausgeprägter die Entgrenzung von Arbeitsverhältnissen und damit der Zwang zur aktiven Restrukturierung der eigenen Arbeit ist, um so stärker wächst die Notwendigkeit, den gesamten Alltag gezielt auf die beruflichen Anforderungen auszurichten und effizient durchzuorganisieren. Angesichts der Ausweitung entgrenzter Arbeitsanforderungen hat das zur These der zunehmenden »Verarbeitlichung« des Alltags geführt: Lebensführung wird immer mehr zu einer bewusst ergebnisorientierten Strukturierungsleistung, die als eine besondere Form individueller und gesellschaftlicher »Arbeit« angesehen werden kann. (Voß 1998: 482)

Die »Verarbeitlichung der Lebensführung« umfasse zudem die individualisierte Qualifizierung und eine Instrumentalisierung von sozialen Beziehungen (Voß 2001a, 1998).[2] Der Aspekt der Vereinnahmung sozialer Beziehungen kann sich nicht nur auf die Arbeitsteilung hinsichtlich der Reproduktion, sondern im Extremfall auch auf den Bereich der Produktion ausdehnen, wie Matuschek (2003: 350f.) am Beispiel der Einbindung von Haushaltsmitgliedern in Arbeitstätigkeiten von Selbstständigen und in Heimarbeit tätigen abhängig Beschäftigten aufgezeigt hat.

Anders als bei der Annahme einer Substituierbarkeit von bürokratischer und professioneller Steuerung der Arbeit und der informellen Abstimmung im Arbeitsteam stehen bei der Entgrenzungs-, der Subjektivierungs- und der Arbeitskraftunternehmerthese gerade die Freisetzung der Erwerbstätigen aus verbindlichen Regulierungen des Arbeitsprozesses sowie die ausgeprägte Ergebnisorientierung und die Selbststeuerung der Arbeit und der Lebensführung im Mittelpunkt. Man spricht von den »subjektiven Potenzialen«, und angesichts eines ständigen Wandels der fachlichen Qualifikationsanforderungen, an den sich die »Arbeitskraftunternehmer« antizipierend anpassen müssen, geht man davon aus, dass extrafachliche Qualifikationen, wie Selbstmotivation, -steuerung, -vermarktung und -vernetzung, an Bedeutung gewinnen (vgl. Voß 1998). In dieser Perspektive entspricht die ergebnisorientierte Nutzung subjektiver Potenziale und lebensweltlicher Ressourcen der organisationalen Strategie der Koordination der Arbeit durch Ergebnisvorgaben.

Eine durch die Labour Process Theory vorgeschlagene Unterscheidung zwischen personalen und strukturellen Kontrollformen dient der Systematisierung der bisher skizzierten Formen der Steuerung von Arbeit (Edwards 1984: 115ff.; vgl. Jürgens 1984: 73). Koordinationsformen lassen sich dann nach ihrer Versachlichung unterscheiden (siehe Abbildung 2). Dabei steht die direkte persönliche Kontrolle (durch den unmittelbar Vorgesetzten) der bürokratischen und technischen Kontrolle gegenüber, wobei jeweils zwischen den Grundlagen der Zuweisung von Arbeitsaufgaben, der Bewertung der Arbeitsergebnisse und den Formen der Disziplinierung unterschieden werden muss (vgl. Edwards 1984: 115ff.). Ergänzt man diese Unterscheidung mit den oben beschriebenen Ko-

2 Diese Anforderungen erinnern auch an die Erwartungen und Ideale der projektbasierten Polis (vgl. Einleitung sowie Boltanski/Chiapello [1999] 2003: 156ff.; sowie Wagner 2007; Bröckling 2005).

Abbildung 2 Übersicht über die Formen der Koordination und Kontrolle von Arbeit

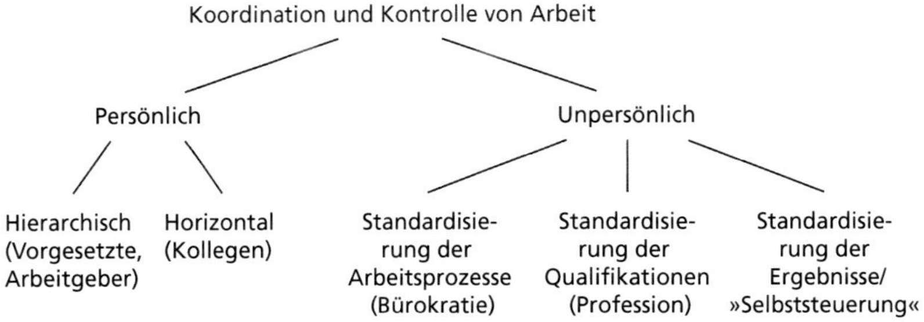

ordinationsformen, wären auch die informellen Abstimmungsprozesse unter Kollegen den persönlichen Kontrollformen zuzuordnen.

Die Steuerung der Arbeit auf der Grundlage professioneller Normen hingegen kann grundsätzlich unpersönlicher Natur sein. Auch wenn sie spezifische Autoritätsbeziehungen (beispielsweise zwischen Meister und Geselle) begründet, beruht dieses Über- und Unterordnungsverhältnis auf fachlicher Expertise statt auf partikularistischen Kriterien. Dies begründet auch Stinchcombes (1959) Konzeption von bürokratischer und professioneller Steuerung als – je nach Umweltbedingungen angemessene alternative – *rationale* Organisationsformen. Die Annahme der Rationalität stützt sich auf Webers Konzept der formal rationalen oder legalen Herrschaftsausübung (Weber [1921] 1972: 124ff.). Diese zeichnet sich durch gesatztes Recht aus, welches eine »unpersönliche Ordnung« (ebd.: 125) konstituiert, die die Autoritätsbeziehungen definiert und legitimiert und die Weisungsbefugnis des Vorgesetzten und die sachlichen Zuständigkeiten rational abgrenzt. Weitere Merkmale sind die Trennung des Amtsvermögens und der Betriebsstätte vom Privathaushalt, von Amt und Person, die Schriftlichkeit beziehungsweise Aktenmäßigkeit der Verwaltung und Kontinuität des Betriebs. Kennzeichnend für rationale Herrschaft ist somit Unpersönlichkeit, Sachlichkeit und Berechenbarkeit. Weber definiert die Bürokratie als »reinsten Typus der legalen Herrschaft« (ebd.: 551ff., 126ff.). Gegenüber dieser Zuspitzung der rationalen Herrschaftsform auf bürokratische Prinzipien argumentiert Stinchcombe (1959), dass professionelle Institutionen eine alternative rationale Organisationsform, die *craft administration* ermöglichen können. Gemeinsam ist beiden rationalen Herrschaftsformen die Trennung von Amt und Lebensführung beziehungsweise von Betrieb und Privathaushalt, die Zuweisung von Aufgaben auf Basis stabiler Anforderungen an Fachqualifikationen und die Rekrutierung auf Grundlage formaler, geprüfter und zertifizierter Ausbildung. Weitere Gemeinsamkeiten sind die stabile, regelhafte Zuschneidung und Legitimation von Zuständigkeitsbereichen, Positionen und Autoritätsbeziehungen sowie schließlich die Bezahlung auf Grundlage eines stabilen Status (sei es in der bürokratischen Organisation, im internen Arbeitsmarkt oder im fachlichen Arbeitsmarkt; vgl. ebd. 183ff.).

3.1 Koordinationsformen und Grenzen der sozialen Kontrolle

Zusammenfassend kann festgehalten werden, dass die Art der Koordinierung von der Komplexität und Einzigartigkeit der Aufgabe, der Größe der Arbeitsteams sowie der Professionalisierung eines Teilarbeitsmarktes beeinflusst wird. Die Kontrollformen des Arbeitsprozesses – also die Zuweisung von Aufgaben, die Möglichkeit und Formen der Bewertung von Leistung und Leistungsvermögen sowie die Disziplinierungsformen – stehen damit wiederum in einem engen Zusammenhang (vgl. Edwards 1984: 115). Die formalisierte berufliche Ausbildung und professionelle Standards können nicht nur die Arbeit und Kooperation koordinieren, sondern liefern auch Kriterien, um Qualifikation und Leistung zu bewerten. Gleichzeitig vergrößert fachliche Expertise (in Form kodifizierter Berufe) die Autonomie bei der Ausführung der Arbeit. Expertise kann somit die Reichweite unternehmerischer Kontroll- und Weisungsbefugnisse begrenzen (Crozier/Friedberg 1979: 51) beziehungsweise Primärmachtpotenziale der Beschäftigten begründen (Jürgens 1984: 61f.), insofern die konkrete Arbeitsverrichtung sowie die Kontrolle von Arbeitsleistungen Fachkenntnisse erfordert. Somit hängen die Kontrollmöglichkeiten auch von der fachlichen Qualifikation des Bewertenden, seien es direkte Vorgesetzte oder Arbeitgeber, ab (vgl. Littler 1987: 49f.). Andererseits sichert die Durchsetzung des Berufsprinzips in Arbeitsorganisation und Arbeitsmarkt, das heißt die Zuweisung von Positionen und Aufgaben auf Grundlage der formalen, zertifizierten fachlichen Qualifikation und professioneller Normen, einen bestimmten Status im Arbeitsmarkt unabhängig von einem Arbeitgeber (vgl. Stinchcombe 1959).

Umgekehrt allerdings bestimmen Koordinations- und Kontrollstrukturen am Arbeitsplatz auch die Qualifikationsanforderungen. In hochgradig interdependenten Arbeitsorganisationen, in denen informelle Abstimmungsprozesse oder direkte persönliche Kontrolle die Arbeitskoordination dominieren, bleibt die Bewertung von Qualifikation und Leistung an die Einschätzung derer gebunden, mit denen eng zusammengearbeitet wird, seien es Kollegen oder Vorgesetzte, und ist wenig objektivierbar (vgl. Stinchcombe 1990: 250f.; Offe 1970: 94). Unter bestimmten Umständen kann die Selbststeuerung der Arbeitsgruppe jedoch auch Autonomie- und Machtpotenziale gegenüber dem Arbeitgeber eröffnen.

Littler verweist darüber hinaus auf die Bedeutung einer räumlichen Trennung zwischen Management und Beschäftigten und »sozialer Schutzzonen« – Bereiche, in denen Mitarbeiter vor der Überwachung der Vorgesetzten geschützt sind – als arbeitsorganisatorische Faktoren, die die Kontrollmöglichkeiten des Managements beeinflussen (vgl. Littler 1987: 49f.). Dieser Aspekt wurde in der These von Rose Laub Coser ausgeführt, dass in bürokratischen Organisationen die Organisationsmitglieder auf niedrigen Hierarchiestufen vor der direkten Überwachung durch die Organisationsleitung geschützt sind:

> It has been argued here that persons high in the hierarchy are typically denied direct observability of much of a subordinate's behavior. (R. L. Coser 1961: 36)

Dies lässt sich einerseits auf den Aufwand, den eine direkte Überwachung in großen Organisationen durch die Organisationsleitung nach sich ziehen würde, zurückführen. Andererseits resultiert aus dieser Abschirmung auch eine größere Unparteilichkeit in Personalfragen (ebd. 1961: 35). Wird die Beobachtbarkeit durch Vorgesetzte eingeschränkt, ergeben sich für die Mitarbeiter Möglichkeiten zu außerberuflichen Aktivitäten und Gesprächen in der Arbeitszeit, wodurch engere, facettenreiche Beziehungen entstehen können (vgl. Hinton 1973: 93ff.). Beobachtbarkeit ist eine Voraussetzung für soziale Kontrolle (Merton 1957: 114). Aus dieser Beobachtbarkeit ergibt sich auch, inwieweit Arbeitseinstellungen, und nicht nur die Arbeitsleistung, der Bewertung durch Vorgesetzte zugänglich sind. Auf der anderen Seite erlaubt die symbolische Abschirmung der Vorgesetzten gegenüber ihren Untergebenen, etwa durch bestimmte distanzierende, zeremonielle Verhaltensweisen und Arbeitskleidung, ihnen eine Abgrenzung zwischen Arbeits- von der Privatsphäre (R. L. Coser 1961: 38).

Die direkte Beobachtbarkeit des Statushöheren durch Organisationsmitglieder niedrigerer Hierarchiestufen, welche sich aus einer engen Zusammenarbeit oder räumlichen Nähe ergeben kann, kann zu engeren vertikalen Bindungen und zu einer Schwächung der Beziehungen zu Kollegen führen. Die engere Bindung zu Vorgesetzten in solchen Arbeitskonstellationen resultiert aus der Einweihung in Ansichten, Entscheidungen und Wissen der Vorgesetzten; die wiederholte Interaktion kann Verständnis und Loyalität gegenüber Vorgesetzten fördern, aber auch die Abgrenzung von Kollegen:

> The close interaction with the status-superior makes the observing subordinate part of a small cultural subgroup, with its own standards and values which may be different from those of the culture at large. This has been described as »participation in guilty knowledge,« as »a way of looking at things different from that of most people and consequently potentially shocking to the lay mind.« It readily becomes a source of pride, and a source of strain as well, in that

it isolates the subordinate from his own social world and deprives him of the satisfactions of friendship and solidarity with his peers. (R. L. Coser 1961: 36)

Diese Bindung schützt gleichzeitig den Vorgesetzten vor der Indiskretion des Untergebenen (R. L. Coser 1961: 37). Andererseits, so argumentiert Coser, führt die wechselseitige Beobachtbarkeit von Mitgliedern eines Arbeitsteams in interdependenten Arbeitszusammenhängen, die außerdem daran beteiligt sind, eine bestimmte Situationsdefinition zu erzeugen (zum Beispiel den Eindruck eines kompetenten und reibungslos zusammenarbeitenden Teams; Goffman 1959: 82ff.), zu einer größeren Vertrautheit, wechselseitigen Abhängigkeit und Koordination untereinander. Das schützt die Teammitglieder vor der Beobachtbarkeit durch Vorgesetzte und stärkt die horizontalen Beziehungen (R. L. Coser 1961: 37f.). Damit konstatiert Coser ein interessantes Wechselverhältnis zwischen vertikalen und horizontalen Beziehungen unter den verschiedenen Bedingungen der Beobachtbarkeit beziehungsweise sozialen Kontrolle: Die Beobachtbarkeit der Vorgesetzten durch Untergebene kann zu Loyalitäten und Bindungen zu Vorgesetzten führen und gleichzeitig die Beziehungen zwischen Kollegen auf gleicher Hierarchiestufe unterminieren. Die Abschirmung von Vorgesetzten durch bürokratische Regeln oder die enge Einbindung in ein Arbeitsteam hingegen begrenzt die Kontrollmöglichkeiten durch Vorgesetzte und intensiviert potenziell die Bindungen zu Kollegen. Die Koordination der Zusammenarbeit durch Vorgesetzte oder die laterale informelle Abstimmung zwischen Kollegen wirken sich also in bestimmter Weise auf die Kontrolle der Beschäftigten und die sozialen Beziehungen am Arbeitsplatz aus.

Die Beobachtbarkeit und die Rollenkonflikte, die sich aus unvereinbaren Ansprüchen unterschiedlicher Subsysteme an eine Person ergeben können, sind in modernen, funktional differenzierten Gesellschaften durch die Abschirmung der verschiedenen sozialen Kreise voneinander, denen eine Person angehört, begrenzt. So ist zum Beispiel die Zeit, in der ein Arbeitnehmer dem Arbeitgeber seine Arbeitskraft zur Verfügung stellt, in der Regel limitiert und der Arbeitsplatz ist vom Wohnort räumlich getrennt, sodass Zeit für familiäre Bindungen und außerberufliche Aktivitäten bleibt:

[T]he segmental structure of a society is viable to the extent that concomitant patterns of normative priorities assign the claims for loyalty in such a way that little choice has to be made by the individual concerned. (L. Coser 1974: 3)

Soziale Kontexte, in denen jede Abschirmung vor Beobachtbarkeit fehlt und in denen gleichzeitig Ansprüche an Verfügbarkeit und Engagement ausgeweitet werden, hat Lewis Coser als »greedy institutions« bezeichnet (L. Coser 1974: 4ff.). Diese zeichnen sich durch funktional diffuse, die gesamte Person umfassende Ansprüche an die zwar freiwillige, doch ungeteilte und exklusive Loyalität und Verfügbarkeit aus:

Yet the modern world, just like the world of tradition, also continues to spawn organizations and groups which, in contradistinction to the prevailing principle, make total claims on their members and which attempt to encompass within their circle the whole personality. These might be called greedy institutions, insofar as they seek exclusive and undivided loyalty and they attempt to reduce the claims of competing roles and status positions on those they wish to encompass within their boundaries. Their demands on the person are omnivorous. (L. Coser 1974: 4)

Die Freiwilligkeit der Bindung unterscheidet die »greedy institutions« von Goffmans (1961) totalen Institutionen: »Greedy institutions aim at maximizing assent to their styles of life by appearing highly desirable to the participants« (L. Coser 1974: 6). Die Isolierung gegenüber alternativen Bindungen stützt die exklusive Loyalität gegenüber einer *greedy institution* und die Identifizierung mit ihr:

In greedy institutions, conflicts arising from contradictory expectations are being effectively minimized because outside role-partners have, so to speak, been surgically removed or because their number has been sharply limited. These institutions concentrate the commitment of all of their members, or of selected members, in one overall status and its associated central role relationships. Being insulated from competing relationships, and from competing anchors for their social identity, these selected status-occupants find their identity anchored in the symbolic universe of the restricted role-set of the greedy institution. (L. Coser 1974: 7f.)

Als Beispiele für *greedy institutions* beschreibt Lewis Coser unter anderem die Hausdienerschaft, die Einbindung von Frauen in Familien des männlichen Familienernährermodells, Sekten und utopische Gemeinschaften. Besonders erhellend für das Verständnis von begrenzten Rolleneinbindungen und, im Gegensatz dazu, Arbeitsorganisationen, die auf eine exklusive Verfügbarkeit ihrer Mitglieder abzielen, ist die Analyse der traditionellen Hausdienerrolle im Großbritannien des 18. Jahrhunderts. Die Familie, die den Hausdiener beschäftigte, erwartete von diesem unbegrenzten Gehorsam, eine permanente Verfügbarkeit und ungeteilte Loyalität. Zudem war diese Beziehung eher partikularistischer Natur und beruhte auf dem askriptiven Status des Hausdieners, und die Arbeitsanforderungen waren eher funktional diffus als spezifisch (L. Coser 1974: 69ff.). Da die Hausdiener üblicherweise auch im Haus ihres Dienstherrn wohnten, waren sie nicht nur zeitlich permanent verfügbar, sondern konnten auch ihr Privatleben nicht vor den Hausherrn abschirmen. Dadurch wiederum wurde die Kontrolle von der Arbeitsleistung auf die gesamte Person und ihre Einstellungen ausgeweitet (vgl. R. L. Coser 1961: 38) und der Aufbau von Beziehungen zu Personen außerhalb des Haushalts erschwert oder unterbunden. Im Zusammenspiel mit lebenslanger Beschäftigungssicherheit und der engen und häufigen

Interaktion mit der Hausfamilie förderte diese Isolation von Beziehungen außerhalb des Haushalts idealtypisch eine starke Bindung und Loyalität des Hausdieners und begrenzte die Gefahr der Indiskretion (L. Coser 1974: 72ff.):

> Being »greedy« in their demands for task performances which encompass all aspects, even the personal ones, of the daily lives of the members of the household, consequently, masters are strongly induced also to »greedily« absorb the total personality of their servants. Only those who are fully absorbed can be fully trusted. Servants hired on a purely contractual and impersonal basis could hardly be entrusted with the master's secrets. Only when there are strong affectual ties binding the servant to the master, and concomitantly only when the servant has few outside ties, can the master be reasonably sure that the requisite loyalty is forthcoming.
> (L. Coser 1974: 77)

Aufgrund der Ansprüche an unbegrenzte Verfügbarkeit und exklusive Loyalität wurden bevorzugt alleinstehende Hausdiener oder beide Ehepartner gemeinsam eingestellt. Diese umfassende Einbindung und der Verzicht auf Privatsphäre bedurften der Legitimation durch Religion und Tradition, mit deren Erosion der Beruf des Hausdieners schließlich zunehmend stigmatisiert wurde und weniger Bewerber fand (Coser 1974: 85ff.).

3.2 Koordination und Kontrolle in befristeten Kooperationszusammenhängen

Die Standardisierung von Kompetenzen (alternativ zu bürokratischer Kontrolle beziehungsweise zur Standardisierung der Arbeitsprozesse) als ein Prinzip der rationalen Organisation von projektförmiger Arbeit im Kontext unsicherer Marktbedingungen hängt nicht nur von der Komplexität der Aufgaben und der Größe der Arbeitsteams ab, sondern setzt auch die organisationsübergreifende Standardisierung von Ausbildung und die Kontrolle der Einhaltung professioneller Normen voraus. Bei fehlenden professionellen Normen oder zu ihrer Ergänzung kann die befristete Zusammenarbeit in Projekten durch persönliche Kontrolle, informelle Abstimmungsprozesse *(mutual adjustment)* sowie die Definition von Arbeitsergebnissen koordiniert werden.

Empirisch lassen sich verschiedene Konstellationen der Überlagerung von professioneller Kontrolle, informeller Abstimmung und der persönlichen Kontrolle in zeitlich befristeten Kooperationszusammenhängen beobachten. Ein Beispiel sind die sogenannten Kolonnen, die festen Arbeitsteams von Baufacharbeitern, die vor allem in den 1950er- und 1960er-Jahren von Baustelle zu Baustelle reisten. Hier überwog die Selbstregulierung der Arbeit innerhalb der festen Teams entlang ausgebildeter Routinen in der Zusammenarbeit und auf Grundlage von Vertrauen und der hohen wie breiten Fachqualifikation der Kolonnenmitglieder (Stroink 1992: 91f.). Der Kolonnenführer, der für kleinere dispositive Aufgaben sowie für die Aushandlung der Akkorde verantwortlich war, verfügte über die gleiche Ausbildung und erhielt den gleichen Lohn wie die anderen Kolonnenmitglieder, von denen er bestimmt wurde (Syben 1999: 45).[3] Infolge der stärkeren Eingliederung der Kolonnen in Bauunternehmen verschob sich die Arbeitskoordination von vertrauensvoller und routinisierter Selbstregulierung hin zu einer stärkeren hierarchischen Kontrolle durch Poliere in Teams mit weniger stabiler Zusammensetzung (vgl. Stroink 1992: 89f.). Gleichwohl nimmt auf Basis der fachlichen Ausbildung der Bauarbeiter die Kontrolle der Arbeitsdisziplin durch Polier und Bauleitung in dieser Konstellation einen höheren Stellenwert als die der fachlichen Ausführung und der Arbeitsergebnisse ein (vgl. Syben 1999: 41ff.).[4]

Eine andere Organisationsform, in der weniger die berufsfachliche Ausbildung und Orientierung an professionellen Normen durch die Beschäftigten, als vielmehr deren informelle Abstimmung innerhalb einer Arbeitsgruppe eine Rolle spielt, sind hierarchisch gegliederte, feste Teams von Un- und Angelernten. Diese sogenannten *Gangs* wurden durch Vorarbeiter oder Subkontraktoren für einen Arbeitsauftrag rekrutiert (Littler 1982: 66). Gangs waren beispielsweise bei den britischen, US-amerikanischen und Hamburger Hafenarbeitern oder im britischen Kohlebergbau verbreitet. In den Häfen bestanden Gangs aus vier bis dreißig Hafenarbeitern, die regelmäßig beim Entladen oder Beladen eines Schiffs zusammenarbeiteten und teils als Gruppe rekrutiert wurden (für die USA: Nelson 2001: 5; Finlay 1982; Großbritannien: Littler 1982: 66; für Hamburg: Rath 1988: 241f.; Tönnies 1897). Die Hafenarbeit war sehr unregelmäßig und kaum planbar: Lange Wartezeiten auf die Ankunft eines zu be- oder entladenden Schiffs wechselten mit kurzen Zeiten sehr intensiver Arbeit (für die USA: Nelson 2001: 4f.; für Deutschland: vgl. Grüttner 1984: 31ff.; Tönnies

3 Eine – im Vergleich zu den Kolonnen mit einem aus ihrer Mitte bestimmten Kolonnenführer mit geringer Kontroll- und Entscheidungsbefugnis – stärkere vertikale Ausdifferenzierung innerhalb der Arbeitsteams gibt es in Handwerksbetrieben mit der Differenzierung zwischen Auszubildenden, Gesellen und Meistern. Die praktische fachliche Ausbildung und Koordination der Arbeit durch einen Meister in festen, ihm zugeordneten Gruppen von Arbeitern und Lehrlingen, die mit ihm den Auftraggeber (beispielsweise Eisenhütten, Schiffsbau) wechselten, wurde auch als »craft control« bezeichnet (Littler 1982: 66).

4 Zudem differieren die Kontrollstrategien von Bauunternehmen offenbar dahingehend, dass in Regionen mit einer traditionellen Dominanz von festen Kolonnen und gut qualifiziertem Arbeitskraftangebot und in auf bestimmten Marktnischen spezialisierten Unternehmen die Arbeit stärker auf der Grundlage von Vertrauen in die Loyalität und Qualifikation der Beschäftigten koordiniert wird, wohingegen in anderen Unternehmen die Arbeit formalisierter sowie stärker hierarchisch kontrolliert wird (vgl. Stroink 1992: 83ff.).

1897). Die einzelnen, häufiger jedoch die in Gangs zusammengeschlossenen Hafenarbeiter wurden durch die Vorarbeiter (*foreman* oder *stevedores* im Englischen, *Baase* im Deutschen) für das Be- oder Entladen eines Schiffes eingestellt, wobei das Arbeitskraftüberangebot auch die Beschäftigung für die bei der Rekrutierung bevorzugten Gangs unsicherer machte:

> The men who worked in steady gangs made up the core of a port's dock labor force, but they may have accounted for no more than a half of the total. [...] But virtually every dock attracted about twice the number of men it needed on a day-to-day basis. Moreover, the persistence of an unregulated and unabundant supply of labor inevitably meant that even the regulars faced economic insecurity and, sometimes, a condition close to poverty. (Nelson 2001: 11)

Für jeden Auftrag beziehungsweise jedes Schiff wurden aus der Menge der an einem Pier versammelten Männer (dem *shape-up*) die Arbeiter auf Tagesbasis neu ausgewählt. Auch wenn die für bestimmte Ladegüter oder einzelne Piers gebildeten Gangs über einen privilegierten Zugang zu Beschäftigungsmöglichkeiten verfügten, signalisierte dieses *shape-up* eine prinzipielle Substituierbarkeit der Ausgewählten:

> The shape-up was the means by which the employer guaranteed himself a surplus of labor and ensured a high rate of productivity from workers driven by the fear of the men »waiting at the gate« to replace them. (Nelson 2001: 10)

Das Be- und Entladen von Schiffen galt nicht als qualifizierte Tätigkeit und setzte keine formale Qualifikation voraus. Allerdings erforderten einzelne Tätigkeiten, wie das Entladen von Spezialgütern sowie das Arbeiten unter Zeitdruck und schlechten Wetterverhältnissen, eine gewisse Arbeitserfahrung (Nelson 2001: 52; Finlay 1982). Ebenso wichtig oder gar wichtiger als die Arbeitserfahrung des Einzelnen war kooperatives, auf gegenseitige Abstimmung bedachtes Verhalten bei der Arbeit; dies trug entscheidend zur Produktivität der Gang bei:

> All of this necessitated both a sound knowledge of the various types of cargoes and vessels, as well as the more uncertain ability to work together. Each of these positions required different individual skills. As a whole, they encompassed the collective skill of »gang«.
> (Finlay 1982: 52)

Der »gang skill« beschreibt das eingespielte Zusammenarbeiten, das heißt die Ausbildung von Routinen, welche die Abstimmung erleichterten und die Arbeitssicherheit erhöhten:

> On the job, moreover, the longshoreman was not a free-spirited individual but a participant in a collective endeavor that required constant cooperation in order to equalize the expenditure of energy and to prevent accident or death. (Nelson 2001: 7)

Diese Art der Selbstregulation und autonomen Koordination innerhalb der Gangs machte eine enge und direkte Kontrolle der Arbeitsausführung und -disziplin überflüssig und ersparte den jeweiligen Auftraggebern somit Überwachungskosten (Finlay 1982: 52; Littler 1982: 66). Die Beauftragung der Vorarbeiter als Subkontraktoren für die Auswahl der Hafenarbeiter oder der Gangs wird einerseits als Form der indirekten Kontrolle (Littler 1982: 66) oder »co-exploitation« (Hobsbawm 1964: 298) betrachtet. Andererseits erlaubt gerade der Zusammenschluss der Hafenarbeiter in stabilen, sich selbst koordinierenden Gangs Autonomie in der Gestaltung des Arbeitsprozesses.

> [E]mployers had established control over the work pace of longshore gangs by creating a steady gang/casual gang dichotomy, but enjoyed little direct input into the shaping of the labor process. The latter set of functions – the setting, allocation and coordination of tasks – were determined within the gang. (Finlay 1982: 55; vgl. auch Nelson 2001: 7)

Dieses Beispiel verdeutlicht, dass nicht nur die formale berufsspezifische Qualifikation, sondern auch die Notwendigkeit zur reibungslosen informellen Abstimmung in kooperativen Arbeitszusammenhängen Autonomiespielräume im Arbeitsprozess eröffnen kann.

Wird die Arbeit also ausschließlich projektförmig oder zumindest in befristeten Kooperationen organisiert, ist sie abstimmungsintensiv und interaktiv; sind die Arbeitsergebnisse schwer im Voraus zu definieren, können schließlich aus der spontanen informellen Abstimmung projektüberdauernde Beziehungen und Arbeitsroutinen entstehen, wie die Beispiele der Baukolonnen und Hafenarbeiter-Gangs zeigen. Deren Bedeutung für die Arbeitsorganisation hängt von der Existenz, der Verbreitung (durch standardisierte Ausbildung) und der Durchsetzung verbindlicher professioneller Normen ab. Die Idee, dass aus der wiederholten Kooperation stabile Beziehungen erwachsen und sich dadurch wechselseitige Erwartungen verfestigen, wurde für die projektbezogene Zusammenarbeit im Konzept des Projektnetzwerkes entwickelt (Sydow/Windeler 1999: 217). Das konstituierende Merkmal dieser Kooperationsform ist demnach das Spannungsverhältnis beziehungsweise die Wechselwirkung zwischen zeitlicher Befristung der Zusammenarbeit und dem mehr oder weniger latenten Fortbestehen der Beziehungen über die konkrete projektbezogene Zusammenarbeit hinaus. Nach dieser Argumentation können stabilisierte informelle Beziehungen zwischen wiederholt zusammenarbeitenden Projektmitgliedern auch ohne stabile Organisationszusammenhänge zumindest in Bezug auf die Koordination der Arbeit Kontinuität in flexiblen Kooperationsarrangements erzeugen. Dadurch reduzieren sie, alternativ oder ergänzend zu professionellen Normen und direkter Kontrolle, die Unsicherheit in Bezug auf die Erreichung des Projektziels.

3.3 Zusammenfassung

Bei befristeter Zusammenarbeit mit wechselnden Anforderungen, wo eine Standardisierung der Arbeitsprozesse nicht möglich ist, gibt es verschiedene alternative Koordinationsformen, die auf spezifischen Voraussetzungen beruhen. Als rationale Organisationsform, die auf funktional spezifische, begrenzte, geregelte und sachliche Anforderungen an die Aufgabenerfüllung der Organisationsmitglieder beruht, bleibt die professionelle Steuerung der Arbeit (vgl. Stinchcombe 1959). Die Koordination der Zusammenarbeit auf Grundlage professioneller Normen bedarf jedoch professioneller Institutionen, das heißt einer koordinierten Vermittlung einheitlicher professioneller Standards in einer standardisierten und zertifizierten Ausbildung sowie der Kontrolle und Sanktionierung der Einhaltung professioneller Normen.

Die enge persönliche Kontrolle durch Vorgesetzte hingegen bedeutet einen hohen Aufwand und ist daher nur in kleineren Arbeitsgruppen praktikabel. Für die spontane, wechselseitige Abstimmung durch informelle Kommunikation in interdependenten, interaktiven Arbeitskontexten schließlich sind keine Voraussetzungen spezifiziert. Es ist aber davon auszugehen, dass die Abstimmung durch die Ausbildung von Routinen und Wissen über bestimmte Abläufe, seien sie an einen Arbeitgeber oder an ein regelmäßig kooperierendes Team gebunden, wesentlich erleichtert wird. Dies veranschaulichen auch die Beispiele der Hafenarbeitergangs und Baukolonnen, die sich als mehr oder weniger stabile Gruppen in interaktiven Arbeitszusammenhängen gebildet haben und bei verschiedenen Aufträgen wiederholt zusammenarbeiten.

Die Voraussetzungen einer eigenständigen Steuerung nach Ergebnisvorgaben und unter Rückgriff auf subjektive Gestaltungspotenziale in entgrenzten Arbeitszusammenhängen werden von Vertretern der Entgrenzungs- und Subjektivierungsthese hingegen kaum spezifiziert. Die Betonung der wechselnden Qualifikationsanforderungen deutet auf den geringen Stellenwert institutionalisierter professioneller Standards. Angesichts des breiten Geltungsanspruchs der Arbeitskraftunternehmerthese in verschiedensten Arbeitszusammenhängen wird die Gestaltungsleistung tatsächlich auf das subjektive Strukturierungsvermögen der Beschäftigten selbst reduziert. Allerdings wird damit tendenziell die Bedeutung der Sozialisation in langen Ausbildungswegen für die Selbstkontrolle, eigenständige Motivation und selbstständige Organisation der Arbeit unterschätzt, die für viele hoch qualifizierte Dienstleistungen, und nicht nur für klassische Professionen, kennzeichnend sind (vgl. Gottschall 1999: 650).

Bezug nehmend auf die Arbeitsprozesstheorie und, allgemeiner, auf soziale Kontrollkonzepte, wurde schließlich argumentiert, dass die verschiedenen Arten der Koordination von Projektarbeit die Arbeitsbeziehungen, die Möglichkeiten der Bewertung von Leistung und Leistungsvermögen sowie die Formen sozialer Kontrolle strukturieren, die über die Kontrolle des unmittelbaren Arbeitsprozesses hinausgehen. Arbeitsorganisationen, die auf der professionellen Sozialisation und dem Fachwissen der Beschäftigten beruhen oder »entgrenzte« Arbeitskontexte, die auf der eigenständigen Steuerung durch die Beschäftigten basieren, gewähren ihnen Autonomie in der Arbeitsausführung. Die Grenzen der Autonomie liegen dann in den spezifischen Ergebnis- und Zeitvorgaben oder den professionellen Standards der Leistungserbringung. Allerdings geht sowohl die Entgrenzungs- als auch die Subjektivierungs- und, am deutlichsten, die Arbeitskraftunternehmerthese von gestiegenen Ansprüchen an die Anpassung der Lebensführung aus. Daher ist zu erwarten, dass, abhängig vom Ausmaß der »Entgrenzung« oder Deregulierung und Selbststeuerung der Arbeit, außerberufliche Lebensbereiche nach den Arbeitserfordernissen strukturiert werden.

In stärker interdependenten Arbeitszusammenhängen hingegen nimmt die informelle Kommunikation zur wechselseitigen Abstimmung einen größeren Raum ein. Wie die Beispiele der Baukolonnen und Hafenarbeitergangs zeigen, können aus der Notwendigkeit zur eigenständigen Koordination und Abstimmung innerhalb der Arbeitsteams dauerhafte Kooperationsbeziehungen entstehen, in denen sich gemeinsame Routinen, Wissen über Arbeitsabläufe und Vertrauen verfestigen. Dadurch lassen sich wiederum der Abstimmungsaufwand und die Unsicherheit in der Zusammenarbeit reduzieren. Vertrauen, Routinen und Erfahrungen in der Kooperation konstituieren Qualitäten, die nicht mehr den einzelnen Teammitgliedern zugerechnet werden können und sich der direkten Kontrolle der Arbeitgeber entziehen, den sogenannten »gang skill« (Finlay 1982: 52). Die Autonomie der Gruppe bei der Koordination der Arbeit schafft ihrerseits eine Art »sozialer Schutzzone« (Littler 1987: 49f.), in der die einzelnen Beschäftigten vor der direkten Beobachtung der Vorgesetzten abgeschirmt sind. In dieser Schutzzone können sich, bei räumlicher Trennung vom Arbeitgeber und abhängig vom Arbeitsaufkommen, auch nicht unmittelbar auf die Arbeit bezogene Aktivitäten und Austausch entwickeln.

Wenn die Verfügbarkeit nicht institutionell begrenzt ist, es keine funktional spezifizierten Anforderungen gibt, persönliche Kontrollformen und enge Zusammenarbeit mit Vorgesetzten dominieren, werden hingegen potenziell die Bindung und Loyalität gegenüber diesen gefördert und die Beziehungen zu Kollegen geschwächt. In der Extremform der nahezu unbegrenzten wechselseitigen Beobachtbarkeit von Beschäftigten und Vorgesetzten – Wohn- und Arbeitsort sind räumlich nicht getrennt, die Arbeitszeit ist nicht begrenzt und es gibt keine spezifizierten Anforderungen, wie es Lewis Coser am Beispiel der Hausdienerschaft im England des 18. und 19. Jahrhunderts beschrieben hat – entwickeln sich Bindungen und Ansprüche an die Verfügbarkeit, Arbeitseinstellungen, Lebensstil und Persönlichkeit der Beschäftigten, die weit über eine konkrete Arbeitsleistung und begrenzte Berufsrollen hinausgehen.

Autonomie im Arbeitsprozess beruht also auf der Verfügbarkeit von beruflich einheitlich qualifizierten Arbeitskräften und von verbindlichen professionellen Normen oder auf der Standardisierbarkeit von Ergebnisvorgaben. Fehlende professionelle Kontrolle und zunehmende Interdependenz im Arbeitsprozess führen dazu, dass die Leistung stärker durch informelle Abstimmungsprozesse, enge personale Kontrolle durch Vorgesetzte oder durch subjektive Strukturierungsleistungen gesteuert wird; dies begünstigt wiederum eine Ausweitung von Ansprüchen an die Verfügbarkeit und Lebensführung der Beschäftigten.

Ausschlaggebend für die Begrenzung dieser Ansprüche sind jedoch zwei Fragen. Erstens: In welchem Zusammenhang stehen die sozialen Kontrollmöglichkeiten im Arbeitsprozess mit der Regulierung der Einkommens- und der Beschäftigungssicherheit? Ist das Beschäftigungsverhältnis also befristet oder dauerhaft beziehungsweise unbefristet, wer trifft Rekrutierungsentscheidungen anhand welcher Kriterien, und existieren Formen der Einkommenssicherung alternativ zur Erwerbsarbeit? Zweitens: Existieren verbindliche Begrenzungen der Verfügbarkeit in Bezug auf den Ort (Trennung von Wohn- und Arbeitsort), die Zeit, in der die Arbeitskraft zur Verfügung gestellt wird, und den Inhalt der Ansprüche an den Träger der Arbeitskraft (funktional spezifische versus funktional diffuse, extrafunktionale Anforderungen)? Beide Fragenkomplexe beziehen sich im weitesten Sinne auf die Regulierung von Beschäftigung und die Arbeitsmarktposition. Die Antworten darauf definieren, welche Anpassungsleistungen von den Beschäftigten erwartet werden.

4 Gierige Projekte? Koordination, Kontrolle und Autonomie in Film- und Architekturprojekten

Die unterschiedliche Arbeitsmarktverfassung für Architekten und Filmschaffende (vgl. Kapitel 1) lässt auch Unterschiede in der Koordination der Projektarbeit in beiden Bereichen erwarten. Der markanteste Unterschied besteht im Professionalisierungsgrad: Aufgrund des kodifizierten Berufsrechts, der auf Qualifikation basierenden Zugangsregulierung und der Existenz von Kammern als Kontrollinstanzen ist die Dienstleistung bei Architekten durch professionelle Normen bestimmt. Filmschaffende hingegen verfügen über sehr heterogene Qualifikationsprofile, Berufsnormen sind nicht kodifiziert und der Zugang zu diesem Arbeitsmarkt ist nicht reguliert. Sie haben im Gegensatz zu Architekten keine standardisierten, zertifizierten Qualifikationen und somit keine kodifizierten, vergleichsweise objektiven Maßstäbe zur Bewertung der Arbeit. Die Bewertung ihrer Qualifikation und die Mobilitätschancen hängen in stärkerem Maße von den informellen, im Projekt geknüpften Beziehungen ab (vgl. Kapitel 2). Dies hat auch zur Folge, dass sehr unterschiedliche Voraussetzungen für die Herausbildung einer rationalen Organisation und Bewertung von Arbeit auf Grundlage von professionellen Standards bestehen.

Beide Bereiche haben die projektförmige Arbeitsorganisation gemeinsam, die sich einerseits durch eine größere Unsicherheit von Beschäftigung und Einkommen, andererseits durch hohe Flexibilitätsanforderungen, ein gewisses Maß an Interdependenz, Innovativität und damit auch Unsicherheit auszeichnet (vgl. Kapitel 3). Zudem fehlt aufgrund der schwachen Interessenvertretung und des hohen Anteils atypischer Beschäftigungsverhältnisse weitgehend eine wirksame Begrenzung der Ansprüche an die Verfügbarkeit der Projektbeschäftigten. Wie steht es angesichts dieser Situation um die Organisation der Projektarbeit, die Kontrollformen und die Autonomiepotenziale der Beschäftigten? Die Gemeinsamkeiten und Unterschiede in der Koordination und Kontrolle des Arbeitsprozesses und der Arbeitsrahmenbedingungen werden im Folgenden genauer betrachtet.

4.1 Koordination, Kontrolle und Autonomie im Arbeitsprozess

4.1.1 Filmprojekte

In der Film- und Fernsehindustrie dominieren die für die Produktionsdauer befristeten Beschäftigungsverhältnisse. Aufgrund der fehlenden Beschäftigungssicherheit stellt sich hier das Problem der Leistungssteuerung in besonderer Weise (vgl. Marsden 2004).

Produktionen von Filmen oder Fernsehinhalten zeichnen sich durch eine ausgeprägte horizontale und vertikale Arbeitsteilung aus (vgl. Kapitel 1): Die Arbeit ist nach den technischen Produktionsvoraussetzungen in *Departments*, wie Kamera, Beleuchtung, Kostüm, Ausstattung, Schnitt, gegliedert; außerdem unterscheidet man zwischen verschiedenen Hierarchiestufen, das heißt Leitungs- und Assistenzpositionen. Die organisatorisch-unternehmerische Gesamtverantwortung und die Funktion des Arbeitgebers liegen bei der Produktionsfirma. Die künstlerische Hauptverantwortung trägt in der Regel der Regisseur, der auch maßgeblich die Besetzung der Leitungsfunktionen der verschiedenen *Departments* bestimmt. Die Aufgaben der Beteiligten während einer Produktion sind eng zugeschnitten: In der Kameraabteilung beispielsweise trägt der Kameramann oder die Kamerafrau die Verantwortung für die künstlerische Bildgestaltung. Dies umfasst auch Anweisungen für das Beleuchtungsteam und die Kameraassistenten. Bei den Assistenzstellen sind die Gestaltungsspielräume deutlich kleiner als in den leitenden Positionen. Die Erste Kameraassistenz kontrolliert für die einzelnen Bildeinstellungen die Bildschärfe. Die Zweite Assistenz oder Materialassistenz übernimmt einzelne Zuarbeiten wie das Einlegen der Filme in die Kameras.

Zwar beruhen diese Tätigkeitsbeschreibungen nicht auf kodifizierten Berufsbildern und korrespondieren nicht mit einem einheitlichen Qualifikationsangebot (vgl. auch Kapitel 1), allerdings erscheint die horizontale und vertikale Arbeitsteilung und die Ausdifferenzierung verschiedener Abteilungen, Assistenz- und Leitungsfunktionen entlang technischer Produktionsanforderungen als stabil. Die Zusammenarbeit wird jedoch anhand der Vorgabe von Fristen für Arbeitsergebnisse sowie durch persönliche Kontrollformen koordiniert, etwa informelle Abstimmung und persönliche Kontrolle durch die jeweils direkten Vorgesetzten innerhalb eines Departments (vgl. Marrs 2007). Der Drehplan gibt konkrete Leistungsvorgaben in Form von Tagespensen vor; Einhaltung und gegebenenfalls Modifizierung des Drehplans werden während der Produktion fortlaufend kontrolliert.

Die Arbeitssituation während einer Produktion zeichnet sich durch eine hohe Interaktivität und Interdependenz innerhalb der Departments, einen hohen Zeitdruck und lange Arbeitszeiten aus. Während der Drehzeit sind am Drehort häufig über dreißig Personen an der Produktion beteiligt. Die Zusammenarbeit ist innerhalb der Departments sowie zwischen den jeweiligen Heads of Department sehr eng und abstimmungsintensiv. Fehler einzelner Projektmitglieder können aufgrund der komplexen Zusammenarbeit vieler Beteiligter in einer Produktion schnell eine kostspielige Verlängerung der Drehzeit zur Folge haben. Unter diesen Bedingungen, und noch mehr infolge der Arbeitsverdichtung durch verkürzte Drehzeiten (vgl. Kapitel 1), beeinflussen die fachlichen Qualifikationen sowie die Abstimmung zwischen den Projektmitgliedern maßgeblich, ob und mit welcher Anstrengung die Drehzeiten eingehalten werden können.

Einerseits bedarf die Arbeit also eines Minimums an Arbeitserfahrung in einem Filmberuf. Andererseits existieren in der Film- und Fernsehindustrie keine einheitlichen, kodifizierten, in standardisierten formalen Ausbildungen vermittelten professionellen Standards und keine »professional institutions« (Stinchcombe 1959), die deren Einhaltung kontrollieren und sanktionieren würden. Ohne objektive Bewertungsmaßstäbe und zertifizierte Qualifikationen sind fachliche Qualifikationen vom sozialen Kapital aber schwer zu trennen, wie exemplarisch eine Kameraassistentin beschreibt:

> Ich glaube, zwei Dinge sind wichtig: einerseits Kontakte, egal zu wem. Es kann auch durchaus mal so sein, dass ein Produktionsleiter dir einen Job vermittelt, weil er dich einfach kennt und der Kameramann kennt keinen in der Stadt. Sprich, du musst eigentlich zusehen, dass du überall deine Leute hast, mit denen du gut auskommst. Aber nur Kontakte reichen halt auch nicht. Durch Kontakte kommst du erstmal ins Gespräch, aber dann steht im Endeffekt schon die Qualität. Das Ding ist einfach, wenn du, das Geschäft ist in Deutschland eigentlich super klein, und wenn du irgendwas verbockst, spricht sich das innerhalb von ein, zwei Tagen in ganz Deutschland rum. [...] Kontakt, Vitamin B, würde ich sagen 90 Prozent, aber danach auf alle Fälle auch Qualität. (F6, 377–396)

Reibungslos funktionierende und aufeinander eingespielte Teams, deren Mitglieder bereits miteinander kooperiert haben, gewinnen insbesondere infolge einer Arbeitsverdichtung, beispielsweise durch Drehzeitverkürzung, an Bedeutung. Denn die Unsicherheit bezüglich der fachlichen Qualifikation und einer gelungenen Kooperation sowie des Kontroll- und Abstimmungsaufwands lässt sich mit zunehmender gemeinsamer Arbeitserfahrung erheblich reduzieren. Ein Kameramann beschreibt diesen Zusammenhang anschaulich:

> Ja, so Fragen wie Teamfähigkeit und so spielen da eine Rolle. Dann, ganz klar, wie ich mit ihm persönlich zurechtkomme, lacht man über die gleichen Sachen oder spricht man ständig aneinander vorbei. Und mit großen, etablierten Assistenten, mit denen ich sozusagen viel zusammenarbeite, da muss ich ganz wenig reden. Die brummen dann irgendwie: Was soll ich

blenden? Dann brumme ich: eine 4. Und mehr brauchen wir nicht mehr zu reden, weil die alles andere wissen. Die sehen, ich mache das und das, und dann wissen die, was sie zu tun haben. Und das ist eine Qualität, die ich sehr schätze. Weil, ich muss eh die ganze Zeit reden, und wenn ich dann noch meinem Assistenten immer erklären muss, was er machen soll, das ist dann sehr lästig. (F27, 590–599)

Diese hohe Interdependenz und Abstimmungsintensität der Arbeit spiegelt sich in den Erwartungen der Produktionsfirmen und derjenigen, die Rekrutierungsentscheidungen treffen, wider (vgl. Kapitel 2): Die Teammitglieder sollen einander vertrauen, im Zweifelsfalle wortlos verstehen, ihre Aufgaben kennen und damit verbundene Erwartungen an Unterordnung und Unauffälligkeit bei der Arbeitsverrichtung – insbesondere bei Assistenten – beziehungsweise Führungsstärke, Kreativität – bei den leitenden Positionen – erfüllen. Ein Kameramann äußert sich folgendermaßen zu den mit dem Arbeitsalltag verbundenen Anforderungen:

Es ist wahnsinnig anstrengend. Es ist einfach, es sind lange Tage. Man ist manchmal zehn Stunden in einem 12-Quadratmeter-Raum, und kriegt keinen Sauerstoff. Das ist wirklich sehr anstrengend. Es ist schwer zu schleppen, lange Tage, total unregelmäßig und man muss immer freundlich bleiben. Man braucht glaube ich schon so eine Teamfähigkeit, sich irgendwo einzuordnen. […] Und dann ist Film natürlich ein hierarchisches System. Wenn oben jemand schreit, muss man es unten einfach machen. Weil einfach die Zeit fehlt, um alles zu fragen. […] Und ansonsten ist es: leidens- und teamfähig sein, das sind schon die größten Anforderungen an Teammitglieder. Aber das gilt für alle, auch für Regisseure, das ist nicht leicht. Weil jeder von jedem abhängig ist, über alle Hierarchieebenen. Man kann oben nichts tun, wenn die unten nicht wollen. (F11, 325–344)

Die jeweiligen Heads of Department sind daran interessiert, die Unsicherheit in Bezug auf Qualifikation und die Qualität der Zusammenarbeit möglichst gering zu halten. Bei ihnen liegt die Hauptverantwortung für die Arbeit innerhalb eines Departments, ihnen werden Fehler einzelner Teammitglieder zugerechnet, die Verzögerungen oder Qualitätseinbußen für das Gesamtprojekt bedeuten können. Die Qualifikation und Qualität der Zusammenarbeit sind jedoch kaum ohne Erfahrung zu beurteilen. Der Kontrollaufwand hängt daher davon ab, wie viel Erfahrung die Teammitglieder bereits in der Kooperation haben. Durch die wiederholte Zusammenarbeit entsteht eine größere Sicherheit bezüglich der fachlichen Qualifikationen, es bilden und festigen sich Routinen und Erwartungen in der Arbeits- und Kommunikationsweise der Teammitglieder. Die exklusive, wiederholte Zusammenarbeit bezieht sich dabei in erster Linie auf Projektmitglieder, die in einem unmittelbaren Weisungsverhältnis zueinander stehen, etwa Materialassistent und Kameraassistent, Kameraassistent und Kameramann, Kameramann und Regisseur. Somit arbeiten Kameradepartments, ebenso wie andere Produktionsbereiche, in einer häufig wiederkehrenden Konstellation:

Der Kameramann ist meistens im Team mit dem Regisseur, meistens. Oft sucht sich der Regisseur oder die Produktion einen bestimmten Kameramann, manchmal auch der Sender, und der sagt dann: Ich hätte ganz gerne den und den Assistenten, ob der dann Zeit hat, ist eine andere Frage. Und der kann sagen: ich hätte ganz gerne den Materialassistenten, wo dann auch der Kameramann kaum Einfluss drauf hat. (F22, 24–28)

»Harmonische Teams«, Sympathien und Freundschaften helfen außerdem auch dabei, Belastungen zu bewältigen, die durch Leistungs- und Zeitdruck sowie durch lange Arbeitszeiten entstehen. Durch die freundschaftlichen Beziehungen zu Kollegen, die hohen Leistungsdruck und belastende Arbeitsbedingungen kompensieren, und durch die enge Zusammenarbeit ist eine Ausweitung der Ansprüche über die fachlichen Qualifikationen hinaus zu erwarten. Die Analyse der Erwartungen und Kriterien der Auswahl von Teammitgliedern hat die Rekrutierungspraktiken näher beleuchtet. Es hat sich herausgestellt, dass diffuse, partikularistische und askriptive Kriterien eine große Rolle spielen (vgl. Kapitel 2).

Auf der anderen Seite haben auch Produktionsfirmen ein großes Interesse an reibungslos funktionierenden, aufeinander eingespielten Teams, deren Mitglieder zudem noch Spaß bei der Zusammenarbeit haben. Qualifikation, Abstimmung und Sympathien innerhalb der Departments sind die entscheidenden Faktoren für hohe Produktivität und eine Arbeitsverdichtung. Abstimmung und Kontrolle innerhalb der Teams entlasten die Produktionsleiter. Hier zeigen sich Parallelen zum »gang skill« (Finlay 1982: 52) der stabilen Hafenarbeitergruppen (vgl. Kapitel 3). Aufgrund der Interdependenz ist die Koordination der Arbeit im Produktionsteam und innerhalb der einzelnen Departments ein kritischer Faktor für Produktionsdauer und Kosten. Das »reibungslose Funktionieren« der Zusammenarbeit wird den jeweiligen Heads of Department zugeschrieben. Die Produktionsleiter gewähren den Heads of Department daher weitgehende Entscheidungsfreiheit bei der Besetzung der Assistenzstellen:

Das Team muss auch harmonieren. Es muss irgendwie zusammenpassen. Dann fängt es auch erst an, Spaß zu machen, jedem einzelnen. Als Produktionsleiter muss man ja gucken, ein kleines Zückerchen geben, damit die Leute motiviert sind zu arbeiten. (F21, 394–400)

Für die Durchsetzung der Leistungspolitik und generell für den Projekterfolg ist in Projekten der Film- und Fernsehindustrie, die sich durch hohe Interaktivität und Interdependenz auszeichnen, die »Harmonie im Team« eine wichtige Voraussetzung. Gleichzeitig begünstigen die Arbeitsbedingungen – Interaktivität und Interdependenz sowie die überdurchschnittlich langen Arbeitszeiten, die annähernde Aufhebung der Trennung zwischen Wohn- und Arbeitsort und die damit einhergehende Unterbrechung des Kontaktes zu Personen außerhalb der Produktion während eines Drehs – eine erweiterte Beobachtbarkeit sowie das Entstehen affektueller Bindungen und des nicht aufgabenbezogenen Austauschs zwischen Teammitgliedern. Aus diesen Arbeitsbedingungen ergeben sich erweiterte soziale Kontrollmöglichkeiten, denn die Intensität der Zusammenarbeit und der freundschaftliche Umgang ermöglicht es, Arbeitshaltung, Loyalität und Einsatzbereitschaft genau einzuschätzen. Die Freiräume, die die Produktionsfirma bei den Rekrutierungsentscheidungen gewährt, fördern informelle Rekrutierungspraktiken; infolgedessen beschränkt sich die Selektion häufig nicht nur auf fachliche Kriterien (vgl. Kapitel 2). Gleichzeitig erwächst aus der engen Zusammenarbeit im Team, vor allem auch aus dem Zusammenfallen von enger persönlicher Kontrolle und wechselseitiger Abhängigkeit, eine Art »Schutzzone« (Littler 1987: 49f.) oder ein Freiraum vor den Interventionen der Produktionsleiter.

4.1.2 Architekturprojekte

Die Arbeit in Architekturprojekten ist im Vergleich zu Film- und Fernsehproduktionen weniger hierarchisch und horizontal ausdifferenziert. Die einzelnen Arbeitsschritte sind stärker durch professionelle, zum Teil in Form von Bauordnungen und Berufsrecht kodifizierte und im Studium erlernte professionelle Normen reguliert. Der Arbeitsvollzug bedarf somit weniger der direkten Kontrolle durch Vorgesetzte. Die Vorgaben, insbesondere die Fristen zur Fertigstellung einzelner Projektabschnitte, werden in enger Abstimmung mit dem Bauherrn durch den Architekten definiert. Sie richten sich nach Vorgaben des Bauherrn und den Erfordernissen der aufeinander aufbauenden Arbeit von ausführenden Firmen. Während die Durchführung der einzelnen Planungsaufgaben und der ausführenden Aufgaben an professionellen Standards orientiert ist und eher im Ergebnis als detailliert im Ablauf kontrolliert wird, ist Abstimmungsbedarf immer dann erforderlich, wenn die Arbeit der einzelnen Beteiligten ineinandergreift. Aus dem komplexen Zusammenspiel der Arbeit vieler Beteiligter und der engen Ausrichtung an den Bedürfnissen des Bauherrn ergeben sich jedoch häufig Änderungen der Termine oder inhaltliche Spezifizierung der Aufgaben und bisweilen auch die Notwendigkeit, einzelne Bauabschnitte neu zu planen. Daher ist die Einbindung in Projekte unterschiedlich intensiv und die Flexibilitätsanforderungen bezüglich der Arbeitszeit variieren.

Die einzelnen Projektphasen unterscheiden sich in der Interaktivität und Interdependenz der Beteiligten. In den ersten Planungsphasen arbeiten vor allem Bauherr und Architekt, gegebenenfalls einzelne Fachplaner, in enger Abstimmung. Die Umsetzung der so ausgehandelten Anforderungen in Pläne oder Ausschreibungen erfolgt wiederum autonom. In der Phase der Ausführung der Baupläne hingegen müssen die Arbeitsabläufe der verschiedenen Gewerke aufeinander abgestimmt, einzelne Abschnitte im Ergebnis kontrolliert und notwendige Änderungen müssen den ausführenden Bauhandwerkern und dem Bauherrn mitgeteilt werden. Insgesamt, und mit den oben beschriebenen Einschränkungen, verfügen Architekten über eine relativ große Kontrolle und Autonomie im Arbeitsprozess.

Architekten übernehmen traditionell die Koordinationsfunktion und die Vermittlerrolle zwischen Bedürfnissen des Bauherrn und den anderen am Bauvorhaben Beteiligten (Syben 1997; Ebers et al. 2000). Der Architekt rekrutiert die zusätzlich benötigten Fachplaner, wie Statiker, Fachingenieure für Haustechnik oder Brandschutz, und koordiniert deren Planungstätigkeit mit den eigenen Entwürfen und Plänen. Außerdem wickelt der Architekt das Vergabeverfahren an die Baufirmen ab und überwacht die auszuführenden Arbeiten (vgl. Kapitel 1). In dieser Funktion ähnelt die Stellung des Architekten einem Subkontraktoren, der die am Vorhaben Beteiligten auswählt, koordiniert und kontrolliert. Die Vergabeverfahren, die Leistungen und Gebühren sind jedoch jeweils durch Gesetze, Verordnungen und Berufsrecht reguliert (vgl. Kapitel 1). Aufgrund der Komplexität der meisten Bauvorhaben und der jeweils geltenden Bauordnungen und Vorschriften (etwa zur Statik oder zum Brandschutz), die der Architekt kaum allein überblicken kann, und wegen der erforderlichen Abstimmung der einzelnen Leistungen miteinander bleibt immer auch eine Unsicherheit über den erfolgreichen Abschluss des Vorhabens bestehen. Während der projektbezogenen Zusammenarbeit prüft der Architekt beispielsweise, wie ein Fachingenieur mit außergewöhnlichen und schwierigen Entwürfen arbeiten kann:

> Fachingenieure sind projektbezogene Ansprechpartner und natürlich projektbezogen auch Partner im Planungssinne, dass man sich zusammen dem Ziel nähert und miteinander um ein gutes Ergebnis ringt. Fachplaner sind oft in der Position, aus meiner Sicht, dass die ein eigenes Interesse für die optimierte Leistung ihres Gewerks oder ihrer Fachdisziplin suchen und dass je nach Qualität der Fachplaner das auch gegen die Interessen der Gestaltung läuft und man sich da eher aneinanderreiht, als dass man sich zueinanderfindet. Es ist ganz selten, dass man Fachplaner hat, die einem auf diesem Weg zuarbeiten. (A1, 293–303)

Gelingt es, sich auf eine Planungslösung zu verständigen, die sowohl Sicherheits- als auch Gestaltungsansprüchen und Budgetvorgaben des Bauherrn Rechnung trägt, wird häufig in der projektbezogenen Kooperation auch die Basis für einen informellen fachlichen Austausch außerhalb gemeinsamer Projekte gelegt. Dadurch kann die Unsicherheit bei der Planung von Bauvorhaben etwas reduziert werden. In der Folge arbeiten Architekten nach Möglichkeit mit denselben Fachplanern und ausführenden Firmen regelmäßiger zusammen, wie das folgende Interviewzitat illustriert:

Auch wenn ich mit einem Statiker zusammenarbeite, der auch selbstständig arbeitet, der hat dann wieder mehr Sachen in seinem Bereich, und der fragt mich nach Dingen und ich frage ihn umgekehrt. […] Und man kommt dann auch immer wieder gerne auf andere, oder mit denen man zusammen gut gearbeitet hat, kann man auf die wieder zurückkommen. (A9, 364–383)

Innerhalb der Büros richtet sich die Größe der Projektteams nach Aufwand und Größe des Planungsvorhabens und variiert unter Umständen mit dem Arbeitsaufkommen in den einzelnen Phasen. Die auf Qualifikation basierende Zugangsregulierung zum Architektenarbeitsmarkt und die Breite der Qualifikation eröffnet den Büros interne Flexibilisierungsmöglichkeiten, indem die Projektteams im Büro in einzelnen Phasen nach Bedarf mit zusätzlichen Architekten vergrößert oder verkleinert werden können. Die externe Flexibilisierung wird ihrerseits durch die (beispielsweise in der HOAI) klar und einheitlich umrissenen Aufgabenpakete in einzelnen Projektphasen erleichtert. So können andere Büros oder selbstständige Architekten für einzelne Aufgaben wie die Erstellung der Ausführungsplanung oder Bauleitung beauftragt werden.

Die Büros sind jedoch überwiegend sehr klein (vgl. Kapitel 1) und die Arbeitsräume der angestellten Architekten und der Büroinhaber oft nicht räumlich voneinander abgegrenzt. Die Mehrheit der interviewten Architekten arbeitete zudem zwischen 50 und 80 Wochenstunden in Großraumbüros oder atelierähnlichen Räumen, von denen nur Besprechungsräume verschließbar sind.[5] Daher ist davon auszugehen, dass auch ohne enge Zusammenarbeit an einem Projekt die Beobachtbarkeit der Büromitglieder wenig begrenzt ist. Dies sowie die lange Arbeitszeit erklärt die Tendenz der Ausweitung von Ansprüchen an die Mitarbeiter, wenn etwa die »gute Stimmung im Büro« (A18, 29–30) auf persönliche Eigenschaften der Mitarbeiter zurückgeführt wird. Außerdem ermöglicht es die fehlende »Abschirmung« vor der Beobachtung der Arbeitsweise durch Kollegen und Büroinhaber, extrafunktionale Eigenschaften wie Motivation, Engagement, »Spannung« (vgl. Kapitel 2) einzuschätzen, die wiederum als Grundlage für die Weiterbeschäftigung oder Empfehlung an andere Büros dienen (vgl. Kapitel 2).

5 Die Interviews mit den Architekten fanden, bis auf zwei Ausnahmen, in den Büros der Architekten, und dort in der Regel in den Besprechungsräumen, statt.

4.2 Autonomie und Kontrolle in Bezug auf die Arbeitsrahmenbedingungen und die Vereinbarkeit von Berufs- und Privatleben

Die Flexibilitätsanforderungen in Bezug auf Arbeitszeit und -ort sind in Projekten aufgrund der geringen Standardisierbarkeit des Arbeitsprozesses und der aus Innovationsanforderungen und Interdependenz resultierenden Unsicherheit generell hoch. Die Arbeitsbedingungen eines Großteils der Architekten und Filmschaffenden, die überdurchschnittlich häufig formal selbstständig arbeiten oder in sehr kleinen Büros beziehungsweise Unternehmen angestellt sind (vgl. Kapitel 1), unterliegen nur selten tariflichen Bestimmungen. Die Einhaltung von Tarifverträgen und Arbeitsschutzgesetzen wird aufgrund der schwachen und fragmentierten Mitbestimmungsstrukturen in der Regel nicht kontrolliert, geschweige denn durchgesetzt. Somit werden die Ansprüche an die Verfügbarkeit der Projektbeteiligten kaum wirksam begrenzt.

Auch die Koordination und die Kontrolle des unmittelbaren Arbeitsprozesses haben einen Einfluss auf die Autonomie in Bezug auf Arbeitszeit und -ort: Dort, wo Arbeit durch kodifizierte (bürokratische oder professionelle) Regeln koordiniert wird, können Arbeitszeiten und -ort prinzipiell freier gewählt werden als in Arbeitskontexten, die sich durch eine hohe Interdependenz und Abstimmungsintensität sowie die Dominanz persönlicher Kontrollformen auszeichnen. So arbeiten die an Film- und Fernsehproduktionen Beteiligten aufgrund der Arbeitsteiligkeit und Interdependenz notwendig zur selben Zeit am selben Ort. Der Arbeitsort ist in der Regel nicht identisch mit dem Wohnort, sondern wird nach dem Drehbuch ausgewählt. Der Drehort ist häufig zu weit vom Wohnort entfernt, als dass er nach langen Drehtagen noch erreicht werden könnte, daher sind die Beteiligten für die Produktionsdauer in der Regel gemeinsam im Hotel untergebracht. Für Architekten hingegen ist häufig nur eine punktuelle Abstimmung mit den anderen Projektbeteiligten notwendig. So ist der Arbeitsort im Wesentlichen nur in der Phase der Planungsvorbereitung und der Bauausführung an die Baustelle gebunden, während die Erstellung der Pläne mit minimalen technischen Voraussetzungen – Schreibtisch und Computer – ortsunabhängig ist. Flexibilitätsanforderungen in Bezug auf die Arbeitszeit ergeben sich aus Projektspitzen und den Abstimmungsbedürfnissen des Bauherrn, doch das Arbeitsvolumen variiert im Projektverlauf. So ist es möglich, die Arbeitszeit phasenweise zu reduzieren oder parallel in anderen Projekten zu arbeiten.

Die Anforderung, gemeinsam mit anderen am selben Ort und dabei in größerer Entfernung vom Wohnort zu arbeiten, sowie die fast beliebige Verfügbarkeit für das Projekt beeinflussen die arbeitsbezogenen Beziehungen und erhöhen die soziale Kontrolle durch andere Projektbeteiligte. Dadurch sind auch die

Möglichkeiten, außerberufliche Aktivitäten und Bindungen mit den Anforderungen der Erwerbstätigkeit zu vereinbaren, limitiert. Dies wird im Folgenden für beide Berufsgruppen untersucht.

4.2.1 Filmprojekte

Die Flexibilitätsanforderungen in Bezug auf Arbeitszeit und -ort sind für Filmschaffende aufgrund der langen Drehtage und der Kurzfristigkeit der Projekteinbindung extrem hoch. Die Filmschaffenden erhalten Anfragen und Zusagen für eine projektbezogene Beschäftigung in einem Zeitraum von einigen Monaten bis wenigen Tagen vor Arbeitsbeginn, aus diesem Grund können sie auch für die Zeit zwischen Projekten kaum längerfristig planen. Eine Kameraassistentin beschreibt dies sehr anschaulich:

> Meistens ist es so, dass man es schon während der Produktion weiß, das ist bei mir zu 60 Prozent der Fall. [...] Aber wie gesagt, dieses Jahr ist ein bisschen ein Ausnahmefall, weil es gerade echt fantastisch läuft. Sonst war es so, in den letzten Jahren, oft so, dass du gedreht hast, fertig: Oh Gott, was kommt jetzt. Und dann kam vier Wochen später der Anruf. (F6, 692–700)

Während einer Produktion ist die Arbeitszeit mit 10 bis 16 Stunden pro Tag und 60 bis 80 Wochenarbeitsstunden oft überdurchschnittlich hoch und schwer planbar. Sie ergibt sich aus den Tagesvorgaben, die vor Drehbeginn im Drehplan definiert wurden, und aus den Arbeitszeitvorgaben, die jeweils am Ende eines Drehtages für den Folgetag festgelegt werden. Außerdem kann sie sich aus vielfältigen Gründen unvorhergesehen verlängern, etwa durch schlechtes Wetter bei Außendrehs, technische Schwierigkeiten oder ungeplant häufige Wiederholungen von Szenen. Somit bleibt in der Regel während einer Produktion keine Zeit für Aktivitäten außerhalb der Arbeit. Phasen extrem intensiver Einbindung und Beanspruchung wechseln mit arbeitsfreien Zeiten, deren Zeitpunkt und Dauer kaum zu antizipieren ist. Diese extremen Flexibilitätsanforderungen erschweren es, regelmäßige außerberufliche Aktivitäten wie Hobbys, gemeinsame Aktivitäten mit Freunden und Familie oder private Weiterbildung aufrechtzuerhalten; dazu die Aussagen von zwei Kameramännern:

> In einer Filmproduktion bekomme ich abends, wenn Drehschluss ist, aber auch erst zu Drehschluss, bekomme ich die Dispo für den nächsten Tag. Darauf sehe ich dann, wann ich am nächsten Tag anfange. Aber das ist trotzdem auch keine Sicherheit, dass ich dann abends um 18 Uhr oder 21 Uhr frei habe. Das heißt, ich kann mich während der ganzen Produktion privat nur sehr schwer verabreden. Also, es lässt sich da überhaupt nichts planen, auch familiär, die Zeiten lassen sich überhaupt nicht planen. Dass ich nicht einen Mannschaftssport machen kann, dem kann ich nicht als Hobby nachgehen, oder sich in irgendwelchen Freundeskreisen einmal in der Woche treffen – das geht nicht. [...] Und dadurch gehen schon viele soziale Kontakte kaputt, durch so arbeiten. (F22, 570–581)

Es ist schon schwierig, soziale Absicherung, und soziales Leben ist schwierig. Ob das Familie ist, gute Freunde, es ist einfach, weil, man ist fünf Wochen weg. Und dann auch nicht so, dass man abends fünf Uhr mal anruft, und fragt: Wie geht es euch denn? Oder, Versuche, einen Sprachkurs zu machen, scheitern regelmäßig kläglich, weil natürlich überhaupt keine Konstanz ist, und nichts. Das ist einfach so. (F11, 636–641)

Besonders schwierig gestaltet sich unter diesen Bedingungen die Organisation der Kinderbetreuung für die Produktionsdauer. Da dem oder der Filmschaffenden während der Produktion in der Regel keine Zeit dafür bleibt und auch Kinderbetreuungseinrichtungen kaum die Arbeitszeiten von Filmschaffenden abdecken, wird die Verantwortung für die Kinderbetreuung während eines Projekts häufig an den Partner übertragen:

Wenn ich jetzt fünf Wochen am Stück weg bin in [einer anderen Stadt] oder sonst wo, also meine Frau war während der Zeit, als ich als Kameraassistent gearbeitet habe, war sie alleinerziehend. Auch wenn ich in [derselben Stadt] gedreht habe, war ich ja meistens morgens der Erste, der weg war, wenn der Dreh morgens um acht anfängt, aber auch erst um 20 Uhr wieder hier. Also habe ich meistens nicht mal mein Kind gesehen. Und das fünf Wochen am Stück. (F22, 539–549)

Entweder habe ich aufgepasst oder mein Partner. Unterstützung von außerhalb haben wir bei der Betreuung nicht bekommen. Die ist dann irgendwann mit anderthalb in so einen Vorkindergarten gekommen. Aber, nee, das haben wir so miteinander gelöst. Aber nicht besonders gut. Also letztendlich hat es immer geklappt, aber dieser Stress, dass das nicht klappen könnte, der war extrem groß. Oft lagen die Sachen übereinander, wir haben alles organisiert, und dann war es so, dass ein Projekt abgesagt wurde oder verschoben. (F7, 398–403)

Aus der schwierigen Planbarkeit und aus der Intensität der Projekteinbindung ergibt sich somit ein umfassender Anpassungsdruck an die private Lebensführung und die außerberuflichen Beziehungen.

Die Arbeitsintensität weckt offenbar umfassendere Ansprüche an die Qualität der Interaktion mit Kollegen während einer Produktion. Die folgende Beschreibung der Zusammenarbeit des Kameramanns mit der Kameraassistenz ist typisch für die Einschätzung der Arbeitsbeziehungen während einer Produktion:

Das ist einfach jemand, mit dem ich so viel Zeit verbringe wie mit meiner Frau, wahrscheinlich sogar mehr, letztendlich. Was unheimlich nahe ist, man muss sich auch ertragen können. Oft auch im Stress, und man wird ungerecht. Und das muss alles irgendwie gehen. Da muss man immer schauen, dass man einfach jemand findet, mit dem man einfach gut kann. Ich kann das schlecht reduzieren auf eine Arbeitsbeziehung, für mich ist das echt wichtig, dass es auch eine persönliche Ebene gibt, die funktioniert. Das reicht mir dann nicht, wenn jemand einfach nur seinen Job gut kann. Dafür ist es einfach, ist die Zeit, und die Energie, die man da reinstecken muss, in diese Arbeit, zu groß. Da muss mehr funktionieren als: Alles ist in Ordnung. (F11, 468–478)

Dieses Zitat verdeutlicht, wie die Besonderheiten der Organisation von Film- und Fernsehproduktion auf die Beziehungen der Projektmitglieder zurückwirken: Tendenziell wachsen die Ansprüche an Kollegen über rein technische Aspekte und funktionale Qualifikationen hinaus. Die Arbeitsmotivation wird somit maßgeblich dadurch erhöht, dass Arbeitsbeziehungen mit anderen Beziehungsinhalten, wie Freundschaften, Austausch über gemeinsame Interessen und Hobbys oder gemeinsamen Feiern nach Drehschluss ergänzt werden:

> Ich hatte das große Glück, sag ich mal, dass auf jeden Fall 60 Prozent der Assistenten, mit denen ich gearbeitet habe, dass ich sowohl beruflich als auch privat immer super mit denen klarkam. Das finde ich schon faszinierend, weil im Film laufen halt schon viele Gleichgesinnte rum. [...] Die Leute haben immer so die Leidenschaft Film. Für viele ist das echt eine Leidenschaft. Viele sind nach wie vor totale Cineasten, gehen immer noch gerne ins Kino und sprechen auch am nächsten Tag darüber. Es ist irgendwie so, dass viele ihre Leidenschaft und ihr Hobby zum Beruf gemacht haben. Ich glaube, wenn du den Job machen willst, muss auch so eine Begeisterung und Leidenschaft da sein. Vielleicht ähneln sich deswegen die Leute so. Du würdest es sonst echt nicht in Kauf nehmen, so harte lange Arbeitszeiten jeden Tag zu machen. (F6, 561–574)

Die Integration in ein Produktionsteam, das überwiegend aus »Gleichgesinnten« mit ähnlichen Interessen besteht, trägt also dazu bei, die extremen Arbeitsbedingungen zu tolerieren. Vermutlich kompensiert die intensive Einbindung in facettenreiche Beziehungen zu Kollegen auch, dass zumindest während der Produktion außerberufliche Beziehungen nicht gepflegt werden können. Das vorangegangene und das folgende Zitat veranschaulichen aber auch die im Kontakt zu Kollegen eingeforderte Identifikation mit der Branche. Eine Kameraassistentin beschreibt, wie sich in Bezug auf die Arbeitseinstellungen homogene, stark integrierte Beziehungsnetzwerke herausbilden, von denen sie sich jedoch unter Inkaufnahme schlechterer Beschäftigungschancen abgrenzte:

> Also ich bin nicht jemand gewesen, der tief in diese Filmszene eingetaucht ist. Das war schon damals so. Ich habe da meine Sachen gemacht, aber dann war es auch gut. Mir war das von Anfang an, dieses ganze Business, so ein bisschen suspekt. Also ich wollte nicht zu viel mit Filmleuten zu tun haben. Und das war natürlich auch nachteilig. Weil, mir war das zu viel. Ich fand, Film hat in diesen Kreisen eine Wichtigkeit bekommen, ich fand, es war unglaublich viel Gelaber dabei. (F7, 411–416)

Die beiden Zitate verdeutlichen die erhöhte Beobachtbarkeit von Arbeitseinstellungen in den netzwerkgetragenen Projektarbeitsmärkten der Film- und Fernsehwirtschaft, die im Zusammenspiel mit informellen Rekrutierungsprozessen die Herausbildung eines tendenziell werthomogenen Pools von engagierten, sich sehr mit der Branche identifizierenden Beschäftigten fördert.

4.2.2 Architekturprojekte

Auch die interviewten Architekten berichteten von sehr langen Arbeitszeiten von 60 Wochenstunden und mehr, die es prinzipiell erschweren dürften, außerberuflichen Aktivitäten nachzugehen und Beziehungen zu pflegen. Hinsichtlich der Vereinbarkeit von Erwerbstätigkeit und Familie und anderen außerberuflichen Aktivitäten und Verpflichtungen gibt es jedoch interessante Unterschiede zwischen selbstständigen und angestellten Architekten. Die interviewten freiberuflich tätigen Architekten verfügen über eine größere Autonomie bei der Arbeitszeitgestaltung. Sowohl Angestellte als auch Freiberufler schätzen nur die selbstständige Architektentätigkeit als vereinbar mit familiären Verpflichtungen ein. Selbstständige Architekten mit Kindern berichteten zwar ebenfalls häufig von einer Wochenarbeitszeit von deutlich über 40, oft 50 bis 60 Stunden. Diese konnten sie aber zu einem großen Teil an die Kinderbetreuungszeiten anpassen. Ein Architekt und eine Architektin schildern ihren Arbeitsalltag, der durch Kinderbetreuungszeiten strukturiert wird:

> Sondern auch das ist ein ziemlich gnadenlos strukturierter Kalender einfach, der mir im Vorfeld sagt: Ich habe diese Woche, sagen wir mal, 36 Arbeitsstunden zur Verfügung, um eine Projektarbeit voranzutreiben. [...] Und wenn die Kinder bei mir sind, und im Bett sind, nach 20 Uhr, setze ich mich hier rüber und fange mit dem Arbeiten an, oder wieder mit dem Arbeiten an. Und muss dann darauf achten, dass ich mir dann Arbeiten da rein lege, die nicht mit Kontaktaufnahme mit anderen zu tun haben. Da die dann in der Regel nicht erreichbar sind. Und andersrum, dass ich in Anwesenheit von den Kindern telefoniere. Und Dinge, die erklärt und besprochen werden müssen, bespreche ich dann telefonisch auch. [...] Mal von momentan abgesehen, habe ich schon, sind es locker 40 Stunden, die sind aber sehr zerhackt, die arbeite ich nicht am Stück. Es kommt auch vor, dass ich über Wochen mal eben kein Wochenende habe. Dass ich meine Kinder nur am Wochenende, 20 Stunden, nicht sehe und die Zeit dann auch nutze, was ja schon die Hälfte der Arbeitszeit ist. Dann sind es auch abends Stunden, Mittagsstunden und so weiter. 60 Stunden sind es bestimmt, mal davon abgesehen, dass es im Kopf sowieso immer durchläuft. (A7, 329–415)

> Grundsätzlich ist es so, dass ich, glaube ich, relativ viel arbeite. Ich kann mir das ja schon so ein bisschen einteilen, das heißt, dass ich unter der Woche eigentlich – meine Kinder sind schulpflichtig – Zeiten habe von 8 bis 15 Uhr immer. Und den Rest des Tages muss ich organisieren. Wenn ich dann nachmittags Termine habe, dann organisiere ich meine Kinder. Aber eigentlich bin ich dann nachmittags zwischen 15 und 20 Uhr zu Hause und arbeite dann abends von zu Hause. Ich habe halt einen Laptop und arbeite sehr viel mit dem Laptop. Und ich arbeite sehr viel am Wochenende, wenn die Kinder unterwegs sind oder irgendwelche Aktivitäten haben. Aber ich arbeite eigentlich immer, wenn ich nicht mit meinen Kindern zusammen bin. Kann man so sagen. (A21, 168–179)

An diesen Schilderungen wird deutlich, dass die freiberufliche Architektentätigkeit einerseits genügend Flexibilität zulässt, um sie mit der Kinderbetreuung zu vereinbaren, wie eine Architektin berichtet:

Wenn man angestellt ist und Kinder hat, kann man eigentlich keiner Sache richtig gerecht werden, während ich jetzt als Freiberuflerin meine Zeit mir frei einteilen kann: Wenn die eine mal die erste Stunde frei hat, bin ich halt erst um halb 10 im Büro. […] Ich kann gewisse Sachen abends abarbeiten, auch zu Hause natürlich. […] Ich kann das einfach besser einteilen. (A20, 273–281)

Andererseits lassen dann die Arbeits- und Kinderbetreuungszeiten zusammen wenig Spielraum für weitere Aktivitäten. Ein entscheidender Aspekt, der für freischaffende Architekten die Vereinbarkeit mit dem Familienleben erleichtert, ist die Unabhängigkeit von einem bestimmten Arbeitsort. Im Gegensatz zu Filmschaffenden arbeiten sie unabhängiger von den restlichen Projektbeteiligten, sodass eine punktuelle Abstimmung in Form von Bauherrengesprächen, Telefonaten und Baustellenterminen ausreicht. Im Gegensatz zu angestellten Architekten können sie ihren Arbeitsort selbst wählen, beispielsweise ein Büro in der Nähe oder in der Wohnung. Angestellte sind demgegenüber oft 50 bis 80 Wochenstunden im Büro anwesend. Die Arbeitszeit orientiert sich dann stärker an üblichen Bürozeiten oder an der Anwesenheit anderer Projektmitglieder.

Eine strikte Begrenzung der Stundenzahl auf 20 bis 40 Wochenarbeitsstunden und eine Ausrichtung der Akquise und beruflichen Termingestaltung nach den privaten Bedürfnissen war jedoch nur den freiberuflichen Architekten und Architektinnen im Sample möglich, deren Partner für das Familieneinkommen aufkommen konnten. So gelingt zwei Architektinnen die scharfe Abgrenzung von Arbeits- und Betreuungszeit bei der Terminvereinbarung, wie hier exemplarisch dargestellt wird:

[Die Arbeitszeit] ist im Grunde absolut vorgegeben durch die Betreuungszeiten der Kinder. […] Das ist auch wie ein Projekt. Das sage ich: ich mache jetzt nur ein Projekt, mein anderes Projekt ist zu Hause. In anderen Architekturbüros betreut ein Architekt drei oder vier Projekte und hat entsprechend weniger Zeit. So sage ich: Ich betreue euer Architekturprojekt, und mein anderes Projekt, da habe ich dann auch Termine. Da trete ich mittlerweile auch selbstbewusst auf. Das ist nun mal so. Das wird auch akzeptiert. (A22, 284–293)

Vom Zugang zu anderen Einkommensquellen abgesehen, wird die Möglichkeit einer klaren Abgrenzung von Berufs- und Privatsphäre, von Arbeits- und Freizeit von der Art der Kunden und der Auftragsakquise beeinflusst. So können die Betreuung von privaten Bauherren, mit denen keine Termine während der üblichen Geschäftszeiten vereinbart werden können, oder die Akquise von Aufträgen aus dem privaten Umfeld die Trennung beider Sphären verwischen.

Die Pflege von Bauherrenkontakten kann auch gemeinsame Freizeitaktivitäten umfassen, wie zwei freiberufliche Architekten schildern:

> Ich würde mal sagen, wir arbeiten im Moment, da wir nicht überlastet sind, zwischen 35 und 40 Stunden, wobei, und das ist das Interessante an selbstständigen Architekten, man Arbeit und Freizeit nicht so sehr trennt. Es kann sehr gut sein, dass ich samstags mit jemanden essen gehe, oder in eine Ausstellung gehe, wo der Bauherr ist. Ich kann auch mit einer Firma irgendwohin fahren und mir etwas ansehen. Das speichere ich unter Freizeit ab, das hat aber natürlich auch einen das Büro betreffenden Wert. (A3, 913–919)

> Ein wesentlicher Grund, warum ich mich als Angestellter da [um die Auftragsakquise] nicht mehr drum gekümmert habe, war die Vorstellung, dass man als Architekt eingebettet sein muss in ein soziales Netzwerk, aus dem man Aufträge akquirieren kann. Auf dem Tennisplatz, im Golf-Club sich da so andienen als Architekt. Von der Vorstellung bin ich auch ausgegangen. (A2, 150–155)

Diese unterschiedlichen Bewertungen der Kontaktpflege verdeutlichen überdies, dass die Ähnlichkeit des Lebensstils zwischen Architekt und Bauherrn den Zugang zu unterschiedlichen Kundensegmenten beeinflussen kann. Man kann davon ausgehen, dass vor allem investitionsstarke Bauherren bestrebt sind, sichtbare, innovative und prestigeträchtige Projekte umzusetzen; diese Bauten wiederum ermöglichen es den Architekten, in der Fachpresse zu publizieren und somit Reputation aufzubauen.

4.3 Zusammenfassung und Diskussion der Ergebnisse

Bauvorhaben und Film- und Fernsehproduktionen ist gemeinsam, dass die Einzigartigkeit und die Komplexität des Vorhabens sowie die Abstimmungserfordernisse Unsicherheit erzeugen, die durch die Kooperation mit vertrauten Projektpartnern – Fachplanern und Baufirmen beziehungsweise Kollegen im *Department* – verringert wird. Dies ist darauf zurückzuführen, dass in den Projekten Routinen in der Zusammenarbeit sowie Erwartungen an die Arbeitsweise des Partners entstehen und verschiedene extrafunktionale Qualifikationen bewertet werden können. Die sich herausbildenden stabilen Kooperationsbeziehungen stehen in beiden Bereichen somit in einem engen Zusammenhang mit der Bewertung der Zusammenarbeit im Projekt. Sie können auch als eine Art soziale »Schutzzone« (Littler 1987: 49f.) und Abschirmung der Projektbeteiligten und ihrer Zusammenarbeit gegenüber den jeweiligen Auftraggebern, also Bauherren und Produktionsfirmen, betrachtet werden.

Die Analyse der Projektstrukturen in Architektur und Medien zeigt zugleich, dass die Koordinations- und Kontrollformen durch die Verfassung des jeweiligen Teilarbeitsmarktes geprägt werden. Eine rationale Organisation der Projektarbeit auf Grundlage professioneller Normen bedarf einer einheitlichen und zertifizierten Ausbildung sowie einer Institutionalisierung professioneller Kontrolle. Diese können nur bei Architekten, nicht aber in der Film- und Fernsehwirtschaft vorausgesetzt werden. Beispiele dafür sind die Architekten- und Kammergesetze sowie die Bauordnungen der Länder. Architekten verfügen zudem über vergleichsweise breite berufliche Qualifikationen, die es ihnen ermöglichen, autonom Planungs- und Koordinationstätigkeiten in einem Bauvorhaben auszuführen. Sie sind auch prinzipiell in der Lage (vor allem Freiberufler), Arbeitszeit und -ort flexibel an die Erfordernisse anderer Projekte oder außerberuflicher Verpflichtungen anzupassen. Aufgrund der relativ hohen Transparenz der Fachqualifikationen und den im Berufs- und Baurecht kodifizierten Kriterien zum Aufgabenzuschnitt und zur Bewertung der Dienstleistungen wird es außerdem möglich, einzelne Projektaufgaben an andere Architekten im Büro oder außerhalb zu vergeben und so den Flexibilitätsanforderungen in Projekten Rechnung zu tragen. Dadurch lassen sich die Projektauslastung und die Arbeitszeiten verstetigen. Zudem sind Büroinhaber damit weniger auf die in informellen Netzwerken gehandelten Informationen zur Fachqualifikation angewiesen.

Bei Film- und Fernsehproduktionen sind hingegen informelle Abstimmungsprozesse und persönliche Kontrolle durch die jeweiligen Vorgesetzten von größerer Bedeutung. Professionelle Standards sind kaum expliziert, es existieren keine einheitlichen, formalisierten Ausbildungswege, um sie zu vermitteln und keine professionellen Instanzen, die ihre Einhaltung kontrollieren und sanktionieren. Die Aufgabenbereiche sind nach Produktionsmitteln gegliedert und weisen eine ausgeprägte horizontale und vertikale Differenzierung auf; der Zugang zu einzelnen Positionen ist nicht an spezifische formale Fachqualifikationen gebunden. Die eigentlichen Arbeit- und Auftraggeber, die Produktionsunternehmen, werden durch die Selbstregulierung innerhalb der Teams von Kontrollaufgaben entlastet, die sie auch aufgrund der Vielfältigkeit der Tätigkeiten und der Interdependenz innerhalb der Filmteams kaum wahrnehmen könnten. Gleichwohl lässt sich die Koordination innerhalb der Teams nicht auf die Formel »Befehl und Gehorsam« (Marrs 2007: 105) reduzieren, denn die Departments übernehmen nicht nur Koordinations- und Kontrollfunktionen, sondern bieten auch soziale Unterstützung, die die Belastungen der Arbeitssituation bewältigen hilft. Zwar liegt auch diese Kompensationsfunktion freundschaftlicher Arbeitsbeziehungen einerseits im Interesse der Arbeit- und Auftraggeber, die dadurch leichter eine Arbeitsverdichtung durchsetzen können. Andererseits begünstigen sie auch eine Identifizierung mit professionellen Idealen sowie das

Entstehen von Bindungen und Arbeitseinstellungen, die nicht zwangsläufig mit den Interessen der Produktionsfirmen übereinstimmen müssen. Somit beruht die Stabilisierung von Arbeitsgruppen über einzelne Projekte hinaus auf Selektionskriterien, die nicht ausschließlich auf Effizienzzielen beruhen. Die Kapitel 7 und »Ausblick« greifen diesen Aspekt systematischer auf.

Engere, facettenreiche Beziehungen zwischen den Projektmitgliedern bilden sich durch die Dominanz persönlicher Kontrollformen, die räumliche Nähe und Interaktivität während langer Arbeitstage und generell durch die gemeinsame Bewältigung belastender Arbeitsbedingungen. Damit einhergehend weiten sich die Ansprüche auf die ganze Person aus, was im deutlichem Gegensatz zu eng umgrenzten Berufsrollen steht. Dies führt wiederum dazu, dass bei der Rekrutierung für neue Projekte verstärkt auf partikularistische, diffuse und askriptive Kriterien Bezug genommen wird. Da auch die Fachqualifikationen der Teammitglieder weder formal erworben noch formal bewertet werden (vgl. Kapitel 1, 2), bleibt auch deren Einschätzung an den Arbeitskontext, genauer: an die Kollegen und Vorgesetzten im engen Arbeitsumfeld gebunden, sodass nahezu ausschließlich auf informelle Beziehungen zurückgegriffen wird.

Die Dominanz persönlicher Kontrollformen und die ausgeprägte Interdependenz setzen die Präsenz aller Beteiligten voraus. Die intensive Einbindung und die langen, doch schwer planbaren Arbeitszeiten erlauben es nicht, während einer Film- oder Fernsehproduktion außerberufliche Aktivitäten und Bindungen zu pflegen. Beides wird auch in der Zeit zwischen Produktionen erschwert, weil die Arbeitszeiten beziehungsweise die zukünftige Projekteinbindung kaum vorauszusehen sind und prinzipiell die permanente Abrufbarkeit voraussetzen. Zudem wird die Trennung zwischen Arbeits- und Wohnort – ein weiteres Merkmal rationaler Organisationsformen – während der Dreharbeiten nahezu aufgehoben.

In der Gegenüberstellung von Architektur- und Filmprojekten (vgl. Tabelle 2) wird somit deutlich, dass eine »Entgrenzung« von Arbeit (Voß 1998; Gottschall/Voß 2003; Kratzer/Sauer 2003) abhängig von der Arbeitsmarktverfassung sowie der Interaktivität und Interdependenz im Arbeitsprozess sehr unterschiedliche Gestalten annehmen kann. So nähert sich die Zusammenarbeit in Bauvorhaben den rationalen Organisationsformen der professionellen Kontrolle im Sinne Stinchcombes (1959) an. Die Vereinbarkeit von Familien- und Arbeitsleben wird zudem gerade durch die weitgehende Autonomie in der Festlegung von Arbeitszeit und -ort erleichtert. Allerdings hat sich gezeigt, dass angestellten Architekten diese Autonomie in der Regel versagt bleibt. Auch wenn die Interdependenz zwischen Architekten in Bezug auf die Aufgabenbewältigung deutlich geringer ist als zwischen Filmschaffenden, erhöhen die langen Arbeitszeiten in gemeinsam genutzten Büroräumen die Beobachtbarkeit und damit die sozialen

Kontrollmöglichkeiten und die Interaktivität. In dieser Konstellation besteht, wie anhand der Analyse der Rekrutierungskriterien von Büroinhabern gezeigt wurde, ebenfalls die Tendenz der Ausweitung der Ansprüche an Mitarbeiter über funktionale Erfordernisse hinaus. Letztlich ist es auch angestellten Architekten aufgrund der insgesamt regelmäßigeren Arbeitszeiten und des festen Arbeitsortes während eines Projekts besser möglich, außerberufliche Aktivitäten und Beziehungen zu pflegen, als Filmschaffenden.

Die fehlende Begrenzung der Ansprüche an die Verfügbarkeit von Filmschaffenden in Bezug auf Arbeitszeit, soziale Bindungen sowie Diffusität und Partikularismus der beruflichen Beziehungen erinnern an die von Lewis Coser (1974) beschriebenen *greedy institutions*. Im Gegensatz zu der im Extremfall lebenslangen Einbindung in »gierige Institutionen« zeichnet sich die Einbindung in Film- und Fernsehprojekte zwar durch ihren temporären Charakter aus. Durch die Dominanz informeller Rekrutierungspraktiken, die kaum objektive Kriterien zur Bewertung von Leistung bieten, entstehen und vertiefen sich vielschichtige Beziehungen zwischen Kollegen und Vorgesetzten. Die informellen Rekrutierungspraktiken begünstigen projektüberdauernde, regelmäßige Kooperationsbeziehungen, die ein hohes Identifikations- und Integrationspotenzial aufweisen. Zugleich erschweren es die Arbeitsbedingungen, außerberufliche Aktivitäten und Bindungen aufrechtzuerhalten.

Zwar kann gegen die Betonung der Bedeutung informeller Abstimmungsprozesse und Beziehungen eingewandt werden, dass diese schon immer selbst in bürokratischen Arbeitskontexten eine große Rolle gespielt haben (vgl. Blau 1955).[6] Außergewöhnlich an den hier untersuchten Projektorganisationen in der Film- und Fernsehwirtschaft ist jedoch, dass die informellen Abstimmungsprozesse rationale (bürokratische oder professionelle) Koordinationsformen nicht nur überlagern, sondern diese ersetzen und darüber hinaus die Arbeitsmarktposition der Projektmitglieder in entscheidender Weise prägen. Dies kann nicht ohne Auswirkungen auf die Lebensverläufe und die langfristige Entwicklung der sozialen Bindungen in Projektarbeitsmärkten bleiben. Daher werden im folgenden Kapitel sowohl die Erwerbsverläufe als auch deren Konsequenzen für die beruflichen und außerberuflichen Beziehungen und auf familiäre Entscheidungen untersucht.

6 Tatsächlich ist das Zusammenspiel formaler und informeller Strukturen ein klassisches Thema der Organisationsforschung (vgl. Roethlisberger/Dickson 1970; Mintzberg 1979: 46ff.), dem gerade in aktuellen Diskussionen wieder eine größere Prominenz zukommt (vgl. Zelizer 2009; Pettinger 2005).

Tabelle 2 Vergleich der Projektorganisation in Architektur und Film- und Fernsehindustrie

	Architektur	Film- und Fernsehindustrie
Kontrolle des Arbeitsprozesses	professionell	persönlich
Zuweisung von Arbeitsaufgaben	auf Grundlage kodifizierter professioneller Normen, formaler Fachqualifikation und institutionalisierter Berufsrollen	nicht kodifizierte, von formalen Fachqualifikationen unabhängige Berufsrollenzuschreibung, starke horizontale und vertikale Ausdifferenzierung
Bewertung der Arbeit	Arbeitsergebnis, kodifizierte professionelle Normen der Berufsausübung	Arbeitsergebnis sowie subjektive Einschätzung der Qualität der Abstimmung und Zusammenarbeit durch Teammitglieder
Sanktion/ Disziplinierung	formal-rechtlich: Bauordnungen, Ausschluss aus der Berufsgruppe auf Grundlage kodifizierter Regeln (Architekten- und Kammergesetze) durch Kammern	informelle Verwehrung des Zugangs zu Projekten und damit Beeinträchtigung der Beschäftigungs- und Einkommenschancen
Koordination der Zusammenarbeit	professionelle Normen, punktuelle Abstimmung	permanent hohe Interdependenz und Interaktivität, Abstimmung durch informelle Kommunikation
Begrenzung der Verfügbarkeit	kaum wirksame Arbeitszeitbegrenzung, doch in Abhängigkeit von Erwerbsstatus und Interdependenz der Projektmitglieder eigenständige Anpassung der Arbeit an außerberufliche Verpflichtungen und Aktivitäten	kaum wirksame Begrenzung der Arbeitszeit
Trennung von Wohn- und Arbeitsort	ja	während der Produktion oft aufgehoben
Trennung von »Person und Amt«	Abgrenzung und Vereinbarkeit möglich in Abhängigkeit von Erwerbsform	Diffusion der Grenzen zugunsten der erwerbsbezogenen Einbindung
Rekrutierungskriterien	stabile, funktional spezifische und kodifizierte Anforderungen der institutionalisierten Berufsrollen entsprechend der standardisierten, formalen Fachqualifikationen	Ausweitung der Ansprüche an Einstellungen, Verhaltens- und Lebensweise von Kollegen: Bewertung und Selektion auf Grundlage partikularistischer und diffuser Kriterien

Teil III
Lebensverläufe und soziale Bindungen in Projektarbeitsmärkten

Vorbemerkung

Die Abweichungen der Organisation von Produktion und Arbeit vom fordistischen Produktionsmodell sowie vom Normalarbeitsverhältnis lassen auch Abweichungen von einem institutionalisierten (Kohli 1985) oder fordistischen Lebensverlauf (Mayer 2001) erwarten. Wie die Analyse der Rekrutierungspraktiken sowie der Organisations- und Kontrollformen gezeigt hat, stellen professionelle Institutionen nicht nur Transparenz hinsichtlich der Fachqualifikationen her. Sie entlasten den Arbeitsprozess und das Arbeitsteam auch von Kontrollfunktionen. Das Fehlen professioneller Steuerung verstärkt hingegen die Abhängigkeit von informeller Bewertung und Kontrolle durch das Team. Gleichzeitig erhöht die Interaktivität und Interdependenz die Beobachtbarkeit und ermöglicht es, soziale Kontrolle und Ansprüche über funktional spezifische Berufsrollen hinaus auf die gesamte Person auszuweiten. Die Arbeitsmarktverfassung prägt also die Koordination der Arbeit, doch die Kontrollformen erklären ihrerseits den Stellenwert extrafunktionaler, partikularistischer und diffuser Kriterien und Anforderungen an (zukünftige) Projektmitglieder.

Um besser zu verstehen, wie verschiedene Dimensionen der Flexibilisierung von Arbeit und Beschäftigung und ein Bedeutungsgewinn persönlicher Kontrollformen im Arbeitskontext die Lebensverläufe strukturieren, kann nur auf wenig konzeptuelles Instrumentarium in der Lebensverlaufsforschung zurückgegriffen werden. Der Forschungsstand und die für die weitere Analyse wichtigen Konzepte werden im Folgenden kurz skizziert. In der Auswertung der Daten über die Erwerbsverläufe und Perspektiven der Architekten und Kameraleute wird deutlich, dass die Implikationen einer projektifizierten und netzwerkgetragenen Arbeitsmarktstruktur für die Lebensplanung weitreichend sind und einer stärkeren und systematischeren Beachtung in der Lebensverlaufs- und Arbeitsmarktforschung bedürfen.

5 Perspektiven der Lebensverlaufs- und Netzwerkforschung

5.1 Zum Zusammenhang von Lebensverlauf und Arbeitsmarkt

Die Lebensverlaufsforschung fragt nach dem Ausmaß der Prägung und strukturellen Einbettung von Biografien durch Herkunft, Geschlecht, Alter und Ethnizität (Heinz 2000: 4, 1996: 57) beziehungsweise durch institutionelle Differenzierung, wohlfahrtsstaatliche Interventionen und die Organisation des Bildungswesens sowie durch historische Bedingungen (Mayer 1987, 1995). Der Lebensverlauf als »endogener Kausalzusammenhang« (Mayer 1987: 60; Mayer/Blossfeld 1990) bezieht sich hingegen auf die Wechsel- und Nachwirkungen einzelner Phasen des Lebensverlaufs sowie der Binnenverläufe in verschiedenen Lebensbereichen wie dem Bildungs- oder Erwerbssystem und der Familie. Gleichwohl werden in diesem Programm der Lebensverlaufsforschung gesellschaftliche Wandlungsprozesse explizit mit Lebensverläufen in Beziehung gesetzt:

> Den kausalen Mechanismen des Wandels von Lebensverläufen kommt man erst auf die Spur, wenn man sie als »emerging structures« sieht, die an der Schnittstelle von quantitativen Gelegenheitsstrukturen als Angebots- und Nachfragefaktoren, institutionellen Rahmenbedingungen, individuellem und familiärem Handeln sowie den immanenten Beschränkungen von Lebenszeitbudgets und der inneren Kontingenz von Biographien entstehen. (Mayer 1995: 44)

In dieser Konzeptionalisierung des Lebensverlaufs haben also spezifische historische Bedingungen in Form von »quantitativen Gelegenheitsstrukturen als Angebots- und Nachfragefaktoren, institutionellen Rahmenbedingungen« bereits große Bedeutung. Außerdem beschränkt sich die Betrachtung nicht auf den Erwerbsverlauf, sondern umfasst verschiedene Binnenverläufe und deren Zusammenspiel.

Wie prägt nun die Flexibilisierung von Arbeit und Beschäftigung die Lebensverläufe derer, die unter diesen Bedingungen arbeiten? Dieser Frage kann man sich zunächst mit einem Rückblick auf den Zusammenhang von Normalarbeitsverhältnis, beruflich-betrieblich strukturierten Arbeitsmärkten und Lebensverlauf nähern. Indem das Normalarbeitsverhältnis und damit die Annahme einer lebenslangen existenzsichernden Vollzeiterwerbstätigkeit den Strategien der Tarifparteien und Gesetzgeber sowie der einzelnen Arbeitgeber zugrunde gelegt wurde, ermöglichte die so abgesicherte individuelle und normative Erwartung einer kontinuierlichen Berufstätigkeit und die damit verbundene Gewissheit der materiellen wie sozialen Absicherung (Mückenberger 1990: 162) auch die Planbarkeit der individuellen Biografie; so vollzog sich die Institutionalisierung des Lebenslaufs (Kohli 1985) und die Herausbildung einer Normalbiografie (vgl. Osterland 1990). Der »Lebenslauf als Institution« bezieht sich auf die historische Entstehung einer am Lebensalter orientierten Einteilung von Lebensphasen wie Bildung, Erwerbstätigkeit und Ruhestand, an die staatliche Leistungssysteme, der Arbeitsmarkt und das Rechtssystem bestimmte Rechte und Pflichten knüpfen und die individuelle Handlungen rahmen (Kohli 1985, 2000):

> Lebenslauf als Institution bedeutet also zum einen die Regelung des sequentiellen Ablaufs des Lebens, zum anderen die Strukturierung der lebensweltlichen Horizonte bzw. Wissensbestände, innerhalb derer Individuen sich orientieren und ihre Handlungen planen.
> (Kohli 1985: 3)

Grundlegend für diese Konzeptionalisierung des Lebenslaufs als Institution sind die Stabilisierung der Abfolge bestimmbarer Lebensphasen und die dadurch eröffneten individuellen Handlungsspielräume (vgl. Kohli 2003: 526). Die »Normalarbeitsbiografie« zeichnet sich durch Erwartungssicherheit in Bezug auf die Arbeitsplatzsicherheit und Firmenzugehörigkeit aus, die »Normalfamilienbiografie« durch die Verbreitung von Ehe und Elternschaft. Beide haben geschlechtstypische Ausprägungen und beziehen sich auf eine zeitliche Abfolge typischer Statuspassagen (vgl. Kohli 2003: 528f.; Osterland 1990). Die Institutionalisierung des Lebenslaufs ermöglichte somit längerfristige biografische Gestaltungsmöglichkeiten:

> [...] Kontinuitätserwartungen und Zukunftsgewißheit [stellten] eine wesentliche Grundlage für den Entwurf beruflicher Strategien und für die private Lebensführung dar und gestatteten nicht nur eine längerfristige berufliche und außerberufliche Lebensplanung, sondern auch deren wesentliche Realisierung. (Osterland 1990: 352)

Die Institutionalisierung des Lebenslaufs und die Normalbiografie haben spezifische sozialstrukturelle, ökonomische und politische Voraussetzungen: das Normalarbeitsverhältnis und das fordistische Produktionsmodell (vgl. Kohli 2003: 528ff.; Myles 1990; Osterland 1990; Mayer 2001). Mit der Veränderung dieser Grundlagen und im Anschluss an die Individualisierungsthese werden Erosionstendenzen der Normalbiografie wie eine Zunahme individueller Handlungs- und Gestaltungsmöglichkeiten und eine De-Standardisierung und De-Institutionalisierung von Lebensläufen diskutiert (Berger 2004: 107ff.; Beck/Beck-Gernsheim 1993; Berger/Konietzka/Michailow 2001; Mückenberger

1990; Beck 1986; Erlinghagen/Knuth 2002; Bosch 2004; Mayer 1990: 13ff., 1995). Diese Trendaussagen beziehen sich jeweils auf Entwicklungen, die einen großen Anteil der Gesamtbevölkerung betreffen, und differenzieren nicht nach Teilarbeitsmärkten, Branchen und Arbeitnehmergruppen, wenngleich gerade hier Vorreiterfunktionen und frühe Anzeichen des Wandels zu vermuten sind (vgl. auch Kohli 1988: 43). Eine De-Standardisierung des Lebensverlaufs würde bedeuten, dass die Abfolge bestimmter Lebensereignisse und Lebensphasen für einen immer kleineren Teil der Bevölkerung gilt oder sich die Altersspanne ihres Auftretens vergrößert. Eine De-Institutionalisierung des Lebenslaufs führt dazu, dass zuvor klar unterscheidbare Lebensphasen, -ereignisse und Übergänge diffuser werden (Brückner/Mayer 2005: 32).

Diese Reichweite der Annahmen wurde kontrovers diskutiert (vgl. Kohli 2003). Zwar wurde bei einer Untersuchung der Lebensverläufe von acht Kohorten, die zwischen 1920 und 1970 geboren wurden, eine gewisse De-Standardisierung in den privaten Lebensverläufen festgestellt. Es haben sich nichteheliche Lebensgemeinschaften ausgebreitet, neue Familienformen sind entstanden und die Haushaltsgründung ist weniger an Ereignisse wie den Arbeitsmarkteintritt oder die Hochzeit gekoppelt. Im Hinblick auf die Erwerbsverläufe zeigte sich jedoch über die Kohorten trotz einer Ausweitung und Ausdifferenzierung der Übergangsphasen zwischen Ausbildung und Erwerbstätigkeit eine hohe Stabilität der Abfolgemuster. Zudem wurde kein linearer Trend einer zunehmenden Arbeitgeberwechselrate beobachtet, sondern große Unterschiede zwischen Nachkriegskohorten und den 1970 Geborenen einerseits und den in den 1960er-Jahren Geborenen andererseits (Brückner/Mayer 2005: 48f.).

Die Daten der vorliegenden Arbeit sind nicht geeignet, diese generellen Trendaussagen, die sich auf die gesamte Population der Erwerbstätigen in Deutschland beziehen, zu widerlegen oder zu bestätigen. Vielmehr soll der Vergleich der Lebensverläufe in zwei unterschiedlich stark professionalisierten, doch hoch flexiblen Projektarbeitsmärkten zu einem besseren Verständnis der Zusammenhänge zwischen spezifischen Arbeitsmarktstrukturen, Arbeitsorganisationen und Lebensverläufen beitragen.

In diesem Zusammenhang sind Annahmen zu Erwerbsverläufen in bestimmten Teilarbeitsmärkten, wie sie in der Arbeitsmarktsegmentationstheorie formuliert wurden, von Interesse. Nachfrage und Angebot unspezifisch qualifizierter Arbeitskräfte in unstrukturierten Arbeitsmärkten werden idealtypisch über den Preis reguliert. Die Beschäftigung ist hier sehr instabil, es gibt viele Arbeitgeberwechsel, doch kaum Aufstiegsmöglichkeiten. Die Unstrukturiertheit bezieht sich nicht nur auf die unspezifischen Qualifikationsanforderungen in Form von »Jedermannsqualifikationen« (Sengenberger 1987: 120), sondern auch auf das Fehlen von Institutionen, die das Arbeitskraftangebot, die Löhne sowie die Rekrutierungs- und Kündigungspraktiken regulieren. Somit finden sich unstrukturierte Arbeitsmärkte vor allem dort, wo Beschäftigte nicht oder kaum gewerkschaftlich organisiert, keine Betriebsratsstrukturen installiert und wo atypische Beschäftigungsformen verbreitet sind.

Beschäftigte in betriebsinternen Arbeitsmärkten werden hingegen vor der Konkurrenz externer Arbeitsmärkte abgeschirmt und verfügen über eine vergleichsweise hohe Beschäftigungssicherheit. Ihr Aufstieg in Bezug auf den Aufbau betriebsspezifischer Qualifikationen, Anstieg von Lohn und Arbeitsplatzsicherheit folgt idealtypisch einer bestimmten, fest definierten Sequenz von Positionen im Unternehmen und richtet sich nach der Seniorität (vgl. Sengenberger 1987: 119ff., 150ff.; Doeringer/Piore 1971: 54f.). Insofern sich arbeits- und sozialrechtliche Regelungen, tarifliche und politische Strategien am Normalarbeitsverhältnis, also einer in Vollzeit und unbefristet ausgeübten Tätigkeit orientieren (vgl. Bosch 2004; Mückenberger 1990), können Beschäftigte in internen Arbeitsmärkten kurz- und langfristig mit definierten Arbeitszeiten, Arbeitsplatzsicherheit und Aufstiegsmöglichkeiten im Unternehmen planen und sind materiell relativ gut abgesichert.

In fachlichen Arbeitsmärkten hängen die Möglichkeiten des Aufstiegs und des Zugangs zu Beschäftigung weniger von der Bindung an einen Arbeitgeber als von den zertifizierten beruflichen Qualifikationen ab. Diese zertifizierten Fachqualifikationen sind von Arbeitgeber zu Arbeitgeber transferierbar und dienen als Kriterium für Einstellung, Aufstieg und Entlohnung. Idealtypisch entsprechen sich in fachlichen Arbeitsmärkten der Zuschnitt der Arbeitsplätze und die in Berufsbildern definierten Ausbildungsinhalte und -abschlüsse. Entlohnung, Ausbildungsinhalte und -standards sowie die Allokation der Arbeitskräfte werden durch überbetriebliche Institutionen standardisiert (Sengenberger 1987: 126ff.). Die Dominanz oder zumindest die starke strukturierende Kraft von fachlichen Arbeitsmärkten und der Berufsqualifikation für die Mobilität der bis in die 1950er-Jahre geborenen deutschen Erwerbstätigen wurde in einer Untersuchung von Erwerbsverläufen der um 1930, um 1940 und um 1950 Geborenen gezeigt. Diese Studie von Hans-Peter Blossfeld und Karl Ulrich Mayer legt die Interpretation nahe, dass zumindest für die Arbeitsmarktsituation in Deutschland während der 1970er- bis 1990er-Jahre weniger die Unternehmensgröße und damit die Trennung zwischen internen und externen Arbeitsmarktsegmenten als die berufliche Qualifikation den Eintritt in und den Verlauf des Erwerbslebens strukturiert (Blossfeld/Mayer 1988).

Arbeitsplatzsicherheit, horizontale und vertikale Mobilität hängen somit von fachlichen Qualifikationen und, im Falle der Schließung interner Arbeitsmärkte, von der Betriebszugehörigkeit ab. Zudem variieren die Ansprüche an soziale Sicherung im Falle von Krankheit oder Arbeitslosigkeit je nach Art des Beschäftigungsverhältnisses und der Professionalisierung – im Sinne definierter Tätigkeitsmonopole und dem Vorhandensein von Versorgungswerken – einer Berufsgruppe.

Für besonders flexibilisierte Beschäftigungssegmente, die sich gerade nicht durch eine Zugehörigkeit zu betriebsinternen Arbeitsmärkten auszeichnen, bliebe somit die Differenzierung zwischen fachlichen und unstrukturierten Teilarbeitsmärkten, in denen die Arbeitskräfteallokation und damit der Arbeitgeberwechsel jeweils über die Standardisierung von Ausbildungsinhalten und -abschlüssen oder den Preismechanismus funktioniert. Daher könnte man annehmen, dass mit erodierenden oder fehlenden betriebsinternen Arbeitsmärkten das Berufsprinzip oder der Marktmechanismus für Erwerbsverläufe an Bedeutung gewinnen, womit jeweils eine weitgehende Abschwächung von oder Konfrontation mit Marktrisiken verbunden wäre. Beschäftigungsflexibilität in fachlichen Arbeitsmärkten würde implizieren, dass der Arbeitsmarkteintritt und die Arbeitgeberwechsel über die fachlichen Qualifikationen vermittelt werden und Mobilität als berufliche Spezialisierung oder zumindest in Form von Betriebs- statt Berufswechseln auftritt. Für Erwerbsverläufe in unstrukturierten Arbeitsmärkten dagegen würde dies eine hohe Instabilität bedeuten, insofern kein fester, vom Arbeitgeber unabhängiger Status existiert (vgl. Stinchcombe 1959). Außerdem bietet die Beschäftigung in unstrukturierten Arbeitsmärkten kaum oder keine Qualifizierungsmöglichkeiten.

Aus der arbeits- und industriesoziologischen Debatte zur Entgrenzung von Arbeit und Beschäftigung und der Ablösung des verberuflichten Arbeitnehmers durch den Arbeitskraftunternehmer lassen sich subjektzentrierte Annahmen zu den Erwerbsverläufen in flexiblen und weniger fachlich strukturierten Arbeitsmärkten ableiten, die stärker an die Individualisierungsthese (vgl. Beck/Beck-Gernsheim 1993; Beck 1986) als an prekäre Beschäftigung in unstrukturierten Arbeitsmärkten erinnern. Eine Verankerung des Berufsprinzips in Arbeitsorganisationen widerspricht in dieser Interpretation von Flexibilisierungs- als Entgrenzungsprozessen dem Prozesscharakter der Arbeitsorganisation und dem permanenten Wandel der Qualifikationsanforderungen und der Wissensbasis der Produktion beziehungsweise Dienstleistungserstellung. Es wird dabei argumentiert, dass Eigenverantwortung, Antizipation der Marktanforderungen, Selbststeuerung und -organisation der Arbeit wichtiger werden und im Gegensatz zum institutionalisierten Lebenslauf die eigenen Handlungsspielräume bei der biografischen Gestaltung, aber auch der Zwang zur Selbstorganisation größer werden (Voß 2001a, 2001b: 166; vgl. auch Baethge/Baethge-Kinsky 1998).[1]

1 In der US-amerikanischen Organisationsforschung wurde mit den »boundaryless careers« ein sehr ähnliches Konzept entwickelt, das einen Bedeutungsgewinn der Marktorientierung gegenüber organisationsinternen Karriereverläufen prognostiziert (Arthur/Rousseau 1996).

Infolge dessen ist zu erwarten, dass sowohl Arbeitgeberwechsel und Selbstständigkeit als auch berufliche Mobilität zunehmen. Diese Mobilität wird jedoch entscheidend durch den individuellen Umgang mit (antizipierten) Änderungen der Marktanforderungen geprägt.

Beide Erklärungsansätze lassen jedoch offen, wie sich eine Beschäftigungsflexibilisierung bei einem gleichzeitigen Bedeutungsgewinn von informellen Beziehungen für Erwerbstätige auswirkt. Die Theorie der Segmentierung in unstrukturierte, fachliche und betriebsinterne Teilarbeitsmärkte erklärt nicht, wie stabile Kooperationsmuster in wenig professionalisierten, doch in Bezug auf die Beschäftigung extrem flexibilisierten Arbeitsmärkten entstehen, wie sie etwa in der Film- und Fernsehindustrie (vgl. Windeler 2004; Sydow/Windeler 1999) oder bei den Hafenarbeitern und Baukolonnen beobachtet wurden (vgl. Kapitel 3). Somit sind aus ihr keine Annahmen über den Zusammenhang von Lebensverläufen und einer Arbeitsmarktstrukturierung durch Netzwerkzugehörigkeiten, oder allgemein: durch informelle Schließungsprozesse in flexiblen Arbeitsmärkten, ableitbar. Die Arbeitskraftunternehmerthese (Voß 1998, 2001b) hingegen scheint die individuellen Gestaltungsmöglichkeiten in dem Maße überzubewerten, in dem tatsächlich in Folge der Flexibilisierung personale und professionelle Kontrollformen, informelle Rekrutierungsprozesse sowie private Risikobewältigungsstrategien wichtiger werden.

Dem stehen vielfältige Hinweise auf einen Bedeutungsgewinn informeller Beziehungen im Kontext von Beschäftigungsflexibilisierung gegenüber. So wird zum einen bereits im Zusammenhang mit der Erosion des Normalarbeitsverhältnisses angedacht, aber nicht ausgeführt, dass der Rückzug in informelle Unterstützungsnetzwerke an die Stelle institutionalisierter Risikoregulierung treten könnte:

> Während es die Arbeitsmarktverhältnisse der 60er und 70er Jahre noch gestatteten, berufliche Entscheidungen gegebenenfalls zu korrigieren, ohne dabei die Stabilität und Kontinuität des Lebenslaufs nachhaltig zu gefährden […], ist eine solche korrigierbare und damit verläßliche Lebensplanung kaum noch möglich […]. Es bildet sich stattdessen eine *neue Offenheit individueller Lebensentwürfe* heraus, die unter Berücksichtigung der geringen Optionen auf dem Arbeitsmarkt die (berufs-)biographischen Konzeptionen zunehmend labiler und unstrukturierter werden läßt, der man sich jedoch stellt, indem man sich in einem Milieu einrichtet, dessen enges Beziehungsgeflecht eine Art soziale Sicherheit bietet und so die Risiken des Arbeitsmarktes mindert. (Osterland 1990: 359)

Zum anderen deuten Konzepte wie die des Projektnetzwerkes (Sydow/Windeler 1999) oder auch die festen Kooperationsstrukturen bei den Hafenarbeitern und Baukolonnen (siehe Kapitel 3) darauf hin, dass die Bedeutung informeller Stabilisierungs- und Schließungsmechanismen, die auf sozialen Beziehungen beruhen, bei unsicheren und dynamischen (Arbeits-)Marktbedingungen und bei nicht vorhandenen vertikal integrierten Organisationen zunimmt. Daher soll im Folgenden rekapituliert werden, ob und wie sich die Lebensverlaufs- und Biografieforschung mit dem Zusammenhang von informellen Schließungsprozessen, sozialen Netzwerken und Lebensverläufen beschäftigt haben und wie dies für die Untersuchung von Lebensverläufen in Projektarbeitsmärkten genutzt werden kann.

5.2 Lebensverlauf und soziale Netzwerke

In der Lebensverlaufsforschung sind neben spezifischen Arbeitsmarktstrukturen (Blossfeld/Mayer 1988) auch die Zugehörigkeiten zu formalen Organisationen (Eintritt in das Erwerbsleben sowie zwischenbetriebliche Mobilität) sowie die Haushaltsformen und insbesondere Ereignisse wie Heirat und Familiengründung relevant (zum Beispiel Mayer 1995). Über die Differenzierung zwischen Kohorten (typischerweise Geburtskohorten) werden zudem der spezifische historische Kontext sowie die Konkurrenzbedingungen, etwa auf dem Arbeitsmarkt, berücksichtigt. Die Einbindung in konkrete soziale, über die Familie (beispielsweise King/Elder 1995) hinausgehende Beziehungen im Lebensverlauf war bislang kaum Gegenstand der Lebensverlaufsforschung.

In der Netzwerkforschung hingegen wurde die Veränderung von sozialen Beziehungsnetzwerken im Zeitverlauf untersucht (unter anderen Suitor/Wellman/Morgan 1997; Morgan/Neal/Carder 1997). Vereinzelt hat man Netzwerkveränderungen auch zu Lebensphasen und Lebensverläufen in Beziehung gesetzt: Kalmijn (2003) führte die Veränderungen in persönlichen Netzwerken auf verschiedene Statuspassagen im Privatleben zurück. Er zeigte in seiner niederländischen Studie, dass sich vom Eingehen einer Partnerschaft hin zum gemeinsamen Haushalt, zur Heirat und Familiengründung persönliche Netzwerke verkleinern und in ihrer Zusammensetzung ändern. Fischer und Oliker (1983) führten Unterschiede in der Netzwerkgröße zwischen Männern und Frauen auf unterschiedliche Gelegenheitsstrukturen für das Knüpfen von nichtverwandtschaftlichen Kontakten in Lebensphasen wie Heirat, Erwerbstätigkeit, Geburt von Kindern und Übergang in das Rentenalter zurück. Im Kontext der Lebenslauf- und Ungleichheitsforschung untersuchte Betina Hollstein (2003) die Veränderung und die Leistungen informeller Netzwerke nach der Verwitwung. Damit entwickelte sie ein Konzept zu Netzwerkveränderungen in Statuspassagen, ausgehend von der Annahme, dass Statuspassagen sowohl Interessenlagen und Anforderungen an Netzwerke als auch Netzwerkstrukturen selbst verändern. Eine ähnliche Perspektive wurde in der Sozialpsychologie mit dem Konzept des Konvois entwickelt. Dieses bezieht sich jedoch nicht nur auf Transitionen im Lebensverlauf, sondern allgemein auf den Einfluss sozialer Beziehungen für das Wohlbefinden in verschiedenen Lebensphasen (Kahn/Antonucci 1980). Der Konvoi umfasst alle Beziehungen in einer bestimmten Lebensphase einer Person, die soziale Unterstützung leisten. Frieder Lang (2003) führte schließlich Veränderungen in den Netzwerkzusammensetzungen und in Leistungen von sozialen Beziehungen auf die Veränderungen von Beziehungsorientierungen im Lebensverlauf zurück. Diese Studien beschäftigen sich somit in erster Linie mit den Veränderungen von Netzwerken infolge privater, familiärer Lebensereignisse.

McDonald (2006, 2005) hingegen konzentrierte sich auf die Veränderungen des sozialen Kapitals in verschiedenen Phasen des Erwerbsverlaufs und unterschied empirisch zwischen dem Erfolg von Matchingprozessen auf dem Arbeitsmarkt unter Zuhilfenahme von informellen Beziehungen beim Berufseinstieg sowie in der Mitte der Berufskarriere. Andere Studien haben sowohl Veränderungen im Erwerbsverlauf als auch in der familiären Situation berücksichtigt. Bei der Untersuchung von Veränderungen in den engen persönlichen egozentrierten Netzwerken (»community«) von Kanadiern im Verlauf eines Jahrzehntes fanden Wellman und Kollegen (1997), dass nur circa ein Viertel der 1968 von den Befragten als »eng« bezeichneten Beziehungen auch noch im Jahr 1978 genannt wurden. Die Veränderungen in den engen persönlichen Beziehungen erklärten sie mit verschiedenen Lebensereignissen wie Veränderungen im Familienstand (Heirat und Scheidung) und in der Erwerbssituation, räumliche Mobilität und Übergang in den Ruhestand. Martin Diewald (1990) verwies auf die Veränderungen der Bedürfnisse nach verschiedenen sozialen Unterstützungsleistungen sowie der Netzwerkgröße in verschiedenen Statuspassagen in Abhängigkeit vom Alter und vom Erwerbsstatus. Auf Basis des deutschen Familiensurveys untersuchte Diewald (2003) zudem, wie sich Diskontinuitätserfahrungen bei Männern zwischen 18 und 55 Jahren auf die Einbindung in enge, emotional bedeutsame familiäre wie freundschaftliche Beziehungen auswirken, wobei er zwischen Beziehungsanzahl und -qualität unterschied. Diese Untersuchung zeigte aber keine eindeutigen Zusammenhänge zwischen beruflichen Unsicherheitserfahrungen und der Anzahl und Art der Beziehungen zu Verwandten und engen Freunden. Allerdings scheinen die Bedrohung des Arbeitsplatzes und Arbeitslosigkeit bestehende, vor allem verwandtschaftliche Beziehungen ambivalenter und konfliktreicher zu machen. Hier werden zwar bereits Beschäftigungsformen und Arbeitsmarktcharakteristika, nicht jedoch die Ebene der Arbeitsorganisation berücksichtigt.

In der Biografieforschung, einer stärker subjektzentrierten Zugangsweise zu biografischen Orientierungen und Sinnkonstruktionen, sind soziale Beziehungen bislang ebenfalls wenig berücksichtigt worden. Eine Ausnahme stellt das von Behrens und Rabe-Kleeberg (1991) entwickelte Gatekeepingkonzept dar. Es stellt explizit auf die für biografische Entscheidungen und Statuspassagen – also die Übergangswege zwischen sozialen Positionen (Behrens/Rabe-Kleberg 1991: 257) – relevanten soziale Kontexte ab (vgl. Heinz 1991): Das sozialisierende und das Zugang gewährende Handeln von Personen im persönlichen Nahbereich, wie Familie und Freunde, sind dafür wichtig. Ebenso finden Entscheidungen, Ratschläge und Bewertungen von Kollegen, Vorgesetzten, persönlich unbekannten Entscheidungsträgern über den Zugang zu sozialen Leistungen oder Bildungseinrichtungen sowie von Gutachtern theoretische Berücksichtigung (Behrens/Rabe-Kleberg 1991). In der Typologie von Behrens und Rabe-Kleberg wurden diese Gatekeeper nach der Interaktionsdichte und Formalisierung der Beziehung zum Statuspassanten unterschieden. Gatekeeper bewerten Statuspassanten und gewähren oder verwehren die Statuspassage nach Kriterien wie der erwarteten Dauer des Verweilens in einem bestimmten Status, professionellen Standards, nach formalen und kodifizierten oder diffusen und persönlichen Kriterien. Dabei fordern sie Bilanzierungen der Statuspassanten heraus, in denen diese sich wiederum auf dieselben oder andere Normen und Kriterien beziehen können:

> Institutions can make us remember and forget biographical events by providing codes to account for our life histories. [...] Thus, the important things remembered in a life history will be those that stand a chance to be recognized in social networks that use shared normative categories. (Heinz 1991: 10)

Dabei sind institutionelle Anforderungen oder die Erwartungen aus dem persönlichen Nahbereich nicht immer kompatibel. In Statuspassagen wird jedoch von den Statuspassanten erwartet, so mit Widersprüchen umzugehen, dass sie dennoch eine überzeugende Darstellung ihrer Biografie produzieren können:

> [...] the individual has to bridge the gap that results from institutional differentiation and social network pressure in order to construct a socially convincing and subjectively meaningful biographical continuity. Under those circumstances biographical agency means to arrange with conflicting institutional norms. This means that gatekeeping interactions add up to shape life courses of individuals by accepting or rejecting them as members of institutionalized collectivities. (Heinz 1991: 11f.)

Indem sie die Aushandlungsprozesse zwischen Gatekeepern und Statuspassanten betonen, wenden sich Behrens und Rabe-Kleberg gegen die Annahme von internalisierten Normen und Stabilitätsbedürfnissen, die biografische Entscheidungen anleiten. Normalitätsannahmen über die Dauer von Statuspassagen, Altersnormen und geschlechtsspezifische Zuweisungen zu Berufen seien hingegen die Referenzpunkte, Interpretations- und Legitimationsbezüge in den Aushandlungsprozessen zwischen Gatekeepern und Statuspassanten an deren biografischen Wendepunkten (Behrens/Rabe-Kleberg 1991: 257). Die Institutionalisierung des Lebensverlaufs beruht demnach nicht auf fest verankerten Stabilitätsbedürfnissen und Kontinuitätserwartungen, sondern auf den Typen von Gatekeepern (Experten, Organisationsmitglieder, Primärgruppen) und dem Bezug auf kodifizierte, standardisierte Kriterien (wie Alter, Bildungsabschluss), die an die Biografien der Statuspassanten angelegt werden (ebd.: 246).

Zusammenfassend lässt sich festhalten, dass die wenigen Studien zu dem ansonsten vernachlässigten Verhältnis von sozialen Bindungen und Lebensverläufen auf Zusammenhänge zwischen Erwerbs- und Familienbiografie und den persönlichen Netzwerken hindeuten. Sie differenzieren jedoch kaum nach Arbeitsmarkt- und Beschäftigungssituation und sagen nur wenig zur Konstitution und Funktion sozialer Beziehungen aus dem Erwerbs- und dem Privatbereich im Kontext von Beschäftigungsflexibilisierung. Damit vernachlässigen sie tendenziell die institutionelle Prägung von Lebensverläufen, die klassischer Gegenstand der Lebensverlaufsstudien ist.

Im Versuch, das Verhältnis von biografischem Handeln, Institutionen und sozialen Strukturen als Gatekeepingprozess zu konzeptionalisieren, ist eine Perspektive entwickelt worden, die grundsätzlich offen ist für die Analyse von Statuspassagen in verschiedenen Binnenverläufen, da sie sowohl institutionelle und organisationale Gatekeeper als auch Personen aus dem familiären oder weiteren persönlichen Umfeld sowie unterschiedlich stark formalisierte Selektionskriterien berücksichtigt. Mit der Fokussierung auf Statuspassagen geraten Lebensverlaufsmuster in ihrer Gesamtheit aus dem Blick, doch wird eine systematische Berücksichtigung unterschiedlich formalisierter sozialer Beziehungen an biografischen Wendepunkten ermöglicht. Behrens und Rabe-Kleberg lehnen ein fest verankertes Stabilitätsbedürfnis ab; diese Position steht allerdings im Gegensatz zu der in weiten Teilen der Arbeitsmarkt- und Lebenslaufforschung verbreiteten Annahme, es sei eine wichtige Funktion des Normalarbeitsverhältnisses, langfristige Planungshorizonte zu eröffnen und dadurch Handlungsmöglichkeiten nicht nur zu begrenzen, sondern berufliche Strategien und private Entscheidungen gerade erst zu ermöglichen. Zudem ist von einer systematischen Variation der Arten von Gatekeepingprozessen in Bezug auf verschiedene Aspekte des Lebensverlaufs auszugehen, die genauerer Betrachtung bedarf. So steht beispielsweise die formalisierte Zugangsregulierung zu wohlfahrtsstaatlichen Leistungen privaten Unterstützungsleistungen gegenüber. Des Weiteren spricht die Ausdifferenzierung von Teilarbeitsmärkten dafür, dass die Kriterien und Arten der Gatekeeper, die die Statuspasssagen im Erwerbsverlauf prägen, die Beschäftigungsrisiken und Aufstiegschancen maßgeblich beeinflussen.

5.3 Annahmen zu Lebensverläufen in Projektarbeitsmärkten

Aus der Beschreibung von Projektarbeitsmärkten (vgl. Kapitel 1) und dem Überblick über die Theorieangebote der Lebensverlaufsforschung lassen sich erste für die Analyse von Lebensverläufen jenseits von internen Arbeitsmärkten und Normalarbeitsverhältnissen relevante Annahmen ableiten. Die bestimmenden Charakteristika von Projekten sind ihre zeitliche Befristung, die wechselnde Zusammensetzung und die nicht standardisierbaren oder gar bürokratisch steuerbaren Arbeitsabläufe. Daraus folgt zunächst einmal, dass nach Projektabschluss die zukünftige Projekteinbindung sowie der Erhalt und die Verbesserung der Position keineswegs feststehen:

> Under conditions of high variance and because of the idiosyncratic nature of artistic-culture production, a career is no longer localized in the »office«, with the prospect of a long career sustained by a regular succession of promotions. Rather, a career is a succession of temporary projects embodied in an identifiable line of film credits. Building a career line is an uncertain and often erratic process. (Faulkner/Anderson 1987: 887)

Untersuchungen von Karriereverläufen in Projektarbeitsmärkten konzentrieren sich bislang auf die US-amerikanische Filmindustrie. Daraus lässt sich eine bestimmte Auffassung von Karrieren in Projektarbeitsmärkten ableiten: Sie bewegen sich aus einer Peripherie von extrem unsteten, wenig innovativen und schlecht bezahlten Tätigkeiten und Projekten zu einem Kernsegment hin, das sich durch den sichereren Zugang zu prestigeträchtigeren Projekten und zu projektüberdauernden Kooperationsverhältnissen mit Auftraggebern und Kollegen mit größerer Reputation auszeichnet (vgl. Jones 1996; Faulkner/Anderson 1987). Faulkner und Anderson (1987), Jones (1996) sowie Manning in einer Untersuchung zur deutschen Fernsehwirtschaft (2005) beschränken sich allerdings auf Aussagen über die jeweils leitenden Funktionen in Filmproduktionen. In der Konzeption, wonach Filmarbeitsmärkte aus einem Kern und einer Peripherie bestehen und Filmkarrieren sich hin zum Kernsegment bewegen, bleiben die in der Regel in Assistenzpositionen beginnenden Karriereverläufe somit unberücksichtigt.[2] Während Faulkner und Anderson die Marktmechanismen in diesen Arbeitsmärkten betonen und die projektbezogene Kooperation auf eine beiderseitige Selektion nach Ähnlichkeitskriterien in Bezug auf Arbeitserfahrung und Anerkennung (Preise, Verkaufszahlen) zurückführen, hebt Jones in ihrer Analyse die informellen Lernformen, die Anforderungen an die Netzwerk-

2 Bemerkenswert ist, dass die Segmentierung von Filmarbeitsmärkten in Kern und Peripherie entgegen den Annahmen der Theorie der dualen Arbeitsmärkte (Kalleberg/Sorensen 1979: 356) durch Durchlässigkeit gekennzeichnet ist, insofern Karrieren typischerweise die Grenze zwischen Kern und Peripherie der Filmwirtschaft überschreiten.

strategien und die Reputationsakkumulation im Erwerbsverlauf von Filmschaffenden hervor. Implizit werden Erfolg oder Scheitern im Karriereverlauf mit der Konzentration auf die erfolgreich zu bewältigenden Anforderungen auf individuelle Anpassungsleistungen zurückgeführt.

Um die Organisations- und Arbeitsmarktkontexte bei der Untersuchung von Lebensverläufen explizit und vergleichend zu berücksichtigen, werde ich auf die in Kapitel 3 eingeführten kontrolltheoretischen Konzepte und das konzeptuelle Instrumentarium aus der Biografie- und Lebensverlaufsforschung zurückgreifen. So bedeutet etwa die Verlagerung der Karriere von internen Arbeitsmärkten in befristete Kooperationszusammenhänge, dass die für den Erwerbsverlauf in Projektarbeitsmärkten relevanten Statuspassagen und Gatekeeper gegenüber einer Karriere in bürokratischen Organisationen potenziell vervielfacht werden. Ein Problem, dass sich für Beschäftigte daraus ergibt, besteht in der Schwierigkeit, die Befähigung für eine – im Vergleich zu früheren Stellen höher- oder mindestens gleichwertige – Projektposition nachzuweisen, ohne dass der neue Arbeit- oder Auftraggeber über Erfahrungen mit diesen Beschäftigten verfügt: »they need to have skills to land job, but to learn the skills they have to first have the jobs« (O'Mahony/Bechky 2006: 920).

Unberücksichtigt bleibt hierbei jedoch, dass die Notwendigkeit, Erfahrungen in einem bestimmten Tätigkeitsbereich nachzuweisen, sehr vom Stellenwert des auf Erfahrung basierenden Lernens gegenüber formalen beruflichen Qualifikationen abhängt, der wiederum zwischen verschiedenen Teilarbeitsmärkten variiert. Die in den Kapitel 2 und 3 skizzierten Argumente der Organisations- und Arbeitsprozess- sowie der Arbeitsmarktsegmentationstheorie legen es demgegenüber nahe, von unterschiedlich funktionierenden Projektarbeitsmärkten und damit von variierenden Rahmenbedingungen für Projektkarrieren auszugehen. Wer den Zugang zu Positionen im Projekt reguliert, welche Kriterien dafür ausschlaggebend sind und wie berechenbar diese Kriterien sind und wie scharf die Phasen der Ausbildung und Erwerbstätigkeit voneinander zu trennen sind, hängt maßgeblich von der Struktur des Projektarbeitsmarktes – insbesondere von kodifizierten, einheitlichen professionellen Standards sowie standardisierten und zertifizierten Ausbildungswegen – ab. Zudem spielt jedoch auch die Art der Koordination und Kontrolle der Projektarbeit in die Gatekeepingprozesse hinein, insofern sie die Bewertung und Kontrolle des Arbeitsprozesses sowie darüber hinausgehende Einstellungen und Verhaltensweisen durch Kollegen und Vorgesetzte, Angehörige der Berufsgemeinschaft oder Kunden ermöglicht.

Die auf Qualifikation basierende Zugangsregulierung zum Architektenarbeitsmarkt lässt eine klare Trennung zwischen Ausbildungs- und Erwerbsphase und damit eine in dieser Hinsicht relativ geringe Abweichung von standardisierten und institutionalisierten Lebensläufen erwarten. Der unterschiedliche

Stellenwert persönlicher versus professioneller Steuerungsformen in Film- und Architekturprojekten legt außerdem nahe, dass Architekten aufgrund ihrer zertifizierten Fachqualifikation über einen stabileren Status im Arbeitsmarkt verfügen als Filmschaffende, deren Qualifikationen an die persönliche Bewertung in der Projektzusammenarbeit und damit an die informellen Beziehungsnetzwerke gebunden bleiben (siehe Kapitel 2). Folgt man der Arbeitskraftunternehmerthese (Voß 2001b), sollte das Fehlen kodifizierter Berufsnormen und formaler Zugangsbeschränkungen Filmschaffende vielmehr in die Lage versetzen, ihre Netzwerke strategisch zu nutzen, um ihre Tätigkeitsschwerpunkte den Nachfrageschwankungen anzupassen und damit ihre Einkommens- und Beschäftigungsrisiken zu reduzieren. Andererseits ist zu erwarten, dass die erweiterte Beobachtbarkeit in Filmprojekten durch die Personen, die durch Empfehlungen und Rekrutierungsentscheidungen auch als Gatekeeper für zukünftige Beschäftigungs- und Aufstiegsmöglichkeiten fungieren, die strategische Handlungsfreiheit der Projektbeschäftigten beeinflusst.

Des Weiteren ist anzunehmen, dass sich die Gestaltung der Beschäftigungsverhältnisse und der Arbeitsmarktregulierung auf die langfristigen Gestaltungsmöglichkeiten und Planungshorizonte in Bezug auf Familien- und Erwerbsleben auswirkt. So wird die Regulierung der Verfügbarkeit von Arbeitskräften und damit der Umgang mit Flexibilitätsanforderungen durch betriebliche Mitbestimmung und tarifliche Vereinbarungen zu Arbeitszeiten und Einkommen beeinflussen, wie kurz- und mittelfristig die Arbeit mit Stabilitäts- und Aufmerksamkeitsanforderungen im Privatleben vereinbar ist. Die intensive Einbindung der Filmschaffenden in die Projektorganisation (vgl. Kapitel 4), die außerberufliche Bindungen tendenziell schwächt und die freundschaftlichen Beziehungen zu Kollegen fördert, legt die Vermutung nahe, dass langfristige Bindungen und Familiengründung bei Filmschaffenden schwieriger sind, dies aber durch die Integration in facettenreiche Netzwerke in der Branche kompensiert werden kann. Während bei Filmschaffenden die Flexibilitätsanforderungen der Projektarbeit jedoch kaum mit dem Erwerbsstatus variieren, erlaubt die Selbstständigkeit Architekten, Beruf und Familie flexibler miteinander zu vereinbaren. Ob und wie dieses ambivalente Verhältnis zwischen Projektorganisation, Arbeitsmarkt und sozialer Integration in den Lebensverläufen sichtbar wird, ist Gegenstand der folgenden Analyse.

6 Lebensverläufe in Projektarbeitsmärkten

Die Analyse des Erwerbsverlaufs sowie der Einbindung der Projektbeschäftigten in private und berufliche Netzwerke soll zu einem besseren Verständnis der Auswirkungen von Beschäftigungsflexibilisierung für die Strukturierung von Lebensverläufen jenseits interner Arbeitsmärkte beitragen. Außerdem wird durch diese Analyse die Funktionsweise von Projektarbeitsmärkten besser nachvollziehbar. Die Auswertung konzentriert sich bei beiden Berufsgruppen jeweils auf den Berufseinstieg, Strategien der Beschäftigungssicherung und Projektkarrieren. Dabei liegt das Hauptaugenmerk auf der Frage, wie formale berufliche Qualifikationen und informelle Netzwerke den Übergang von der Ausbildung in die Erwerbstätigkeit und berufliche Mobilität strukturieren, ob und wie sie biografische Planung und Orientierung ermöglichen und Beschäftigungssicherheit vermitteln. Die Frage, ob und wie Binnenverläufe in verschiedenen Lebensbereichen wie dem Bildungs- oder Erwerbssystem und der Familie in Beziehung zueinander stehen, sowie die Frage, wie sich Netzwerke im Erwerbsverlauf entwickeln (Kapitel 7), werden gesondert behandelt.

6.1 Film- und Fernsehindustrie

6.1.1 Erwerbsverläufe

Berufseinstieg

Am Beginn der Interviews wurden die Kameraleute nach dem Zugang zur Branche gefragt. Das vorherrschende Begründungsmuster für die Berufswahl ist die Faszination an der Branche, an Kinofilmen und das Interesse an einer Verbindung von künstlerisch-gestaltenden und technischen Tätigkeitsinhalten. Zwar ist die retrospektive Schilderung von Einstellungen und Interessen problematisch, insofern diese, beziehungsweise die Erinnerung daran, oft an spätere biografische Erfahrungen angepasst werden. Die Bekundungen der Faszination und Leidenschaft für den Film können auch in der Interaktion mit Berufskollegen eingefordert werden oder Teil der berufsbiografischen Sozialisation sein und eine identitäts- und gemeinschaftsbildende Funktion haben (Müller-Jentsch 2005: 160f.). Doch darüber hinaus verdeutlichen die Schilderungen der ersten Berufserfahrungen einige typische Auslöser der Faszination an der Film- und Fernsehindustrie. Das Interesse an der Branche kann nicht nur in frühen Interessen und Hobbys im Bereich Film, Fotografie, Technik oder Kunst begründet sein, sondern auch durch persönliche Kontakte zur Branche – seien es Familienmitglieder, Freunde oder Partner – geweckt werden:

Ich komme aus einer Filmfamilie. […] Und ich habe mit 16 beschlossen, dass ich Kameramann werde. Dann hat mich mein Vater, eher zum Abschrecken, zu ein paar Drehs mitgenommen. Ich habe mich aber nicht abschrecken lassen. (F27, 407–410)

Des Weiteren sind Praktika und Nebenjobs besonders in den Medienclustern leicht zugänglich und können erste Berührungspunkte mit der Branche herstellen:

Ich habe […] studiert und habe nebenbei als studentische Hilfskraft bei [einem Sender] gejobbt, als Kabelhilfe. Und ich war unzufrieden mit meinem Studium, konnte mir nicht vorstellen, dass ich das ernsthaft durchziehen und hinterher auch in dem Beruf arbeiten wollte und habe nach Alternativen gesucht. Und habe dann gedacht: die Kameraleute bei [Sender] haben schon einen ganz interessanten Job. Und habe dann in der Richtung mich erkundigt, was man machen muss, um in die Richtung zu gehen, und bin dann über ein Praktikum beim Fotografen und ein Praktikum im Kameraverleih – relativ klassisch – dann als Kameraassistenz eingestiegen, als zweiter Kameraassistent. (F22, 30–38)

Für drei Viertel, also 12 der 17 interviewten Kameraleute aus dem szenischen Bereich bildete ein Praktikum den ersten Berührungspunkt mit der Filmbranche. Von diesen wiederum hat sich je die Hälfte darauf initiativ beworben, und die Hälfte bekam dieses Praktikum durch Freunde oder Familienangehörige vermittelt. Schon die ersten Positionen werden also überwiegend über Informationen und Empfehlungen von Bekannten, Freunden, Familienangehörigen oder Kommilitonen erlangt. Für die Interviewten wirkten dabei zum einen offenbar arbeitsorganisatorische Spezifika von Film- und Fernsehproduktionen besonders attraktiv: die Aussicht auf Mitwirkung an künstlerisch anspruchsvollen Produkten, viele Reisen, enge Zusammenarbeit und Freundschaften mit eher jungen Kollegen, »Gleichgesinnten«, und schließlich die Abgrenzung von bürokratischen Arbeitsorganisationen und »Schreibtischarbeit«:

Wie sind Sie zu Film und Fernsehen gekommen?

Also nach der Schule, oder während der Schule, habe ich mir überlegt, was ich machen könnte. Und es war schnell klar, dass das irgendwas sein muss, wo man in Bewegung ist, wo man nicht an einem Schreibtisch sitzt. Ich wollte auch viel rumkommen. Dass es was Technisches ist und auch ein bisschen künstlerisch. (F7, 17–21)

> Und da hab ich dann bei so einem Studentenfilm das erste Mal Materialassistenz gemacht. Wie gesagt, da bin ich über einen Freund zufällig rangekommen. […] Und da habe ich die erste Materialassistenz im Filmbereich gemacht und fand das total spannend, diese Gruppen, diese große Familie. Wie das alles so ist, ganz verschiedene Leute, die zusammenkommen, und man hat das total intensiv, lernt die schnell kennen. (F25, 40–45)

Diese Zitate illustrieren die Facetten der Tätigkeit, die von fast allen Interviewten besonders beim Berufseinstieg als besonders prägend und attraktiv erlebt wurden. Allerdings verändert sich diese Einschätzung mit zunehmender Berufserfahrung, wie in den folgenden Abschnitten deutlich werden wird.

Der traditionelle Weg zur Position des Kameramanns oder der Kamerafrau besteht aus dem Aufstieg von Praktikantenstellen zur Materialassistenz, Kameraassistenz und gegebenenfalls zur Position des Schwenkers. Die Qualifikation für die jeweils nächsthöhere Position soll durch Arbeitserfahrung in den jeweils niedrigeren Positionen und die Beobachtung der Arbeit und die Anleitung des unmittelbaren Vorgesetzten erworben werden. Fast alle Interviewten haben, teils auch parallel zum medienbezogenen Studium, den traditionellen Weg des Aufstiegs über verschiedene Assistenzpositionen beschritten oder zumindest über ein Praktikum oder Assistenzstellen erste Erfahrungen gesammelt. Interessanterweise gelang jedoch zwei Interviewten direkt nach Abschluss des Studiums und ohne praktische Assistenzerfahrung der Einstieg in die höchste Position des bildgestaltenden Kameramanns.

Zwei Aspekte der Berufseinstiege und -verläufe sind besonders auffällig und charakteristisch für die Film- und Fernsehindustrie: die Heterogenität der Zugangswege und Qualifikationsprofile sowie die unscharfe Trennung von Phasen der Ausbildung und der Erwerbsarbeit. Neben den Studien- und Ausbildungsgängen erfolgt der Einstieg zu Tätigkeiten in der Kameraabteilung einer Film- oder Fernsehproduktion traditionellerweise über ein Praktikum bei einer Produktion, einem Sender, in einem Kopierwerk oder Filmgeräteverleih.

Das Sample spiegelt die heterogene Qualifikationsstruktur der Filmschaffenden wider: Sieben der interviewten Kameraleute absolvierten ein film- beziehungsweise medienbezogenes Studium und drei eine film- oder medienbezogene Ausbildung, ein Interviewter schloss vor dem Einstieg in die Filmbranche ein medienfremdes Studium ab, zwei beendeten eine handwerkliche Ausbildung und drei der Interviewten hatten weder einen Studienabschluss noch eine Ausbildung. Charakteristisch ist weiterhin, dass medienbezogene, formale Ausbildungs- und Studiengänge oft nach ersten Praktika, einer Arbeit im Geräteverleih oder nach der ersten Assistenztätigkeit aufgenommen wurden, und andererseits diese Assistenztätigkeiten eine Hybridform zwischen praktischem Lernen und Erwerbstätigkeit darstellen.

Eine wichtige und für weitere Beschäftigungs- und Aufstiegsmöglichkeiten sehr prägende Funktion der formalen oder informellen Ausbildungskontexte ist der Zugang zu beschäftigungsrelevanten Kontakten beziehungsweise potenziellen Vorgesetzten. So haben in den beiden Fällen, in denen sich die Arbeit als Kameramann unmittelbar an ein filmbezogenes Studium anschloss, einerseits Arbeitsproben (in Form von im Studium gedrehten Kurzfilmen) den Übergang erleichtert. Andererseits haben beide Zugang zu den ersten Produktionen aufgrund einer direkten Rekrutierung oder Empfehlung durch studienbezogene Kontakte, das heißt Kommilitonen aus den Bereichen Produktionsleitung oder Regie, oder Dozenten, erreicht, wie folgende Zitate illustrieren:

Wie sind Sie an Ihr erstes Projekt gekommen?

Ich hatte noch mit einem Studienkollegen, [...] das war eine Kinoproduktion damals, ganz schlecht finanziert. Das war quasi mein Ausstiegsprojekt. [...] Er hat sich einen ordentlichen Kameramann damals auch gar nicht leisten können, oder einen der seit fünfzehn oder dreißig Jahren diesen Job macht. Das war tatsächlich nahezu für lau. Dreißig Tage gedreht. Das war das erste. Und dann, wirklich so in die Branche rein, ging es letztendlich nur über persönliche Empfehlungen. [...] Der damals Dozent war für Regie, hatte mich einfach in der Anfangszeit an die eine oder andere Stelle empfohlen. [...] Das andere war ein Kameramann, damals auch Dozent. (F11, 80–99)

Was ganz wichtig ist, und immer wieder wichtig ist: wenn man das gemeinsam macht. Ich hatte für [...] eine bekannte Regisseurin in Deutschland, mit der ich damals den Abschlussfilm gemacht habe, die hat mich dann natürlich auch für ihren nächsten Film gefragt. [...] Sag ich den Studenten auch immer, dass diese Teams, die sich in der studentischen Zeit bilden, dass man die pflegen soll, weil die nachher, im Berufsleben, den Start unheimlich erleichtern. Weil dann nämlich ein Regisseur einen Film entwickelt, auf die Beine stellt. Und sie haben im Studium erfolgreich zusammengearbeitet, da gibt es keinen Grund, diesen Kameramann auch nicht noch mal zu nehmen. (F31, 153–170)

In ähnlicher Weise vermittelt eine Tätigkeit in einem Filmgeräteverleih nicht nur technische Kenntnisse im Umgang mit Kameras, Beleuchtung und andere Geräten. Sie ermöglicht es auch, Kontakte zu Kameraleuten, Materialassistenten oder Kameraassistenten zu knüpfen, die Praktikanten- oder Assistenzstellen zu besetzen haben. Dies bestätigen die interviewten Experten und Beschäftigten und wird im folgenden Zitat belegt:

Ich bin da eigentlich den klassischen Weg des Learning-by-doing gegangen. [...] Und ich habe da noch ein Praktikum bei einem Kopierwerk gemacht. Und der Filmgeräteverleih – klar, erstmal lernst du natürlich das technische Rüstzeug, das unabdingbar ist, weil das Feld einfach riesig ist. Und die Filmgeräteverleihe sind potenzielle Kontaktbörsen mit Leuten, die in dieser Branche tätig sind – Kameraassistenten, Kameraleute, Beleuchter, Gripper, alles. Alle kommen sie dorthin, holen ihr Equipment für den Dreh ab, checken das, halten ein Schwätzchen, man lernt sich kennen. Und so machst du deine ersten Kontakte. (F1, 62–83)

Diese Doppelfunktion des Ausbildungskontextes – die Vermittlung von fachlichen Kenntnissen und Qualifikationen einerseits und beschäftigungsrelevanten Kontakten andererseits – verdeutlicht einmal mehr, wie eng soziales Kapital und Bildungskapital in diesem Projektarbeitsmarkt miteinander verbunden sind.

Beschäftigungssicherung

In der Film- und Fernsehindustrie müssen sich die Beschäftigten nach jedem Projekt, je nach Produktionsart nach wenigen Tagen oder Wochen, erneut eine Stelle suchen. Es gibt verschiedene Datenbanken und Handbücher, in denen man sich über Kontaktdaten, Filmografie und Ausbildung der Filmschaffenden informieren kann. Die laut der interviewten Experten und Filmschaffenden bedeutendste Datenbank ist die Internetplattform Crew United, in der über verschiedene Suchfunktionen, beispielsweise nach Beruf, Filmschaffende gesucht werden können. Dort sind auch die Stabslisten von Filmproduktionen sowie Informationen über laufende und geplante Produktionen einzusehen. Außerdem gibt es Verzeichnisse der Berufsverbände, in denen Kontaktdaten, Ausbildung und Filmografien der Mitglieder aufgeführt sind. Für die Vermittlung von Filmschaffenden gibt es außerdem eine Vermittlungsstelle der Bundesagentur für Arbeit, die Zentrale Auslands- und Fachvermittlung (ZAV, zuvor Zentrale Bühnen-, Fernseh- und Filmvermittlung, ZBF). Sie vermittelt in sieben deutschen Städten künstlerisches und technisches Personal für Schauspiel, Musiktheater, Orchester, Film und Fernsehen, Unterhaltung und Werbung. Für Berufsgruppen wie Kameraleute, die häufig wiederholt mit denselben fachlich Vorgesetzten zusammenarbeiten, spielt diese Vermittlungsstelle aber kaum eine Rolle. Dies wurde von allen Interviewten bestätigt. Auch die folgenden Zitate verdeutlichen, dass formale Vermittlungswege die Ausnahme sind und kaum Erfolg versprechen:

Und bewerben – so offiziell, mit: Hallo hier bin ich, und die Filme einreichen – das weniger, sondern mehr so spielerisch. Es gibt verschiedene Filmveranstaltungen, wie der Deutsche Filmpreis, die Berlinale, und so weiter. Wo man natürlich auf den diversen Empfängen unglaublich viele Leute trifft. Viele Leute kennt. Und dann spricht man so, einfach mal: Guten Tag, kann ich mich vorstellen, ich bin Kameramann. Was haben Sie denn gemacht? Und dann erzählt man so ein bisschen. Und dann verabschiedet man sich mit den Worten: Vielleicht hört man ja mal voneinander, und vielleicht ergibt sich das ja mal, dass man zusammenarbeitet. Und viele dieser Gespräche verlaufen sich im Sande, aber siehe da, dann kommt doch einer und sagt: Sag mal, wir haben uns doch damals unterhalten, ich hab' ja was, wär das nicht irgendwie, sollen wir uns nicht mal treffen. Mehr auf dem Wege. (F31, 278–288)

Und dann braucht man natürlich noch Leute. So klüngelt man sich in der Gegend rum. Bewerben auf einen dieser Jobs – das kann man gleich sein lassen, das ist Quatsch. Da trifft man auf einen Praktikanten, der sitzt am Empfang mit einem Stapel mit lauter Briefen. Und dann sagen sie: tut uns leid, geht nicht. Obwohl vielleicht Bedarf herrscht. (F10, 104–121)

Datenbanken und Verzeichnisse dienen Filmschaffenden und Produktionsfirmen eher als Nachschlagewerke für Adressen. Außerdem werden sie genutzt, um frühere Kollegen und Vorgesetzte von Filmschaffenden zu recherchieren, von denen weitere Empfehlungen und Einschätzungen eingeholt werden können:

Du brauchst halt ganz viele – wenn dein Name erstmal vorgeschlagen wird, durch den Kontakt, das ist die erste Möglichkeit, aber dann wird eigentlich immer, direkt danach, in die Vita reingeguckt, es werden Leute angerufen: Sag mal, ich habe gesehen, du hast mit der zusammengearbeitet, wie ist die? (F6, 385–389)

Die unpersönlichste Form der Arbeitssuche ist die Initiativbewerbung auf eine freie Stelle, über die die Filmschaffenden von Freunden, früheren Kollegen oder Kommilitonen informiert wurden oder für die sie empfohlen wurden. Allerdings trifft man sich auch hier vorab und beschafft sich weitere Informationen und Empfehlungen bei Dritten, bevor man zu einer Selektionsentscheidung gelangt. So werden Einschätzungen über mögliche Mitarbeiter auch eingeholt, wenn diese bereits vorgeschlagen oder empfohlen wurden.

Auch Agenturen, die ausgewählte Filmschaffende, die bereits sehr gut etabliert sind, aufnehmen, spielen zumindest im deutschen Arbeitsmarkt weniger für die Vermittlung von Beschäftigungsmöglichkeiten als in Gagenverhandlungen eine Rolle:

Die Agentur verhandelt Gagen, verhandelt so Geschichten wie Namensnennung im Titel, Mitglied in der VG Bildkunst, KSK, was man so an Belangen hat, also alles, was meine Person betrifft innerhalb des Projektes. Das kann sein: Wo wird übernachtet? Dass man sagt, man will einen bestimmten Hotelstatus haben. Oder, wenn ich in Hamburg drehe, wie viel Reisen kriege ich pro Monat bezahlt. Kriegt der Kameramann ein Auto gestellt. Solche Sachen, das verhandelt alles die Agentur. […] ich habe das früher alles selber verhandelt. […] Das hat ja auch etwas damit zu tun, dass man denkt: Naja, eine Agentur akquiriert auch. Was aber, glaube ich, so nicht stimmt. Eine Agentur kann einem praktisch keine Jobs besorgen. Sie kann dafür sorgen, dass die Branche informiert ist darüber, was man gerade macht, was gerade gesendet wird und so. Aber mehr kann eine Agentur eigentlich nicht machen. (F27, 694–709)

Und Akquise findet eigentlich über die Agentur nicht statt, weil es wirklich eigentlich nicht möglich ist. Da gibt es verschiedene Theorien dazu. Aber ich glaube tatsächlich, es ist schwer, irgendwie Kameraleute im Markt anzubieten. Zu sagen: ich habe den […], und er kann das und das, und ihr habt doch das Projekt. Man kann so Kontakte herstellen, dass man sagt: das ist der Regisseur von dem Film, oder der Produzent, das wäre doch interessant.
(F11, 126–131)

Wie bei der Beschreibung der Zugangswege zur Beschäftigung bei Film- und Fernsehproduktionen im vorangegangenen Abschnitt gezeigt wurde, eröffnen sich weitere Beschäftigungsmöglichkeiten nach ersten Tätigkeiten, sei es in Form eines Praktikums, einer Arbeit bei einem technischen Dienstleister oder in Assistenzpositionen, nahezu ausschließlich durch die dabei geknüpften Kontakte, also durch Personen, die direkt rekrutieren oder Empfehlungen aussprechen. Formale Bewerbungen spielten für die Interviewten nach dem Berufseinstieg, bis auf wenige Ausnahmen, keine Rolle mehr:

Wie kommen sie an ein Anschlussprojekt?

Ja, das ist, du kannst natürlich Akquise betreiben. Sprich: Nimmst dein Telefon in die Hand und rufst 10.000 Leute an, Kameraleute, Produktionsfirmen. Ich persönlich habe die Erfahrung gemacht, dass es nichts bringt. Der Prozentsatz, ich weiß nicht, in vierzehn Jahren habe ich keinen einzigen, oder einen Job bekommen, für den ich mich beworben habe. Deswegen habe ich auch irgendwann sehr schnell wieder aufgehört. Es läuft alles über die Leute, die dich kennen. (F1, 185–191)

Irgendwann steht man bei so einem Filmfest und unterhält sich, und damit ist der Kontakt hergestellt. Aber dass man quasi so sich auf Projekte bewirbt, findet eigentlich fast nie statt. [...] Was war es jetzt, [ein Film], da habe ich gesagt: Das will ich unbedingt mal drehen. [...] Aber obwohl ich den Regisseur sogar kenne, habe ich da nicht angerufen. Weil ich da aber auch weiß, dass [...] der Regisseur, immer mit [einem Kameramann] dreht. Die sind zum Beispiel verheiratet. Erst muss der eine tot umfallen, dann kann man mit dem anderen vielleicht wieder drehen. Da ist so kein Dazwischenkommen. (F11, 131–142)

Im zweiten Zitat aus einem Interview mit einem Kameramann wird außerdem darauf hingewiesen, dass sich über verschiedene Projekte hinweg auch mehr oder weniger feste Teams – hier zwischen Regisseur und Kameramann – bilden, die regelmäßig und exklusiv zusammenarbeiten. Dies ist innerhalb der Departments sowie zwischen Regisseur und den Stabsstellen oder Heads of Department sehr verbreitet (vgl. Kapitel 4).

Dass der Aufbau von Kontakten zur Branche, und insbesondere zu unmittelbar Vorgesetzten, für Beschäftigungsmöglichkeiten nahezu unabdingbar ist, wird auch an der Schilderung einer Kameraassistentin deutlich, die nach der Ausbildung umgezogen ist:

Wobei ich erst hier überhaupt keine Kontakte hatte, kein aufgebautes Umfeld. Als Materialassistentin lernst du dann ja Leute kennen, Kameraassistenten, Kameraleute, Produktionsfirmen und das hatte ich alles nicht. Und das habe ich gemerkt, als der Einbruch kam [...] Weil, davor gab es sehr viele Kinoproduktionen [...] Dann haben die mich für so kurze Sachen genommen. [...] Und deshalb war das da so schwierig, einen Kameramann zu finden, der sich überhaupt mal traut, mit mir zu arbeiten, ohne zu wissen, was ich kann, ich bin, ohne mal nachfragen zu können. Das habe ich dann gemerkt, dass ich nicht so ein gewachsenes Umfeld habe, als es hier allgemein weniger wurde mit Arbeit. (F25, 107–143)

Die Schwierigkeiten bei dem Versuch, »ein gewachsenes Umfeld« erst mit dem Berufseinstieg aufzubauen, bestätigen, wie wichtig der Ausbildungskontext als Ausgangspunkt für Beziehungen zu Kollegen oder Vorgesetzten ist.

Der Aufbau stabiler Beziehungen reduziert die Unsicherheit der Vorgesetzten in Bezug auf die Qualifikation ihrer Assistenten, ist jedoch auch Ausdruck von wechselseitiger Sympathie. Ein Kameraassistent beschreibt seine Erfahrungen in der regelmäßigen Zusammenarbeit mit Kameramännern:

> Nee, ich denke, dass ich mit den beiden schon so lange zusammenarbeite, hängt einfach damit zusammen, dass man sich gut versteht. Und ich glaube, für einen Kameramann ist es einfach wichtig, einen Assistenten an seiner Seite zu wissen, auf den er sich verlassen kann. Der hat mit so vielen Menschen am Set tun, muss auf so vieles aufpassen, wenn er auch noch ständig im Hinterkopf hat: Oh, jetzt muss ich gucken, dass alles stimmt. So fällt einfach mal ein Bereich komplett weg, die ganze Kameratechnikseite, wo der sich nicht mehr drum kümmern muss. Und wenn man sich dann gut versteht und die Arbeit klappt miteinander, dann ist es eigentlich natürlich, dass sich so Teams bilden, und das ist auch keine Seltenheit. (F1, 119–140)

In der wiederholten Kooperation stabilisieren sich auch Erwartungen und es bilden sich Routinen aus; sie lassen die Zusammenarbeit reibungsloser erscheinen, indem sie die informellen Abstimmungsprozesse vereinfachen (vgl. auch Kapitel 2, 3 und 4). Diese Erwartungen können sich auch auf Verhaltensweisen beziehen, die nicht unmittelbar mit der fachlichen Arbeit zu tun haben. Wie bereits in Kapitel 2 gezeigt wurde, sind neben dem Vertrauen in die professionellen Qualifikationen partikularistische und diffuse Kriterien – Faktoren wie Sympathie, bei der Zusammenarbeit »Spaß haben« und Spaß bei gemeinsamen außerberuflichen Aktivitäten – oft ausschlaggebend für die Stabilisierung der Kooperation. Das folgende Zitat eines Kameramannes illustriert diese Erwartungen an die Mitarbeiter:

> Also die Leute, die an meiner Seite arbeiten, von denen verlange ich natürlich, dass sie fachlich einfach gut sind. Und dann, das Menschliche. Man ist natürlich, bei so einem Filmprojekt, anders als im Büro, sag ich jetzt mal, steht man da bei nass, kalt, heiß, warm, dicht nebeneinander, muss immer sehr viel arbeiten. Beim Film ist nicht jeder Tag gleich. Es ist schon wichtig, dass auf so eine menschliche Komponente einfach da ist und funktioniert. […] Weil, dafür ist das zu intensiv alles. Man dreht auch die Filme nicht vor der Haustür, man ist irgendwo anders, in anderen Städten oder so, und manchmal auch im Ausland. Und da muss man sich irgendwie, klar ist die menschliche Komponente nicht zu unterschätzen. (F31, 486–498)

Diese typische Tendenz der Stabilisierung von Teamstrukturen kann jedoch unterbrochen werden, wenn Produktionsfirmen, sei es wegen eigener Budgetbegrenzungen oder aufgrund der Vorgaben von Filmförderungen, der Beschäftigung eines vertrauten Assistenten nicht zustimmen und darauf bestehen, dass Assistenten am Drehort rekrutiert werden. Die so erzwungene Zusammenarbeit zwischen zuvor einander unbekannten Teammitgliedern ist möglicherweise der Beginn einer neuen Kooperation.

Diese Form der sozialen Schließung des Arbeitsmarktes durch den Aufbau und Ausbau von exklusiven Kooperationsbeziehungen zwischen Vorgesetzten und ihren Mitarbeitern auf Basis nicht nur fachlicher Qualifikationen, sondern auch diffuser, partikularistischer Kriterien, grenzt einerseits Personen vom Zugang zu Projekten aus. Andererseits reduziert sie die Unsicherheit in Bezug auf zukünftige Beschäftigungsmöglichkeiten bei denjenigen, denen es gelingt, Kooperationen zu stabilisieren und zu vertiefen. Doch für die Kameraleute mit stabilen Kooperationsbeziehungen können sich aus der engen und regelmäßigen Zusammenarbeit auch Nachteile ergeben.

Diese Schwierigkeiten betreffen insbesondere den Wechsel des Tätigkeitsschwerpunktes, sei es in Bezug auf die Abteilung oder die Positionen. Ein Wechsel der Abteilung, etwa von der Kameraarbeit zum Schnitt, ist bei Filmschaffenden mit breiterer Ausgangsqualifikation prinzipiell möglich und bietet die Aussicht, längere Beschäftigungslücken, die insbesondere im Winter auftreten, zu überbrücken. Der Aufstieg von Assistenzstellen zu Positionen, die mit mehr Verantwortung und künstlerisch-kreativen Entfaltungsmöglichkeiten verbunden sind, ist für die Assistenten oft schon beim Eintritt in die Branche erklärtes Ziel. Allerdings zeigen die Beschreibungen der versuchten Wechsel des Tätigkeitsschwerpunktes, dass sich die Rollenzuschreibungen hinsichtlich der Tätigkeit als erstaunlich stabil erweisen können.

Projektkarrieren

Schwierigkeiten beim Wechsel der Tätigkeitsschwerpunkte lassen sich allgemein erstens darauf zurückführen, dass Qualifikationen für die Tätigkeit in der Filmbranche kaum ohne praktische Erfahrungen und Empfehlungen nachgewiesen werden können. Insofern der Zugang zu Projektstellen von Empfehlungen oder der persönlichen Bekanntschaft mit Vorgesetzten abhängt, bedeutet das Verlassen der etablierten Team- und Kooperationsstrukturen, dass diese Kontakte erneut angebahnt werden müssen oder dass man Vertrauen zu bereits bekannten Kollegen auch im neuen Tätigkeitsbereich aufbauen muss. Zweitens haben Vorgesetzte ein Interesse an stabilen Teamstrukturen. Drittens ist zu vermuten, dass sich einzelne Berufsgruppen und Positionsinhaber auch gegen Konkurrenz um ihre zukünftigen Projekte abgrenzen wollen.

Das Interesse von Vorgesetzten am Erhalt »eingespielter« Teams kann einen Aufstieg behindern, da in Film- und Fernsehproduktionen in der Regel keine Position mehrfach besetzt wird. Daher können aufstiegswillige Kameraassistenten als Kameramann oder -frau nicht mehr mit dem langjährigen Vorgesetzten zusammenarbeiten. Diese müssen dann wiederum auf ihnen weniger bekannte Assistenten zurückgreifen. Sie riskieren jedoch mit der Einstellung von Mitarbeitern, die ihnen nicht durch vorherige Zusammenarbeit bekannt sind oder ihnen von gut bekannten Kollegen empfohlen wurden, dass diese nicht ausreichend qualifiziert sind und sie nicht »miteinander zurechtkommen«. Gemeinsame Arbeitsroutinen müssten sich dann erst neu herausbilden. Zwei Kameraassistenten beschreiben die Schwierigkeiten eines Wechsels, die mit der Notwendigkeit des erneuten Vertrauens- und Reputationserwerbs in der angestrebten Position zusammenhängen:

Und du brauchst Regisseure, die sagen: Ja, ich möchte gern mit dir arbeiten. Ich kenne Regisseure, aber die kennen mich als Assistentin. Das ist halt sehr schwierig. (F25, 473–475)

Meistens, oder fast immer habe ich nicht für die Leute als Kamerafrau gearbeitet, für die ich vorher als Assistentin gearbeitet habe. Das ist ganz schwierig. Das waren neue Leute, die mich nicht kannten, nur über Empfehlungen. Und für die habe ich dann sofort als Kamerafrau gearbeitet. (F7, 236–239)

Daher ist weder von den aktuellen Vorgesetzten zu erwarten, dass sie einen Wechsel durch Empfehlungen unterstützen, noch kann bei den möglichen zukünftigen Vorgesetzten ein Interesse an neuen Teammitgliedern vorausgesetzt werden.

Eine weitere Voraussetzung für einen Wechsel ist paradoxerweise der Nachweis von Arbeitserfahrung in der angestrebten Position. Dies bevorteilt Absolventen von Filmhochschulen, für die die Mitarbeit an einer Filmproduktion bereits Teil der Studienleistung ist. Alternativ kann versucht werden, an Kurzfilmen von Filmstudenten oder an Low-Budget-Produktionen mitzuwirken und dabei auf die Gage zu verzichten:

Leute, die gar keine Assistenz gemacht haben, die während des Studiums nur Kamera gemacht haben, für Regisseure, die auch anfangen, und alles umsonst. Und dann sich irgendwann so hochzuarbeiten. Studienkollegen von mir haben das so gemacht, dass die gar nicht – also ich hatte viel Geld verdient durch diese Assistenz. Ein sehr gut bezahlter Job. Und ich hatte immer mehr Geld als alle anderen. Aber die anderen haben halt viel umsonst gearbeitet und so ihre Kontakte halt gleich als Kameraleute gemacht. Und hatten es dadurch leichter, dann größere und besser bezahlte Jobs als Kameraleute zu machen. (F7, 235–272)

Der Wechsel des Tätigkeitsschwerpunktes ist also in der Regel riskant und mit Einkommensverlusten verbunden, da man seltener für Projekte rekrutiert wird oder zunächst auf Gagen verzichtet, wie eine Kameraassistentin berichtet:

Und natürlich auch eine finanzielle Sache. Wenn ich den Umstieg mache, habe ich bestimmt ein bis zwei Jahre wenig Geld. Und wenn ich nicht weiß, ob ich's schaffe, ob ich die Chance kriege, und wann ich die Chance kriege. […] Naja, du verdienst als Kameramann ja auch besser, oder als Kamerafrau. Ohne Zweifel. Aber du wirst nicht automatisch viel arbeiten, und eher weniger, weil die Leute dich nicht kennen. Also musst du erstmal ein Projekt machen, und dann zu gucken, wo das nächste herkommt. (F25, 478–494)

Es ist daher üblich, parallel zur bisherigen bezahlten Tätigkeit ohne oder für geringe Gage an kleineren Projekten in der angestrebten Position mitzuwirken.

Auch der aktuelle Vorgesetzte kann den Übergang positiv oder negativ beeinflussen. So kann sich eine Aufstiegsmöglichkeit ergeben, wenn ein Kameramann selbst seine Tätigkeit beendet und für seinen bisherigen Assistenten als Mentor fungiert, das heißt, ihn zu einem Wechsel ermutigt und für Produktionen empfiehlt, für die er selbst nicht zur Verfügung steht. Das Beispiel einer Kameraassistentin zeigt, dass sich Aufstiegschancen eröffnen können, wenn der bisherige Vorgesetzte eines Materialassistenten selbst zum Kameramann aufsteigt, oder wenn er das Team verlässt und der Kameramann auf vertrautes Personal für die Besetzung der Kameraassistenz zurückgreifen will:

> Ich habe dann als Materialassistentin einen Kameraassistenten kennengelernt, der dann gerne mit mir gearbeitet hat, und auch einen Kameramann. Und das hat sich irgendwie so auch über die Jahre gehalten, der hat dann irgendwann Kamera gemacht, und ich Kameraassistenz – das passte, da haben wir beide den Aufstieg gemacht. (F16, 76–79)

Auf diese Weise konnte einer der interviewten Kameraleute schrittweise von der Assistenz bis zur leitenden Funktion aufsteigen. Diese Erfahrung hat auch eine Kameraassistentin gemacht, die der Beratung durch erfahrene Kollegen und ehemalige Vorgesetzte eine große Bedeutung für berufsbiografische Entscheidungen und fachlichen Austausch zuschreibt:

> Es ist eigentlich immer so, dass du so ein bisschen einen Ziehvater hast, als Matassi hast du immer so einen Assi, mit dem du öfters gearbeitet hast, oder mehrere Assis, die dich dann auch irgendwann ermutigen: Du musst jetzt den zweiten, nächsten Schritt machen, musst jetzt langsam mal Assistentin machen. Die empfehlen dich dann auch weiter als Assistentin. Und die kannst du eigentlich auch immer jederzeit anrufen. Die nehmen sich dann auch für dich Zeit, wenn du Matassi bist, zeigen sie dir, wo es hingeht: Mach du mal Schärfe, zeig mal was. (F6, 486–497)

Im Fortgang dieses Interviews wird zudem deutlich, dass außer bei Auswahlentscheidungen auch in Bezug auf die informelle Unterstützung, Förderung und Ermutigung zum Aufstieg nicht nur die fachliche Qualifikation, sondern extrafunktionale Kriterien wie die wechselseitige Sympathie eine Rolle spielen:

> Ich glaube, dass das Berufliche und das Private extrem verknüpft ist am Set. Einerseits wird ein Kameraassistent niemals jemanden weiterbilden oder den fördern, wenn er die Qualifikation nicht sieht. Und dann ist natürlich auch der nächste Schritt: Kommst du mit der Person gut klar. Dass man viel Spaß mit der Person hat. Andererseits diese fachliche Kompetenz: Die ist bereit für die nächste Stufe, aber ich könnte sie jetzt auch persönlich weiterempfehlen. Das heißt, die empfehle ich nicht zu irgendeinem Kameramann und sie benimmt sich wie der letzte Idiot und ich kriege den nächsten Tag einen Anruf: Wen hast du mir empfohlen? [...] Aber das Private zählt schon viel mit rein. (F6, 496–510)

Wenn diese informelle Unterstützung fehlt, ist es hingegen ungleich schwerer, die eigenen Beschäftigungs- und Aufstiegschancen einzuschätzen und den weiteren Berufsverlauf zu planen, wie eine Kameraassistentin berichtet:

Natürlich haben die Kameraleute, mit denen man arbeitet, schon ein bisschen Einfluss drauf, auf einen. Aber nicht, die pushen einen ja in dem Sinne auch nicht. Die können dir ja keine Jobs anbieten, die sie nicht machen. So einen richtigen Mentor, von der Schule, hatte ich nicht. […] Das habe ich auch manchmal vermisst. Ich kenne einige Leute, die da so familiär reingerutscht sind. Die haben das natürlich viel einfacher, weil sie schon die Abläufe kennen und auch viel mehr Leute an sich, da ist es dann einfacher, den Einstieg zu finden. (F25, 742–753)

Das Zitat verdeutlicht zugleich, dass Kontakte in der Branche nicht nur Informationen über Stellen vermitteln, sondern auch Erfahrungswissen (»weil sie schon die Abläufe kennen und auch viel mehr Leute an sich«) sowie eine Einschätzung der eigenen Leistungen und Qualifikationen. Dieses informell vermittelte Orientierungswissen hilft insbesondere in einem wenig professionalisierten und wenig transparenten Arbeitsmarkt bei berufsbiografischen Entscheidungen.

Eine Kameraassistentin schätzt den Weg zu ihrem Berufsziel Kamerafrau ebenfalls als sehr schwierig ein. Ein Wechsel zwischen Tätigkeiten in verschiedenen Positionen als mögliche Strategie, die Beschäftigungs- und Einkommenssicherheit zu erhöhen, und um zunächst die Erfolgsaussichten eines Aufstiegs zu testen, ist jedoch nur begrenzt möglich. Dies lässt sich darauf zurückführen, dass der Wechsel den Aufbau von Reputation und Kontakten in einem bestimmten Tätigkeitsbereich erschwert. Dieses Dilemma wird im Interview sehr anschaulich geschildert:

Ich hatte wieder überlegt, ob ich [in eine andere Stadt] gehe und dann dort als Kamerafrau anfange, wo sie einen nicht kennen als Assistenten. Aber da muss man ja auch die Leute kennen, und wenn man das wechselseitig macht, dann sind die Leute verwirrt. (F25, 478–494)

Zudem ist der Zugang zur Beschäftigung immer auch an den Nachweis von Arbeitspraxis in der Zielposition geknüpft:

Also ich möchte nicht ewig Assistentin, ich bin nicht jemand, der sein Berufsziel als Assistenz sieht. Aber das ist halt die große Schwierigkeit. Ich hatte zwar studiert, das ist jetzt aber schon sehr lange her. Und als ich aufgehört habe, war es kaum so, dass jemand von der Schule direkt genommen wurde. Deshalb habe ich als Assistenz angefangen. Und jetzt ist es so, dass fast nur Leute von den Schulen genommen werden, die ihren Abschluss haben als Kameraleute, und du kaum noch eine Chance kriegst, als Assistenz irgendwann Kamera zu machen. Oder du musst nebenher schon sehr viele Filme gemacht haben. Du brauchst so ein Demoband, das du vorzeigen kannst, und möglichst noch Leute, Regisseure, die mit dir arbeiten wollen. Und ein Demoband kriegst du, wenn du studiert hast. Aber inzwischen ist das auch so, dass die Studenten entweder mit eigenen Leuten drehen, je nach Arbeitsmarktlage, oder mit richtig gestandenen Kameraleuten, um ihren Film zu drehen und die das dann auch machen. (F25, 445–459)

Neben der Schwierigkeit, Arbeitserfahrung und Qualifikation als Kamerafrau zu demonstrieren und Anerkennung von den über die Stellenbesetzung entscheidenden Personen zu erfahren, verdeutlicht diese Interviewpassage auch eine Veränderung der Rekrutierungsstrategien. Diese Veränderung lässt sich erstens auf die schwierige Arbeitsmarktsituation infolge der Medienkrise zurückführen (vgl. Kapitel 1). Diese hatte zur Folge, dass zum einen generell die Nachfrage nach freien Filmschaffenden sank. Zum anderen blieben Aufstiegsmöglichkeiten verschlossen, da erfahrene Filmschaffende gegenüber Personen, die erst versuchten, sich in einer neuen Position zu etablieren, bevorzugt wurden. Diese Entwicklung spiegelt sich auch in den Erfahrungen eines weiteren Interviewpartners, der zu dieser Zeit als Kameraassistent tätig war, wider:

> Aber beim Jahrtausendwechsel war es richtig, ein Karrierestau auf jeden Fall, absoluter Karrierestau, da kam keiner mehr vorwärts. Und die, die vorher vielleicht noch, 98/99 noch aufgestiegen sind, zum Beispiel zum ersten Kameraassistenten, die hatten das Problem, dass sie keine Jobs mehr bekommen haben. Ich hatte das Problem jetzt nicht, habe aber gemerkt, es gibt wesentlich weniger Produktionen. Zum einen am Stöhnen der anderen, zum anderen an den doppelten Anfragen, die nicht mehr da waren. [...] Aber von zweien weiß ich auch, dass sie als Kameraleute bei der ganzen Aktion nicht mehr gearbeitet haben. Die mich auch vorher gebucht haben. Es wäre auch utopisch gewesen für mich, da noch weiterzukommen. Es gab auch erfahrenere Kollegen, die vielleicht in der Zeit versuchten, Kameramann zu werden – chancenlos. Weil, wenn weniger Produktionen da sind, wird jede Produktion natürlich immer, solange die Erfahrenen da sind, die Erfahrenen nehmen. Da gibt es keinen Spielraum für Neue. Genauso wie bei den zweiten Assistenten. Den Spielraum gibt es nicht. (F22, 26–45)

Neben die erfahrenen Assistenten, die einen Aufstieg zu leitenden Positionen anstrebten, trat außerdem eine wachsende Zahl von Filmhochschulabsolventen:

> Früher, so habe ich es auch noch gemacht, war der Weg, dass man Materialassistenz, Kameraassistenz, und wenn man Glück hatte, konnte man Schwenker machen. Und dann wurde man Kameramann. Und heute studieren die Menschen 4, 5, 6 Jahre, 4 in der Regel, und dann sind sie Diplomkameramann. [....] Aber für die Assistenten, die den handwerklichen Weg gehen, also Materialassistenz, Beleuchter-Materialassistenz, Kameraassistenz, für die ist es extrem schwer, weil sie halt nichts vorzuweisen haben. Die Diplomkameraleute, die irgendwie einen Schein haben, haben in der Regel auch einen Film, den sie zeigen können, den sie gedreht haben. Und den haben die Assistenten nicht. (F27, 26–45)

Infolge beider Entwicklungen – der Zunahme an Absolventen von filmbezogenen Studiengängen und dem Rückgang der Nachfrage – entwickelte sich neben dem traditionellen Weg des graduellen Aufstiegs durch praxisbezogenes Lernen und Akkumulation von Arbeitserfahrung in verschiedenen Positionen das Modell des »quasi-professionellen« Kameramanns beziehungsweise der »quasi-professionellen« Kamerafrau. Absolventen filmspezifischer Studiengänge sind gegenüber Assistenten, die den traditionellen Einstiegs- und Aufstiegsweg gewählt haben, im Vorteil. Dies bezieht sich sowohl auf die nachweisbare Arbeitserfahrung im Zielberuf in Form von Kurzfilmen, an denen sie bereits als Kameramann oder -frau mitgewirkt haben, als auch auf die Kontakte zu potenziellen zukünftigen Arbeitgebern. Denn wie bereits in den Schilderungen des Berufseinstiegs deutlich wurde, können Rekrutierungen und Empfehlungen von ehemaligen Kommilitonen oder Dozenten stammen, die als Produzenten oder Regisseure arbeiten (vgl. auch Kapitel 2).

Neben diesen Vorteilen, die Filmstudenten gegenüber Quereinsteigern haben, zeichnet sich jedoch zweitens eine veränderte Wahrnehmung und Bewertung beider Aufstiegswege ab, die Assistenzpositionen als eigenständige Berufe und nicht mehr als notwendige Durchgangsstationen zum Erlernen der Leitungsfunktion definiert. Die durch die Assistenztätigkeiten erworbenen praktischen Fertigkeiten werden nicht nur tendenziell entwertet, sondern man betrachtet diese Art der Berufserfahrung sogar als dysfunktional für die Übernahme von Leitungsfunktionen. Dies kann dazu führen, dass der Übergang schneller und nachdrücklicher angestrebt wird, wie dieses Zitat einer Kameraassistentin deutlich macht:

> Und dann hatte ich einfach keine Lust mehr, Assistenz zu machen, weil Assistenz ist auf jeden Fall ein sehr undankbarer Job, weil man dient. Man hat überhaupt keine Entscheidungsfreiheit, man kann auch nichts gut machen, sondern nur was schlecht. Das Gute ist sozusagen das Normale. Und das Schlechte fällt auf. Wenn man etwas gut macht, fällt das nicht auf, es muss nur reibungslos funktionieren. Und dazu hatte ich keine Lust mehr. Und dann gab es einen Punkt, wo ich gesagt habe: Das Ganze mache ich nicht mehr, nur noch Kamera. [...] Wenn ein Produktionsleiter und ein Herstellungsleiter einen guten Assistenten kennt, so will er den als Assistent behalten und traut dem dann auch selten Kamera zu, weil, der Job des Assistenten, ist, wie ich schon gesagt habe, nur technisch und weisungsgebunden. Und der Job des Kameramanns ist etwas ganz anderes. Da muss man halt eher künstlerisch tätig werden. Und wenn man zu lange Assistenz macht, habe ich das Gefühl, dass man auch diese Kreativität verliert, oder auch den Mut, sich mal was zu trauen. (F25, 196–248)

Diese Erfahrungen verweisen auf spezifische Effekte einer – tatsächlichen oder zumindest unterstellten – positionsbezogenen beruflichen Sozialisation. Diese wird, zumindest bei einer langen Tätigkeit in Assistenzpositionen, als mit den Anforderungen der Position des Kameramanns oder der Kamerafrau schwer vereinbar wahrgenommen.

Damit werden im Extremfall Assistenten für den Aufstieg disqualifiziert. In dem Maße, in dem potenzielle Arbeitgeber diese Bewertungen teilen, können sie Aufstiege verhindern. Ein Kameramann beschreibt diese Konzeption von Leitung und Assistenz als distinkte Berufe besonders plastisch:

> Ich gehöre ja zu denjenigen, die über das Studium, dadurch, dass ich sehr früh selber angefangen habe und dieser Leidenschaft auch vehement nachgegangen bin, auch noch mal verstärkt

durch das Studium, habe ich eigentlich direkt als Kameramann gearbeitet. Es gibt auch diese anderen Wege, wo Leute für die Kameraassistenz, darunter noch die Materialassistenz [...]. Und viele machten natürlich den Weg, dann irgendwann Kameramann zu werden. Ich hatte da von Anfang an eine andere Philosophie, die ich heute noch habe, ich finde, das sind zwei verschiedene Berufe: Das eine ist wirklich ein rein technisch orientierter Beruf, und Kamera ist sozusagen, dass man die Kamera bedienen kann, und dass man sich mit dem Licht auskennt, das ist dann irgendwann. Das Licht ist wie beim Maler Pinsel und Farbe – man hat Lampen und Beleuchter, und die Kamera selbst zu bedienen, das ist irgendwie so, wie beim Autofahren – man muss auch schalten, aber eigentlich ist wichtig, wie man von A nach B kommt. So kann man das eigentlich sehen. Und für mich ist eigentlich wirklich: Geschichten erzählen, wie ich sie emotional erzählen kann, wie sie visualisieren – das ist einfach der kreative Part daran, der glücklicherweise auch häufig, bei vielen Filmen, der größte Part ist – das ist mein Interesse. Und Kameraassistent ist anders gelagert, deshalb wollte ich das auch nie richtig und ich merke auch heute so – und kann das natürlich nie verallgemeinern – zum Beispiel, mein Assistent, mit dem ich viel arbeite, er hat auch den Wunsch, Kameramann zu werden. Dem fehlt es aber so, in diesem dramaturgischen, künstlerisch-ästhetischen Denken. Weil der halt so, seit fünfzehn Jahren, sich nur um die technischen Parameter gekümmert hat. (F31, 195–223)

Dieses Beispiel verweist auf einen weiteren Mechanismus der Verbreitung eines neuen Karriereleitbildes: Die eigene Ausbildungs- und Arbeitserfahrung wird zum Ausgangspunkt der Bewertung des Aufstiegspotenzials von Personen mit einem bestimmten Ausbildungs- und Erwerbshintergrund genommen und dient als Maßstab für die Legitimität verschiedener Aufstiegswege. Insoweit die Absolventen von Filmhochschulen diese Einschätzung teilen, werden sie – zusätzlich zu den Präferenzen für bereits aus dem Studium und der Zusammenarbeit bekannte Mitarbeiter – möglicherweise eher Mitarbeiter mit ähnlicher Ausbildung rekrutieren oder Aufstiege von Mitarbeitern im »traditionellen« Karrieremodell nicht unterstützen.

Horizontale Mobilität jenseits formaler Zugangskriterien: Wechsel von Abteilungen und Genres

Ein Wechsel zwischen Abteilungen könnte helfen, Beschäftigungslücken, die besonders häufig im Winter auftreten, zu überbrücken. Doch ein heterogenes Betätigungsfeld wird im Allgemeinen stigmatisiert und ein Wechsel erweist sich als schwierig. Das zeigen die Erfahrungen eines Kameramanns, der versucht, Aufträge in verschiedenen Genres und für verschiedene Tätigkeiten durch voneinander getrennte Kontaktnetzwerke zu akquirieren und möglichst nicht in denselben Netzwerken als Kameramann und Cutter aufzutreten:

Ich halte das immer schön getrennt, natürlich, klar. Sonst wird man ganz schnell irgendwelche Schublade gesteckt: Oh, der arbeitet nur im Dokubereich. Oder: Der kann ja keine Doku, der macht ja nur Spielfilm. Es ist immer ganz wichtig, sich abzugrenzen von den ganzen Leuten.

Auch im Schnitt – es ist jetzt so ein bisschen besser geworden, gerade, was den Schnitt angeht, weil die Leute gemerkt haben, dass Kameraleute, die auch schneiden können, auch ein anderes technisches Verständnis haben: Was brauche ich für meine Szene, damit die gut aussieht, welche Schüsse brauche ich? Das ist dann auch ein bisschen ein Vorteil. Aber ich bin da ziemlich zurückhaltend, zu sagen: Ich arbeite als Cutter. Weil, es ist immer auch eine Niederlage auch: Ach, der muss ja noch schneiden, nebenbei, ach, der macht ja das. Das schwingt immer so mit, Schubladen sind superwichtig. Ganz, ganz wichtig. (F10, 296–324)

Diese Aussagen belegen, dass der Wechsel zwischen Genres und Abteilungen Misserfolg oder mangelnde Professionalität signalisiert. Ein Wechsel zwischen Genres oder Tätigkeitsschwerpunkten könnte Einkommen und Beschäftigung verstetigen, wenn beispielsweise in der freien Zeit zwischen größeren Projekten an kleineren Industrie- oder Werbefilmen mitgewirkt wird. In Bezug auf Genres gibt es aber offenbar Spezialisierungsdruck in der Art, dass die Hauptbetätigung in einem Bereich die Reputation erhöhen kann:

Ich habe mit [einem Krimi] angefangen und habe einfach jahrelang nur Krimis machen können. Das ging einfach nicht. Es hat mich kein Mensch gefragt für eine Komödie oder ein Drama – das gab es einfach gar nicht. (F11, 399–408)

Außerdem erschwert ein Wechsel den Aufbau stabiler Beziehungen zu Personen, die für Produktionen Rekrutierungsentscheidungen treffen. So schildern zwei Kameraleute den schwierigen Wechsel zwischen den Genres Werbung und Serie oder Spielfilm:

Und nach drei Jahren kannte mich in der Werbung auch keiner mehr und dann seitdem bin ich mehr im Seriengeschäft und längerfristigen Produktionen tätig. (F1, 222–224)

Hatte mal ein bisschen Werbung gemacht [...] und danach habe ich einen Film gemacht. Und dann habe ich zwei Sachen gemacht, und das war alles gut, und dann rufen die natürlich an, und ich sage: Ich drehe gerade und kann leider nicht. Dann rufen die zwei Wochen später noch mal an, und ich sage: Ich drehe immer noch. Und dann rufen sie nicht mehr an. Dann ist der Film rum und man ruft da an, die sagen: Jetzt haben wir gerade nichts. Das ist ewig – weil man für die so unplanbar ist. [...] Man hat natürlich keine Lust, immer nein zu sagen, und die haben keine Lust, dreißigmal anzurufen und zu hören: gerade kann ich nicht. Und ich habe es eigentlich so ein bisschen eingestellt. Also, ich forciere es nicht. Ich denke mir dann immer, wenn ich wieder so eine längere Leerzeit hab, jetzt müsste ich das tun. Aber um das dann alles wieder anzuschieben, das ist schwierig. [...] Ich kriege keine Konstanz rein. Und das ist dann soviel Aufwand, das wieder zu reaktivieren, oder neue Kontakte zu machen. Wenn man sie dann hat, dann muss man wieder nein sagen. Das ist natürlich auch total langweilig. (F11, 655–679)

An diesen Beispielen wird besonders deutlich, dass den Strategien zur Verstetigung von Beschäftigung und Einkommen durch den Wechsel von Tätigkeitsschwerpunkten trotz fehlender formaler Zugangsbeschränkungen enge Grenzen gesetzt sind. Die erfolgreiche Behauptung in diesem Projektarbeitsmarkt besteht somit weniger darin, sich antizipatorisch an die Nachfrage nach Dienstleistungen anzupassen, als sich auf einen Tätigkeitsbereich unter Inkaufnahme von Einkommensausfällen zu spezialisieren.

Ausstieg

Die in den Interviews geschilderten Erfahrungen der Experten und Filmschaffenden lassen vermuten, dass der Ausstieg aus der Branche ein weitverbreitetes Phänomen ist. Bis auf zwei berichteten alle Interviewpartner, zumindest zeitweise darüber nachgedacht zu haben, die Branche zu verlassen. Allerdings gibt es hierzu kein belastbares Zahlenmaterial. Es lohnt sich dennoch, Beweggründe und Strategien für einen Branchenwechsel näher zu untersuchen, da diese zu einem besseren Verständnis der Lebenslaufstrukturierung und der Funktionsweise dieses Projektarbeitsmarktes beitragen. Der Schwerpunkt liegt aufgrund der Auswahlstrategie auf Interviewpartnern, die im Beruf verblieben sind, die nur zur Ergänzung, zeitweise, oder nur in angrenzende Bereiche gewechselt sind. Die »Aussteiger« wurden über einen Eintrag ihres Profils in Branchenverzeichnissen oder durch die Verweise anderer Interviewpersonen ausgewählt. Branchenwechsel, die zeitlich weit vor dem Interviewzeitraum liegen und damit eher als endgültig betrachtet werden können, sind jedoch nur sehr schwer nachzuvollziehen. So sind zum einen Adressdaten in älteren Branchenverzeichnissen veraltet, und zum anderen deuten die Antworten auf Fragen zu »Aussteigern« darauf hin, dass mit dem Berufswechsel offenbar die Kontakte zur Branche abreißen:

> Diese Menschen verschwinden einfach, das ist ganz komisch. (F11, 566)

> Ich kann Ihnen gar nicht sagen, ob die Leute wirklich raus sind. Ich kann nur sagen, ich habe von dem und dem und dem schon lange nichts mehr gehört, aber ich kann Ihnen nicht sagen, was die machen. Letztens war ich überrascht, habe einen alten Kollegen getroffen, von dem ich schon ewig nichts mehr gehört hatte. Das war aber einfach, weil er innerhalb der Branche seinen Schwerpunkt verlegt hat. (F21, 529–533)

> Die Kontakte sind dann weg, sobald jemand nicht mehr in der Branche ist [...] So fällt einem irgendwann mal auf – weil man sieht ja eigentlich immer die gleichen Leute, manchmal sieht man einen zwei Jahre nicht, und dann hat man wieder eine Produktion und freut man sich, dass man sich sieht. Und manchmal, nach Jahren, denkt man sich: Wo ist eigentlich der und der? Habe ich ja ewig nicht gesehen. Das heißt aber nicht, dass er weg ist. Kann sein, dass er den Job gewechselt hat. (F22, 553–559)

Dass Filmschaffende Kollegen, die möglicherweise die Branche gewechselt haben, aus den Augen verlieren, wird plausibel, wenn man bedenkt, wie schwierig es ist, außerhalb der Produktion regelmäßigen Kontakt zu halten (vgl. Kapitel 4).

Darüber hinaus wird im Folgenden deutlich werden, dass Berufs- und Branchenwechsel kaum zu einem eindeutigen Zeitpunkt, sondern eher schrittweise und mit Rückkehrversuchen unternommen werden. Außerdem ist es unwahrscheinlich, dass noch unentschlossene »Ausstiegswillige« frühzeitig ihre Entscheidung oder Überlegungen dazu öffentlich kundgeben, da sie sich dadurch eine mögliche Rückkehr erschweren.

Einen ersten Eindruck von den Selbst- oder Fremdselektionskriterien, die zu einem Ausstieg führen, vermittelte die Einschätzung eines Interviewpartners:

> Auffallend ist, dass viele Frauen um die 30, 35, ein bisschen älter vielleicht noch, das Set verlassen. Das ist wirklich auffallend. Und insgesamt ist es schon so, dass es, in Anführungsstrichen, eine junge Branche ist. Es hat schon Drehs gegeben, da war [der Kameramann] mit 40 mit Abstand der Älteste. Aber richtig mit Abstand der Älteste. Ich würde mal sagen, wenn man nicht von den Heads of Department spricht, ist es schon so, dass viele Leute früh abwandern, Mitte 30 oder so was. (F27, 72–77)

Häufig geäußerte Vermutungen und Erfahrungen über den Verbleib von »Aussteigern« waren: die Rückkehr in einen handwerklichen Ausgangsberuf, die Aufnahme einer Ausbildung oder eines Studiums bei Beschäftigten mit wenig Berufserfahrung, der Wechsel in die Gastronomie oder den Einzelhandel, der Wechsel zu administrativen Tätigkeiten bei technischen Dienstleistern wie Filmgeräteverleihern oder speziell bei Frauen der Ausstieg aus der Erwerbstätigkeit mit der Familiengründung.

Die Überlegungen und Erfahrungen der Interviewpartner zur Frage des Branchenwechsels erhellen die Beweggründe und einzelne Strategien. Eine der Motivationen für Überlegungen, die Branche zu verlassen, ist die Unsicherheit des Einkommens und der zukünftigen Beschäftigungs- und Aufstiegsmöglichkeiten. Auch gesundheitliche Belastungen und die Schwierigkeiten hinsichtlich der Vereinbarkeit von Familie und Erwerbsarbeit spielen eine wichtige Rolle.

Unsichere Beschäftigungsaussichten bestehen für Erwerbstätige der Film- und Fernsehindustrie dauerhaft beziehungsweise nach jedem Projekt von Neuem. Die Unplanbarkeit der Beschäftigungsmöglichkeiten, und konkret: die Phasen mit längeren Wartezeiten auf neue Projekte, und daraus entstehende Existenzängste wurden von fast allen Interviewten zumindest phasenweise erlebt. Zwei Beispiele sind die folgenden Beschreibungen von Kameraassistenten:

> Mit Sicherheit – Sicherheit – das ist eben so ein Ding. Richtige Sicherheit gibt es in dem Job eh nicht. Du weißt dann auch nie, ich weiß nicht, ob sie deiner schon jetzt überdrüssig sind und sagen: Gut, jetzt läuft es langsam aus, jetzt kriegen wir andere. (F1, 271–275)

> Manchmal ist es schon so, wenn du mal länger als einen Monat keinen Job hast, kriegst du echt Existenzängste, das ist schon immer präsent, dieses Thema. Ich kenne das auch von mir, ich hatte mal so ein Jahr, wo es mal nicht ganz so toll lief, wo ich echt mal zwei Monate am Stück

zu Hause rumlag: Oh Gott, was passiert jetzt. Kriegst du echt Existenzängste, Depressionen, und: Oh Gott, bin ich schlecht, keiner will mit mir drehen. [...] Und meistens so tolle Teams, kommst mit denen persönlich auch total toll klar, das ist wie so eine Ersatzfamilie. Und dann ist der Krieg vorbei, und du fällst erstmal in ein tiefes Loch. Wenn du einen Anschlussjob hast: Super, es geht direkt weiter. Aber wenn du dann länger als zwei Wochen zuhause rumhängst, fällt dir echt die Decke auf den Kopf. (F6, 345–359)

Der Rückblick einer Kameraassistentin auf ihre ersten Berufsjahre lässt aber vermuten, dass die Ungewissheit und Unplanbarkeit der Beschäftigung abhängig vom Alter und der Lebenssituation unterschiedlich bewertet wird:

Nein, planen konnte man nie, das ist ja wirklich so ganz typisch für die Branche. Du hast eine feste Zusage: Wir drehen ab nächste Woche Montag. Aber sichergehen kann man erst, wenn man am Set steht. Ich habe auch schon erlebt, dass Produktionen wirklich zwei Tage vorher abgesagt wurden oder noch knapper – Finanzen stimmten auf einmal nicht mehr, jemand wird krank. Dann wird das auf unbestimmte Zeit verschoben, man macht etwas anderes und hört nichts mehr davon. Sicher ist da nie irgendwie was gewesen. Das war für mich, so als Single [in einer großen Stadt] ganz toll, das Leben. Es lief ganz gut, ich habe im Jahr fünf Filme gemacht, vier oder fünf, habe gut Geld verdient in der Zeit, und wollte dann auch zwischendurch – das fand ich ganz gut, dass dann Pause war. Ich hatte ja mehr frei als jeder Festangestellte. So die negativen Seiten sieht man glaube ich erst, wenn man älter wird, dass man ohne Sicherheiten ist, keine wirkliche Rente haben wird. (F16, 118–129)

Die Zeit zwischen zwei Projekten ist zudem nur frei disponibel, wenn bereits Sicherheit über die Anschlussbeschäftigung besteht. Bei Ungewissheit darüber, ob überhaupt und wann ein neues Beschäftigungsverhältnis beginnt, kann diese freie Zeit als belastend empfunden werden. Überdies besteht der Anspruch an die Erreichbarkeit und Verfügbarkeit weiter, bis die Anschlussbeschäftigung gesichert ist, sodass die Zeit oft nicht frei, etwa für einen Urlaub, genutzt werden kann:

Da weiß man auch mal eine Zeit gar nicht, was kommt, wann das nächste kommt. Was nicht immer eine erfreuliche Sache ist, weil man dann die freie Zeit, die man hat, nicht wirklich genießen kann. Wenn ich weiß, in drei Wochen fängt mein nächstes Projekt an, dann weiß ich, wirtschaftlich habe ich keine Probleme. Wenn ich das nicht weiß, werde ich den Teufel tun und in den Urlaub fahren. (F27, 535–554)

Ich hatte bestimmt ein- oder zweimal Sachen, wo ich während einer längeren Produktion schon wusste, was als nächstes kommt. Aber selten. Also du hörst auf, und weißt erstmal nichts Neues und muss dich dann halt mal wieder umhören und gucken und bewerben. Und das ist auch das Nervenaufreibende. Weil, du kannst nicht in den Urlaub fahren. Du kannst hinterher sagen: Gut, ich hatte jetzt drei Monate frei, da hätte ich in den Urlaub fahren können. Aber da du nicht weißt, wann das nächste kommt. Also, wenn du einen Monat vorher weißt, wann das nächste kommt, dann ist das schon super. Meistens ist es kürzer. (F25, 572–579)

Eine prägende Unsicherheitserfahrung war für viele Filmschaffende die Medienkrise sowie die Verkürzung der Zeit, in der Ansprüche auf Arbeitslosengeld erworben werden können (vgl. Kapitel 1). In dieser Zeit sind Aufstiege nur selten gelungen, und es gab oft weniger Angebote, größere Planungsunsicherheit und längere Zeiten zwischen den Projekten, die überbrückt werden mussten. Allerdings lässt sich die Nachfrage nicht immer auf die saisonale oder krisenbedingte Branchen- und Arbeitsmarktsituation zurückführen. Einige Interviewte berichteten über eine erhöhte Nachfrage in einer allgemeinen Krisenzeit, in der gleichzeitig viele ihrer Kollegen unterbeschäftigt waren, oder warteten vergeblich auf Angebote, während in der gleichen Stadt von einem Produktionsboom und Arbeitskräfteengpass gesprochen wurde. Dies resultiert oft, wie ein Kameraassistenten es beschreibt, in einem Gefühl der generellen Unvorhersehbarkeit zukünftiger Nachfrageentwicklungen:

> Aber da steckst du ja nie drin. Eigentlich dreht im Moment [die ganze Stadt], wie man so schön sagt, angeblich gibt es nirgendwo mehr eine Kamera zu leihen, [...] weil alles vermietet ist. Na, ich habe keinen Job im Moment. Ich habe dafür 2004/2005, wo vielen Kollegen das Wasser bis zum Hals stand, als sie nicht mehr wussten, wie sie ihre Miete bezahlen sollen, einfach nicht gedreht worden ist, ich habe gearbeitet wie ein Blöder. Und daher, diese ganzen Konjunkturgeschichten und so weiter, irgendwie ist das alles sehr persönlich. (F1, 358–373)

Ähnliche Erfahrungen schildert ein Kameramann; er kommt außerdem zu der Einschätzung, dass die Unterschiede in der Nachfrage kaum auf individuelle Qualifikationsunterschiede zurückzuführen seien:

> Es gibt ganz viele Kollegen, die keine Arbeit haben. Das ist so. Das Produktionsvolumen ist unglaublich zurückgegangen in den letzten Jahren, und es verteilt sich in einem sozialen Sinn ungerecht, das ist einfach so. Es gibt einfach Leute – also ich könnte jetzt im September, glaube ich, vier Filme drehen. Und ich kenne einfach bestimmt vier Kollegen, die im September nichts haben. Wobei man dann noch nicht mal sagen kann, die sind schlechter. Aber es ist irgendwie, das sind dann immer so Wellen. Mal denkt man, man könnte sich dann nicht mehr retten vor Arbeit, und dann hockst du vier Monate herum und dann denkst: Ruft noch mal jemand an? Das ist so das normale Leben. (F11, 150–164)

Unabhängig von eigenen Erfahrungen mit Unterbeschäftigung oder unvorhersehbaren Nachfrageschwankungen formulierten einige Interviewpartner mit längerer Berufserfahrung auch Zweifel daran, ob einer Arbeit in der Film- und Fernsehbranche, und insbesondere als Kameramann oder -frau, ein Erwerbsleben lang nachgegangen werden kann. So berichtet ein Kameramann von Erfahrungen in seinem Umfeld:

> Man muss sich überlegen, was mache ich? Das passiert schon auch, dass Leute, die gut im Geschäft sind, auf einmal, Mitte 50, und es passiert gar nichts mehr. Und die sind dann einfach deutlich zu jung, um in Rente zu gehen. Das ist, denke ich, etwas, was viele Kollegen am allermeisten frustriert oder auch ängstigt, dass auch gut beschäftigt zu sein kein Garant dafür ist, gut beschäftigt zu bleiben. Es gibt etablierte Kollegen, die unglaublich viel gedreht haben und von heute auf morgen ist es vorbei, und man weiß eigentlich auch gar nicht so richtig, warum.

Als ich anfing im Filmgeschäft, war es noch so, dass man sagte: Na ja, wenn man seinen Job gut macht, wenn man das gut kann, kann man davon ausgehen, dass man beschäftigt ist. Und das kann man eben heute nicht. (F27, 344–380)

Eine Kameraassistentin nahm, neben Gründen, die später ausführlicher betrachtet werden, ihrerseits die Erwartungen über die Beschäftigungsperspektiven im Alter zum Anlass, nach Beschäftigungsalternativen zu suchen. Sie reflektiert über die sich mit zunehmendem Alter verändernde Wahrnehmung der Beschäftigungsunsicherheit:

Die Belastung, ob die Jobs auch kommen, das ist psychisch für die [andere Filmschaffende] sehr, sehr belastend. Aber diesen Sprung, wirklich was anderes zu machen, das machen sie nicht, weil dann irgendwann doch noch mal wieder ein Job kommt, wo sie viel Geld verdienen. […] Aber was soll man dann mit 50 noch machen? (F7, 584–617)

In diesem Zitat wird deutlich, dass die Ungewissheit über die zukünftigen Beschäftigungsmöglichkeiten einerseits belastend wirken kann, andererseits jedoch auch dazu führen kann, dass jedes Angebot erneut die Erwartung weckt, dass eine Beschäftigung in dem Berufsfeld weiterhin möglich ist. Diese Ungewissheit erschwert es, sich endgültig für einen Wechsel aus der Branche oder dem Beruf zu entscheiden und den richtigen Zeitpunkt dafür zu bestimmen.

Die individuellen Strategien im Umgang mit dieser Ungewissheit bezüglich Beschäftigung und Einkommen werde ich zunächst anhand der Beispiele beschreiben. Daraus wird ersichtlich werden, dass erstens neben der Ungewissheit über zukünftige Beschäftigungs- und Aufstiegsperspektiven auch konkrete Ereignisse Berufs- oder Branchenwechsel erzwingen, und dass zweitens für die Möglichkeiten eines Ausstiegs die Transferierbarkeit der Qualifikationen eine wichtige Rolle spielt.

Ein Kameramann arbeitete, seitdem Anfragen für Filmproduktionen länger ausblieben, als Angestellter für einen technischen Dienstleister und war teils nebenberuflich als Kameramann tätig. Er plante zum Interviewzeitpunkt die Rückkehr zu einer Produktionsfirma als Kameramann:

Bis Dezember und danach gehe ich wieder zurück, wahrscheinlich wieder zu [einer Produktionsfirma], weil ich gemerkt habe, ich bin kein Büromensch. Im Büro sitzen ist schön, macht Spaß, ist trocken, im Gegensatz zur Setarbeit, wo man früher aufsteht, ewig rumsteht, egal bei welchem Wetter, bei Regen, bei Sonnenschein und wartet. Aber, wie gesagt, ich muss ans Set, ich muss Bilder machen. Die Leidenschaft. (F4, 182–188)

Wie auch die folgenden Beispielen zeigen werden, wird ein Wechsel des Tätigkeitsbereiches oft nicht dauerhaft angestrebt, und ist zudem häufig mit der Hoffnung verbunden, bisherige Berufserfahrungen in der neuen Tätigkeit verwerten zu können. Ein Kameraassistent, der bereits über eine fünfzehnjährige Berufserfahrung verfügt, hat anlässlich einer Rückenerkrankung, für die Kameraleute durch die körperliche Belastung besonders anfällig sind, überlegt, in einen angrenzenden Bereich zu wechseln. Mit der Genesung und aufgrund seiner Affinität zur Arbeit am Set kehrte er aber wieder zur Kameraassistenz zurück. Grundsätzlich, und insbesondere mit zunehmendem Alter, sieht er die dauerhaften Beschäftigungsmöglichkeiten beim Film als ungewiss, doch vertraut auf die Möglichkeiten, im Bedarfsfall eine andere Tätigkeit in der Branche zu finden. Er bildet Rücklagen, um Phasen der Unterbeschäftigung oder gegebenenfalls die Zeit bis zur Etablierung in einem anderen Bereich überbrücken zu können. Rücklagenbildung wurde auch von den anderen Interviewten als Strategie, mit der Einkommensunsicherheit umzugehen, verfolgt:

Also Planungssicherheit gibt es nicht, das kann man sich abschminken. Für mich ist es auch sehr wichtig, dass ich so viel Geld zurückgelegt habe, dass ich zur Not ein ganzes Jahr ohne Einkünfte überleben kann. Dann könnte ich zumindest anfangen, zu überlegen, was mache ich jetzt, Taxischein oder ich gucke mal, was es sonst für Möglichkeiten gibt, anderweitig Geld zu verdienen. Ich persönlich glaube auch nicht, dass ich diesen Job bis zur Rente machen kann.

Was könntest du dir vorstellen?

Also entweder gibt es die Möglichkeit, irgendwann mal aufzusteigen, selber zu drehen. Oder man muss mal sehen, was sich in dieser ganzen Medienbranche eventuell hier und da tut. Ich meine, mit dem, was ich vorher gemacht habe, zusammen mit meinem Studium und so weiter verfüge ich schon über einen ganz guten Erfahrungsschatz. Ich denk schon, dass man den auch weiterhin in der Branche nutzen könnte. In welcher Funktion, kann ich dir nicht sagen. Ich glaube, das ist wirklich so eine Sache, so mit der Nase drauf stoßen, nach dem Motto: Okay, da geh ich jetzt hin, da ruf' ich jetzt an. Weißt du, damals war ich ja auch, wo ich mit dem Kameraassistenten angefangen habe, war ja auch eine ganze lange Phase, wo mir [die alte Tätigkeit] schon gar keinen Spaß mehr gemacht hat, wo ich aber nicht genau wusste, was willst du eigentlich genau machen. Und irgendwann bin ich fast gegengelaufen, bin drüber gestolpert. Und dann war es klar, okay, das mache ich. Da hoffe ich so ein bisschen drauf, dass diese Intuition, dieses Schicksal dann zuschlägt. (F1, 233–277)

Aus der Erfahrung, einen früheren Berufswechsel in der Branche nicht langfristig geplant, aber erfolgreich bewältigt zu haben, resultiert die Zuversicht, im Bedarfsfall eine andere Tätigkeit zu finden, bei der sich bisherige Berufserfahrungen verwerten lassen.

In Bezug auf die Rückkehr in die Branche nach einem geplanten Ausstieg weist der Berufsverlauf einer Kameraassistentin mit ebenfalls fünfzehnjähriger Berufserfahrung Ähnlichkeiten zu diesem Beispiel auf. Sie hat in einer Zeit des massiven Auftragsrückgangs ein Studium in einem filmverwandten, aber nicht filmspezifischen Studiengang begonnen, doch wieder abgebrochen, als sie wieder vermehrt für Produktionen rekrutiert wurde. Allerdings ist die Tätigkeit als Kameraassistentin, oder generell bei Film- und Fernsehproduktionen, kaum mit regelmäßigen außerberuflichen Verpflichtungen in Einklang zu bringen (vgl. auch Kapitel 4).

Diese Erfahrung hat auch ein Kameramann gemacht, der zwar als sehr gut etabliert gilt, doch nach einer ungewöhnlich langen Phase des Auftragsrückgangs beschlossen hat, ein filmfremdes Fernstudium aufzunehmen. Das Studium durchzuführen gestaltet sich bei guter Auftragslage, etwa bezüglich der Einhaltung zentraler Prüfungstermine, als schwierig:

Das ist einfach schwierig in der Branche. Es ist schwierig, zu sagen, wie positioniert man sich, wie lange behält man die Nerven, wenn keine Jobs kommen. [...] Und da wird es irgendwann wirklich ungemütlich, völlig unabhängig davon, was Kontostände mit einem machen. Da denkt man dann schon: Irgendwann sollte jemand anrufen. Und es gibt hier wenige Ausweichmöglichkeiten, jobmäßig. Was soll man machen? Ich habe dann irgendwann angefangen, zu studieren. [...] Aber das Gefühl zu haben, du kannst noch irgendwas anderes, außer Kameramann. Das tut mir tatsächlich gut. Nur, die Option zu haben, ohne, dass sie gerade real ist. Aber dass man sagt, es gibt die Möglichkeit, irgendwann ein anderes Standbein zu haben. [...] Es ist natürlich schwierig, weil es eigentlich, von der Arbeitszeit, die man da reinstecken muss, fast nicht realisierbar ist. Ich hatte jetzt das Problem: Zweimal im Jahr sind Prüfungswochen, wo man hin muss. (F11, 592–616)

Mit der Aufnahme einer medienfremden Ausbildung hat auch ein Materialassistent auf den Nachfragerückgang infolge der Medienkrise reagiert. Er plant jedoch, nach Abschluss der Ausbildung im Bereich der Gastronomie als Dienstleister wieder Zugang zur Medienbranche zu erlangen.

Neben der Bildung von Rücklagen ist auch der Versuch, sich ein zweites Standbein aufzubauen, also Zugang zu einem angrenzenden Berufsfeld zu erlangen, eine häufige Reaktion auf erfahrene oder erwartete Phasen des Auftragsrückgangs. Dazu gehört zum einen die sporadische Lehrtätigkeit an Filmschulen, die zwei interviewte Kameramänner aufgenommen haben:

Dieses Bedrohungsgefühl war auch einer der Gründe, warum ich dann gesagt habe, ich mache das mit der Dozententätigkeit. Ob ich mir das angetan hätte, wenn ich ununterbrochen gedreht hätte, bezweifle ich. Das ist natürlich schon, sich so ein Gebiet völlig neu zu erarbeiten, plötzlich Vorlesungen halten zu müssen, oder Vorlesungen zu halten ist ja etwas, wo man erstmal einen Schweinehund überwinden muss. Und ich bezweifle mal, dass ich das gemacht hätte, wenn nicht dieser existenzielle Druck oder zumindest das Gefühl einer existenziellen Bedrohung da gewesen wäre. (F27, 732–738)

Regelmäßige Nebentätigkeiten sind allerdings ebenfalls schwer vereinbar mit den Flexibilitätsanforderungen einer Tätigkeit in der Film- und Fernsehproduktion:

Was ich weiß, ist – das mache ich ja selber zum Beispiel auch – dass viele sich zumindest ein zweites Standbein aufgebaut haben und versuchen, aufzubauen, indem sie in die Lehre gehen, dass sie selber unterrichten. Ich mache das selber auch. Das ist halt sehr schwierig mit diesem unsteten Leben, wenn man dreht, in Einklang zu bringen. [...] Das geht aber fast nicht, das parallel zu schalten, einen Beruf, der mehr oder weniger kontinuierlich ausgeübt wird und drehen, das ist fast unmöglich. Das ist sehr, sehr schwer. (F27, 112–121)

Eine andere Strategie, der ungewissen Beschäftigungs- und Einkommensentwicklung zu begegnen, besteht darin, die Tätigkeitsbereiche in verwandte Berufe auszuweiten: Ein Interviewpartner bildete sich in einem der Kamera- und Lichtgestaltung verwandten Designbereich weiter mit dem Ziel, zukünftig sowohl als Kameramann als auch im Design- und Beratungsbereich selbstständig tätig zu sein. Zwei der Interviewten sind zudem sporadisch und tageweise im aktuell-dokumentarischen Bereich für einen öffentlich-rechtlichen Sender als freie Kameraleute tätig. Eine weitere Strategie ist, das Tätigkeitsspektrum zu diversifizieren und in der Zeit zwischen Produktionen, und insbesondere im Winter, wenn wenig gedreht wird, Schnittarbeiten durchzuführen. Dies haben ebenfalls zwei Interviewte angestrebt, wenngleich der Wechsel zwischen Tätigkeiten auch mit Misserfolg oder Scheitern im Ausgangsberuf assoziiert wird und somit ein informeller Spezialisierungsdruck besteht.

Zwei Interviewpartner haben sich auf die Arbeit mit einem bestimmten technischen Equipment spezialisiert, um auch vor dem Aufstieg zum Kameramann über mehr Autonomie zu verfügen. Dies kann zum einen als eine Suche nach einer Nische im Markt der technischen Dienstleister gedeutet werden. Zum anderen erlaubt beispielsweise die Spezialisierung auf die Arbeit mit einem bei längeren Produktionen nur tageweise eingesetzten Kameratyp, wie der Steadicam, die bessere Vereinbarkeit mit außerberuflichen Verpflichtungen und dem Familienleben.

Fehlende oder zumindest ungewisse Aufstiegsmöglichkeiten können zu Unzufriedenheit mit der Tätigkeit führen, insofern die Verantwortungsbereiche, Abwechslungs- und Entfaltungsmöglichkeiten in Assistenzpositionen begrenzt bleiben. Außerdem unterscheiden sich die Positionen des Kameramanns und der Assistenzstellen beträchtlich hinsichtlich der Höhe der Gagen und der Beschäftigungsdauer, da Kameramänner in der Regel bereits zur Vorbereitung des eigentlichen Drehs sowie zur Nachbearbeitung eingebunden sind.

Doch auch Kameramänner können infolge der zunehmenden Arbeitsverdichtung und Budgetkürzungen eine Eingrenzung ihrer technisch-künstlerischen Gestaltungsmöglichkeiten und erschwerte Arbeitsbedingungen erfahren, etwa durch die Kürzung von Assistenzstellen oder von teurem technischem Equipment. Zudem sind sie, wie das gesamte Team, von der Leistungsverdichtung infolge der zunehmenden Verkürzung der Drehzeiten[3] betroffen, was längere Drehtage zur Folge hat. Die daraus resultierende Belastung und Unzufrieden-

3 So berichteten Kameraleute und Experten von einer Verkürzung der Drehzeit für einen Tatort von ehemals 30 auf 21 Drehtage.

heit, die auch zu Ausstiegsüberlegungen führen kann, wird von zwei Kameramännern sehr eindrücklich beschrieben:

Dadurch, dass diese Art zu arbeiten so einen Alleinstellungscharakter hat, dass man so wenig damit machen kann an anderen Sachen, hat man eigentlich keine Chance, die Branche zu verlassen. Ich drehe auch immer noch unheimlich gerne, von daher war das bei mir nie so gekommen, dass ich das gesagt habe: Ich habe eigentlich keinen Spaß mehr an Beruf. Ich weiß aber von Kollegen, bei denen die existenzielle Bedrohung und der daraus entstandene Druck, dass seit 2000 die Anzahl der Drehtage dramatisch zurückgegangen ist, dass also Neunzig-Minüter in 30 Drehtagen weggedreht werden, dass denen das einfach auch ein Stück weit den Spaß am Beruf genommen hat, dass sie deshalb abgewandert sind. Aber ich glaube, es würden, wenn der Beruf noch eine andere Chance bieten würde, woanders zu arbeiten, noch viel mehr abwandern. (F27, 740–753)

Und diese Filmleute, man darf nicht vergessen: wir stellen keine Zahnbürsten oder Staubsauger her, sondern Filme, das hat immer etwas mit Idealismus und Kreativität und Kunstverständnis zu tun. Und das sind Leute, den man ständig immer noch mehr wegnimmt. Weil alles immer noch ökonomischer sein muss. Dann verstehen die irgendwann den Sinn nicht mehr, warum man diesen Beruf noch ausüben soll. […] Und das ist vielleicht der Punkt, bei vielen Leuten, die vielleicht auch nicht so hundertprozentig davon leben können oder für die der Kampf einfach so groß ist, dass sie sagen, ich höre auf, das tue ich nicht, ich reibe mich zu sehr auf. Wenn ein Film mal so ist, dann kann man das wegstecken, aber wenn der ganze Berufsalltag immer so aussieht, dann ist das irgendwie nicht das wahre Leben. (F31, 617–630)

Am Beispiel des Berufswechsels einer Kameraassistentin werden die verschiedenen Faktoren, die die Ausstiegsentscheidungen und -strategien prägen, besonders deutlich. Sie bildete sich selbst im Rahmen eines Studiums für eine Lehrtätigkeit weiter mit dem Ziel, sich so zukünftig in Zeiten schlechter Nachfrage alternative Beschäftigungsmöglichkeiten erschließen zu können. Nachdem sie ein Angebot für eine Festanstellung erhalten hatte, wechselte sie aber früher als geplant vollständig in den Lehrerberuf. Dieser Entscheidung gingen spezifische Erfahrungen voraus: So erwies sich zum einen die Organisation der Kinderbetreuung wegen der kurzen Planungshorizonte im Filmgeschäft als sehr aufwendig und schwierig (vgl. Abschnitt 4.2). Zum anderen gingen bereits nach Bekanntwerden der Schwangerschaft die Angebote, in Film- oder Fernsehproduktionen mitzuwirken, zurück:

Also, ich bin dann ja schwanger geworden, auch geplant, und dann hat sich das ganz schnell rumgesprochen, dass ich schwanger bin. Und dann habe ich auch sofort keine Jobangebote mehr bekommen, weil das für die Produktion sowieso riskant ist. Die müssen Arbeitsschutzbedingungen einhalten, die man gar nicht einhalten kann, das geht gar nicht. Und da habe ich dann eben gesehen, gut, jetzt kann ich mein Studium beenden. Habe das auch gemacht. Und ob das Diplom etwas gebracht hat, kann ich nicht beurteilen, weil auf der anderen Seite das Kind war, was eine absolute Karrierebremse war. (F7, 139–145)

Diese Erfahrung wird auch durch die Beobachtung eines Kameramanns bestätigt, der von den Schwierigkeiten einer Assistentin berichtet, nach dem Mutterschutz wieder in den Beruf zurückzukehren. Ein Grund hierfür ist, dass Frauen mit Kind nur als eingeschränkt verfügbar gelten:

Eine Assistentin von mir hat gerade ein Kind bekommen, und die hat richtig Mühe, wieder in den Markt reinzukommen. Weil, das weiß natürlich auch jeder, dass sie ein Kind hat. Und da wird immer gefragt: Sag mal, wie ist denn das mit einem Kind, wer passt dann auf das Kind auf? Weil die Produktion natürlich Angst hat, dass sie irgendwann in der Produktion sagt: Ich muss jetzt zu meinem Kind, das ist krank. Das ist ein richtiges Handicap. Das heißt für die Frauen, dass sie abwandern. (F27, 160–165)

Zudem besteht generell die Gefahr, dass die Unterbrechung der Erwerbsarbeit die beschäftigungsrelevanten Beziehungen schwächt. Insbesondere die stabile Kooperation mit Vorgesetzten ist gefährdet, da diese während der Unterbrechung mit anderen Assistenten oder Kameraleuten arbeiten und sich so potenziell neue Teams bilden:

Aber, also bei einem Jahr ist es schon schwierig. […] Denn man arbeitet ja häufig in so Gespannen, dann gibt es ein Kameragespann, oder man hat als Kameramann zwei, drei, vier Regisseure. Und in der Zeit, wo man nicht da ist, müssen sie ja mit jemand anders arbeiten, und da entwickelt sich ein neues Gespann, und zack, ist man draußen. Das ist etwas, wo man sagen kann, ich kenne keinen, der den Wiedereintritt geschafft hat, wenn er denn mal draußen war. (F27, 168–180)

Somit kann sich bereits eine befristete Unterbrechung mit geplanter Rückkehr zu einem ungewollten Ausstieg aus der Branche entwickeln.

Der informelle Druck, sich auf eine bestimmte Tätigkeit und ein bestimmtes Genre spezialisieren und permanent auch außerhalb der Produktionen beschäftigungsrelevante Kontakte halten zu müssen, kann auch mit dem Interesse an einer vielseitigen, autonomen Tätigkeit und einer Trennung von Berufs- und Privatsphäre in Konflikt geraten. Dies geht aus den folgenden Zitaten einer Kameraassistentin hervor:

Aber es war zweimal so, dass Kameraleute mich gefragt haben, ob ich bei anderen Projekten mitmachen möchte. Und eigentlich ist das das Ziel eines Assistenten, mit jemandem zusammenzuarbeiten. Aber mir ist schnell immer langweilig geworden. Ich wollte auch nicht so lange Assistentin bleiben. Ich hatte viele verschiedene Dinge gemacht, immer, und ich habe mich nicht so sehr an eine Sache gebunden. Was im Nachhinein wahrscheinlich besser gewesen wäre. Aber ich habe Kamera studiert und wollte auch als Kamerafrau arbeiten. […] Und das war, im Nachhinein, vielleicht auch ein Fehler, dass ich mich nie festgelegt habe. Ich hab' alles gemacht, in allen Bereichen. Und wenn das anfing, dass ich in einem Bereich so ein bisschen etablierter war, habe ich sofort einen anderen Bereich ausprobiert. (F7, 108–163)

> […] es ist doch so, na ja, durch die Geburt meiner Tochter auch wesentlich schwieriger, an Jobs zu kommen. […] Und da habe ich gemerkt, dass ich mit dieser Einstellung, dass das kein Job ist, den ich bis sechzig machen kann. Zumal ich auch wusste, und auch gemerkt habe, dass das nicht mit Familienplanung konform geht, und dass diese ganze Branche keine Branche ist, wo man entspannt älter werden kann. (F7, 279–324)

Die sehr schwierige Vereinbarkeit einer Tätigkeit in Film- und Fernsehproduktionen mit der Kinderbetreuung ist, wie ausführlicher im Abschnitt 4.2 beschrieben wurde, offenbar ein häufiger Grund für den Ausstieg aus der Branche oder gar aus der Erwerbstätigkeit. Zwei der interviewten Kameraassistentinnen haben nach der Geburt des ersten Kindes ihre Tätigkeit unterbrochen, aber fest geplant, die Erwerbstätigkeit wieder aufzunehmen.

Die Gründe für die Ausstiegsüberlegungen lassen sich also wie folgt zusammenfassen: Flexibilitätsanforderungen und Ungewissheit hinsichtlich der zukünftigen Aufstiegs-, Beschäftigungs- und Einkommenschancen, mit der Tätigkeit verbundene gesundheitliche Belastungen und allgemein die Anforderungen an die Anpassung der Lebensführung und der Festlegung der Tätigkeitsbereiche. Der Anpassungsdruck an die Lebensführung umfasst die Schwierigkeit, außerberuflichen Aktivitäten und Verpflichtungen – seien sie familiärer Art, bezogen auf Hobbys oder Qualifizierung – nachzugehen, sowie die Notwendigkeit, durch Kontaktpflege während und außerhalb der Berufstätigkeit die Beschäftigungschancen zu erhöhen. Zudem kann der Druck hinsichtlich der beruflichen Spezialisierung und der Ungewissheit des Aufstiegs zu besser bezahlten, verantwortlicheren und kreativeren Tätigkeiten zu Unzufriedenheit mit der Tätigkeit führen.

Wie konsequent und mit welchen Strategien Ausstiegspläne verfolgt werden, hängt hauptsächlich davon ab, wie dringlich es für den Einzelnen ist, sich alternative Beschäftigungsbereiche zu erschließen; auch die Erwartungssicherheit hinsichtlich zukünftiger Aufträge aus dem alten und dem neuen Beruf spielt eine Rolle und nicht zuletzt die Transferierbarkeit der Qualifikationen. Während der Zugang zu Beschäftigung innerhalb der Branche nicht an formale und zertifizierte Qualifikationen gebunden ist und Qualifizierungsbestrebungen eher entmutigt werden, hängt der Zugang zu Lehrtätigkeiten beispielsweise von einer abgeschlossenen Ausbildung oder einem Studium mit Bezug zur Film- und Fernsehbranche ab. Nicht filmbezogene abgeschlossene Berufsausbildungen erleichtern hingegen den Wechsel aus der Branche heraus. Der Versuch, auf den filmspezifischen Berufserfahrungen aufzubauen, führt oft zu einer Tätigkeit in angrenzenden Bereichen, wie bei technischen oder gastronomischen Dienstleistern.

6.1.2 Wechselwirkungen zwischen Erwerbsverlauf und privater Lebensplanung

Mit der Tätigkeit in der Film- und Fernsehindustrie sind langfristige, auf die zukünftigen Beschäftigungs- und Aufstiegsmöglichkeiten bezogene Planungsschwierigkeiten verbunden. Außerdem sind die Flexibilitätsanforderungen auch in kurzfristiger Perspektive, in Bezug auf die Tages- und die Wochenarbeitszeit und Planbarkeit der Einbindung in ein Projekt, sehr hoch. Beides, so wird im Folgenden argumentiert, hat nicht nur für das Erwerbsleben, sondern auch für andere »Binnenverläufe«, und hier insbesondere die private Lebensplanung, Auswirkungen.

In kürzerer Perspektive, aber auch langfristig, ist das Einkommen schwer berechenbar. Die Höhe der Gagen hängt von der Art des Projekts, der individuellen Verhandlungsposition und der des Vorgesetzten sowie von der Marktentwicklung ab. Das während einer Produktion erzielte Einkommen muss nicht nur die aktuellen Lebenshaltungskosten decken, sondern auch ermöglichen, Rücklagen für die Zeit zwischen zwei projektbezogenen Beschäftigungsverhältnissen sowie die Altersvorsorge zu bilden. Seitdem der Zeitraum für den Erwerb von Ansprüchen auf Arbeitslosengeld verkürzt wurde, wird es zunehmend schwieriger, die Voraussetzungen der sozialen Sicherung zu erfüllen. Jetzt muss innerhalb von zwei Jahren mindestens 365 Tage lang sozialversicherungspflichtig gearbeitet worden sein, um Arbeitslosengeld 1 zu erhalten. Sofern dies nicht möglich ist, fallen Arbeitslose auf die Unterstützung durch Arbeitslosengeld 2 zurück, wodurch unter Umständen zunächst Rücklagen, die für die Versorgung zwischen Projekten und für das Alter gebildet wurden, verbraucht werden müssen. Dies erschwert einerseits langfristige Planungen und Investitionen und erhöht andererseits das Angewiesensein auf die finanzielle Unterstützung durch Familie, Partner oder Freunde. Eine Kameraassistentin beschreibt den typischen kurzen Planungshorizont in Bezug auf das Einkommen sehr anschaulich:

> Manchmal kann ich da noch nicht mal am Tag vorher planen. Manchmal ist es halt so, wenn ich weiß zum Beispiel – ich plane immer für maximal zwei Monate. Wenn ich weiß, ich hatte jetzt einen Spielfilm für fünf oder sechs Wochen, da weiß ich auf jeden Fall, dass ich die nächsten zwei, drei Monate finanziell überstehen kann. Wenn dann natürlich einen Anschlussjob gleich reinkommt, weiß ich auf jeden Fall, dass ich das nächste halbe Jahr überstehe. Aber es ist eigentlich so, ganz ehrlich, dass ich mich so von Tag zu Tag weiterhangle. […] Jetzt ist es zum Beispiel das erste Mal – jetzt ist Mitte des Jahres rum, und ab der Mitte des Jahres kann ich eigentlich besser planen. Am Jahresanfang ist es wirklich so: von Tag zu Tag denken. Ab Juli, August ist es dann so, dass man weiß, was man für Geld verdient hat. Man weiß auch ungefähr schon, was kriegst du von der Steuer zurück, hast du Anspruch auf Arbeitslosengeld oder nicht. Und dann kann ich schon mal auf vier, fünf, sechs Monate planen. Jetzt kann ich zum Beispiel sagen: Ja, super, dieses Jahr kann ich mir einen Urlaub leisten und kann trotzdem

im Januar, Februar locker bleiben. Aber bis August ist man noch sehr zurückhaltend, dass man schon erstmal guckt, was kommt. (F6, 673–691)

Auch die Gestaltung der Arbeitszeit entzieht sich weitgehend der Planung der Beschäftigten. Oft wissen die Beschäftigten erst einige Wochen oder gar Tage vor Produktionsbeginn, ob sie bei einem Projekt mitarbeiten können. Während der Produktion ist die tägliche Arbeitszeit ebenfalls nicht voraussehbar (vgl. Kapitel 4). Unplanbarkeit und Intensität der beruflichen Einbindung belasten aber Beziehungen zu Freunden, Partnern; außerdem ist es schwer, regelmäßig familiäre Betreuungsaufgaben für Kinder oder pflegebedürftige Angehörige zu übernehmen. Die sich daraus ergebenden Netzwerkveränderungen werden ausführlicher in Kapitel 7 beschrieben. Alle Interviewten stimmten darin überein, dass die Berufstätigkeit bei Film und Fernsehen sehr schwer mit Kinderbetreuung vereinbar ist. Exemplarisch steht dafür die Einschätzung zweier Kameraassistenten:

Ich muss aber sagen, die wenigsten Kollegen, die ich kenne, haben Familie und Kinder. Die wenigsten. Die so viel unterwegs sind, und dann immer dieses: rein in die Kartoffeln, raus aus den Kartoffeln. Das machen auch, glaube ich, nicht alle Frauen mit. Da musst du auch eine sehr verständnisvolle Frau haben, die das mittragen und dann auch ihre eigene Karriereplanung echt zurückstecken, wenn das mit Kindern verbunden ist. Die müssen dann eben immer in die Lücke springen, wenn das Telefon klingelt und der Alte arbeiten geht. [...] Und viele Ehen gehen auch in die Brüche. Das ist klar, wenn das auf Dauer der Partner nicht mitträgt, dieses Hin und Her, und eben einfach mehr Sicherheit haben will. (F1, 440–452)

Die Kamerafrauen, die ich kenne, die wirklich erfolgreich sind, sind von der Person her Leute, die 150-prozentig Film denken, die leben für Film, die machen alles für Film. Die haben auch alle keine Familie. Das ist der Punkt eins. Um erfolgreich als Kamerafrau zu sein, darf man keine Familie haben. Bei Männern ist das natürlich was anderes, weil, die haben dann die Frauen, die auf die Kinder aufpassen und so weiter. Aber das, würde ich wirklich sagen, schließt sich fast aus. (F7, 519–527)

Entweder entscheidet man sich gegen eine Familiengründung oder mit der Familiengründung wird die Berufstätigkeit bei Film oder Fernsehen unterbrochen oder gar aufgegeben, wenn es nicht gelingt, Angehörige oder Partner in die Betreuungsaufgaben einzubinden. Das erste Zitat aus einem Interview mit einer Kameraassistentin verdeutlicht den Zusammenhang zwischen Überlegungen zur Familiengründung und der Unsicherheit von Beschäftigung, Einkommen sowie den Betreuungsschwierigkeiten:

Kinder kann ich mir auch überhaupt nicht vorstellen. Keine Ahnung, in letzter Zeit hatten wir darüber oft mal Gespräche, und ich muss ganz klar sagen, im Moment kann ich mich selber finanziell super über Wasser halten. [...] Aber ich sehe das im Moment einfach nicht, dass ich so einen sicheren Job habe, dass ich Familie und so was machen kann. (F6, 660–671)

Die Schwierigkeiten mit der Organisation der Kinderbetreuung und einer zwischen beiden Partnern gleich verteilten Betreuungsarbeit wird von einem Kameramann beschrieben, der zweifacher Vater ist:

Weil es einfach eine unglaubliche Organisiererei mit Kindern ist. Ich erinnere mich auch, meine Frau war ja auch in der Branche. Als unser erstes Kind geboren wurde, haben wir zum Teil zwei Tagesmütter gleichzeitig beschäftigt, weil wir so lange gearbeitet haben, dass die eine Tagesmutter das Kind bei der nächsten Tagesmutter abgegeben hat und wir dann erst von der das Kind wieder abgeholt haben. Das ging ein halbes Jahr, und dann haben wir gesagt: So geht das nicht. Meine Frau ist dann zum Beispiel aus der Branche rausgegangen, weil sie gesagt hat: Zwei Leute in der Branche – das kriegst du nicht unter einen Hut. (F27, 935–943)

Dieses Zitat illustriert sehr anschaulich die schwierige Vereinbarkeit der Erwerbsarbeit in der Film- und Fernsehwirtschaft mit Veränderungen in der familiären Situation sowie den davon ausgehenden Anpassungsdruck an die Lebensführung. Wie sehr die Bewertung der Arbeitsbedingungen von der Lebensphase abhängt, verdeutlicht die Reflexion eines kinderlosen Kameramanns:

Ich glaube, es ist einfach so ein gewisser Typus von Mensch, prinzipiell, der in diese Jobs geht. Wobei man in einer anderen Lebenssituation reingeht, als man 10 Jahre später ist. Wenn man mit 25 anfängt und sagt: »Ich will zum Film«, da denkt man ja noch nicht drüber nach, dass man vielleicht mit 35 doch Kinder haben möchte. Aber es sind sicher Leute, die flexiblere Lebensumstände bevorzugen, sonst würde man da nicht hingehen. Ich glaube, es gibt einfach eine Affinität zu »ich will nicht in einem völlig reglementierten System arbeiten, sondern ich will einfach die anstrengenden Zeiten haben, auch die schönen, und ich will vielleicht an etwas, was sichtbar ist, teilhaben«. Das ist, glaube ich, für viele auch ein großer Grund, zu sagen, etwas zu machen, wo man sagen kann: Das habe ich gemacht, da war ich dabei. Es ist auch schön. Und, ja, eine Familie zu gründen in dieser Situation ist schon schwierig. Ich kann auch nicht sagen, dass wir so ganz gewollt kinderlos sind. Das war nie der Plan, dass wir gesagt hätten: Wir wollen keine Kinder, wir machen Karriere. (F11, 973–989)

Diese Interviewpassage illustriert, wie sich biografische Orientierungen verändern und damit auch die Arbeitsbedingungen neu bewertet werden. Berufseinsteigern erscheinen die Arbeitsbedingungen in der Film- und Fernsehwirtschaft als besonders attraktiv und herausfordernd, wie auch die Analyse des Berufseinstiegs gezeigt hat. Sie stehen aber im Widerspruch zu Stabilitätsbedürfnissen und außerberuflichen Bindungen, die sich in späteren Lebensphasen verstärkt herausbilden.

Die mit der Tätigkeit in der Film- und Fernsehindustrie verbundenen Flexibilitätsanforderungen haben also enorme Auswirkungen auf das Privatleben, insbesondere auf die kurz- wie langfristige private Lebensplanung. Im Allgemeinen erscheinen alle Arten regelmäßiger außerberuflicher Verpflichtungen – seien es Hobbys, die Pflege von Freundschaften und Partnerschaften oder die Familiengründung – als unvereinbar mit der Einbindung in diese Form der Projektarbeit.

Die daraus entstehenden Konflikte erfordern Anpassungen der Lebensformen und -stile sowie der privaten Beziehungen (vgl. Kapitel 4.). Daher wird die Familiengründung aufgeschoben oder sie führt zu einem Ausstieg aus der Branche oder zu einer Verlagerung der Betreuungsarbeit auf Partner außerhalb der Branche. Gleichzeitig wirkt die Anpassung der Lebensführung auch auf das Berufsleben zurück: Der Verzicht auf eine Familiengründung und auf Beziehungen zu Personen außerhalb der Branche erhöht die Verfügbarkeit und Flexibilität für die Projektarbeit. Andererseits entfallen damit potenziell Unterstützungsleistungen, die Risiken der Projektbeschäftigung, wie Einkommensschwankungen und unregelmäßige Kinderbetreuung, abfedern helfen könnten. Ein temporärer Ausstieg aus der Arbeit, etwa um sich um die Familie zu kümmern, gefährdet jedoch zukünftige Beschäftigungsmöglichkeiten und erschwert es, arbeitsbezogene und beschäftigungsrelevante Beziehungen aufrechtzuerhalten.

6.1.3 Zusammenfassung

Erwerbsverläufe in Projektarbeitsmärkten der Film- und Fernsehindustrie stehen in deutlichem Gegensatz zu dem Idealtyp von Karrierewegen in fachlichen oder betriebsinternen Arbeitsmärkten mit formalisierten Aufstiegen nach mehr oder weniger eindeutigen, universalistischen Kriterien wie formaler Qualifikation oder Seniorität. Für die Beschäftigung und den beruflichen Aufstieg in Projektarbeitsmärkten der Film- und Fernsehindustrie gibt es eine Vielzahl an Qualifikationsprofilen und Zugangswegen, jedoch keine langfristige Organisationsmitgliedschaft, keine formalisierten Aufstiegskriterien und eindeutigen Ablaufmuster zur Orientierung. Gleichwohl wird die Position in einem Projekt nicht beliebig von Projekt zu Projekt gewechselt, sondern es lassen sich Karriereleitbilder identifizieren, an denen sich die Akteure orientieren; es gibt gewisse typische Erwerbsverläufe. Die erfolgreiche Marktbehauptung besteht aber gerade nicht in der flexiblen Anpassung der Tätigkeitsschwerpunkte und Qualifikationen an die Markterfordernisse, wie es in der Arbeitskraftunternehmerthese postuliert wurde (Voß 2001b). Vielmehr lassen die Mobilitätsmuster eine Differenzierung zwischen Genres und überraschend stabile Berufsrollenzuschreibungen erkennen, die sich jedoch nicht nach der Breite des Qualifikationsangebotes, sondern entlang verschiedener Hierarchiestufen und der Produktionstechniken strukturiert. Die Beschäftigungs- und Aufstiegschancen sind in hohem Maße von der Art der Netzwerkeinbindung abhängig.

Der Wandel der Karriereleitbilder: Quasi-Professionalisierung

Insbesondere für Kameraleute gibt es zwei Karriereleitbilder, die im Zuge der krisenhaften Arbeitsmarktentwicklung und der Professionalisierungstendenzen zunehmend in Konflikt miteinander stehen. Der traditionelle Weg zum Kameramann führt über ein Praktikum bei einem technischen Dienstleister, wie einem Filmkopierwerk oder einem Filmgeräteverleih, auf das die Tätigkeit als Materialassistent, dann als Kameraassistent und schließlich als Schwenker folgt. Mit den Praktika und Assistenzpositionen machen sich angehende Kameramänner und -frauen zum einen mit den technischen Anforderungen der Kameraarbeit vertraut. Zum anderen lernen sie spezifische Arbeitsabläufe bei den Dreharbeiten kennen und erhalten durch die enge Zusammenarbeit innerhalb der Kameraabteilung, vor allem aber mit dem jeweils direkten fachlich Vorgesetzten, Einblicke in Tätigkeiten mit größerem Verantwortungsbereich. Der Verantwortungsbereich nimmt mit dem schrittweisen Aufstieg zu, wobei die Tätigkeit immer weisungsgebunden ist und auch Kameraassistenten und Schwenker in erster Linie die Gestaltungsvorgaben des Kameramanns technisch umsetzen. Der Kameramann oder die Kamerafrau hingegen stimmt die Arbeit eng mit der Regie ab. Beschäftigungssicherheit und Aufstiegschancen werden in diesem traditionellen Modell durch die Mobilität, aber auch durch die informelle Unterstützung (in Form der Rekrutierung, aber auch Beratung, Ermutigung zum Aufstieg und Empfehlungen) des Vorgesetzten beeinflusst. Die Abhängigkeit von engen vertikalen Beziehungen bedeutet jedoch auch, dass ein Wechsel des Tätigkeitsschwerpunktes – sei es ein Aufstieg oder ein Wechsel von Abteilungen und Genres – nur begrenzt möglich ist. Somit kann die Beschäftigungssicherung durch die Stabilisierung vertikaler Beziehungen die Mobilität einschränken und auch Strategien der Einkommenssicherung durch Diversifizierung behindern. Zudem ist der Aufstieg oft riskant und mit Einkommenseinbußen verbunden, insofern für den Nachweis der Qualifikation Arbeitserfahrung in der Zielposition und die Anerkennung durch beschäftigungsrelevante Kontakte notwendig sind.

Diesem Weg des Erfahrungslernens und des graduellen Aufstiegs über Assistenzpositionen steht mit der zunehmenden Anzahl von Filmhochschulabsolventen ein neues, »quasi-professionalisiertes« Modell gegenüber. Nach diesem Modell arbeiten Absolventen mit dem Studienabschluss unmittelbar in der Zielposition des Kameramannes oder der Kamerafrau. Kameraleute mit Studienabschluss können bereits Arbeitsproben in Form von Kurzfilmen oder gar Spielfilmen vorweisen. Längere Arbeitserfahrung in Assistenztätigkeiten hingegen wird als der Qualifikation für die künstlerisch-technische Leitungsfunktion des Head of Department abträglich betrachtet. Berufseinstieg, Aufstiegs- und Beschäftigungsmöglichkeiten in Film- und Fernsehproduktionen erschließen sich jedoch auch für Absolventen der Filmhochschulen weniger über formale Auswahlverfahren und die zertifizierte Fachqualifikation, sondern vielmehr über die nachweisbare Arbeitserfahrung in der Zielposition, und wichtiger noch: durch die im Studium geknüpften Beziehungen zu Regisseuren und Produktionsleitern.

Zusammenfassend lässt sich weiterhin festhalten, dass trotz eines Wandels von Karriere- und Berufskonzeptionen und der Quasi-Professionalisierung einzelner Filmberufe der Erwerb fachlicher Qualifikationen untrennbar mit der Ausweitung und Vertiefung der beschäftigungsrelevanten Beziehungen verbunden bleibt. Kontakte sind unabdingbare Voraussetzung für den Zugang zu Beschäftigungsmöglichkeiten. Einstieg, Beschäftigungssicherung und Aufstieg setzen sowohl Erfahrung in einem Tätigkeitsbereich als auch die Anerkennung und informelle Unterstützung in Beziehungsnetzwerken voraus. Diese informellen Unterstützungsleistungen beziehen sich auf die Eröffnung von Zugängen zu Beschäftigung durch die direkte Rekrutierung oder Empfehlung. Besonders angesichts der heterogenen und unübersichtlichen Aufstiegswege und der Ungewissheit über zukünftige Beschäftigungschancen sind jedoch auch die Beratung, Ermutigung und Förderung bei der Planung eines Aufstiegs wichtig. Diese Unterstützung ist ihrerseits abhängig von der regelmäßigen Präsenz in einem bestimmten Beschäftigungssegment sowie von verschiedenen diffusen und partikularistischen Kriterien der Vorgesetzten, die in der Regel über funktionale Erfordernisse der Position im Projektteam hinausgehen. Diese Bewertungs- und Selektionskriterien sind gerade nicht formalisiert und standardisiert und somit kaum berechenbar und verlässlich.

Karrieren in Eigenregie?

Schließlich werden infolge der informellen Selektionspraktiken und der Tendenz zur Herausbildung stabiler, vertikaler Kooperationen die Berufsverläufe der Teammitglieder aneinander gebunden. Die jeweiligen Gatekeeper, die den Zugang zu einem Projekt regulieren und den Aufstieg beeinflussen, können aufgrund der bisherigen Kooperation nicht nur Arbeitsweise, Arbeitseinstellungen und persönliche Eigenschaften eines Teammitglieds bewerten. Die Selektionsentscheidung steht auch in Zusammenhang mit den Beschäftigungs- und Aufstiegschancen des »Gatekeepers« selbst, da sich die Abstimmung innerhalb ihres Teams oder Departments auch auf die Qualität der Arbeit und damit auf ihre Reputation niederschlägt. Daher ist man an stabilen Teamstrukturen interessiert, diese werden durch die Mobilität einzelner Mitglieder gefährdet. Im Extremfall bilden sich innerhalb eines Departments über die wiederholte projektbezogene Zusammenarbeit stabile »Vakanzketten« (Rosenfeld 1992: 41f.), in denen der Aufstieg erst möglich wird, wenn eine Position frei wird.

Insgesamt zeigte sich, dass die Beschäftigungs- und Aufstiegsmöglichkeiten durch informelle Beziehungen entscheidend geprägt, jedoch nur selektiv und nicht verlässlich und dauerhaft gesichert werden können. Die durch die Netzwerkeinbindung kaum reduzierte Ungewissheit über die zukünftigen Beschäftigungs-, Einkommens- und Aufstiegschancen, aber auch die Unvereinbarkeit von beruflichen Flexibilitätsanforderungen und außerberuflichen Bindungen hat bei vielen der Interviewpartner die Suche nach ergänzenden oder alternativen Beschäftigungsmöglichkeiten motiviert. Gerade die Diversifizierungsstrategien, die Einkommensausfälle kompensieren könnten, und die in der Literatur zu sogenannten Künstlerarbeitsmärkten einen wichtigen Stellenwert haben (O'Mahony/Bechky 2006; Menger 1999), werden durch die Netzwerkeinbindung behindert. Wechsel des Tätigkeitsschwerpunktes innerhalb der Branche werden jedoch dadurch erschwert, dass Qualifikationen und persönliche (extrafunktionale) Eigenschaften vor allem persönlichen Einschätzungen unterliegen und dadurch nicht über die Grenzen des Beziehungsnetzwerkes hinaus transferiert werden können. Der Zugang zur Beschäftigung außerhalb der Branche wiederum ist an die – nicht filmspezifische – formale Qualifikation gebunden. Aus einer Lebenslaufperspektive wird überdies deutlich, dass die Trennung der Phasen der Ausbildung, der Erwerbstätigkeit und der Erwerbslosigkeit bei den Filmschaffenden in der Regel sehr unscharf ist. Dies liegt hauptsächlich an fehlenden formalisierten Selektionskriterien und -prozessen und der Dominanz einer informellen Übergangsregulierung durch Netzwerke, die nur sehr begrenzt und selektiv Orientierungswissen und Sicherheit für die berufliche Entwicklung bieten. Zudem wird ein Großteil der Fachqualifikationen durch praktische Arbeitserfahrung vermittelt, und auch die Qualität der Koordination innerhalb des Teams, die durch Routinen in der Zusammenarbeit erleichtert wird, beruht vor allem auf den in Projekten geknüpften und stabilisierten Kooperationsbeziehungen.

Informalisierung der Gatekeepingprozesse

Aus einer über den Erwerbsverlauf hinausgehenden Perspektive hat sich gezeigt, dass das Erwerbs- und Privatleben sowie Arbeits- und private Beziehungen in komplexen Wechselbeziehungen zueinander stehen. Einerseits erschweren es die Flexibilitätsanforderungen der Beschäftigung in Film- und Fernsehproduktionen, regelmäßige außerberufliche Aktivitäten und Beziehungen aufrechtzuerhalten. Insbesondere die Elternschaft ist schwer mit flexibler Projektarbeit zu vereinbaren. Andererseits verschwimmen bei den arbeitsbezogenen Beziehungen die Grenzen zwischen Arbeits- und Privatleben. Sowohl die Stabilisierung der Zusammenarbeit über die Projektdauer hinaus als auch der Zugang zu informeller Unterstützung in Bezug auf Beschäftigung, wie beispielsweise Empfehlungen für andere Projekte oder Beratung, Ermutigung und Förderung des Aufstiegs, sind immer auch an diffuse und partikularistische Kriterien gebunden. Ansprüche an zukünftige Teammitglieder beziehen sich nicht nur auf die Berufsrolle, sondern auf die gesamte Person und ihre Lebensführung. Typischerweise bilden sich im Berufsverlauf enge, mehrdimensionale Beziehungen zwischen Teammitgliedern heraus, die trotz ihres fast freundschaftlichen Charakters vor allem in der Produktionszeit gepflegt werden, also bei der Zusammenarbeit und Freizeitaktivitäten im Anschluss an den Dreh. Längere Erwerbsunterbrechungen oder Wechsel des Tätigkeitsschwerpunktes gefährden diese Beziehungen. Zusätzlich werden lockere Kontakte, die Informationen über freie Stellen und allgemeine Branchenentwicklungen zugänglich machen, auch zu anderen Berufsgruppen und sowohl während der Zusammenarbeit in einer Produktion als auch auf Branchenveranstaltungen geknüpft.

Diffuse und umfassende Ansprüche an Verfügbarkeit und Netzwerkpflege sowie die informelle Zugangsregulierung zu Aufstiegs- und Beschäftigungschancen führen zu weitreichenden Anforderungen an die Anpassung der beruflichen und privaten Lebensführung. Die Überlegungen der Interviewpartner, die Branche zu verlassen, deuten jedoch darauf hin, dass diese Anpassungsleistungen kaum über das gesamte Erwerbsleben durchzuhalten sind. Die Motive für die Ausstiegsüberlegungen lassen sich als eine lebensphasenbezogene Veränderung der Bedürfnisse nach Planbarkeit, beruflicher Entfaltung und Abgrenzung der privaten Lebensführung interpretieren.

6.2 Architektur

6.2.1 Erwerbsverläufe

Im Folgenden werden die Arbeitgeberwechsel, Aufstiege, der Wechsel der Erwerbsform, Strategien der Einkommenssicherung und die Rolle, die Netzwerke dabei spielen, genauer betrachtet. Für einen Teil der interviewten Architekten wurden interessanterweise alle Übergänge – vom Berufseinstieg bis zum Bürowechsel und den Aufträgen als Selbstständige – durch informelle Kontakte vermittelt. Diese Kontakte stammten sowohl aus dem beruflichen Umfeld, umfassen also ehemalige Kommilitonen, Professoren und Kollegen, als auch aus dem privaten Kontext, wie Familie, Freunde und Nachbarschaft.

Allerdings muss man im Hinblick auf die Strategien der Beschäftigungs- und Einkommenssicherung zunächst grundsätzlich zwischen der angestellten und der freiberuflichen Tätigkeit unterscheiden. Angestellte Architekten bewerben sich für eine sozialversicherungspflichtige Beschäftigung in einem Architekturbüro,[4] deren Dauer oft von der Auslastung des Büros abhängt. Stellen werden in Tages- und Fachzeitungen oder auf der Homepage der Architektenkammer ausgeschrieben, oder die Information über freie Stellen wird über ehemalige Kollegen, Kommilitonen und Professoren verbreitet. Freiberuflich tätige Architekten haben zum einen die Möglichkeit, vollständig oder teilweise spezialisierte Dienstleistungen für Architekturbüros anzubieten, sodass sie Aufträge bei Kollegen akquirieren können. Zum anderen werden sie direkt von privaten, gewerblichen oder öffentlichen Bauherren für Planungsvorhaben beauftragt. Die Auswahl erfolgt auf der Grundlage sichtbarer Arbeitsergebnisse, wie Publikationen oder selbst geplante Gebäude, aus der Architektenliste der Kammer, bei entsprechender Zusatzqualifikation aus der Liste von Sachverständigen für Schall- und Wärmeschutz oder Energieberatung oder durch Empfehlungen anderer Bauherren.

Berufseinstieg

Der Studienwahl ging bei den meisten interviewten Architekten einerseits ein – noch mehr oder weniger ungerichtetes – Interesse an künstlerisch-kreativen und mathematisch-technischen Tätigkeiten voraus, wobei die Entscheidung häufig durch ein Praktikum, eine Bauzeichnerlehre oder den Besuch von Architekturvorlesungen und auch Beratungen durch Freunde, Familienangehörige oder Lehrer geprägt wurde. Vier der vierundzwanzig interviewten Architekten haben vor dem Studium eine Bauzeichnerausbildung, drei eine baubezogene handwerkliche Ausbildung (wie Tischler, Elektroberufe oder Maurer) und einer eine kaufmännische Ausbildung absolviert. Die Absolventen einer baubezogenen Ausbildung berichteten, dass sich während der Ausbildung ein Interesse an autonomeren und anspruchsvolleren Tätigkeiten und einer theoretischen Auseinandersetzung mit dem Bauen und damit die Motivation, ein Architekturstudium zu beginnen, entwickelte oder verstärkte. Vier Interviewpartner haben vor dem Studium ein Praktikum in einem Architekturbüro gemacht. Ein Drittel der Interviewten hat zudem vor dem Architekturstudium ein anderes Studium begonnen.

Beim Berufseinstieg im Anschluss an das Studium verfügten fast alle interviewten Architekten über Einblicke in die Arbeit in Architekturbüros, sei es durch Praktika, die Bauzeichnerausbildung oder die Arbeit als studentische Hilfskraft in Architekturbüros. Die dabei geknüpften Kontakte konnten bei ei-

4 Weitere Beschäftigungsmöglichkeiten gibt es im öffentlichen Dienst, etwa in Bauämtern, in der Immobilienwirtschaft, bei Bauträgern, Einrichtungshäusern, in der Filmwirtschaft oder an der Universität. Meine Auswahl bezieht sich jedoch auf die Architekten, die in oder für klassische Architekturbüros arbeiten beziehungsweise selbst Büroinhaber sind.

nigen den Berufseinstieg erleichtern: Ein Drittel der Interviewten erhielt die erste Stelle nach dem Studium durch Bewerbungen auf Ausschreibungen oder Initiativbewerbungen, während für die Mehrzahl die erste Beschäftigung durch Kontakte vermittelt wurde. Diese Kontakte wurden entweder bei der Mitarbeit in Architekturbüros während des Studiums geknüpft, was bei sieben Interviewten der Fall war. Vier Architekten wurden nach dem Studium durch Professoren oder Kommilitonen in die erste Stelle empfohlen, und bei weiteren vier halfen andere private Kontakte beim Berufseinstieg. Diese Kontakte vermittelten neun der fünfzehn Architekten aus dem Sample, die während der angespannten Arbeitsmarktlage Ende der 1980er-Jahre und in der zweiten Hälfte der 1990er-Jahre das Studium beendeten, eine Anstellung oder einen Werkvertrag. Zwei Drittel der interviewten Architekten sammelten zunächst Berufserfahrung als Angestellte in einem Architekturbüro, während ein Drittel nach dem Studium zunächst selbstständig tätig war, und das überwiegend mit Aufträgen durch Architekturbüros.

Der Weg in die Selbstständigkeit ist für Architekten sehr verbreitet: Die Hälfte aller Mitglieder der Architektenkammern ist freiberuflich tätig. Direkt nach dem Studium strebten die Interviewten jedoch an, zuerst als Angestellte praktische Erfahrungen zu sammeln, bevor sie erwägen, ein eigenes Büro zu gründen und Bauherren zu akquirieren. Diese Auffassung zum Übergang in die Erwerbstätigkeit schilderte ein zum Interviewzeitpunkt selbstständiger Architekt:

> Ja, ich war mir damals darüber bewusst, dass unser Studium nicht wirklich dazu befähigt, ein Architekturbüro zu leiten. Keine Chance. Sondern wir haben auch in unserem Studium […] einen gewissen künstlerischen Schwerpunkt gehabt. […] Ich hatte mich dann auch deshalb nach dem Studium entschlossen, in ein ganz kleines Büro zu gehen […] und hab im Prinzip da meine Lehre gemacht. Teilweise noch im Studium, teilweise noch danach, da bin ich, ich glaube, insgesamt drei Jahre gewesen, und das war im Prinzip die studienbegleitende Lehre. Und danach wusste ich auch so halbwegs, wie es geht. Aber nicht durch das Diplom.
> (A15, 51–62)

Nur ein Architekt hatte bereits vor dem Studienabschluss direkten Kontakt zu Bauherren. Er wurde aus dem privaten Umfeld heraus bereits während des Studiums mit kleineren Planungsaufgaben beauftragt, die er zusammen mit einem planvorlageberechtigten Statiker durchführte. Die Anbindung an ein bestehendes Architekturbüro, sei es in Form der freien Mitarbeit oder einer Anstellung, ist außerdem durch die Beitrittsbedingungen der Architektenkammern zu erklären. Diese verlangen zusätzlich zum Architekturstudium eine mehrjährige (in Nordrhein-Westfalen zweijährige), durch Kammermitglieder bescheinigte Berufspraxis. Die Kammermitgliedschaft wiederum ist die Voraussetzung für das Führen der Berufsbezeichnung Architekt und die Planvorlageberechtigung (vgl. Kapitel 1).

Typisch für den Übergang vom Studium in die Erwerbstätigkeit ist die Rekrutierung durch ein Büro, in dem die Interviewten während des Studiums als studentische Hilfskraft gearbeitet haben. Diese im folgenden Zitat beschriebene Art des Übergangs wird häufig bereits bei der Auswahl der Büros für Praktika antizipiert und war für sechs interviewte Architekten prägend:

Nicht direkt von Anfang an, aber ab Mitte des Studiums habe ich auch angefangen, in verschiedenen Architekturbüros zu jobben. Das ist auch, das war auch damals unabdingbare Voraussetzung, um danach einen Job zu bekommen. Man rutscht eigentlich über die Kontakte in den Büros dann in ein Büro rein. […] Und ich hatte damals sogar – die Situation war ja damals etwas anders als heute – mehrere Möglichkeiten. Und das waren alles Büros, in denen ich während des Studiums gearbeitet hatte. Das war damals der übliche Weg, deswegen haben es sicher auch alle gemacht, ich glaube, das ist auch nach wie vor so. (A15, 32–46)

Eine andere Facette der Kontinuität der Kooperationsbeziehungen im Übergang vom Studium zur Erwerbstätigkeit ist die Zusammenarbeit zwischen freiberuflichen Architekten, die sich bereits während des Studiums Arbeitsräume, sogenannte Ateliers, geteilt haben. Die Grundlage der Zusammenarbeit stellen dann nicht nur gemeinsame Arbeitserfahrungen, sondern auch Freundschaften dar. Diese Stabilität und die starke Überschneidung von Freundschafts- und Arbeitsbeziehungen werden sehr anschaulich von einer freiberuflichen Architektin geschildert, die bereits mit ihren Büropartnern studiert hatte:

Aber auch sonst würde ich sagen, dass ein Stück weit dieses soziale Umfeld auf der Arbeit, oder in der Arbeit, auch ein anderes soziales Umfeld in der Freizeit ersetzt, vielleicht. […] War eigentlich schon im Studium so, kann man sagen. Diese Ateliergemeinschaft ist eine studentische Ateliergemeinschaft gewesen, ursprünglich mal. Ich habe auch in so einem Kontext Diplom gemacht, wo wir fünf Diplomanden waren, und jeder hatte sein eigenes Thema. Aber wir haben eben alle zusammen in einem Atelier gearbeitet. Und weil man ja üblicherweise beim Diplom Tag und Nacht arbeitet, hat man dann wenigstens ein bisschen soziale Kontakte oder Austausch gehabt. (A21, 522–527)

Hier prägen also multiplexe horizontale Beziehungen zu Kommilitonen, statt vertikaler Beziehungen zu früheren Vorgesetzten, die Arbeitssituation nach dem Studium.

Mobilität von Angestellten und Selbstständigen

Angestellte Architekten

Wie auch für den Berufseinstieg beschrieben, wechseln Architekten zwischen Architekturbüros, indem sie sich auf Ausschreibungen oder unaufgefordert bewerben, aber auch über Empfehlungen und Informationen durch ehemalige Kommilitonen, Professoren und Kollegen. Das belegt, wie wichtig Kontakte, die im Ausbildungskontext geknüpft wurden, für den weiteren Erwerbsverlauf sind. Nach dem Studium haben die 24 interviewten Architekten insgesamt 39-mal das Büro im Rahmen einer sozialversicherungspflichtigen Beschäftigung gewechselt, und die Hälfte der neuen Stellen wurde durch informelle Beziehungen, genauer, durch Empfehlungen, vermittelt. Diese Kontakte stammten ausschließlich aus dem Ausbildungs- oder Arbeitskontext, das heißt, sie umfassen frühere Professoren, Kommilitonen, Kollegen und Vorgesetzte. Der Zugang zu einer Beschäftigung in einem Architekturbüro wird auch im weiteren Erwerbsverlauf oft durch frühere Kommilitonen oder Kollegen ermöglicht, allerdings gelingt die Arbeitssuche auch sehr häufig mit formalen Bewerbungen, das heißt auf Ausschreibungen oder initiativ. Somit stellen Beziehungen zu Kollegen und Kommilitonen keine unabdingbare Voraussetzung für Beschäftigung dar (vgl. auch Kapitel 2).

Die Beschäftigung in einem Architekturbüro hängt häufig von der Projektdauer oder der Auslastung und wirtschaftlichen Situation des Büros ab, die gerade in kleinen Büros erheblich schwanken können. Die sozialversicherungspflichtigen Beschäftigungsverhältnisse der Interviewten waren fast ausschließlich unbefristet. Dies lässt sich auf die schwer kalkulierbare Projektdauer und Auslastung der Büros zurückführen, wie zwei interviewte Büroinhaber schildern:

> Wir hatten dann da auch bis sechs, sieben Angestellte. […] Wir hatten das immer unbefristet, wobei das natürlich immer projektbezogen gewesen ist. Nur, sie können vorher immer schlecht voraussagen, wann so ein Projekt zu Ende ist. Und haben das zum Teil auch so gehandhabt, dass wir, wenn die Projekte ausliefen, auch gekündigt haben. Anders ging das nicht. (A15, 114–120)

> Was die Angestellten angeht, die haben unbefristete Verträge, aber die sind in so einem kleinen Büro natürlich jederzeit kündbar. […] Normalerweise sägt der Architekt an dem Ast, auf dem er sitzt. Weil er das Projekt bearbeitet, und mit der Beendigung des Projektes auch erstmal naturgemäß die Beschäftigung endet, wenn kein weiteres Projekt da ist. Das ist ein Problem. (A18, 74–80)

Da in der Mehrheit der Architekturbüros weniger als zehn Personen tätig sind (vgl. Kapitel 1), gilt außerdem der Kündigungsschutz für die meisten Angestellten in Architekturbüros nicht.[5] Die schwankende Auslastung führt dennoch häufig dazu, dass studentische Hilfskräfte gegenüber Festangestellten bevorzugt werden, da ihre Arbeitsstundenzahl flexibler angepasst werden kann. Die Kopplung der Beschäftigungs- an die Projektdauer hängt aber auch von dem Umfang und der Anzahl der in einem Büro bearbeiteten Projekte ab. Projekte mit unterschiedlicher Komplexität und variierendem Umfang lassen sich paral-

5 Vgl. §23, Vierter Abschnitt des Kündigungsschutzgesetzes in der Fassung der Bekanntmachung vom 25. August 1969 (BGBl. I S. 1317), zuletzt geändert durch Artikel 3 des Gesetzes vom 26. März 2008 (BGBl. I S. 444).

lel bearbeiten. Das Arbeitsaufkommen wird dadurch insgesamt etwas verstetigt (siehe Kapitel 4). Der Umfang variiert von der langjährigen Bearbeitung von Großprojekten, wie dies in großen Büros häufiger vorkommt, bis zur Bearbeitung mehrerer kleiner Projekte, wie eine angestellte Architektin beschreibt:

Ich kann da gar nicht planen, das Zeitlimit ist sehr begrenzt. Das sind vielleicht vier, sechs Wochen, wo man einen Überblick hat, was man noch zu tun hat, und dann muss man gucken, was kommt. Es sei denn, man hat ein größeres Projekt, was bei mir im Moment nicht der Fall ist. Ich habe mehrere kleinere Projekte. […] Ich habe das Gefühl, gewisse Sicherheiten gibt es in unserem Beruf sowieso weniger, die gibt es aber, glaube ich, im ganzen Leben nicht. Und die kenne ich auch gar nicht und deswegen vermisse ich sie auch nicht unbedingt. Ich denke schon, dass wir gut miteinander auskommen, ich als Person mit meinem Chef, wo ich glaube, dass die schon wissen, was ich für einen Einsatz bringe und schon versuchen würden, mich möglichst lange zu halten, bis gar nichts mehr ginge. […] Also, wenn ich jetzt nicht von mir aus versuchen würde, zu gehen, würde das auch noch einige Zeit, würde ich in Jahres-, Halbjahres-Abschnitten auf jeden Fall denken. (A24, 252–272)

Hinsichtlich des Aufstiegs ist zwischen Projektmitarbeit und Projektleitung zu unterscheiden. Außerdem besteht die Möglichkeit, dass der Verantwortungsbereich von begrenzten Zuarbeiten oder einzelnen Leistungsphasen mit wenig komplexen und interaktiven Aufgaben zur Zuständigkeit für alle Leistungsphasen und den Bauherrenkontakt erweitert wird. Allerdings ist der Übergang fließend, und es lassen sich aus den Biografien der Interviewten keine eindeutigen Einstiegspositionen und Aufstiegswege identifizieren. Dies ist auch auf den Stellenwert interner Flexibilisierung in kleinen Architekturbüros zurückzuführen (vgl. Kapitel 4). So berichtet ein Interviewter, bereits als studentische Hilfskraft zumindest informell für Projekte die Hauptverantwortung getragen zu haben:

Hatten sie während des Studiums für Architekturbüros gearbeitet?

Ja, direkt in verschiedenen Büros, und habe auch sehr schnell die Projektleitung übernommen, obwohl ich noch Student war, hatte also verantwortliche Aufgaben während meines Studiums. (A19, 17–20)

Andere Architekten waren beim Berufseinstieg zunächst nur in einzelne Leistungsphasen, wie die Ausführungsplanung oder die Bauleitung, eingebunden, und haben dann im Verlauf auch Projektleitungsverantwortung übernommen, oder kombinieren die Angestelltentätigkeit mit der selbstständigen Planung von Bauvorhaben in der Freizeit, wie im Fall einer Architektin:

Eigentlich erstmal Projektmitarbeiterin. Und das letzte Projekt, dass ich jetzt bei [dem Büro] gemacht habe, da sind wir nur zu dritt – zwei Chefs und ich –, da kann ich nicht sagen, dass ich jetzt Projektleiterin bin. Und ich habe mich dann schon wie ein Projektleiter gefühlt, auch wenn es jetzt nicht offiziell ausgesprochen war. Das kann man schon sagen. Aber ich hatte neben diesen ganzen Sachen als auch privat ein, zwei Einfamilienhäuser gebaut, auf eigene Kappe. Und die habe ich auch von vorne bis hinten alleine durchgezogen. Ich glaube, das mischt sich dann immer auch. Und wenn es dann nicht so große Büros sind, wo es so ganz klare Strukturen sind – du bist jetzt der Leiter, das der Student, dann vermischt sich da auch einiges. Letztendlich ist die Verantwortung bei einem Angestelltenverhältnis natürlich so, dass der Chef immer die Verantwortung hat. (A24, 154–164)

In diesem Zitat, und auch in Berichten über den Berufseinstieg im Status der abhängigen Beschäftigung, wird allerdings auch deutlich, dass es nicht immer eine scharfe und eindeutige Abgrenzung zwischen den Zuständigkeitsbereichen der Büroleitung und der Mitarbeiter gibt. Angesichts der schwankenden, schwer planbaren Projektauslastung kleiner Büros und die mit dem Projektgeschäft verbundenen Flexibilitätsanforderungen ist dies auch plausibel. Die unstete Auslastung erfordert es, die Mitarbeiter in verschiedenen Projekten und Leistungsphasen flexibel einzusetzen; dies wiederum wird durch die einheitliche und breite Ausgangsqualifikation ermöglicht (vgl. Kapitel 2, 4).

Selbstständige Architekten: Büroinhaber und freie Mitarbeiter

Allerdings streben viele Architekten nicht eine dauerhafte Tätigkeit als Angestellte an. Es ist üblich, sich nach einigen Jahren Berufserfahrung im Angestelltenstatus selbstständig zu machen (vgl. Kapitel 1, 6.2.1). Dies lässt sich zum einen mit dem Bedürfnis nach mehr Autonomie, Verantwortung und professioneller Entfaltung begründen. So schildert ein Büroinhaber den Weg von der studentischen Mitarbeit zur Selbstständigkeit:

Das war ein Wunsch, den ich hatte, unabhängig von der Ausbildung zum Architekt, zu sagen: Ich möchte irgendwann mal was machen, was mir Spaß macht, wo ich selbstbestimmt arbeiten kann und wo ich Einfluss drauf habe, wo es eben nur mich angeht, ob ich drei Tage, fünf Tage oder sechs Tage die Woche arbeite. […] Es wird einem als Architekt relativ schnell klar, dass man in einem Büro als Angestellter nicht besonders gut alt werden kann. Es gibt Firmen, da treten sie als Zwanzigjähriger ein und verlassen die als Fünfundsechzigjähriger. Das ist in Büros eigentlich kaum möglich. Dazu sind die Strukturen zu weich. Es gibt zu viele Unwägbarkeiten, konjunkturelle Schwankungen, Bürozusammensetzungen, Auftragslage vor allem. Dass es den Büros durchaus auch manchmal so schlecht geht, dass alle Mitarbeiter entlassen werden müssen. Dieser Wunsch nach der Selbstständigkeit hat sich eigentlich erst später, während des Berufslebens eingestellt, nachdem ich sozusagen auch diese Facette des Architekten-Arbeitslebens voll kennengelernt habe. (A6, 54–71)

Dieses Beispiel verdeutlicht, dass die Selbstständigkeit gegenüber dem Status des abhängig Beschäftigten auch aufgrund der unsicheren Beschäftigungsperspektiven in einem Büro an Attraktivität gewinnen kann. In einigen Fällen bildete eine tatsächliche oder erwartete Entlassung den Ausgangspunkt für den Wechsel des Erwerbsstatus. Ein Architekt führt aus, wie er aufgrund der schlechten wirtschaftlichen Lage seines Arbeitgebers, als die Entlassung abzusehen war, den Gedanken der Selbstständigkeit aufgriff:

Das ist entstanden, weil wir in dem Büro insgesamt von einer Schließung des Büros bedroht waren, es war Kurzarbeit angekündigt und auch durchgesetzt und das führte dazu, dass alternative Überlegungen angestellt worden waren, schnell auch dahin gehend, sich selbstständig zu machen. (A1, 87–120)

Ein anderer freiberuflich tätiger Architekt schildert, wie er den Schritt von einer langjährigen Anstellung in einem Architekturbüro in die Selbstständigkeit unternommen hat, als seine Entlassung drohte. Ein Motiv war der Wunsch nach mehr Autonomie, doch auch die Befürchtung, als Freiberufler nicht genug Einkommen zu erzielen, spielte eine Rolle:

[Selbstständigkeit] ist etwas gewesen, wovor ich große Angst gehabt habe. Weil der Verlust der materiellen Absicherung schwierig ist für jemanden, der eine Familie durchzufüttern hat. […] Ich hatte immer davon geträumt, meine berufliche Tätigkeit ändern zu können und unabhängig zu sein von den Vorstellungen meiner Chefs […] Und war dann ganz froh, als ich Anfang letzten Jahres, habe ich dann die Mitteilung bekommen, dass sie keine Arbeit mehr für mich hatten. Da dachte ich: Naja, das ist dann der Tritt, den du brauchst. Ich hatte vorher mich schon qualifiziert, weiterqualifiziert zum Sachverständigen für Schall- und Wärmeschutz. Und da dachte ich: Prima, dann gehst du jetzt über die Schiene, baust das aus. Dann habe ich mich während meiner Arbeitslosigkeit noch weiter qualifiziert. (A2, 123–149)

Bei diesem Architekten war die drohende Arbeitslosigkeit der – aufgrund der Unzufriedenheit mit der Situation als Angestellter – fast willkommene Anlass, sich selbstständig zu machen. Erwartete oder tatsächliche Erwerbsunterbrechungen sowie die Aussicht auf erste Aufträge können also einen Wechsel in die Selbstständigkeit motivieren.

Zu diesen Erwerbsunterbrechungen gehört auch der Mutterschutz. Vier interviewte Architektinnen haben sich aus der Elternzeit heraus selbstständig gemacht. In einem Fall fiel die Geburt des ersten Kindes zeitlich mit einer wirtschaftlichen Krise des früheren Arbeitgebers zusammen, sodass dort keine langfristige Beschäftigungsperspektive abzusehen war. Daraufhin hat diese Architektin anderen, auch persönlich unbekannten Architekturbüros freiberuflich Dienstleistungen angeboten und zusätzlich über eine Fortbildung zur Sachverständigen und Beraterin Aufträge akquiriert. Drei Architektinnen haben während der Elternzeit Angebote aus dem privaten Umfeld oder durch frühere Kollegen erhalten und haben damit schrittweise ein eigenes Büro aufgebaut.

Auch bei zwei weiteren Architekten leiteten konkrete Anfragen für Bauvorhaben den Übergang in die Selbstständigkeit ein. Bei einem Architekten fand dies bereits während des Studiums statt, sodass die ersten Aufträge in Zusammenarbeit mit einem planvorlageberechtigten Bauingenieur durchgeführt wurden. In einem anderen Fall führten die Anfragen aus dem privaten Umfeld zur langfristigen Vorbereitung der Selbstständigkeit parallel zur abhängigen Beschäftigung. Für eine Architektin waren neben dem Aufstiegswunsch auch Aufträge aus dem privaten Umfeld – wie dem Bekanntenkreis und der Nachbarschaft – sowie die Möglichkeit, günstig Büroräume einzurichten, für die Entscheidung ausschlaggebend. Für eine andere Architektin waren die geringen Aufstiegsmöglichkeiten als Angestellte ausschlaggebend, um den Schritt in die Selbstständigkeit zu wagen. Sie hatte jedoch zunächst keine Aufträge und keine eigenen Büroräume; die ersten Aufträge akquirierte sie über Werbung bei ehemaligen Bauherren, Kollegen und im privaten Umfeld.

Insbesondere beim Übergang in die Selbstständigkeit sind somit auch kleinere Aufträge von Architektenkollegen wichtig, die aus der früheren Angestelltenzeit oder dem Studium bekannt sind. Erfahrungen und Arbeitsproben in Form von eigenständigen Entwürfen für größere Bauvorhaben können ebenfalls durch erste Aufträge aus dem privaten Umfeld, wie der Nachbarschaft, der Familie oder dem Freundeskreis gesammelt werden. Diese Aufträge stellen oft die Weichen, um weitere Aufträge zu akquirieren, und sind besonders wichtig, wenn sich aus privaten Kontakten zu investitionsstarken Bauherren die Möglichkeit zu prestigeträchtigen Neubauten ergibt. Private Kontakte verhalfen einem Architekten schon während des Studiums zu Aufträgen, die dann die Grundlage für den Übergang in die Erwerbstätigkeit bildeten und es ermöglichten, prestigeträchtige Gebäude zu entwerfen, auf deren Grundlage er von weiteren Bauherren beauftragt wurde. Eine freiberufliche Architektin beschreibt sehr anschaulich, wie sich die Akquise entwickelt hat: Zunächst stammten die Aufträge von Kollegen oder aus dem privaten Umfeld, später kamen Aufträge aufgrund von Empfehlungen der Bauherren eines bekannten Objekts hinzu:

> Wir hatten sozusagen die ersten Jahre immer für Bekannte und Familie gearbeitet, alle die uns schon mal kannten. Und jetzt im Moment befinden wir uns eigentlich in der Phase des nächsten Ringes, so würde ich das mal beschreiben, wo eben das sich von den Projekten, die wir gemacht haben, sich weiter spricht und die Leute aufgrund unserer Projekte auf uns zukommen. Leute, die gesehen haben, die die verschiedenen Häuser gesehen haben, die wir gebaut haben. Und sagen: Wir haben das gesehen, das würde uns interessieren. (A21, 220–241)

Dies deutet auf den Stellenwert der sozialen Herkunft sowie des unmittelbaren sozialen Umfelds für den Aufbau der Reputation in der ersten Zeit nach der Bürogründung hin. Ein weiterer Architekt akquiriert ausschließlich aus dem unmittelbaren Wohnumfeld:

> Und ich würde sagen, ich bin, im positiven Sinne, ein Dorfarchitekt. Mich kennen da Gott und die Welt, ich kenne da viele, und viele Leute kommen dann auch zu mir, weil sie mich kennen. (A15, 263–265)

Zum anderen sind Fortbildungen, beispielsweise für Sachverständigentätigkeiten oder zum Energieberater, eine wichtige Akquisemöglichkeit, um durch eine Eintragung in eine öffentliche Liste und unabhängig von informellen Kontakten mit der Erstellung von Gutachten oder mit Beratungen beauftragt zu werden. Die bei einer Beratung oder der Erstellung eines Gutachtens geknüpften Kontakte können ihrerseits zu Aufträgen im Gebiet der klassischen Architekturdienstleistungen verhelfen. In ähnlicher Weise geht größeren Aufträgen oft die Beauftragung mit kleineren Umbauten und einzelnen Leistungsphasen voraus:

> Ganz oft werden wir nur für einen Entwurf beauftragt, und am Anfang will der Bauherr wissen: Was kostet das, und wie lange dauert das. Das sind die ersten Fragen. Dann mache ich einen Terminplan und Kostenschätzungen. Dann habe ich vielleicht auch nur die ersten Phasen, dann kriege ich vielleicht auch erst die anderen Phasen beauftragt. (A11, 336–340)

In diesem Zitat klingt bereits an, dass der Auftragsumfang und damit das Arbeitsvolumen beziehungsweise Arbeitszeiten und Einkommen schwer planbar sind. Der Planungshorizont in Bezug auf die zu bearbeitenden und bezahlten Projekte hängt im Wesentlichen von der Projektgröße und -zusammensetzung in einem Büro ab und kann daher von wenigen Wochen bis über ein Jahr reichen. Insbesondere der Umsatz ist kaum im Voraus abzusehen und schwankt bei den kleinen Büros sehr stark. Eine Architektin berichtet von dem oft unbefriedigendem Verhältnis zwischen Arbeitszeit und Einkommen:

> Irgendwann bin ich auch mal gefragt worden, was ich verstehen würde unter freischaffend tätig, da habe ich geantwortet: frei von Zeit und frei von Geld. Wenn sie im Angestelltenverhältnis sind und, sag ich mal, 10 Stunden, 15 Stunden arbeiten, haben sie ihr Geld. Und so müssen sie unter Umständen [länger arbeiten], und haben gerade das Existenzminimum.
> (A9, 544–550)

Die auf die Formel »frei von Zeit und frei von Geld« gebrachten Erfahrungen sind offenbar typisch für die Situation vieler freiberuflich tätigen Architekten (vgl. Hommerich/Ebers 2006, 2008). In einigen Fällen erinnert die Unplanbarkeit der Aufträge fast an die Situation der Filmschaffenden:

> Bis vor, ich weiß gar nicht, bis vor ein, zwei Jahren war es so, dass ich große Unruhe bekommen habe, wenn gerade mal ein Auftragsloch war. Wo man sich im Nachhinein […] dann sagt: »Mensch, da hattest du mal Zeit, warum nicht genießen, warum nicht einfach in den Urlaub fahren, danach kommt schon wieder was.« Aber die Ruhe, das so zu handhaben […] – die Ruhe habe ich erst jetzt, ich glaube, das muss man dann lernen. Und für die Ruhe ist aber auch notwendig, dass ich mir ein finanzielles Polster angelegt habe. […] Und als ich dieses Polster noch nicht hatte, hatte ich aber viele unruhige Nächte. Wenn gerade mal der Anruf nicht kam, der einen für die nächsten Wochen beschäftigt hat, man dachte so: »Wie? Wovon zahle ich jetzt die Miete?« […] Das ist natürlich, je kleiner man ist, und je mehr man drauf angewiesen ist, was kommt an einzelnen Aufträgen rein, dass es natürlich große Schwankungen gibt. Bis hin zum Jahresumsatz. (A16, 276–306)

Dieser Architekt hat sich auf Dienstleistungen in der Entwurfsphase eines Projekts spezialisiert, wodurch die Projektdauer kürzer ist. Kleinere Architekturbüros betreuen jedoch häufig eine Vielzahl von Projekten umfassend, sodass sie über einen längeren Zeitraum mit variierender Intensität und Priorisierung an verschiedenen Projekten arbeiten. Dadurch wird der Auftragsbestand und das Arbeitsvolumen etwas verstetigt, wenngleich beides dennoch häufig erheblich schwankt.

Die Interviewten versuchen aufgrund der Schwankungen der Einnahmen Rücklagen zu bilden, doch viele der Interviewpartner haben sich bereits mehrfach verschulden müssen, um die laufenden Kosten für das Büro und die Lebenshaltungskosten zu decken. Häufig bieten Architekten auch zusätzlich auf bestimmte Leistungsphasen spezialisierte Dienstleistungen für andere Architekturbüros an, um die Einnahmen aus dem klassischen Bauherrengeschäft zu ergänzen. Die Fortbildung zum Energieberater oder Sachverständigen für Schall- und Wärmeschutz, die von mehreren Befragten absolviert wurde, eröffnet ebenfalls den Zugang – unabhängig von bestehenden Beziehungen zu Kollegen oder Bauherren – zu Aufträgen für weniger umfangreiche Dienstleistungen.

Auch die Arbeitszeiten schwanken bei den meisten interviewten Architekten in Abhängigkeit von Fristen und Projektphasen. Im Durchschnitt arbeiteten die Interviewten 50 Stunden pro Woche, drei Befragte gaben sogar an, mitunter 80 bis 90 Stunden pro Woche zu arbeiten. Zwei Interviewte hingegen arbeiteten zwischen 20 und 30 Wochenstunden, wobei sie ihre Arbeitszeit bewusst reduziert hatten, um ihre Kinder zu betreuen; außerdem wurde das Familieneinkommen von den Partnern gestellt (vgl. Kapitel 4).

Die Möglichkeit, die Arbeitszeit autonom und flexibel zu gestalten, wurde als großer Vorteil der Selbstständigkeit gegenüber der abhängigen Beschäftigung betrachtet. Dennoch räumen die Befragten in Bezug auf die Arbeitszeit möglichst den Projekterfordernissen und Terminen Priorität ein:

> Im Grunde gibt es immer nur eine Devise: Die Arbeit muss gemacht werden. Im Augenblick ist es etwas runter, dann ist es recht normal, recht geregelt. Und wenn es eben viel zu tun gibt, wenn es Termine gibt, muss man einfach mehr machen, Stunden erhöhen, am Tag mehr Stunden aufbringen oder in der Woche mehr Stunden aufbringen. Das ergibt sich dann. Die Planung sieht natürlich schon so aus, dass man versucht, eine gewisse Regelmäßigkeit einzuhalten. Aber man muss natürlich zusehen, dass solche Sachen termingerecht fertig werden. (A6, 431–440)

Bei den angestellten Architekten lagen die Arbeitszeiten oft deutlich über 40, eher bei 60 bis 80 Wochenstunden, allerdings sind diese Zeiten kaum frei disponibel und Teilzeitarbeit ist sehr selten möglich. Auch wenn sich in Bezug auf den Stundenumfang die geschätzte Wochenarbeitszeit der meisten interviewten freiberuflichen Architekten kaum von den Arbeitszeiten unterscheiden, die sie als Angestellte erlebt haben, erfahren sie die Möglichkeit, die Arbeitszeit zumindest theoretisch frei gestalten zu können, als positiv.

6.2.2 Wechselwirkungen zwischen Erwerbsverlauf und privater Lebensplanung

Für freiberufliche Architekten sind Projektauslastung und Einkommen schwer planbar. Sie sind aber für das Alter durch die Renten der Versorgungswerke abgesichert, verfügen über ein rechtlich gesichertes Dienstleitungsmonopol (Planvorlageberechtigung) sowie ein breites Einsatzgebiet, und in der HOAI sind Gebührensätze für einzelne Dienstleistungen rechtlich definiert. Angestellte Architekten sind zudem in der Regel länger sozialversicherungspflichtig beschäftigt als Filmschaffende und erwerben daher leichter Ansprüche auf Arbeitslosengeld 1 sowie auf Leistungen aus der gesetzlichen Rentenversicherung. Auch die Arbeitszeit ist geregelter als in Filmproduktionen. Zwar berichteten auch die interviewten Architekten von Spannungen mit Freunden oder Partnern, wenn sie einem Termin im aktuellen Projekt kurzfristig vor privaten Verabredungen Vorrang gewährten. Insgesamt sind Termine und Fristen, die mit längeren oder ungewöhnlichen Arbeitszeiten verbunden sind, jedoch besser planbar als bei Filmproduktionen. Außerdem lassen sich die Einnahmen und das Arbeitsvolumen durch die parallele Arbeit in verschiedenen Projekten etwas gleichmäßiger gestalten.

Die größere Autonomie im Arbeitsprozess, die Architekten durch ihre breiten Qualifikationen haben, erlaubt – zumindest selbstständigen Architekten – prinzipiell die freiere Wahl von Arbeitsort und -zeit. Dies ermöglicht eine bessere Vereinbarkeit mit außerberuflichen Aktivitäten, und Eltern können ihren Arbeitsrhythmus teilweise an die Kinderbetreuungszeiten anpassen. Dementsprechend wurde die freiberufliche Tätigkeit als besser vereinbar mit der Familiengründung betrachtet, während Angestellte relativ wenig Einfluss auf die Länge und Lage von Arbeitszeit und -ort nehmen können (vgl. Kapitel 4). Die Erwerbsunterbrechung aufgrund einer Elternschaft ist ein typischer Anlass für den Wechsel vom Angestelltenverhältnis in die Selbstständigkeit. Da die Möglichkeit gegeben ist, die Erwerbsform und damit auch die Gestaltungsspielräume in Bezug auf Arbeitszeit und -ort selbst zu bestimmen, wurde die Familiengründung und die feste Bindung an einen Partner, außer in einem Fall, nicht als prinzipiell unvereinbar mit der Erwerbstätigkeit als Architekt oder Architektin angesehen. Die verschiedenen »Binnenverläufe« beziehungsweise die erwerbs- und die familienbezogene Lebensplanung sind also voneinander unabhängiger als bei den interviewten Filmschaffenden.

6.2.3 Zusammenfassung

Ein Wandel der Karrierewege und -leitbilder, wie er in der Filmwirtschaft beobachtet wurde, lässt sich für Architekten kaum feststellen. Ein solcher Wandel fand eher in der frühen Professionalisierungsphase der Architektur, also im 19. und zu Beginn des 20. Jahrhunderts statt. Als Beispiele können hier die Ausdifferenzierung verschiedener (Arbeits-)Marktsegmente für private Architekten und Baubeamte sowie die Differenzierung und spätere Vereinheitlichung der Qualifizierung gelten (vgl. Kapitel 1.2). Gleichwohl lassen sich von Beginn der Professionalisierung der Architektur bis heute die für Professionen typischen Abgrenzungskämpfe zu anderen Berufsgruppen beobachten. Diese haben angesichts der einheitlichen Zugangsregulierung und der Institutionalisierung der Interessenvertretung jedoch keine direkten Auswirkungen auf die Erwerbsverläufe der Architekten. Wie gezeigt wurde, hat diese Institutionalisierung der Zugangsregulierung, der professionellen Kontrolle und der Interessenvertretung weitreichende Folgen für die Möglichkeiten, sich auf dem Arbeitsmarkt zu behaupten.

Zwischen Markt, Netzwerk und professioneller Autonomie

Gerade die Inhaber und die Angestellten in kleinen Büros sind in der Regel nicht, oder zumindest nicht ausschließlich, auf bestimmte Leistungsphasen spezialisiert. Unabhängig von der fachlichen Spezialisierung arbeiten Architekten weniger interdependent und interaktiv mit anderen Teammitgliedern. Die interviewten Architekten strebten auch in abhängigen Beschäftigungsverhältnissen Autonomie in Bezug auf die Tätigkeit und Arbeitsbedingungen an.

Den Selbstgestaltungsmöglichkeiten sind jedoch auch Grenzen gesetzt: Arbeitsaufkommen sowie Dauer und Lage der Arbeitszeiten werden zu einem großen Teil durch Projekterfordernisse bestimmt, wobei für Angestellte der Spielraum für die Beeinflussung der Arbeitszeiten deutlich kleiner ist als für Freiberufler. Das Bedürfnis nach größerer Autonomie war ein Motiv, den Erwerbsstatus zu wechseln. Konkrete Anlässe, wie Aufträge, Erwerbsunterbrechungen in Form von Arbeitslosigkeit oder Elternzeit und die schwere Vereinbarkeit von Angestelltenverhältnis und Kinderbetreuung waren für die endgültige Entscheidung, die Selbstständigkeit zu wagen, oft ausschlaggebend.

Für die Auftragsakquise wie auch für den Arbeitgeberwechsel spielen informelle Kontakte aus dem Studium und aus dem beruflichen oder privaten Umfeld eine Rolle. Allerdings werden auch formale Kanäle der Akquise genutzt, wie Gutachtertätigkeiten oder Initiativbewerbungen. Somit besteht eine Alternative zu informellen Rekrutierungswegen, die den Zugang zu Beschäftigung über formale Qualifikationen reguliert. Die teils kodifizierten Bewertungskriterien für

Leistungen und die auf Qualifikation basierende Zugangsregulierung erlauben es, die Fachqualifikation auf unterschiedliche Bereiche zu transferieren. Allerdings sind es eher die über die zertifizierte Fachqualifikation hinausgehenden Kriterien, die die Übernahme prestigeträchtiger Bauprojekte ermöglichen. Dazu gehört etwa der finanzielle Spielraum, für eine Wettbewerbsbeteiligung Vorleistungen mit verzögerter und unsicherer Honorierung zu erbringen. Außerdem haben Architekten in diesem Segment in außerberuflichen Aktivitäten verstärkt Kontakte zu investitionsstarken Bauherrn gepflegt oder konnten Aufträge aus bestehenden Freundschafts-, Verwandtschafts- oder Nachbarschaftsbeziehungen akquirieren, was diese wiederum potenziell belastete.

Organisationale Flexibilisierung und individuelle Stabilität?

In kleinen Büros sind Einkommens- und Beschäftigungssicherheit für Angestellte und Freiberufler im Allgemeinen an die Projektdauer beziehungsweise den Auftragsbestand gebunden. Arbeitsaufkommen und Einkommen können jedoch durch die gleichzeitige Bearbeitung mehrerer Projekte reguliert werden. In jedem Projekt variiert der Arbeitsaufwand, sodass verschiedene Vorhaben abwechselnd bearbeitet werden können. Die breite Qualifikation ihrer Mitarbeiter eröffnet den Büros interne Flexibilisierungsmöglichkeiten.

Auch den Architekten stehen Möglichkeiten einer »Diversifizierung« des Dienstleistungsangebots innerhalb ihres Berufs offen. So kann das Risiko von Einkommensausfällen auch durch die Anpassung des Tätigkeitsschwerpunktes oder durch den Wechsel oder die Kombination verschiedener Erwerbsformen und Kundensegmente reduziert werden. Ein Beispiel ist die freiberufliche Tätigkeit für Bauherren oder andere Architekten parallel zur Angestelltentätigkeit.

6.3 Lebensverläufe von Architekten und Filmschaffenden: Zusammenfassung und Diskussion

Die beiden untersuchten Projektarbeitsmärkte konfrontieren Erwerbstätige mit Unsicherheit im Hinblick auf zukünftige Beschäftigungs-, Aufstiegs- und Einkommenschancen sowie mit hohen Flexibilitätsanforderungen. Damit unterscheiden sie sich grundsätzlich von Arbeitsmärkten, in denen das Normalarbeitsverhältnis die Regel ist. Die Frage, inwiefern sich daraus möglicherweise neue Sicherheiten oder mehr Handlungsfreiheiten bei der beruflichen und privaten Lebensplanung ergeben, stand im Mittelpunkt der Analyse der Lebensverläufe der Architekten und Filmschaffenden. Der markanteste Unterschied zwischen beiden Branchen besteht im Grad der Professionalisierung. Dieser hat nicht nur weitreichende Konsequenzen für die Arbeitsorganisation, sondern auch für die Arbeitsmarktposition und Mobilitätschancen der Projektarbeiter.

Die konjunkturellen Bewegungen im Bausektor und die kurzfristigen Flexibilitätsanforderungen in Bauprojekten ziehen viele Unwägbarkeiten für Architekten nach sich. Beschäftigungsmöglichkeiten und Projekte ergeben sich häufig über gute Kontakte zu Kollegen und Bauherren. Aufgrund der universalistischen, auf Qualifikation basierenden Zugangsregulierung zum Planungsmarkt allgemein und zu speziellen Dienstleistungen und Gutachtertätigkeiten im Besonderen verfügen Architekten jedoch zusätzlich über einen vergleichsweise stabilen, von informellen und partikularistischen Zugangsregulierungen unabhängigen Arbeitsmarktstatus. Außerdem haben sie die Möglichkeit, zwischen Kundensegmenten, Tätigkeitsschwerpunkten und Erwerbsformen zu wechseln und sind somit in der Lage, sich über eine breite, standardisierte Fachqualifikation unabhängig von informellen Beziehungen den veränderten Marktanforderungen anzupassen.

Filmschaffende dagegen sind auf vielfältige Weise von den im Projekt geknüpften, auf Grundlage diffuser und partikularistischer Kriterien vertieften Beziehungen zu Teamkollegen abhängig. In diesen Beziehungen können Informationen über die Branche im Allgemeinen und Beschäftigungsmöglichkeiten im Besonderen ausgetauscht, Empfehlungen ausgesprochen und Aufstiege gefördert werden. Es stabilisieren sich über einzelne Projekte hinaus Teamstrukturen, die die Qualität der Zusammenarbeit und damit den dem Head of Department attribuierten »gang skill« fördern. Dieser »gang skill« und die Bewertung der Leistung und des Leistungsvermögens sind aber nicht – und umso weniger, da es keine zertifizierten Fachqualifikationen gibt – über die Grenzen der Beziehungsnetzwerke hinaus transferierbar. Zudem bilden sich in den festen Teams »Vakanzketten« (Rosenfeld 1992: 41f.) heraus, die die Mobilitätschancen der einzelnen Teammitglieder aneinander binden. All dies deutet darauf hin, dass die Handlungsmöglichkeiten und vor allem die Chancen, langfristige berufliche Strategien zielgerichtet zu verfolgen oder sich auch kurzfristigen Nachfrageschwankungen auf dem Arbeitsmarkt anzupassen, deutlich eingeschränkt sind. Daher können Filmarbeitsmärkte weder als unstrukturierte Arbeitsmarktsegmente noch Filmschaffende als »Arbeitskraftunternehmer« interpretiert werden. Vielmehr sind diese filmspezifischen Projektarbeitsmärkte durch informelle Netzwerke strukturiert, ohne dass deren Strukturen oder Zugangsbedingungen für die Filmschaffenden transparent wären oder ihnen langfristige Planungssicherheit bieten könnten.

Trotz der Unterschiede in der Durchsetzung des Berufsprinzips in beiden Bereichen ähneln sich Filmschaffende und Architekten im Hinblick auf den Stellenwert beruflicher Identifikationen und eines professionellen Ethos. Dieses wird auch bei Filmschaffenden als Motivation vorausgesetzt, wenn sie beispielsweise auf eigenes Risiko und eigene Kosten Erfahrungen in Produktionen sammeln, die als besonders herausfordernd und innovativ gelten, oder wenn sie trotz der starken Einkommensschwankungen und breiter Qualifikationsbasis ihr Dienstleistungsangebot nicht diversifizieren.

Schließlich unterscheiden sich Bauprojekte und Filmprojekte hinsichtlich der Intensität der Einbindung und im Grad der Autonomie der Beteiligten. Eine »Entgrenzung« der Arbeit, und vor allem der Arbeitszeit, bedeutet in beiden Bereichen Verschiedenes: Architekten sind, zumindest als Freiberufler, besser in der Lage, berufliche und außerberufliche Aktivitäten und Verpflichtungen auszubalancieren. Sie sind damit prinzipiell in ihrer Lebensplanung autonomer als Filmschaffende. Für diese hingegen scheint die Inklusion in Projektarbeitsmärkte die institutionelle Differenzierung von Erwerbs- und Privatsphäre aufzuheben (vgl. Kapitel 4), sodass die familienbezogene Lebensplanung sowie generell alle außerberuflichen Aktivitäten, Bindungen und Verpflichtungen sehr beeinträchtigt werden.

7 Die Entwicklung sozialer Bindungen in Projektarbeitsmärkten

Die Untersuchung der Rekrutierungspraktiken und Erwerbsverläufe hat gezeigt, dass in Projektorganisationen, in denen persönliche Steuerungs- und Kontrollformen vorherrschen und in denen es keine professionellen Standards zur Bewertung von Arbeit und Arbeitsvermögen gibt, informelle Beziehungen die Erwerbsverläufe entscheidend prägen. Informelle Netzwerke stellen Orientierungswissen, Identifikationsmöglichkeiten, Informationen, Empfehlungen und andere Unterstützungsleistungen bereit. Dies tun sie jedoch selektiv. Deshalb werden im Folgenden bestimmte, den sozialen Netzwerken teils inhärente, teils durch den Arbeitsmarktkontext geprägte Entwicklungsdynamiken genauer betrachtet.

Soziale Beziehungen können auf verschiedenen Grundlagen beruhen und verschiedenen Inhalts sein: Sie können unterschiedlich stark sein in Bezug auf ihre Intensität, Dauer oder Stabilität, sie können einen oder mehrere Funktionen haben (beispielsweise Freundschaft, Ratsuche oder fachlicher Austausch, Informations- oder Güteraustausch, Einfluss) und sie können formalen Funktions- und Autoritätszuweisungen entsprechen oder informeller Natur sein (Jansen 2003: 59; Knoke 2001: 65ff., 219f.; Pappi 1987). Heterogene, »schwache« Beziehungen bieten eher Informations- und Einflussmöglichkeiten (Raider/Burt 1996; Marsden/Gorman 2001; Burt 1992; Granovetter 1995, 2002). Sozialintegrative Wirkungen werden hingegen eher engen als losen oder schwachen Beziehungen zugeschrieben. Dies rekurriert auf die klassische Gegenüberstellung von Gemeinschaft und Gesellschaft (Tönnies 1979) beziehungsweise Vergemeinschaftung, die »auf subjektiv gefühlter (affektueller oder traditionaler) Zusammengehörigkeit der Beteiligten beruht« und Vergesellschaftung auf Grundlage der Verfolgung eigener Interessen bei Weber ([1921] 1972: 21).

Die Zugehörigkeit zu Netzwerken beruht typischerweise nicht auf formalen Kriterien wie der zertifizierten Berufsausbildung oder der Organisationsmitgliedschaft, wenngleich sie dadurch beeinflusst werden kann. Im Gegensatz zu einmal erworbenen Bildungszertifikaten bedarf die Netzwerkzugehörigkeit beziehungsweise das soziale Kapital zudem der Pflege durch ungerichtete regelmäßige Aufmerksamkeitsbekundungen, Austausch oder gemeinsame Aktivitäten (Bourdieu 1983: 190ff.).

Diese Beziehungsstrukturen können durch formale Kooperationen, aber auch durch Attribute der Personen entstehen. Freundschaften, Paar- oder Mentorenbeziehungen, soziale Unterstützungsnetzwerke oder informeller Informationsaustausch können durch häufigen Kontakt während der Arbeit gestiftet und stabilisiert werden (vgl. Homans 1972: 145). Allerdings bestehen durch formale Strukturen gestiftete Beziehungen zunächst einmal unfreiwillig und müssen nicht unbedingt mit affektiven Bindungen einhergehen. Dies ist umso unwahrscheinlicher, je weniger Einfluss Organisationsmitglieder auf die Wahl ihrer Kooperationspartner und Kollegen haben (vgl. Lipset/Trow/Coleman 1956: 157). In Projektarbeitsmärkten, in denen Mitarbeiter durch die Projektleiter im Extremfall für jedes Projekt erneut rekrutiert werden, ist – in Abhängigkeit von der Formalisierung der Rekrutierungsprozesse – der Freiraum bei der Selektion von Kollegen vergleichsweise groß. Liegen die Rekrutierungsentscheidungen vollständig in den Händen der Projektverantwortlichen, ist es wahrscheinlich, dass neben die auf Qualifikation basierende Auswahl weitere Kriterien treten (vgl. Kapitel 2).

Freiwillige, freundschaftliche Beziehungen beruhen dagegen häufig auf einer tatsächlichen oder wahrgenommenen Ähnlichkeit in Bezug auf verschiedene askriptive Merkmale oder Einstellungen, etwa zur Arbeit oder Politik. Sie folgen damit dem Homophilieprinzip (vgl. Marsden/Gorman 2001; McPherson/Smith-Lovin/Cook 2001; Ibarra 1992a). Die Tendenz, Beziehungen zu Personen auf Grundlage der tatsächlichen oder vermeintlichen Ähnlichkeit von Einstellungen, Überzeugungen und Werten einzugehen, kann als wertbasierte Homophilie (»value homophily«, Lazarsfeld/Merton 1954: 24, 28ff.) bezeichnet werden. Statushomophilie hingegen bezieht sich auf die Wertung askriptiver Merkmale, wie Ethnizität, Geschlecht, Alter oder Religion, oder erworbener Merkmale wie Bildung und Verhalten (Lazarsfeld/Merton 1954: 24; McPherson/Smith-Lovin/Cook 2001: 419ff.). Lazarsfeld und Merton beschreiben darüber hinaus zwei Mechanismen der Herausbildung und der Stabilisierung freundschaftlicher Beziehungen zwischen Personen mit ähnlichen Einstellungen: Zum einen motiviert die Erfahrung der Einigkeit im Hinblick auf bestimmte Werte oder Überzeugungen zukünftigen Kontakt, während Uneinigkeiten eher dazu führen, dass weiterer Kontakt vermieden wird. Zum anderen führen bereits bestehende enge Bindungen tendenziell zur Anpassung der Überzeugungen und Meinungen (Lazarsfeld/Merton 1954: 24, 28ff.).

Es wurde bereits gezeigt, dass extrafunktionale Rekrutierungskriterien, wie die Ähnlichkeit von Arbeitseinstellungen, und facettenreiche Beziehungen über den Zugang zu Projekten entscheiden können und dass die beruflichen und außerberuflichen Beziehungen jeweils Aufmerksamkeit und Kontaktpflege voraussetzen. Im Folgenden wird genauer betrachtet, auf welche Weise die Rahmenbedingungen in Projektarbeitsmärkten diese Beziehungen beeinflussen. Das Hauptaugenmerk liegt dabei auf den Filmschaffenden, für deren Arbeitsmarktposition soziale Beziehungen die größte Bedeutung haben.

7.1 Soziale Bindungen von Filmschaffenden

Die Grenze zwischen privaten und beruflichen Beziehungen von Filmschaffenden ist, zumindest während einer laufenden Film- oder Fernsehproduktion, sehr fließend. Dies verdeutlichen zum einen die Rekrutierungs- und Aufstiegskriterien (vgl. Kapitel 2). Für die Stabilisierung von Kooperationsbeziehungen, also die wiederholte Zusammenarbeit in aufeinanderfolgenden Projekten, für die Unterstützung in Form von Empfehlungen, Beratung und der Förderung des Aufstiegs werden neben fachlichen Qualifikationen verschiedene diffuse und partikularistische Kriterien, wie die Ähnlichkeit der Arbeitseinstellungen, Hobbys, Sympathie und Humor, angelegt (vgl. Kapitel 2, 6). Diese Homophilietendenzen werden durch drei Faktoren verstärkt: Erstens sind Rekrutierungsprozesse in der Film- und Fernsehwirtschaft wenig formalisiert. Zweitens liegen die Entscheidungen für Teammitglieder in der Regel bei den Personen, die im Projekt eng mit ihnen zusammenarbeiten, etwa bei den Heads of Department für die erste Assistenz und bei der ersten Assistenz für die zweite Assistenz. Drittens begünstigen die Arbeitsbedingungen – lange Arbeitszeiten, räumliche Nähe, große Interdependenz und Interaktivität – die Ausweitung von Ansprüchen an die unmittelbaren Kollegen (vgl. Kapitel 4). Die Einschätzung der Arbeitsbeziehungen durch einen Kameramann ist typisch für diese verbreitete Tendenz:

> Und das [Department] versuche ich, mir möglichst vertraut zu halten. Weil das auch einfach nah ist, das ist körperlich nah, und diese fünfundzwanzig Tage, die man da dreht – das ist ja wie Familie, mit allen Pros und Kontras. (F11, 295–297)

Auf der anderen Seite erschweren es die hohen Ansprüche an die Verfügbarkeit für die Projektarbeit, außerberufliche Beziehungen aufrechtzuerhalten, wie eine Kameraassistentin exemplarisch schildert (vgl. auch Kapitel 3):

> Also ich muss sagen, dass meine privaten Kontakte außerhalb des Films extrem wenig geworden sind, weil du, wie gesagt, kaum noch Leute außerhalb des Films kennenlernst. Die einzigen Menschen, mit denen ich Kontakt habe, und die gar nicht im Film zu tun haben, das ist meine Familie und Leute, die ich noch von der Schule kenne. Aber alle, die ich jetzt so kennenlerne, haben immer was mit Film zu tun. Die kennen ja dann auch immer nur noch Filmschaffende. (F6, 419–432)

So entstehen Freundschaften und Partnerschaften häufiger im beruflichen Umfeld, während die Flexibilitätsanforderungen Beziehungen zu Personen außerhalb der Branche eher schwächen. Ein Kameramann beschreibt sehr anschaulich die Entwicklung und Überschneidung der privaten und der arbeitsbezogenen Beziehungen:

> Es gibt sehr viele in meinem Bekannten und Freundeskreis, die natürlich aus der Branche kommen und natürlich weitgehend mit dem Filmbereich zu tun haben. Nicht nur, aber sehr viele. Das muss man einfach so sagen, weil natürlich Film manchmal – im Gegensatz zu anderen Berufen – auch ein bisschen mehr lebensbildend ist, sag ich mal, weil man sich ja auch inhaltlich mit ganz konkreten Stoffen beschäftigen muss. [...] Und man verbringt natürlich sehr viel Zeit, und auch sehr intensive Zeit, je nachdem, welchen Film man dreht, mit irgendwelchen Leuten, was dann auch häufig zu Freundschaften wird. Das darf man ja nicht unterschätzen. Ich sag mal, was so Filmleute, im Team, ich sag immer, man kriegt so von den Leuten in acht Wochen, die sieht man dann plötzlich lachen, weinend, verschwitzt, frisch, müde, aufgeweckt, in allen Lebenssituationen, sieht man die geballt. Ich sag mal, wo so normale Beschäftigte in einem normalen Firmenumfeld wahrscheinlich Jahre für brauchen würden, die Kollegen auch mal so erleben zu dürfen, und das suggeriert natürlich so eine Zusammengehörigkeit, die natürlich oberflächlich ist, da müssen wir uns nichts vormachen. Aber man hat so das Gefühl, man hat da gerade einen Freund oder Bekannten, das reicht dann meistens aus, dass man sich danach irgendwann trifft, und irgendwas macht, und so weiter und so fort, weil man gemeinsam diese Erfahrung hinter sich gebracht hat. Das ist natürlich auf wackligem Boden, das weiß man. (F31, 558–581)

Neben der regelmäßigen engen Zusammenarbeit mit direkten Vorgesetzten werden potenziell beschäftigungsrelevante Beziehungen auch durch den Besuch von Branchentreffs, bei außerberuflichen Aktivitäten wie Geburtstagsfeiern und allgemein bei gemeinsamen Freizeitaktivitäten angebahnt und gepflegt. Bei diesen Anlässen tauscht man sich allgemein über Branchenneuigkeiten oder auch speziell über geplante Projekte aus. Es werden Kontakte geknüpft, die zumindest mittelbar den Einstieg in Projekte ermöglichen können (vgl. Abschnitt 6.1.1). Außerdem bieten diese Anlässe eine Gelegenheit, die Identifikation mit der Branche zu demonstrieren. Die ausgeprägte Integration in die Branche impliziert jedoch einen erhöhten und umfassenderen Anspruch an die Verfügbarkeit und die Bereitschaft, sich auch außerhalb der unmittelbaren Zusammenarbeit auf branchenbezogene Freizeitaktivitäten, wie Feiern nach Drehschluss, und Beziehungen einzulassen (vgl. auch Kapitel 2, 4). Die Anpassung des Lebensstils kann sich positiv auf die Beschäftigungschancen auswirken, doch können die Anforderungen auch als belastend empfunden werden (vgl. Abschnitt 6.1.1).

Charakteristisch für die freundschaftlichen Beziehungen zwischen Teammitgliedern ist allerdings auch, dass sie vorwiegend in der Produktionszeit oder bei den genannten berufsbezogenen Aktivitäten gepflegt werden. Dies erscheint zunächst paradox, da freundschaftliche, enge Beziehungen gerade durch ihre Stabilität definiert sind und die Verknüpfung von Arbeitsbeziehungen und freundschaftlichen Beziehungen eine Ausweitung des Kontaktes auf außerberufliche Aktivitäten erwarten lassen würde. Doch unterliegen die freundschaftlichen Beziehungen zu Kollegen denselben Beschränkungen durch die Flexibilitätsanforderungen der Projektarbeit wie Beziehungen, die außerhalb des beruflichen Umfeldes geknüpft werden. Sind Filmschaffende in eine Produktion eingebunden, ist es ihnen aufgrund der langen Arbeitszeiten nahezu unmöglich, währenddessen Kontakt zu Personen außerhalb des Projekts zu pflegen. Da auch Mitglieder stabiler Teams hin und wieder mit anderen Kameraleuten kooperieren, und zudem die einzelnen Teammitglieder je nach Verantwortungsbereich unterschiedlich lange in ein Projekt eingebunden sind, ergeben sich Phasen, in denen beide in unterschiedlichen Produktionen arbeiten. In dieser Zeit ist es schwierig, Kontakt zu Personen außerhalb des eigenen Projekts zu halten. Dass Beziehungen vor allem während der Zusammenarbeit gepflegt werden, erklärt auch einen Teil der Schwierigkeiten, nach Erwerbsunterbrechungen oder einem versuchten Wechsel des Tätigkeitsschwerpunktes wieder eine Beschäftigung in der Ausgangsposition zu finden. Eine längere Unterbrechung der Zusammenarbeit kann dazu führen, dass sich neue Kooperationsbeziehungen herausbilden, wodurch sich für die Person, die länger nicht für Projekte zur Verfügung stand, der Zugang zu zukünftigen Projekten verschließen kann (vgl. Kapitel 6). Dies beantwortet auch die Frage, warum neben einem filmbezogenen Studium häufig weiter im freien Produktionsmarkt gearbeitet wird, wie im Beispiel einer Kameraassistentin:

Hast du auch während des Studiums gearbeitet?

Ja, auf jeden Fall. Ich habe halt gemerkt, im ersten Jahr habe ich noch viele Sachen abgesagt und irgendwann meldet sich keiner mehr bei dir. Kannst einfach nicht so lange wegbleiben vom Fenster, sondern musst einfach im Kontakt bleiben. Und wenn du ständig sagst, ich studiere ja gerade, irgendwann ruft dich keiner mehr an, weil die denken, die hat eh keine Zeit, warum sollen wir die überhaupt anrufen. […] Man muss schon echt so einfach Kontaktpflege betreiben, dass man auch, wenn man keine Zeit hat, einfach mal seine alten Leute anruft und fragt: Wie geht es so? Das ist echt wichtig. (F6, 120–129)

Die Kontaktpflege zwischen Projekten beschränkt sich häufig auf Telefonate, wobei es die Verschränkung freundschaftlicher und beruflicher Beziehungsinhalte verbietet, die Absicht der Sicherung zukünftiger Beschäftigungschancen offenzulegen. Diese Ambivalenz der Beschäftigungsrelevanz freundschaftlicher Beziehungen beziehungsweise der affektuellen Bindung zu Kollegen wird auch in den folgenden zwei Zitaten illustriert. Ein Kameramann und eine Kameraassistentin schildern die indirekte Pflege beschäftigungsrelevanter Beziehungen durch ungerichtete Aufmerksamkeitsbekundungen:

Dass man wirklich nicht nur anruft, weil »ich brauche einen Job und deswegen rufe ich da an«, sondern es ist wirklich so, dass es einen dann auch wirklich interessiert, was der andere gerade macht. Mit Assistenten, mit denen ich privat nicht klarkomme, will ich auch beruflich gar nicht mehr weiterarbeiten, deswegen rufe ich die auch, ehrlich gesagt, gar nicht mehr an. Eigentlich pflege ich nur mit denen Kontakt, die mir auch so ans Herz gewachsen sind. (F6, 411–417)

Ja, ich versuche einfach, mit möglichst vielen Leuten in Kontakt zu bleiben, einen Kaffee zu trinken, ohne da jetzt konkret auf einen Job abzuzielen. Sondern einfach präsent zu sein. (F8, 69–71)

Wie das erste Zitat zeigt, kann diese »Verschleierung« des instrumentellen Charakters sozialer Beziehungen (Bourdieu 1983: 190ff.) so weit gehen, dass auch subjektiv den freundschaftlichen, affektuellen Beziehungsinhalten Vorrang eingeräumt wird. Des Weiteren können in einer Produktion freundschaftliche Beziehungen geknüpft werden, die tatsächlich nur für die Produktionsdauer Bestand haben:

Freundschaft ist in der Filmbranche eher selten und ist auch eher projektbezogen. Das heißt, man klopft sich auf die Schulter, sagt, wie toll man zusammengearbeitet hat und will auf jeden Fall auch das nächste Projekt wieder zusammenarbeiten, und dann trennen sich die Wege. (F4, 233–236)

Mit zunehmender Berufserfahrung wird dann den im Projekt geknüpften Beziehungen weniger Bedeutung zugemessen. Typisch für diesen Verlauf ist die Erfahrung eines Kameraassistenten:

Das [Private und das Berufliche] überschneidet sich nicht in vielen Punkten, so ein paar, eine Handvoll Leute im Endeffekt. In der Produktion selber ist der Kontakt natürlich sehr eng zu allen Teammitgliedern, und auch zu speziellen. Aber der löst sich dann auch wieder nach der Produktion.

Hat sich das verändert im Berufsverlauf?

Ich glaube, am Anfang habe ich mich mehr auf diese Teamfreundschaft während der Produktion eingelassen. Da war das wahrscheinlich intensiver gefühlt. Das hat abgenommen. Ich lasse mich während der Produktion nicht mehr so auf, ich nenne es mal die Ersatzfamilie, ein. Das hat abgenommen. Und es sind auch keine, in letzter Zeit keine echten neuen Arbeitsfreundschaften, die dann auch im Privaten eine Rolle spielen, dazugekommen. Das ist eigentlich aus der Anfangszeit, da sind die quasi übrig geblieben. [...] Es war ganz interessant früher, und irgendwann nach dem 20. Fernsehspiel ist das halt nichts mehr Besonderes, halt auch zusammenzukommen, fünf oder sechs Wochen zusammen zu drehen und dann wieder auseinanderzugehen. (F22, 150–177)

Das typische Ergebnis ist eine zunehmende Ausdifferenzierung der Branchenkontakte in eher lose Kontakte, in engere, regelmäßige und freundschaftliche Kooperationsbeziehungen sowie in wenige dauerhafte Freundschaften.

Projekte beeinflussen die Struktur der Beziehungen von Filmschaffenden auch durch ihre Zusammensetzung. Positionen in einer Film- oder Fernsehproduktion sind in der Regel nicht doppelt besetzt, sodass eher vertikale Beziehungen als Kontakte zu Filmschaffenden in derselben Hierarchiestufe geknüpft werden. Kameramänner lernen also eher Regisseure und Assistenten als andere Kameramänner kennen. Diese Kontakte sind wichtig bei den Rekrutierungsentscheidungen in zukünftigen Projekten und damit für die zukünftigen Beschäftigungschancen, aber auch für die Ratsuche, zur Vermittlung beruflichen Orientierungswissens und den fachlichen Austausch. Diese vertikalen Beziehungen zu fachlich Vorgesetzten, die in der Regel über den Projektzugang entscheiden, werden zudem oft im Ausbildungskontext geknüpft. Interessanterweise prägen auch die in filmbezogenen Studiengängen geknüpften Kontakte in entscheidender Weise den Übergang zur Erwerbsarbeit. Die zertifizierten Fachqualifikationen spielen demgegenüber in den Rekrutierungsprozessen eine untergeordnete Rolle (vgl. Kapitel 2, 6). Das legt den Schluss nahe, dass die Vermittlung beschäftigungsrelevanter Kontakte im Rahmen formalisierter Ausbildungen (wie Studium) in der Film- und Fernsehindustrie ebenso relevant für den Berufseinstieg ist, wie es die vermittelten Fachqualifikationen sind. Somit ähneln sich einerseits formale und nicht formalisierte Ausbildungskontexte (beispielsweise Praktika) in ihrer Funktion für den Berufseinstieg. Andererseits liegt der wesentliche Unterschied darin, dass engere Bindungen in informellen Ausbildungskontexten zu rangniedrigeren Filmschaffenden geknüpft werden als an einer Filmhochschule, wo etwa angehende Kameraleute von Beginn an mit zukünftigen Produzenten oder Regisseuren zusammen lernen und erste Filme drehen.

Kontakte zu Kollegen in den gleichen Positionen stellen demgegenüber eher »schwache« Beziehungen im Sinne Granovetters (2002) dar, über die Informationen über den Arbeitsmarkt allgemein oder auch über die in einem bestimmten Segment typischen Honorare ausgetauscht werden. Diese Kontakte zu Kollegen in gleicher Position resultieren eher aus der gemeinsamen Ausbildung oder aus dem Aufstieg von Personen, die zuvor in einer untergeordneten Position im Projekt gearbeitet haben. Dies ist zum Beispiel der Fall, wenn Materialassistenten eines Kameraassistenten selbst zum Kameraassistenten aufgestiegen sind. Kollegen treffen jedoch keine Rekrutierungsentscheidungen.

7.2 Soziale Bindungen von Architekten

Sowohl im Übergang vom Studium in die Erwerbstätigkeit als auch bei späteren Arbeitgeberwechseln und bei der Bürogründung griffen viele der interviewten Architekten auf Informationen und Empfehlungen oder die Kooperation mit früheren Kollegen oder Kommilitonen zurück; allerdings hatten formale Rekrutierungswege nahezu den gleichen Stellenwert (vgl. Kapitel 2). Auch für den fachlichen Austausch und die Vergabe von Teilleistungen aus Aufträgen wurden diese Kontakte genutzt. Insgesamt grenzten die meisten Architekten berufliche Kontakte jedoch stärker von ihren außerberuflichen Aktivitäten ab, was auch durch die im Vergleich zu Filmprojekten regelmäßigeren Arbeitszeiten und die relativ geringe Abhängigkeit von informellen Kontakten besser möglich ist (vgl. Kapitel 4). Schließlich verfügen Architekten über eine größere Autonomie im Arbeitsprozess und arbeiten weniger eng mit Kollegen im Projekt zusammen als Filmschaffende (vgl. Kapitel 4).

Die extrafunktionalen Kriterien bei der Auswahl von Büromitarbeitern oder -partnern bezogen sich zu einem großen Teil mittelbar oder unmittelbar auf die Berufstätigkeit, und gemeinsame außerberufliche Aktivitäten wurden kaum gepflegt. Bei der Arbeit in einem Büro haben Angestellte oder freie Mitarbeiter jedoch prinzipiell die Möglichkeit, auch Kontakte zu Architekten ohne Leitungsfunktion zu knüpfen. Für Büroleiter hingegen dominieren, wenn sie das Büro nicht gemeinsam mit anderen Architekten leiten, im Arbeitsalltag eher vertikale Beziehungen zu Angestellten oder Auftraggebern beziehungsweise Bauherren. Gerade in der frühen Phase der Bürogründung fehlte einigen der Interviewpartner aber der Austausch über Personalfragen und andere Aspekte der Büroleitung. Daher suchten sie den Kontakt zu anderen Büroleitern auf Weiterbildungsveranstaltungen oder sie besprachen sich mit früheren Kommilitonen, die selbst ein Büro leiten.

Für die Akquise der ersten Aufträge sind für freiberufliche Architekten vor allem die lebensweltlichen Bezüge von großer Bedeutung. Die ersten Projekte werden oft für Familienmitglieder, Nachbarn, Freunde oder Kontakte aus gemeinsamen Hobbys durchgeführt, was darauf hindeutet, dass bei der Vergabe von Planungsleistungen eine außerberufliche Vertrauensbasis sichtbare Arbeitsergebnisse substituieren kann. Insbesondere bei freiberuflich tätigen Architekten, die häufiger in einem engeren Kontakt zu Bauherren stehen als Angestellte, sind aber professionelle Beziehung und privater Austausch oft schwer voneinander zu trennen. Dies kann positiv erlebt werden, wenn etwa aus einem Bauvorhaben Freundschaften entstehen, wie die folgenden Beispiele zeigen:

Zum Beispiel war ich beim Abendessen mit früheren Bauherren von mir. [...] Und das sind die besten und mit die engsten Freunde von mir geworden, aufgrund dieses Umbaus, und die auch ganz viel Eigenleistung gemacht haben. Und das ist so. Das kann man kaum beschreiben, wie so etwas entsteht und was dann daraus wird. Und jetzt fragen sie mich immer, wenn irgendwas ist, an der Nachbarwand, dann fragen die mich als Architekt und dann schreibe ich einen kurzen Brief und man bleibt zwar eigentlich in beruflichen Kontakt. Aber was zählt, ist eigentlich dieser freundschaftliche Kontakt aufgrund der Zeit und der Zusammenarbeit, die man zusammen erlebt hat. Weil die auch in der gleichen Generation sind. (A3, 919–927)

Und bei dem einen anderen ist auch wirklich eine Freundschaft drüber entstanden. So ein Haus bauen ist auch ein bisschen so was wie eine Geburt, wie eine Schwangerschaft. Also wenn man das miteinander wirklich alles durchstanden hat und es klappt am Ende, und das Kind ist gesund – das bindet schon auch aneinander, keine Frage. (A15, 216–223)

Allerdings kann eine zu geringe professionelle Distanz zwischen Architekt und Bauherr auch problematisch sein, da jedes Bauvorhaben fast unweigerlich Konflikte über die Ausführung, Kosten oder Bauzeiten in sich trägt. Dieses Dilemma beschreiben zwei Architekten sehr eindrucksvoll:

Also es gibt Freunde, die auch mit Sachen zu mir kommen, das finde ich jetzt nicht so eine Überlappung. Aber es gibt auch Freunde, die bewusst sagen, nee, machen wir nicht, vielleicht auch, weil denen mein Stil nicht gefällt, oder weil sie sagen, dass man sich nicht so streiten kann. (A11, 569–572)

Ich habe viel Kundschaft aus dem Freundeskreis. Das ist schon so. Aber richtig entspannt finde ich das nicht, mit den Leuten abends zusammen zu sein, mit denen man tagsüber ein Haus baut. Davor und danach ist das alles ok, aber währenddessen finde ich das nicht wirklich entspannend. (A15, 360–381)

Ein Konfliktfall im Projektverlauf kann dann einerseits die Freundschaft belasten, andererseits die Interessendurchsetzung behindern. Eine andere Facette der konfligierenden Logiken von Freundschafts- und Geschäftsbeziehungen kann sich in der Auftragsvergabe zwischen Architekten zeigen:

Zum Teil arbeiten wir auch an manchen Projekten zusammen, nur habe ich die Erfahrung bisher gemacht, wenn ich von Kommilitonen dann oft ein Projekt angeboten bekommen habe, dann suchen die jemanden, der erfahren ist, aber sind nur bereit, wenig Geld zur Verfügung zu stellen. Also im Grunde wird jemand gesucht, der vielleicht für wenig Geld auch arbeitet, aber wo sie trotzdem hundertprozentig wissen, die Arbeit wird dann gemacht. (A9, 337–343)

Zwar sind Honorare in der Honorarordnung für Architekten und Ingenieure (HOAI) festgelegt, doch gibt es einen gewissen Spielraum hinsichtlich des Aufwandes, mit dem einzelne Leistungen erbracht werden.

Charakteristisch für die Nutzung sozialen Kapitals für die Sicherung von Einkommen und Beschäftigung ist weiterhin, dass dies auch bei Architekten nur indirekt geschehen kann und nur, wenn der instrumentelle Charakter der

Kontaktpflege verschleiert wird. Dies illustrieren die folgenden Zitate aus Interviews mit freischaffenden Architekten, die auch Dienstleistungen für andere Architekten anbieten:

Wie, also abgesehen von den Kontakten, die man schon hat, die man sich in der Vergangenheit aufgebaut hat, wie kommt man an Aufträge? [...] das klappt gut, aber nur, wenn es nicht zielgerichtet ist. Aber in dem Moment, wenn ich wüsste, ich spreche jetzt den und den an mit dem Ziel, irgendwann das Thema drauf zu bringen »Mensch, wir könnten doch mal zusammenarbeiten, wie sieht das denn aus?« – wäre das ganze Gespräch ab der Sekunde total verkrampft. Würde nicht funktionieren. (A16, 340–349)

Das, was kommt, können sie das auch mit beeinflussen?

Ja, das eigentlich weniger, weil wir ja immer angesprochen werden. Wir können natürlich unsere Bekannten anrufen und sagen: »Wie sieht es denn aus, habt ihr nicht irgendwas?«, aber das ist eigentlich relativ selten. Wir sprechen natürlich mit denen und unterhalten uns, und dann kommt dann natürlich, ohne dass das aufdringlich wirkt, immer irgendwie das Gespräch auf die Aufträge, aber das sind so die verbindenden Elemente. Und wenn man dann relativ kurz zusammen ist, unterhält man sich eher über den Job als über die privaten Dinge. Da kriegt man das relativ schnell raus, ob da irgendwas im Möglichen liegt oder eben nicht. (A4, 275–287)

Wie auch bei den Filmschaffenden überwiegen bei der Kontaktpflege daher freundschaftliche Inhalte oder fachlicher Austausch. Diese indirekte Form der Anbahnung von Aufträgen ist aufgrund ihrer Ungerichtetheit jedoch immer ergebnisoffen.

7.3 Zusammenfassung

Filmschaffende und Architekten sind in ihren Strategien zur Beschäftigungs- und Einkommenssicherung in unterschiedlichem Ausmaß auf die Unterstützung von befreundeten Kollegen und Vorgesetzten beziehungsweise Auftraggebern angewiesen. Je nach Arbeitssituation unterscheidet sich das Ausmaß, in dem berufliche Beziehungen freundschaftliche oder affektuelle Anteile haben. Je ausgeprägter diese Tendenz ist, desto stärker fallen Rekrutierungspraktiken und die Stabilisierung freundschaftsähnlicher Beziehungen zusammen. In der Film- und Fernsehwirtschaft existieren zum einen keine universalistischen Kriterien wie standardisierte Qualifikationen für die Auswahl von Projektmitgliedern. Zum anderen begünstigen die Rekrutierungspraktiken, hier: die Selektion durch die Mitglieder der sehr interdependenten Teams selbst, sowie die extremen Arbeitsbedingungen eine projektüberdauernde Stabilisierung und die Ausweitung der Ansprüche an die Beziehungen zu Kollegen (vgl. Kapitel 2, 3, 4). Diese Ansprüche umfassen rein partikularistische Kriterien wie Sympathie, Humor, aber auch Arbeitseinstellungen und den professionellen Ethos. Die Bevorzugung von Kooperationspartnern mit ähnlichen Arbeitseinstellungen (Cineasten, »Leidenschaft Film«) lässt sich nach Lazarsfeld und Merton (1954) auch als wertbasierte Homophilie bezeichnen. Die freie Auswahl von Kooperationspartnern führt verstärkt dazu, dass vorwiegend »Gleichgesinnte« in aufeinanderfolgenden Projekten rekrutiert werden und dadurch relativ stabile Kooperationsbeziehungen entstehen. Diese Tendenz hat Rose Laub Coser in Anlehnung an Lewis Coser's gierige Institutionen als die »Gier« partikularistischer Beziehungen bezeichnet (»Particularism is a greedy force«, R. L. Coser 1984: 229). Die intensive Zusammenarbeit stabilisiert auch die freundschaftlichen Beziehungen zu Kollegen.

Die Arbeitsbedingungen der Architekten zeichnen sich durch größere Autonomie, die Existenz professioneller Normen, geringere Interdependenz und Interaktivität im Arbeitsprozess und weniger Schwankungen von Arbeitsvolumen und Arbeitszeiten aus. Dies erlaubt eine stärkere Trennung von Berufsleben und privater Lebensführung beziehungsweise die Vereinbarkeit von Anforderungen aus verschiedenen Lebensbereichen.

Die Projektorganisation prägt schließlich auch die Art der beruflichen Beziehungen. Architekten haben in einem Büro eher als Filmschaffende Kontakt zu Projektmitgliedern auf allen Hierarchieebenen. Filmschaffende hingegen vertiefen in Projekten vor allem vertikale Beziehungen, da in der Regel Positionen nicht doppelt besetzt werden. Allerdings gibt es auch Unterschiede zwischen angestellten und freiberuflich tätigen Architekten: Dort, wo Architekten Aufträge bei privaten Bauherren oder Architektenkollegen selbst akquirieren, stiftet der außerberufliche Entstehungskontext der oft freundschaftlichen Beziehungen – sei es die gemeinsame Ausbildung, die Nachbarschaft, die Familie, der Sportverein oder die lokale Kunstszene – offenbar eine Vertrauensbasis oder alternative soziale Kontrollmöglichkeiten, die den Zugang zu prestigeträchtigen Bauvorhaben erleichtern.

Aus den Erfahrungen der Architekten und Filmschaffenden, die zur Einkommens- und Beschäftigungssicherung auf soziale Beziehungen angewiesen sind, zeigte sich jedoch auch die Ambivalenz der Verknüpfung von affektuellen und instrumentellen Beziehungsinhalten: Der freundschaftliche Charakter der Beziehung erschwert die Interessenverfolgung im Konfliktfall und droht durch eine zu offensichtliche Instrumentalisierung zu erodieren. Gleichzeitig ist die Beschäftigungs- und Einkommenssicherung mithilfe sozialen Kapitals immer unsicher, insofern die Kriterien für den Zugang gerade nicht universalistisch sind und die Instrumentalisierung immer der Verschleierung bedarf, denn »[a]lles, was zur Verschleierung des Ökonomischen beiträgt, trägt auch zur Erhöhung des Schwundrisikos bei« (Bourdieu 1983: 197).

Ausblick
Artikulation und Organisierbarkeit von Interessen in Projektarbeitsmärkten

Die vielfach belastenden Arbeitsbedingungen und hohen Flexibilitätsanforderungen in Architektur- und Filmprojekten führen zu Problemen, Erwerbstätigkeit und private Lebensplanung zu vereinbaren, und rufen bei vielen Filmschaffenden Überlegungen zu einem Berufswechsel hervor (vgl. Kapitel 3, 4, 6). Dies würde ein Bedürfnis nach einer Begrenzung und Regulierung der Projekteinbindung vermuten lassen. Gleichwohl ist die Interessenvertretung im dualen System der Mitbestimmung in beiden Projektarbeitsmärkten vergleichsweise schwach: Die Tarifbindung außerhalb der großen Sendeanstalten und außerhalb der wenigen großen Architekturbüros ist gering und Betriebsräte sind wenig verbreitet. Aufgrund des hohen Anteils atypischer Beschäftigungsverhältnisse – wie Alleinselbstständige, Scheinselbstständige, und für die Produktionsdauer befristet Angestellte – sowie der Dominanz kleiner und Kleinstbetriebe können Interessenvertretung und Organisierungsstrategien zudem nicht wirksam an der Einheit des Betriebes und einer stabilen Belegschaft ansetzen (vgl. Kapitel 1).

Schließlich existieren in der Film- und Fernsehwirtschaft die – im freien Produktionsmarkt wenig einflussreiche – Dienstleistungsgewerkschaft Ver.di sowie verschiedene, eher schwache Berufsverbände nebeneinander. Die Berufsgruppe der Architekten hat ebenfalls einen hohen Anteil an Selbstständigen, die entweder als Dienstleister für andere Architekturbüros auftreten oder selbst Büroinhaber sind. Architekten werden in ihren Interessen durch die Kammern vertreten, die auch den Zugang zum Architektenberuf regulieren. Die Honorare für Planungsleistungen sind gebührenrechtlich geregelt, damit der Wettbewerb im Planungsmarkt über die Qualität und nicht über den Preis der Dienstleistungen ausgetragen wird. Die Arbeits- und Beschäftigungsbedingungen für angestellte Architekten außerhalb der Behörden und großen Architekturbüros sind aber kaum reguliert. Abhängige Beschäftigungsverhältnisse in Architekturbüros sind in der Regel formal unbefristet, doch die Beschäftigungsdauer ist häufig an die Akquise von Folgeprojekten geknüpft. In den meisten Architekturbüros sind weniger als neun Personen tätig (92 Prozent der 84.750 in der Dienstleistungsstatistik 2004 des Statistischen Bundesamtes erfassten Architektur- und Ingenieurbüros), sodass ein verminderter Kündigungsschutz besteht (vgl. Kapitel 1).

Flexible, projektförmige Organisationsformen von Arbeit sind in vielen Bereichen zu beobachten, die sich gleichzeitig durch eine schwache gewerkschaftliche Organisation und fehlende Betriebsratsstrukturen auszeichnen. Dies betrifft zum einen die Arbeit von hoch qualifizierten »Wissensarbeitern« und wurde insbesondere im Zusammenhang mit dem Bedeutungsgewinn und der Krisenentwicklung im Bereich der Neuen Medien diskutiert (Boes 2004; Boes/Kämpf/Marrs 2005; Abel/Ittermann/Pries 2005). Trotz der für diese hoch qualifizierten Beschäftigtengruppen in der IT-Industrie konstatierten Dominanz von Selbstvertretungsansprüchen und geringem Vertrauen in die Problemlösungsfähigkeit von Betriebsräten und Gewerkschaften (Abel/Ittermann/Pries 2005) besteht hier zumindest prinzipiell die Möglichkeit einer Interessenvertretung, die an der Betriebseinheit und der in den Krisenerfahrungen entstehenden »Arbeitnehmeridentität« ansetzt (Boes/Kämpf/Marrs 2005: 7ff.). Diese Möglichkeiten sind jedoch dort nicht gegeben, wo die Leistungserstellung gerade nicht (überwiegend) betriebsförmig organisiert wird und vom Normalarbeitsverhältnis abweichende Beschäftigungsformen verbreitet sind. Dort erscheinen Alternativen zur Selbstvertretung und informellen oder arbeitsorganisatorisch bedingten Formen der Partizipation zunächst als unwahrscheinlich.

Daher möchte ich im Folgenden auf der Grundlage meiner Erkenntnisse über die Arbeitsmarktfunktionsweise, Arbeitsorganisation, Erwerbsverläufe sowie die Struktur der beschäftigungsrelevanten Beziehungen von Projektbeschäftigten diskutieren, mit welchen förderlichen oder problematischen Bedingungen Ansätze zur Vertretung und Organisierung der Interessen von Erwerbstätigen in projektartigen und netzwerkgetragenen Arbeitszusammenhängen konfrontiert sein können. Welche Formen von Interessenhandeln sind möglich? Können kollektive Interessenvertretungen auf »vororganisatorische Organisationsmechanismen« (Streeck 1981: 62), wie beispielsweise Berufsgemeinschaften, zurückgreifen? Welche Mobilisierungspotenziale bestehen in Projektarbeitsmärkten?

In Studien zur Filmindustrie in Deutschland, den USA und Großbritannien und auch in meiner Untersuchung zur Architektur und der Film- und Fernsehindustrie wurde die herausragende Bedeutung informeller Beziehungen für den Projektzugang und damit für die Beschäftigungsmöglichkeiten nachgewiesen (vgl. Kapitel 2, sowie Jones 1996; Faulkner/Anderson 1987; Baumann 2002a; Windeler/Wirth/Sydow 2001). Dies wirft die Frage auf, ob die in Projekten geknüpften und darüber hinaus möglicherweise (latent) bestehenden sozialen Beziehungen Anknüpfungspunkte für Interessenhandeln darstellen und inwiefern sie Solidarisierungspotenziale bergen. Windeler und Wirth (2004, 2005) schreiben den projektüberdauernden informellen Beziehungen die Funktion zu, Kontinuität in Bezug auf Organisationspraktiken zu ermöglichen, indem sich in der wiederholten Interaktion innerhalb dieser Projektnetzwerke Erwartungen und gemeinsame Orientierungen herausbilden (Sydow/Windeler 1999: 217). Dadurch, so die Autoren, etablieren sich zusätzlich informelle (branchen-, produkt-, regions- oder berufsbezogene) Standards, auf die in den Aushandlungsprozessen in den Projekten Bezug genommen wird (Windeler/Wirth 2004, 2005). Demgegenüber kann argumentiert werden, dass auch diese, sich auf soziale Beziehungen stützenden, informellen Standards der Entlohnung und Arbeitsbedingungen nicht ohne Weiteres Schutzfunktionen erfüllen können, die im dualen System der Interessenvertretung durch institutionelle Regulierungsformen wahrgenommen werden. Vielmehr ist anzunehmen, dass sich das grundsätzliche Machtungleichgewicht zwischen der Angebots- und Nachfrageseite auf Arbeitsmärkten in diesen informellen Aushandlungen und in den Beziehungsstrukturen widerspiegelt. Ohne die institutionelle Absicherung werden diese Standards in Krisenzeiten schnell unwirksam. So berichteten die interviewten Filmschaffenden und Experten von einer weitgehenden Stagnation der Gagen, dem Wegfall der Überstundenzuschläge und einer Arbeitsverdichtung infolge verkürzter Drehzeiten seit der Krise in 2000/2001.

Angesichts der Krisenentwicklung in der Film- und Fernsehindustrie beurteilen Kira Marrs und Andreas Boes (2003) die Möglichkeit, soziale Beziehungen für das Interessenhandeln zu nutzen, noch weitaus pessimistischer. Sie gehen davon aus, dass es infolge eines Arbeitskraftangebotes, das die Nachfrage übersteigt, zu einer Verschärfung der Konkurrenz und einer »Atomisierung« der Filmschaffenden kommt. Zudem heben sie die Bedeutung von hierarchischer und personaler Kontrolle im Arbeitsprozess hervor. Sie schließen daraus, dass gerade vor dem Hintergrund der bestehenden Beschäftigungsunsicherheit hohe Leistungsanforderungen mithilfe des Drohpotenzials eines Entzugs zukünftiger Beschäftigungsmöglichkeiten durchgesetzt werden. Dieses Szenario bezeichnen Boes und Marrs als »Ökonomie der Unsicherheit«. Diese Interpretation vernachlässigt aber den Charakter der Arbeitsorganisation, die Stabilität und den Zusammenhalt innerhalb des Teams und einzelner Berufsgruppen und die daraus resultierenden Solidarisierungspotenziale.

Vor dem Hintergrund dieser kontroversen Argumente erscheint eine genauere Betrachtung des Potenzials und der Grenzen eines auf informellen Beziehungsstrukturen gestützten Interessenhandelns notwendig. Wie gestaltet sich das Zusammenspiel projektbezogener Kooperation und projektüberdauernder Beziehungen konkret? Welche Arten von Beziehungen verstärken ein Machtungleichgewicht, welche fungieren möglicherweise als Machtressource für Interessenhandeln? Diese Fragen werde ich im Folgenden auf verschiedenen Ebenen des Interessenhandelns diskutieren. Ich beginne mit der Ebene der konkreten Transformation von Arbeitskraft in Arbeit und betrachte dabei die Autonomie und Kontrolle im Arbeitsprozess. Anschließend bespreche ich die direkten Partizipationsmöglichkeiten im Arbeitsprozess und die Möglichkeiten des individuellen Interessenhandelns bei der Aushandlung von Arbeits- und Beschäftigungsbedingungen; einige Autoren (Abel/Ittermann/Pries 2005) betrachten diese Möglichkeiten als wichtige und oft einzige legitime Form des Interessenhandelns für hoch qualifizierte Projektbeschäftigte oder »Wissensarbeiter« mit hohen Ansprüchen an Autonomie und Selbstvertretung. Das Hauptaugenmerk lege ich drittens schließlich auf die strukturellen Bedingungen der Organisierung und kollektiven Interessenvertretung von Projektbeschäftigten.

Autonomie und Partizipation im Arbeitsprozess

Wie in Kapitel 4 ausführlicher dargelegt wurde, verfügen Architekten und Filmschaffende über unterschiedlich große Handlungsspielräume bei der Dienstleistungserstellung. Architekten sind dafür qualifiziert, Dienstleistungen in allen Leistungsphasen des Planungsprozesses zu erbringen und haben traditionell eine Koordinationsfunktion im Projektzusammenhang inne. Die Dienstleistungserstellung ist stark professionalisiert: Kodifizierte und in der Ausbildung vermittelte professionelle Normen bestimmen die Arbeit. Im Projektverlauf konkretisieren sich aus der Zusammenarbeit mit dem Bauherrn und anderen Projektbeteiligten Fristen; es ergeben sich Schwankungen im Arbeitsvolumen, die von den Architekten in der Koordinationsfunktion zumindest begrenzt beeinflusst werden. Insgesamt ist die Arbeit weit weniger interdependent und interaktiv als in Film und Fernsehproduktionen, sodass zumindest für freiberufliche Architekten die Autonomie bei der Wahl von Arbeitsort und -zeit im Vergleich zu Filmschaffenden groß ist. Angestellte Architekten haben demgegenüber weniger Freiräume in der Wahl ihrer Arbeitsaufgaben, der Arbeitszeiten und des Arbeitsortes. In kleinen Architekturbüros werden die schwankenden Arbeitsvolumina der verschiedenen Projekte oft durch die flexible Zusammensetzung einzelner Projektteams bewältigt. Diese internen Flexibilisierungsformen (Vobruba 2006; Goudswaard/de Nanteuil 2000) führen einerseits zu einer partiellen Verstetigung des Arbeitsaufkommens und der Arbeitszeiten. Andererseits sind die Arbeitszeiten dadurch oft sehr hoch und eine Teilzeittätigkeit kaum durchsetzbar. Zudem arbeiten Architekten innerhalb eines Büros in großer räumlicher Nähe in atelierähnlichen Räumen, was nach R. L. Coser (1961: 38) eine erweiterte Kontrolle nicht nur des Verhaltens, sondern auch der Arbeitseinstellungen ermöglicht (vgl. Kapitel 3).

Bei der Produktion von Filmen oder Fernsehinhalten sind die Gestaltungsfreiräume der Projektmitglieder ohne künstlerische Gesamtverantwortung hingegen deutlicher begrenzt. Die Tagespensen werden durch Drehpläne vorgegeben und die geplanten Arbeitszeiten täglich auf Grundlage der Arbeitsergebnisse für den Folgetag aktualisiert. Die Zusammenarbeit mit den direkten Vorgesetzten ist sehr eng. Filmschaffende haben also deutlich arbeitsteiligere Strukturen mit klar umrissenen Aufgabenbereichen, ihre Kooperation ist von hoher Interdependenz und Interaktivität geprägt, sie haben lange Arbeitszeiten und müssen mit engen räumlichen Gegebenheiten zurechtkommen. Entsprechend wichtig ist die persönliche Abstimmung zwischen den Projektbeteiligten, die aus Sicht der Interviewten insbesondere innerhalb der Departments und zwischen den Personen mit Leitungsfunktion durch Erfahrungen in der Zusammenarbeit und Sympathie wesentlich erleichtert wird (vgl. Kapitel 2, 4).

Die enge persönliche Kontrolle innerhalb der hierarchisch strukturierten Produktionsteams in der Film- und Fernsehindustrie wurde von Kira Marrs (2007) auf die Formel »Befehl und Gehorsam« gebracht (ebd.: 107): Die enge Kontrolle innerhalb der Departments und die Androhung, zukünftige Beschäftigungsmöglichkeiten zu entziehen, sichere die Durchsetzung der Leistungsvorgaben. Die damit unterstellte Kongruenz von Interessen der Arbeitgeber beziehungsweise Produktionsfirmen und fachlich Vorgesetzten (Heads of Department) ist meines Erachtens jedoch nur zum Teil zutreffend und vernachlässigt wichtige Aspekte der sozialen Integration im Arbeitskontext. Zwar spricht einiges dafür, die Abstimmungsprozesse im Team direkt mit der Produktivität und der Durchsetzungsfähigkeit von Leistungsvorgaben in Beziehung zu setzen: Die Selbststeuerung der Teams reduziert den Kontrollaufwand für die Produktionsleiter, die »Harmonie« im Team wirkt als wichtige Motivation und kompensiert ein Stück weit die extremen Arbeitsbedingungen. Darüber hinaus sind eine gute Abstimmung und das »reibungslose Funktionieren« der Teams der Produktivität zuträglich und schlagen sich damit auch in der Reputation der Projektmitglieder mit Leitungsfunktion, also der Heads of Department, nieder. Allerdings wurde gezeigt, dass sich die Selektionsprozesse bei der Konstitution von Produktionsteams nicht auf Effizienzkriterien reduzieren lassen, sondern vielfältige partikularistische und diffuse Kriterien eine Rolle spielen. Dazu zählen auch Arbeitseinstellungen; beispielsweise wird eine Identifikation mit der Branche und dem Ideal des Films als Kunstform eingefordert. Beides kann, wie im dritten Abschnitt ausführlicher diskutiert wird, der Durchsetzung immer höherer Leistungsanforderungen potenziell Grenzen setzen.

»Selbstvertretung« bei der Aushandlung von Arbeits- und Beschäftigungsbedingungen

Werden diese Arbeitseinstellungen und die »passende Chemie« in der Zusammenarbeit in einer Filmproduktion »nachgewiesen«, bilden sich über mehrere Projekte zwischen Regisseur und den Heads of Department sowie zwischen diesen und Assistenten innerhalb ihrer Departments stabile Kooperationsbeziehungen heraus. Die Abhängigkeit von vertikalen Beziehungen für die Sicherung zukünftiger Beschäftigungsmöglichkeiten ist somit für Filmschaffende hoch. Nach Littler (1987: 61f.) können neben der technischen Arbeitsteilung und Arbeitsgestaltung sowie der Kontrollstruktur die Regulierung des Beschäftigungsverhältnisses und die Stellung der Beschäftigten im Arbeitsmarkt als dritte Ebene des Arbeitsprozesses bezeichnet werden. Beides prägt die Sanktionsmöglichkeiten und damit das Machtpotenzial der Arbeitgeber bei der Kontrolle des Arbeitsprozesses (vgl. Edwards 1984: 113). Dementsprechend argumentieren Marrs und Boes (2003), dass die Drohungen mit dem Entzug zukünftiger Beschäftigungsmöglichkeiten durch die Vorgesetzten gerade das Interessenhandeln erschweren.

Für Architekten erscheint die potenzielle Drohung mit dem Entzug zukünftiger Beschäftigungsmöglichkeiten hingegen weniger wirksam. Zwar arbeiten sie in der Mehrzahl in sehr kleinen Büros. Die Beschäftigungsverhältnisse sind zumindest implizit immer gekoppelt an die Projektdauer beziehungsweise die Akquise von Folgeprojekten oder die Empfehlungen zu Büros, zu deren Inhabern der gegenwärtige Arbeitgeber einen guten Kontakt hat. Allerdings stehen neben informellen Wegen der Arbeitssuche auch formale Rekrutierungskanäle offen (vgl. Kapitel 2).

Die Distanz zwischen Projektmitgliedern und ihren jeweiligen Vorgesetzten ist in der Filmbranche hingegen gering. Dies gilt nicht nur im Hinblick auf die räumlich enge Zusammenarbeit und die ausgeprägte Interdependenz im Arbeitsprozess, sondern auch aufgrund der Abhängigkeit von Vorgesetzten für die Erschließung zukünftiger Beschäftigungsmöglichkeiten. Schließlich bietet die Position des Vorgesetzten vor dem Hintergrund der Karriereleitbilder, die einen Aufstieg von Assistenz- zu Projektleitungsfunktionen implizieren, Identifikationsmöglichkeiten. Daher werden sich Mitarbeiter gegenüber ihren Vorgesetzten loyaler verhalten und sich weniger in der Arbeitnehmerinteressenvertretung engagieren (Lipset/Trow/Coleman 1956: 162; R. L. Coser 1961: 36f.); und auch das Aushandeln der Arbeits- und Beschäftigungsbedingungen wird sich für sie schwieriger gestalten (vgl. Platman 2004). Ob jedoch in Projektarbeitsmärkten tatsächlich Verpflichtungen und Einstellungen gefördert werden, die ein wirksames – individuelles oder kollektives – Interessenhandeln der Beschäftigten in Bezug auf ihre Arbeits- und Beschäftigungsbedingungen verhindern, bedarf meines Erachtens einer genaueren Differenzierung zwischen Arbeitgeberfunktion und fachlich Vorgesetzten. Entscheidend ist also, wie sehr die Funktion des Arbeitgebers und die des für die Beschäftigungsmöglichkeiten wichtigen fachlich Vorgesetzten zusammenfallen. Dies zielt auf die Frage, wie sehr Kontakte, die durch fachliche Beurteilungen, das Aussprechen von Empfehlungen und durch ihre Entscheidungsgewalt in Rekrutierungsprozessen für zukünftige Beschäftigungsmöglichkeiten wichtig sind, getrennt von den Personen sind, mit denen Arbeits- und Beschäftigungsbedingungen verhandelt werden.

In der Regel – und dies ist auch bei Architekten der Fall – fällt beides zusammen: Vorgesetzte oder Büroleiter evaluieren die Arbeit und definieren gleichzeitig die Arbeits- und Beschäftigungsbedingungen der Angestellten. Die Kontakte der Arbeitgeber prägen – wenn auch nicht ausschließlich – Beschäftigungsmöglichkeiten außerhalb des Büros, und diese alternativen Beschäftigungsmöglichkeiten sind angesichts der schwankenden Auftragslage besonders wichtig. Kameraleute hingegen arbeiten in der Regel in festen Teams, sodass für Kameraassistenten die Kameramänner oder -frauen und für diese wiederum Regisseure die Vermittler zukünftiger Projekte sind. Die konkreten Arbeits- und Beschäftigungsbedingungen – Arbeitszeit, Gagen, Überstunden- und Nachtzuschläge sowie teilweise auch die Beschäftigungsform – werden jedoch mit den Produktionsleitern ausgehandelt. Allerdings hängt die Verhandlungsposition immer auch davon ab, ob und wie stark sich die fachlich Vorgesetzten für eine bestimmte Stellenbesetzung einsetzen.

Die Trennung zwischen fachlich Vorgesetzten und Arbeitgebern ist also von besonderer Relevanz gerade dort, wo die Beschäftigung hochgradig unsicher ist: Die Beschäftigungs- und Aufstiegsmöglichkeiten hängen dann von den Rekrutierungsentscheidungen und Empfehlungen der jeweils fachlich Vorgesetzten ab. In diesen Selektionsprozessen spielen sowohl fachliche als auch extrafachliche Qualifikationen, partikularistische, diffuse und askriptive Kriterien eine Rolle (vgl. Kapitel 2). Produktionsfirmen können zwar im Einzelfall die Projektstellenbesetzung forcieren oder verhindern, doch lassen die Produzenten den jeweiligen Heads of Department in der Regel weitgehend Freiraum bei den Rekrutierungsentscheidungen. Die Selbstorganisation der Teams oder der »gang skill« bilden eine wichtige »Ungewissheitszone« (Crozier/Friedberg 1979: 51) und damit ein Primärmachtpotenzial (Jürgens 1984: 61f.). Dieses stellt in den der Rekrutierungsentscheidung vorgeschalteten Verhandlungen über die Arbeits- und Beschäftigungsbedingungen eine wichtige Ressource dar, wie auch das nachfolgende Zitat aus einem Interview mit einer Kameraassistentin verdeutlicht:

Es ist so: Wenn ich von einem Kameramann vorgeschlagen werde bei der Produktion, habe ich schon mal das Glück, dass die meistens das schon, wenn ich nicht extrem teuer bin, dass ich dann auch genommen werde. Wenn der sagt, das ist meine erste Wahl, die möchte ich gern haben, ohne die komme ich nicht – dann habe ich natürlich Glück. (F25, 637–639)

Die guten Beziehungen zu den fachlich Vorgesetzten können somit die Verhandlungsposition gegenüber dem Arbeitgeber stärken. Dieses Machtpotenzial bezieht sich jedoch vor allem auf die individuelle Verhandlungsposition und die der Kooperationspartner und begünstigt daher Personen, die bereits über stabile Kooperationsbeziehungen und damit über eine ohnehin größere Beschäftigungs- und Einkommenssicherheit verfügen als Personen mit überwiegend losen Kontakten. Dadurch würde im Extremfall eine Spaltung der Filmschaffenden in besser eingebundene Personen, die regelmäßiger rekrutiert werden und über eine bessere Aushandlungsposition gegenüber den Produktionsfirmen verfügen, und Personen mit noch unsteterer Beschäftigung, entsprechend weniger Arbeitserfahrungen, schlechteren Kontakten und stärker verwundbarer Arbeitsmarktposition gefördert. Angesichts dessen stellt sich die Frage, ob und unter welchen Bedingungen sich diese Primärmachtpotenziale in Sekundärmacht transformieren lassen, ob also die Netzwerkstrukturen als Ausgangspunkt für kollektive Formen der Interessenartikulation und Organisation dienen können.

Ansätze zu kollektiven Formen der Artikulation und Organisation von Interessen

Die Entstehung engerer Bindungen sowie gegenseitiger moralischer Verpflichtungen in Teams, die über die Projektdauer hinaus Bestand haben, stärkt die individuelle Verhandlungsmacht und begrenzt die Konkurrenz zwischen Projektbeschäftigten. Wenn daraus eine Fragmentierung der Erwerbstätigen in kleine Gruppen miteinander befreundeter Projektbeschäftigter resultiert, die nicht entlang von Berufs- und Betriebsgrenzen verläuft, stellt sich die Frage nach den Konsequenzen für Möglichkeiten der umfassenderen Solidarisierung. Kann kollektives Interessenhandeln gerade an diesen Bindungen und Berufsidentitäten anknüpfen und ein gemeinsames und organisiertes Interessenhandeln von Filmschaffenden oder von Architekten fördern? In diese Richtung lässt sich der Zusammenschluss der einzelnen Berufsverbände unter dem Dach »Die Filmschaffenden« (vgl. Kapitel 1) sowie die Demonstrationen und Proteste freischaffender *und* angestellter Architekten im Rahmen der Diskussion um eine Novellierung der HOAI im Frühjahr und Sommer dieses Jahres deuten.[1]

1 Vgl. die Stellungnahmen der Bundesarchitektenkammer vom 1. September 2005 sowie vom 8. Februar 2008 und März 2008 unter www.bak.de, Stellungnahme der Architektenkammer Nordrhein-

Im vorangegangenen Abschnitt wurde auf die ambivalente Bedeutung von vertikalen Beziehungen hingewiesen. Diese können, je nachdem, ob fachlich Vorgesetzte und Arbeitgeber identisch sind, als Ressource oder Barriere für (individuelles) Interessenhandeln fungieren. Doch auch darüber hinaus sind Netzwerke zwischen Beschäftigten einerseits und zwischen den Arbeitgebern andererseits konstitutiv für die Machtverhältnisse in Projektarbeitsmärkten. Daher werde ich im Folgenden diskutieren, wie sich der informelle Organisationsgrad zu den Möglichkeiten kollektiver Formen der Interessenartikulation, -organisation und -vertretung verhält.

Der Austausch mit Kollegen über die Arbeit, Beschäftigung und Interessenvertretung kann, so lässt sich aus der US-amerikanischen Untersuchung der Druckergewerkschaft durch Lipset und Kollegen schließen (Lipset/Trow/Coleman 1956: 162ff.), als wichtige Voraussetzung für die Meinungsbildung über und das Engagement in der Interessenvertretung betrachtet werden. Auf der Grundlage dieses Austausches kann Ungerechtigkeit erkannt werden und es können sich Annahmen über ihre Ursachen bilden; dies kann die Herausbildung und Artikulation von Arbeitnehmerinteressen begünstigen (vgl. Kelly 1998: 126ff.). Im Folgenden werden zwei Aspekte des Austauschs zwischen Kollegen genauer betrachtet: der Informationsaustausch über Arbeits- und Beschäftigungsbedingungen und die Herausbildung von Berufsgemeinschaften.

Informelle Standards und der Austausch über Arbeits- und Beschäftigungsbedingungen

Ein Aspekt des Austauschs zwischen Filmschaffenden ist die Verbreitung von Informationen, beispielsweise über Beschäftigungsmöglichkeiten und anstehende Projekte, über Erwerbsverläufe von Kollegen oder über die nach Region, Genre und Arbeitsmarktsituation variierenden Gagen oder Gehälter. In erster Linie wird dadurch Orientierungswissen für die kürzer- und längerfristige berufliche Entwicklung sowie für die Aushandlung von Beschäftigungs- und Arbeitsbedingungen bereitgestellt, wie zwei Kameraassistenten schildern:

> Dann verhandle ich meine Gage. Und mehr oder weniger wissen die Assistenten untereinander, was man verdient. Und dann ist es so: Krieg ich jetzt Nachtzuschläge, kriege ich Überstunden bezahlt? Mit wie viel Prozent? Diese Rundum-Sachen, die man immer wieder verhandelt, und je nachdem, man fragt natürlich auch so im Bekanntenkreis: Kennst du den Produktionsleiter? Auf was muss man da achten? Und wie ist er? (F25, 639–648)

Westfalen vom 26. Februar 2008, sowie der Verbände für angestellte und freischaffende Architekten (wie BDA, VfA, BDB und VAA) unter www.aknw.de, jeweils Zugriff am 20. Juni 2008.

Oder, was auch ein Problem ist: Ich mache jetzt durch die Bank weg Fernsehspiele und habe seit zwei Jahren keinen Kinofilm mehr gemacht und kriege eine Anfrage für einen Kinofilm. Da muss man ja schon im Endeffekt wissen, wie wird denn gerade Kino bezahlt. Oder bei Werbung noch extremer – wie hoch kann ich gehen? Da muss man sich vorher ein bisschen über die Hausnummer informieren. Dann kriegt man so gesagt: 290, und du kriegst 270. Den Tipp kriegt man dann schon. Das ist auch immer im Interesse der Kollegen, weil, die wollen auch nicht, dass da einer auch nur aus Versehen zu wenig sagt, weil, das zieht natürlich auch immer denn Gagenspiegel nach unten. […] Mir kann es ja nur recht sein, wenn die anderen gute Gagen abschließen. Wenn die alle günstige Gagen aushandeln würden, würde plötzlich auch der ganze Gagenspiegel sinken. Deswegen ist es eigentlich vorteilhaft, wenn man sich gegenseitig hilft. (F22, 301–331)

Informationen über Gagen in einem bestimmten regionalen Produktionssegment können durch Berufsverbände, Gewerkschaften oder, wie in den beiden Beispielen beschrieben, in informellen Netzwerken, und insbesondere über lose und indirekte Beziehungen ausgetauscht werden. Die Verbreitung von Informationen über Arbeits- und Beschäftigungsbedingungen dient, wie das zweite Zitat zeigt, nicht nur der Stärkung der individuellen Verhandlungsposition, sondern indirekt auch der Sicherung informeller Standards. Diese informellen Wege, sich auf projektübergreifend geltende Gagenhöhen und Arbeitsrahmenbedingungen zu verständigen, haben Windeler und Wirth (2004, 2005) als Beispiel für die Etablierung von Standards jenseits des dualen Systems der Interessenvertretung angeführt. Allerdings zeigen die Erfahrungen der interviewten Filmschaffenden und Experten mit der Verschlechterung der Arbeits- und Beschäftigungsbedingungen infolge der Medienkrise deutlich, wie anfällig informelle Formen der Arbeitsregulation für Veränderungen der Arbeitsmarktsituation sind.

Die andere Seite der starken Vernetzung in der Film- und Fernsehwirtschaft, die den Informationsaustausch fördert, ist die Verbreitung von Informationen, vor allem zwischen Produktionsfirmen, über das Verhalten Einzelner, sowohl bei der Produktion als auch bei der Aushandlung der Arbeits- und Beschäftigungsbedingungen im Vorfeld. Solche Informationen können Produktionsleiter ebenfalls zur Koordination in Bezug auf die Gestaltung der Arbeits- und Beschäftigungsbedingungen nutzen. Die Vernetzung der Arbeitgeber wird offenbar durch die Mobilität der Produktionsleiter gefördert. Diese werden jeweils nur für den Zeitraum einer Produktion verpflichtet, sodass Produktionsleiter, Produktionsfirmen und Herstellungsleiter Informationen über die Leistungen austauschen, über mögliche Fehler und unter Umständen auch über Verhandlungsverhalten und Interessenhandeln von Filmschaffenden, die für spätere Rekrutierungsentscheidungen relevant sein können:

Da muss man immer sehen, wie eine Produktion aufgebaut ist: Sie besteht ja im kleinsten Fall aus dem Produzenten und seiner Sekretärin. Und dann fängt es ja schon an, dann kommt ein Produktionsleiter. Gut, der Herstellungsleiter gehört vielleicht noch zur Firma, aber der wird auch meistens angeheuert. Aber es gibt auf jeden Fall einen Produktionsleiter, der mich bucht, und mit dem ich meine Gage vereinbare, den Vertrag aushandle und der geht genauso durch die Produktionen, wie ich. […] [Der] nimmt natürlich auch Wissen und Kontakte mit, oder auch Ablehnungen für Teammitglieder. (F22, 347–373)

Zudem dient dieser Austausch zwischen Arbeitgebern als potenzielles Kontroll- und Sanktionsinstrument, wenn Produktionsmitgliedern bei der Arbeit (ihnen zurechenbare) Fehler unterlaufen oder ihr Auftreten bei den Verhandlungen im Vorfeld als zu forsch und offensiv betrachtet wird. So beschreibt eine Kameraassistentin den Einfluss der Produktionsfirma auf die Rekrutierungsentscheidung:

In der Hauptsache geht es um die Qualität der Arbeit. Und dann natürlich auch, menschlich, ob es jemand ist, der angenehm ist im Umgang. Das kann sich natürlich auch darin niederschlagen, dass man schon bei den Vertragsverhandlungen den falschen Ton anschlägt. Wie man sich darstellt, ist schon recht wichtig. Die haben nichts dagegen, wenn man bestimmt ist, oder selbstbewusst. Aber das sollte nicht in dreist umschlagen, also so ankommen, dass man als unangenehm empfunden wird. (F15, 362–367)

Die Informationen über die Arbeitsweise und die Ansprüche an Arbeits- und Beschäftigungsbedingungen einzelner Filmschaffender können dann unter Umständen spätere Beschäftigungsmöglichkeiten beeinflussen. Denn Produktionsfirmen haben, wenn sie auch den fachlich Vorgesetzten oder Heads of Department weitgehend Freiraum bei der Rekrutierung gewähren, immer auch ein Vetorecht bei der Entscheidung über Stellenbesetzungen. So berichtet ein Kameramann, dass die Akzeptanz bestimmter Leistungsvorgaben und Arbeitsbedingungen einerseits seine Beschäftigungschancen bei Produktionsfirmen, andererseits die Anerkennung von Berufskollegen beeinflusst:

Und das ist halt immer bei uns, weil wir letztendlich auch künstlerisch agieren, ist das halt immer ein Balanceakt, inwiefern man produktionstechnisch, was auch unsere Aufgabe ist, unsere Profession ist, dem, sozusagen, Folge zu leisten, gleichzeitig aber auch dem Anspruch gerecht zu werden. Ist halt bei jedem Film immer dieser Balanceakt, auf der einen Seite wollen die Leute mich, weil man das und das schon gemacht hat und das denen gefallen hat und eine gewisse Bildsprache hat. Auf der anderen Seite brauchen sie dafür aber auch die und die Technik, und die und die Zeit. Wenn so ein Produzent sagt: Ja, wir wollen dich gerne, du kriegst aber nur neunzehn Tage, und die und die Lampen kriegst du nicht, dann hab ich natürlich ein Problem, weil ich meine eigene Arbeit – für das was ich stehe – seh ich dann gefährdet. […] Das ist dabei das, was man nicht will. Weil, das ist immer ein bisschen Lebenszeit ist, da ist wie beim Architekten immer ein eigener Entwurf dahinter, eine eigene Konzeption dahinter, mit der man sich dann auch sozusagen für den nächsten Film wieder bewerben muss.
(F31, 79–119)

Dieses Beispiel verdeutlicht erneut, dass die Interessen der fachlichen Führungskräfte oder Heads of Department nur bedingt mit denen der Arbeit- und

Auftraggeber übereinstimmen. Beide Seiten versuchen, ihr Wissen in den Verhandlungen einzusetzen, um bestimmte Bedingungen durchzusetzen; wie die Erfahrung eines Kameramanns zeigt:

Und dann ist es so, das ist auch bekannt, letztendlich weiß man das, wenn man da anruft, der kostet so viel, und wenn man den anruft, der kostet so viel. Und dafür hast du hier wenig Ärger, und da viel Ärger. Und dafür ist das besser und das schlechter. Was auch immer. Und die Vernetzung zwischen den Produktionsfirmen – wie funktionieren die Leute, die man sich da holt – die funktioniert ziemlich gut.

Auch überregional?

Ja, überregional, definitiv. [...] Und ich merke das auch, wenn ich zum Beispiel, als ich in [Stadt X] drehte, war ich zu einem Termin in [Stadt Y], für die nächste Produktion. Und definitiv wusste der Produktionsleiter alles, was in [Stadt X] war. Alles. Was ich verdiene, welche Leute ich dabei habe, ob es funktioniert, alles. Definitiv. Das war so auffällig. Umgekehrt macht man das natürlich auch. Wenn ich irgendwo Probleme habe mit der Gage, und ich kenne einen Kollegen, der da vorher gearbeitet hat, rufe ich da auch an. Und da ist der Austausch eigentlich auch gut. Trotz aller Konkurrenz, in der man steht, ist da schon relativ viel kollegiales Miteinander. Die wollen einem wieder irgendwie den Assistenten aufs Bein drücken, und ich habe aber keine Lust. Dann ist das schon etwas anderes, wenn jemand sagt: den musste ich auch nehmen, und die zwei Kollegen vor dir auch. Dann wird es schwierig, und ich sage: kein Problem. Also man weiß dann so, was geht. (F11, 223–246)

Aus diesen Beispielen geht hervor, wie bereits die in losen und indirekten Beziehungen ausgetauschten Informationen die Machtpositionen von Arbeitnehmer- und Arbeitgeberseite in einzelnen Verhandlungen beeinflussen. Außerdem wird deutlich, dass die Reputation in der Branche nicht nur die subjektiven Bewertungen fachlicher Qualifikationen und der jeweils »passenden Chemie« in der Zusammenarbeit im Team beinhaltet. Zumindest seitens der Produktionsfirmen spielt auch die Bewertung der Toleranz gegenüber bestimmten Arbeits- und Beschäftigungsbedingungen sowie Leistungsvorgaben eine Rolle.

Solidarisierung in Berufsgemeinschaften

Die Untersuchung der Voraussetzungen demokratischer Gewerkschaftsstrukturen durch Lipset und Kollegen (1956; Lipset 1960) hat auf eine andere Dimension des Austauschs zwischen Kollegen hingewiesen: Im Arbeitskontext, aber auch durch darüber hinausgehende Aktivitäten können sich gemeinschaftsartige Strukturen herausbilden, die die Solidarisierung, Artikulation und Vertretung von gemeinsamen Interessen fördern können. Der oben beschriebene Informationsaustausch findet in der Regel nur punktuell statt und bedarf keiner näheren persönlichen Bekanntschaft. Die Herausbildung solidarischer Beziehungen zwischen Berufskollegen ist hingegen deutlich voraussetzungsreicher.

Verschiedene Faktoren können die Entstehung von »occupational communities« (Lipset 1960: 226) begünstigen. Dazu gehört das Ansehen eines Berufs, welches die Identifikation mit ihm sowie die Bereitschaft, sich für berufspolitische Angelegenheiten einzusetzen und Anerkennung durch Kollegen anzustreben, fördert. Weiterhin kann die Kohäsion und Solidarität durch arbeitsorganisatorische Bedingungen verstärkt werden, die Arbeitskollegen räumlich und zeitlich von außerberuflichen Kontakten und Aktivitäten trennen, sodass sich die Ansprüche an die Beziehungen zu Kollegen ausweiten (ebd.: 226f.). Darüber hinaus tragen die Möglichkeiten, außerhalb der Arbeit Beziehungen zu Berufskollegen zu knüpfen und zu vertiefen, zu einer Integration in die Berufsgemeinschaft sowie zum Austausch und zur (politischen) Meinungsbildung bei (Lipset/Trow/Coleman 1956: 62ff., 83ff.).

Die enge Zusammenarbeit mit dem Arbeitgeber in kleinen Betrieben fördert hingegen die Identifikation mit diesem und schwächt die Bereitschaft, sich für Arbeitnehmerinteressen zu engagieren (Lipset/Trow/Coleman 1956: 152; R. L. Coser 1961: 36f.). In größeren Arbeitsorganisationen mit größerem Abstand zwischen Arbeitgeber und Beschäftigten ist es demgegenüber leichter möglich, freiwillig engere, freundschaftliche Bindungen zu Kollegen aufzubauen, sich am Arbeitsplatz und außerhalb der Zusammenarbeit auszutauschen und gegebenenfalls gemeinsame beschäftigungsrelevante Interessen zu entdecken (Lipset/Trow/Coleman 1956: 152ff., 162ff.). Wie gestalten sich also diese »vororganisatorischen Organisationsmechanismen« in beiden Projektarbeitsmärkten?

Viele dieser Bedingungen scheinen bei Filmschaffenden und Architekten gegeben zu sein: Die Identifikation mit dem Beruf ist ohnehin sehr ausgeprägt und wird durch die Anerkennung durch Kollegen zusätzlich gefördert. Filmschaffende sind während der Drehzeiten häufig von außerberuflichen Bindungen und Aktivitäten ausgeschlossen, arbeiten an langen Arbeitstagen eng zusammen und verbringen aufgrund der räumlichen Entfernung zwischen Wohn- und Drehort auch ihre Freizeit miteinander. Bei der Wahl der Kooperationspartner haben sie große Freiräume. In der Folge entwickeln sich häufig partikularistische, diffuse und enge Bindungen zwischen Teammitgliedern.

Aufgrund der langen beruflichen Ausbildung und der gesellschaftlichen Anerkennung des Berufs identifizieren sich auch Architekten stark mit ihrer Profession. Bei Architekten variiert jedoch auch die Abhängigkeit von der Anerkennung durch Kollegen, die Interdependenz und räumliche wie zeitliche Trennung des Arbeitsteams von außerberuflichen Kontexten mit der beruflichen Stellung. Generell verfügen Architekten über eine größere Autonomie im Arbeitsprozess, doch als Angestellte haben sie meist weniger Freiheit bei der Wahl von Arbeitszeit und -ort als Selbstständige (vgl. Kapitel 4).

Die Projektorganisation erleichtert es generell, Kontakte zu knüpfen. Aufgrund der Arbeitsteiligkeit und des engen Aufgabenzuschnitts sind Film- und Fernsehprojekte jedoch sehr heterogen zusammengesetzt. In der Regel sind die einzelnen Positionen nicht doppelt besetzt. Man hat zu Mitgliedern verschiedener Berufsgruppen und Hierarchiestufen zumindest losen Kontakt, und die enge Zusammenarbeit in den Departments stärkt vor allem vertikale Beziehungen. Diese wiederum werden vor allem während der Zusammenarbeit stabilisiert. Die Intensität und Flexibilität der Projekteinbindung erschwert jedoch erheblich regelmäßige Treffen oder Freizeitaktivitäten mit Berufskollegen, ebenso wie andere außerberufliche Aktivitäten und Bindungen.

Die traditionellen beruflichen Aufstiegswege, die zu Leitungsfunktionen mit größerer künstlerisch-gestaltender Verantwortung durch die Arbeit in verschiedenen Assistenzpositionen führen, fördern ebenfalls eine Identifikation mit den direkten Vorgesetzten. Diese Konstellation sollte die Bindung zwischen Berufskollegen, die in einem Department einander hierarchisch über- und untergeordnet sind, verstärken. Die vertikalen Beziehungen umfassen – zumindest im freien Produktionsmarkt – jedoch nur jeweils fachlich Vorgesetzte, nicht Arbeitgeber.

Bei Architekten unterscheidet sich die Situation zwischen Angestellten und Freiberuflern; und innerhalb der Gruppe der Selbstständigen unterscheidet sie sich je nachdem, ob sie Aufträge bei Kollegen oder bei Bauherren akquirieren. Generell besteht im Arbeitsprozess eine größere Autonomie als bei Filmschaffenden. Doch arbeiten Büroinhaber und Mitarbeiter häufig räumlich eng und während langer Arbeitszeiten zusammen, sodass die Identifikation mit und Loyalität gegenüber dem Arbeitgeber, der aufgrund seiner größeren Arbeitserfahrung auch professionelle Autorität besitzt, als größer eingeschätzt werden kann. Auch umfasst der Karriereweg bei vielen Architekten die Option, ein eigenes Büro zu gründen. Die bereits durch die Qualifikation geförderte Orientierung am Ideal des freischaffenden, autonomen Architekten, der die künstlerisch-gestaltende und organisatorisch-unternehmerische Verantwortung im Planungsprozess selbst trägt, wird durch diese Arbeitssituation weiter gefestigt.

Daher ist zu vermuten, dass die eher schwache Bindung an einen Betrieb, die berufliche Sozialisation, die Karriereleitbilder und die Arbeitssituation in beiden Bereichen eine stärkere Loyalität gegenüber und Identifikation mit Berufskollegen mit heterogenem Status fördern und somit einen Arbeitgeber-Arbeitnehmer-Konflikt überlagern. Der Austausch mit Kollegen in derselben hierarchischen Position und mit gleichen Beschäftigungsbedingungen wird demgegenüber erschwert: Für Filmschaffende ist es aufgrund der Unregelmäßigkeit und Länge der Arbeitszeiten schwierig, außerhalb von Produktionen Kontakt zu Kollegen in der gleichen Position zu knüpfen und zu festigen. So scheitern beispielsweise regelmäßige, durch Berufsverbände oder Ver.di initiierte Treffen häufig an mangelnder Beteiligung. Dies wird durch saisonale Schwankungen des Produktionsvolumens verstärkt. Vor allem in der produktionsstarken Zeit im Frühjahr und Sommer sind kaum arbeitsferne Aktivitäten, wie gewerkschaftliches Engagement, möglich. Während einer Produktion arbeiten Filmschaffende jedoch in der Regel nicht mit Kollegen in der gleichen Position zusammen.

Aufgrund der beruflichen Sozialisation der Filmschaffenden kann man ein gemeinsames Interesse am Erhalt oder der Verbesserung der Rahmenbedingungen für qualitativ hochwertige Arbeit unterstellen. So steht die Orientierung an den Idealen der künstlerisch-gestaltenden Entfaltung in anspruchsvollen Produktionen tendenziell im Widerspruch zu der Kürzung von Budgets und Produktionszeiten sowie einer Leistungsverdichtung. Eine Leistungsverdichtung kann sich negativ auf die Arbeitsmotivation auswirken, indem sie Gestaltungsspielräume beschneidet, wie ein Kameramann ausführt:

> Das ist aber ein sehr anstrengender Job, durch diesen finanziellen, ökonomischen Zwang, auch brutaler und anstrengender. Und diese Filmleute, man darf nicht vergessen: Wir stellen keine Zahnbürsten oder Staubsauger her, sondern Filme, das hat immer etwas mit Idealismus und Kreativität und Kunstverständnis zu tun. Und das sind Leute, denen man ständig immer noch mehr wegnimmt. Weil alles immer noch ökonomischer sein muss. Dann verstehen die irgendwann den Sinn nicht mehr, warum man diesen Beruf noch ausüben soll. (F31, 617–630)

Diese Schilderungen verdeutlichen, dass das professionelle Verständnis von Filmschaffenden und die Orientierung an der künstlerisch-kreativen Entfaltung nicht nur als motivationale Ressource für die Arbeitgeber nutzbar sind, sondern auch Strategien der Arbeitsverdichtung Grenzen setzen können. Die unterschiedlichen Arbeits- und Beschäftigungsbedingungen der Projektmitglieder in freien Film- und Fernsehproduktionen erschweren es hingegen zusätzlich, gemeinsame Arbeitnehmerinteressen zu identifizieren und zu artikulieren: Regisseure, und zum Teil auch Kameramänner und andere Heads of Department, werden zum einen als Selbstständige, zum anderen für eine längere Dauer (neben den Dreharbeiten die Vorbereitung und Postproduktion) und zu höheren Gagen in Projekte eingebunden als Assistenten, die für die Dauer der Dreharbeiten sozialversicherungspflichtig beschäftigt werden. Daher ist anzunehmen, dass sich hier kaum, oder zumindest nicht in derselben Intensität, gemeinsame, hierarchiestufenübergreifende Interessen an einer Regulierung der Arbeits- und Beschäftigungsbedingungen herausbilden.

Zusammenfassung

Um die Funktionsweise von Projektarbeitsmärkten und die Folgen von Beschäftigungsflexibilisierung besser zu verstehen, wurden die Ausgangsbedingungen betrachtet, mit denen Ansätze zur Organisierung von Beschäftigten konfrontiert sind. Es stand die Frage im Vordergrund, ob die informellen Beziehungen, die insbesondere in der Filmwirtschaft die Koordination der Zusammenarbeit und den Zugang zur Beschäftigung maßgeblich prägen, auch Solidarisierungspotenziale bergen und wie sie das Machtgefüge auf dem Arbeitsmarkt beeinflussen. Verschiedene Dimensionen der Distanz zwischen Arbeitgeber und Arbeitnehmer, so hat sich herausgestellt, spielen dabei eine wichtige Rolle spielen.

Ein zentrales Charakteristikum der Arbeitsbeziehungen im freien Produktionsmarkt der Film- und Fernsehwirtschaft ist – im Unterschied zu den Architekturbüros – die Trennung der Funktionen von Arbeitgebern und fachlich Vorgesetzten. Die Kontrolle des Arbeitsprozesses und die Rekrutierung obliegen im Wesentlichen den fachlich Vorgesetzten beziehungsweise Heads of Department. Die Arbeits- und Beschäftigungsbedingungen werden meist individuell zwischen den Mitgliedern des Produktionsteams und der Produktionsfirma ausgehandelt. Zudem sind Filmschaffende durch ein Netzwerk loser und enger Beziehungen miteinander verbunden. Die losen und indirekten, in Projekten geknüpften Beziehungen und die Mobilität der Projektmitglieder erleichtern den Informationsaustausch. Dies betrifft zum einen Informationen zu informellen Standards bezüglich der Arbeits- und Beschäftigungsbedingungen zwischen Filmschaffenden, auf die sich in den informellen Verhandlungen bezogen werden kann. Zum anderen informieren sich Produktionsleiter gegenseitig nicht nur über Fachqualifikationen und den »gang skill«, sondern auch darüber, wie tolerant Filmschaffende gegenüber problematischen Arbeits- und Beschäftigungsbedingungen sind. Dieses Wissen können sie dann in den Verhandlungen einsetzen. Da Produktionsleiter zumindest ein Vetorecht bei Rekrutierungsentscheidungen haben, wirkt die mögliche Verbreitung dieser Informationen und die sich daraus bildende Reputation der einzelnen Filmschaffenden, von der auch zukünftige Beschäftigungschancen abhängen, potenziell disziplinierend. Das wiederum erleichtert Produktionsfirmen unter Umständen, problematische Arbeits- und Leistungsbedingungen durchzusetzen.

Dem stehen jedoch stabile Kooperationsbeziehungen zwischen Filmschaffenden gegenüber, die sich auf die Selektion nach verschiedenen partikularistischen und diffusen Kriterien, aber oft auch nach professionellen Einstellungen gründen. Die Stabilisierung von Kooperationsbeziehungen zwischen Filmschaffenden lässt sich somit nicht auf Effizienz- und Produktivitätskriterien reduzieren. In den individualisierten Aushandlungsprozessen mit den Produktionsfirmen stellen sie jedoch eine Ressource dar. Die persönliche Kontrolle innerhalb der Produktionsteams ist nicht ausschließlich mit »Befehl und Gehorsam« (Marrs 2007: 107) gleichzusetzen, da gerade daraus entstehende freundschaftsähnliche, stabile Kooperationsbeziehungen Solidarisierungs-, Integrations- sowie Primärmachtpotenziale bergen, die in einer »Ökonomie der Unsicherheit« (Marrs/Boes 2003) eine relative Beschäftigungssicherheit bieten.

Diese begrenzten, engen Kooperationen stärken zunächst die individuellen Verhandlungspositionen, bergen allerdings auch die Gefahr einer Fragmentierung und Spaltung der Filmschaffenden, sofern nicht übergreifende Interessen identifiziert, artikuliert und organisiert werden. Somit stünden besser integrierte, regelmäßiger beschäftigte und besser entlohnte Mitarbeiter den schlechter eingebundenen mit schlechteren Beschäftigungs- und Einkommenschancen gegenüber, die wiederum problematische Arbeits- und Beschäftigungsbedingungen eher akzeptieren. Die heterogenen Arbeits- und Beschäftigungsbedingungen der Teammitglieder und die fehlende Betriebsbindung erschwert die Ausbildung einer Arbeitnehmeridentität. Gleichwohl erleichtern zwei Faktoren die Identifikation einer Konfliktlinie zwischen Filmschaffenden einerseits und Produktionsfirmen andererseits: die Trennung der Funktionen des fachlich Vorgesetzten und des Arbeitgebers sowie die ausgeprägte professionelle Identität, die zu Rationalisierungsstrategien im Widerspruch steht. Wie lassen sich diese Ergebnisse nun auf die Situation der kollektiven, wenngleich zum Teil fragmentierten, Interessenvertretung beziehen? Es scheint, dass sich gegenwärtig aufgrund der Fragmentierung der Arbeits- und Beschäftigungssituationen gemeinsame berufsständische Interessen der Filmschaffenden leichter mobilisieren lassen als Arbeitnehmerinteressen. Die gewerkschaftliche Organisation müsste dann die beruflichen Identitäten und Interessen berücksichtigen. Tatsächlich kooperiert Ver.di mit Berufsverbänden der Filmwirtschaft und trägt mit der Integration freiberuflich Tätiger der Heterogenität der Beschäftigungsstruktur Rechnung.

Bei Architekten lassen drei Faktoren eine stärkere Identifikation und Loyalität mit den Arbeitgebern erwarten: Zum einen sind Arbeitgeber als Büroinhaber identisch mit den fachlich Vorgesetzten, also in der Regel erfahrenere Berufskollegen, die als solche professionelle Anerkennung vermitteln. Gleichwohl ist die Drohung, zukünftige Beschäftigungsmöglichkeiten zu entziehen, aufgrund der geringeren Abhängigkeit von Netzwerken weniger wirksam. Zweitens macht die räumliche Arbeitssituation das Entstehen von Bindungen und Loyalitäten zum Büroinhaber wahrscheinlicher als das Auftreten von Konflikten entlang der Arbeitgeber-Arbeitnehmer-Linie. Schließlich bieten Vorgesetzte und Arbeitgeber Identifikationspotenziale, da sie als Büroinhaber einen wahrscheinlichen Karriereweg von angestellten Architekten verkörpern. Auch die Interessenvertretung orientiert sich sehr am Ideal des freiberuflichen Architekten, und reguliert werden eher der Zugang zu Dienstleistungsmärkten und die Honorare als die Arbeits- und Beschäftigungsbedingungen in Büros.

Fazit
Informelle Netzwerke, formale Institutionen und soziale Rechte

Ziel der Untersuchung war, die Transformationsprozesse in der Arbeitswelt, in denen flexible, projektförmige und netzwerkgetragene Kooperationsformen immer wichtiger werden, genauer zu verstehen. Im Zuge dieser Entwicklung verliert die Bindung an ein Unternehmen an Bedeutung. Dies wirft die Frage auf, was an die Stelle einer am Normalarbeitsverhältnis orientierten Regulierung der Einkommens- und Beschäftigungsrisiken und einer am Betrieb ansetzenden Vertretung von Arbeitnehmerinteressen tritt. Für die Beschäftigten stellt sich die Frage, ob jenseits interner Arbeitsmärkte Orientierungs- und Stabilisierungsmöglichkeiten im Hinblick auf den Erwerbsverlauf und die materielle Sicherung bestehen. Wo lassen sich Grenzen der Vermarktlichung von Arbeit (Polanyi [1944] 2001) ausmachen? Oder erfahren Beschäftigte eine Erweiterung ihrer Handlungsspielräume derart, dass sie für eigene strategische Anpassungsleistungen an sich ändernde Arbeitsmarktanforderungen gerüstet sind?

Die Individualisierungsthese (Beck 1986; Beck/Beck-Gernsheim 1993) und der arbeitssoziologische Diskurs zur Entgrenzung und Subjektivierung der Arbeit gehen von der Annahme aus, dass sich die Gestaltungsspielräume vergrößern, aber auch der Zwang zunimmt, Arbeit und Biografie eigenständig zu strukturieren (unter anderen Voß 1998, 2001a; Pongratz/Voß 2003). Alternative Orientierungs- und Stabilisierungsmöglichkeiten können außerdem in einem Bedeutungsgewinn des Berufsprinzips oder von informellen Beziehungen vermutet werden. Der Beruf als Kopplung von erworbenen Qualifikationen, Tätigkeiten, Erwerbschancen, Identität und gesellschaftlichem Status (Weber [1921] 1972: 80, [1920] 1988a: 171) kann alternativ zum Unternehmen Identifizierungsmöglichkeiten, soziale Integration, Regulierung der Tätigkeit (vgl. Durkheim 1999: 14ff.; [1893] 1992: 41ff., 51ff., 68; Berger/Konietzka/Michailow 2001: 216; Bolte/Beck/Brater 1988: 41) bieten und Risiken des Arbeitgeberwechsels reduzieren (Tolbert 1996; Sengenberger 1987: 126).

Projektarbeit trifft in unterschiedlichen Teilarbeitsmärkten auf unterschiedliche Qualifikationsvoraussetzungen. In der Baubranche verfügen Beschäftigte beispielsweise über eine einheitliche, zertifizierte Ausbildung, die mit den Aufgaben und Verantwortungsbereichen der Arbeitsplätze korrespondiert. Andererseits scheinen gerade wenig professionalisierte Beschäftigtengruppen in den Kulturberufen und in neuen Dienstleistungsfeldern, wie beispielsweise in den IT-Dienstleistungen, sowie in den hier untersuchten Audiovisuellen Medien, emblematisch für die Projektifizierung von Arbeit zu stehen. Somit hat ein Prozess der Projektifizierung von Arbeit und Beschäftigung nicht in allen Sektoren identische Ausgangsbedingungen. Alternativ zu Berufen können Netzwerke, zu deren Entstehung Projektarbeit vermehrt Anlässe bietet, nicht nur die Organisation der Projektarbeit durch die Stabilisierung von Routinen der Zusammenarbeit erleichtern (vgl. Sydow/Windeler 1999). Sie transportieren auch beschäftigungsrelevante Informationen (Granovetter 1995; Marsden/Gorman 2001). Zudem können durch informelle Beziehungsnetzwerke vielfältige Unterstützungsformen mobilisiert und Integrationsleistungen erbracht werden (vgl. Kahn/Antonucci 1980; Diewald 1990).

Dies führt zu der Frage, wie sich angesichts der oft konstatierten Tendenzen zur Projektifizierung von Arbeit und Beschäftigung (vgl. Boltanski/Chiapello [1999] 2003) informelle Netzwerke und formale (berufsbezogene) Institutionen zueinander verhalten und wie sich dies für die Beschäftigten auswirkt. Zur Beantwortung dieser Frage wurden zwei unterschiedlich professionalisierte Projektarbeitsmärkte, Architektur und Medienwirtschaft, vergleichend untersucht. Die beiden untersuchten Projektarbeitsmärkte zeichnen sich nicht nur durch eine hoch flexible, projektförmige Arbeitsorganisation aus, deren personelle Besetzung von Projekt zu Projekt variieren kann. Sowohl Architekten als auch Filmschaffende arbeiten unter sehr flexiblen Beschäftigungsbedingungen: Beide verfügen über einen im Vergleich zur gesamten Erwerbsbevölkerung überdurchschnittlich hohen Anteil an Selbstständigen. Auch für die sozialversicherungspflichtig Beschäftigten, die vorwiegend in kleinbetrieblichen Strukturen tätig sind, sind Beschäftigungsdauer und Einkommen häufig (und im Bereich der freien Film- und Fernsehproduktionen: in der Regel) an die Projektlaufzeit gebunden. Man kann hier also von einer Projektifizierung von Arbeit *und* Beschäftigung sprechen.

Die Betrachtung der historischen Herausbildung der jeweiligen Arbeitsmarktverfassung bildete den Ausgangspunkt für ein besseres Verständnis der Arbeitsmarktprozesse und Organisationspraktiken. Die ähnliche Beschäftigungssituation – der hohe Anteil an befristet Beschäftigten und freiberuflich Tätigen – resultiert unter anderem aus den Restrukturierungsprozessen in der deutschen Fernsehwirtschaft seit den 1980er-Jahren. In deren Folge verlagerte sich die Beschäftigung zunehmend zur freien Produktionslandschaft, in der Filmschaffende nur noch für die Projektdauer eingestellt oder beauftragt werden. Trotz der in den 1990er-Jahren einsetzenden (Quasi-)Professionalisierungsprozesse in der Medienwirtschaft steht sie weiterhin im deutlichen Gegensatz zur institutionalisierten Regulierung des Arbeitsmarktszugangs und der professionellen Praxis der Architekten. In der Analyse der Rekrutierungs- und Organisationspraktiken zeigte sich jedoch, dass die Unterschiede zwischen den Branchen maßgeblich auf den unterschiedlichen Professionalisierungs- und Formalisierungsgrad zurückzuführen sind. Diese Befunde wurden mit den Lebensverläufen und der Netzwerkeinbindung von Projektbeschäftigten in beiden Bereichen in Beziehung gesetzt. Auf dieser Grundlage wurden schließlich Schlussfolgerungen für die Organisierbarkeit und Vertretungsfähigkeit von Projektarbeitern abgeleitet.

Mit der Abweichung vom Normalarbeitsverhältnis ergeben sich vielfältige Risiken, die dort eher individuell bearbeitet statt institutionell reguliert werden: für die Beschäftigungssicherheit dort, wo verminderter Kündigungsschutz gilt, für Einkommen und Alterssicherungen dort, wo Selbstständige nicht genügend Einkommen erzielen oder kurzfristig Angestellte keine Ansprüche auf eine ausreichende Arbeitslosenunterstützung erwerben. Die vorliegende Studie hat zusätzlich weitere Risikobereiche untersucht: die Sicherung des Projektzugangs bei nicht vorhandenen internen (und im Filmbereich auch fachlichen) Arbeitsmärkten, die langfristige Planung des Erwerbsverlaufs, des Aufstiegs und der familiären Statusänderungen sowie schließlich die Aufrechterhaltung stabiler außerberuflicher Bindungen angesichts der Flexibilitätsanforderungen des Erwerbslebens. Dabei zeigte sich, dass neben der Regulierung der Beschäftigungsverhältnisse die Institutionalisierung des Berufsprinzips als Verknüpfung von Ausbildung, Arbeitsplatzgestaltung und Erwerbschancen auf viele dieser Aspekte Auswirkungen hat.

Zusammenfassung und Diskussion der Ergebnisse

Arbeitsprozess und Rekrutierungspraktiken

Eine wichtige Voraussetzung, um zu verstehen, wie sich Flexibilisierung und Projektifizierung von Arbeit und Beschäftigung auswirken, ist die Klärung des Verhältnisses zwischen Arbeitsorganisation und Arbeitsmarktstrukturen. Dieser Zusammenhang bleibt in vielen organisationstheoretisch motivierten Studien zur Projektarbeit, die sich auf einen Bereich, und bevorzugt auf sogenannte kreative Industrien konzentrieren, tendenziell vernachlässigt. Der Vergleich von Architektur und Filmwirtschaft hat jedoch gezeigt, dass die Unterschiede im Professionalisierungsgrad weitreichende Folgen für die Organisation und die Rekrutierung in beiden Projektarbeitsmärkten haben (vgl. Kapitel 2, 3).

Die Professionalisierung in Form einer Standardisierung und Zertifizierung von Ausbildung und der Regulierung des Arbeitsmarktzugangs stellt erstens in Rekrutierungsprozessen Transparenz hinsichtlich der Fachqualifikationen her. Zweitens fungieren kodifizierte, in der Ausbildung vermittelte professionelle Normen als universalistische und spezifische Bewertungsmaßstäbe bei der Beurteilung von Leistung und Qualifikation und tragen zur Koordination des Arbeitsprozesses bei. Drittens stellt die Institutionalisierung von Kontrolle in Form von professionellen Institutionen Sanktionsmöglichkeiten für Fehlverhalten bereit.

All diese Funktionen werden bei fehlender professioneller Steuerung (und internen Arbeitsmärkten) auf informelle Netzwerke übertragen, wie am Beispiel der Filmwirtschaft deutlich wurde: Es werden dann informelle Rekrutierungswege genutzt, in denen Netzwerke Informationen über die Fachqualifikationen von Bewerbern weitergeben. Im Arbeitsprozess wird auf informelle, persönliche Steuerungsformen zurückgegriffen. Kollegen und Vorgesetzte bewerten subjektiv die Leistung, Fehlleistung wird mit dem Entzug von Beschäftigungsmöglichkeiten sanktioniert. Letzteres geschieht etwa dadurch, dass ein schlechter Ruf verbreitet wird, dass Empfehlungen ausbleiben und ein bestimmter Mitarbeiter nicht erneut rekrutiert wird.

Interessanterweise setzt hier jedoch offenbar ein sich selbst verstärkender Prozess ein. Durch persönliche Kontrollformen, also eine größere Interaktivität und Interdependenz im Arbeitsprozess, werden Kontrolle und Ansprüche auf die ganze Person ausgedehnt. Einstellungen, persönliche und diffuse Eigenschaften sowie die Qualität der Beziehung werden wichtiger. Dies zeigt sich am Stellenwert, der bestimmten Eigenschaften, etwa Humor und gleicher Gesinnung, beigemessen wird. Die Bewertung dieser Kriterien ist jedoch nur persönlich kommunizierbar. Wenn es zudem keine universalistischen Maßstäbe zur Bewertung von Fachqualifikation und Leistung gibt, geschieht dies durch die subjektive Einschätzung von Kollegen. Dadurch wird jedoch die Bewertung der Fachqualifikation und Leistung untrennbar mit der Bewertung der extrafunktionalen Aspekte verbunden. Zugleich werden informelle, persönliche Netzwerke dort wichtiger, wo genannte extrafunktionale, partikularistische und diffuse Kriterien aufgrund der engen Zusammenarbeit an Bedeutung gewinnen. Human- und Sozialkapital sind daher im wenig professionalisierten Projektarbeitsmarkt der Filmwirtschaft untrennbar miteinander verbunden.

Doch auch Bauherren, die einmalig eine größere Bauinvestition planen, erscheint die Unsicherheit bei der Auswahl des Architekten aufgrund des Gefälles in der Fachkompetenz und des daraus folgenden Unvermögens, die Dienstleistung im Einzelnen zu bewerten, offenbar als groß. Entsprechend werden einmalige und größere Aufträge häufig auf der Grundlage von Arbeitsproben, wie fertiggestellten Gebäuden oder der Vergabe von Teilleistungen, von Empfehlungen anderer Bauherren oder von Vertrauen, das bereits in anderen Lebensbereichen aufgebaut wurde (wie der nachbarschaftliche Kontakt, die Bekanntschaft aus gemeinsamen Hobbys, Familienbeziehungen), vergeben. Auch dort, wo wegen der räumlichen Nähe und der langen Arbeitszeiten die Interaktivität zwischen Mitgliedern eines Architekturbüros steigt, gewinnen partikularistische und diffuse Kriterien für die Rekrutierungsentscheidung an Bedeutung. Informelle Rekrutierungspraktiken spielen jedoch insgesamt eine wesentlich geringere Rolle als in der Film- und Fernsehwirtschaft. Denn die auf Qualifikation basierende Zugangsregulierung und die Normierung der Dienstleistungserstellung erlauben es in der Baubranche, kodifizierte, universalistische Kriterien zur Bewertung der Leistung und der Fachqualifikation zu verwenden. So lassen sich zumindest durch andere Professionsangehörige und Kammern Fehler zurechenbar machen und berufsrechtlich sanktionieren. Im Allgemeinen reduzieren die auf Qualifikation beruhende Zugangsregulierung und die professionellen Kontrollinstanzen das Risiko einer fehlerhaften Dienstleistungserstellung erheblich, sodass die Abhängigkeit der Auftragsakquise von den lebensweltlichen Bezügen und von der Leistungskontrolle durch informelle Sanktionen verringert wird. Die zentralen Faktoren, die die Formalisierung der Rekrutierung beeinflussen, sind also der Grad der Professionalisierung und der Interaktivität im Arbeitsprozess, wobei eine geringe Professionalisierung auch die informelle Abstimmung notwendiger macht.

Für die Arbeitsmarktforschung bedeutet dies, dass die Erklärung der Herausbildung und Funktionsweise unterschiedlich strukturierter Teilarbeitsmärkte in der Arbeitsmarktsegmentationstheorie verstärkt und systematisch mit der Forschung über Netzwerke in Arbeitsmärkten verbunden werden muss. Zudem ließ sich erst durch die systematische Berücksichtigung der Koordinations- und Kontrollformen erklären, unter welchen Bedingungen extrafunktionale Qualifikationsanforderungen und damit Netzwerke besonders wichtig sind. Eine Dominanz informeller, persönlicher Kontrollformen begünstigt die Nutzung von persönlichen Netzwerken gegenüber formalen Rekrutierungsverfahren. Somit zeigte sich, dass auch ohne betriebliche Arbeitsmärkte und standardisierte Berufsausbildung wichtige Qualifikationen ausgebildet und nachgefragt werden, die sich aber nicht über einen spezifischen sozialen Beziehungskontext hinaus transferieren lassen.

Netzwerk und Berufsprinzip bei Beschäftigungssicherung und Aufstieg

Aus der Perspektive der Beschäftigten ist demgegenüber zentral, in welchem Maße über informelle Netzwerke und Fachqualifikationen Beschäftigung und individuelle Aufstiegsmöglichkeiten gesichert werden können und ob dadurch eine berufliche Lebensplanung ermöglicht wird. Informelle Beziehungen gewinnen umso stärker an Bedeutung, je weniger die Beschäftigten auf Ressourcen wie transferierbare Qualifikationen zurückgreifen können, je interaktiver der Arbeitsprozess, je kürzer die Projekte sind und je stärker die Beschäftigung also an die Projektdauer gebunden ist. In Granovetters (1995) grundlegender Studie zur Rolle sozialer Netzwerke in Arbeitsmärkten stehen vor allem die Informationsflüsse über offene Stellen und potenzielle Bewerber in persönlichen Netzwerken im Vordergrund. Bei den dort untersuchten hoch qualifizierten Berufsgruppen führten vor allem Informationen, die durch sogenannte »schwache Beziehungen«, also entfernte arbeitsbezogene Kontakte, in Situationen ohne drohende Arbeitslosigkeit ausgetauscht wurden, zu zufriedenstellenderen, längerfristigen und besser bezahlten Positionen. In den »erweiterten internen Arbeitsmärkten« Manwarings (1984) sind es allerdings die eher engen Beziehungen von Festangestellten zu außerbetrieblichen Gemeinschaften, die für eine Rekrutierung neuer Beschäftigter in interne Arbeitsmärkte genutzt werden und die eine Integration in betriebliche Arbeitszusammenhänge erleichtern.

Die in der vorliegenden Arbeit untersuchten Berufsgruppen zeichnen sich durch projektförmige, befristete und höchst unsichere Beschäftigungsverhältnisse aus und es gibt für sie keine betrieblichen Arbeitsmärkte. Sie befinden sich damit regelmäßig in der Situation, dringend neue Beschäftigungsmöglichkeiten erschließen zu müssen. Zwar werden Beschäftigungsmöglichkeiten und Aufträge von Architekten und Filmschaffenden auch durch Informationen aus »schwachen« Beziehungen oder durch Empfehlungen von Familienmitgliedern oder Freunden vermittelt. Projektarbeiter können jedoch, je stärker die Beschäftigung an kurze Projekte gebunden ist, kaum auf unintendiert eingeleitete Stellenwechsel warten. Und sie folgen offensichtlich nicht dem Imperativ des »neuen Geist des Kapitalismus«, der die Ausweitung der Kontaktnetzwerke über möglichst große Distanzen und damit den Aufbau schwacher statt starker Beziehungen fordert (vgl. Boltanski/Chiapello [1999] 2003: 152ff.). Wichtiger war vielmehr insbesondere bei den Filmschaffenden eine Strategie der Stabilisierung von Beschäftigung, die auf dem Ausbau stabiler Kooperationsbeziehungen beruht.

Doch auch diese bieten nur bedingt Sicherheit, was sich vor allem auf zwei allgemeine Charakteristika von persönlichen Netzwerken zurückführen lässt: Zum einen beruht der Zugang zu informellen Beziehungsnetzwerken, und insbesondere deren Vertiefung und Stabilisierung auf partikularistischen, das heißt wenig transparenten und allgemeinen Kriterien. Zum anderen können diese Beziehungen nicht explizit ökonomisch genutzt werden (vgl. Bourdieu 1983) und bedürfen langfristiger Pflege, da eine Reduzierung des Austauschs auf die beschäftigungssichernde Funktion gleichzeitig den Bestand der Beziehung bedroht. Darauf deuten die Schilderungen des Erlebens und der Strategien im

Umgang mit der Beschäftigungsunsicherheit in Bereichen hin, in denen Beschäftigte ausschließlich durch informelle Beziehungen Zugang zur Erwerbsarbeit bekommen (vgl. Kapitel 6). Es ist also nicht in erster Linie die lose Struktur des Beziehungsnetzwerkes, also die schwachen Beziehungen (Granovetter 2002) und strukturellen Löcher in den persönlichen Netzwerken (Burt 1992), wichtig für die Mobilitäts- und Beschäftigungschancen. Vielmehr erlangt die Motivation der Kollegen und Vorgesetzten, die Beschäftigungssicherheit und Aufstiegschancen der Projektbeschäftigten zu fördern, zentrale Bedeutung. In Bezug auf die Entwicklung der sozialen Einbindung ist davon auszugehen, dass sich die Instrumentalisierung der informellen Beziehungen für die individuelle Positionierung im Arbeitsmarkt in ihrer Struktur niederschlägt.

Folgen der Informalisierung der Beschäftigungszugänge und Aufstiegswege für Beschäftigte

Neben ihrer beschäftigungsstabilisierenden Funktion kompensieren freundschaftliche Beziehungen und informelle Austauschmöglichkeiten mit Kollegen belastende Arbeitsbedingungen, wie etwa lange Arbeitszeiten. Die Abhängigkeit von persönlichen Netzwerken ist hier – nicht nur zur Einkommens- und Beschäftigungssicherung – ungleich größer als in Arbeitsmärkten, in denen Normalarbeitsverhältnisse die vorherrschende Beschäftigungsform sind.

Diese informellen Beziehungen entwickeln sich in der wiederholten, engen projektbezogenen Zusammenarbeit. Die häufige und enge Interaktion intensiviert nicht nur die Beziehungen zwischen Kollegen, sondern ist auch unabdingbare Voraussetzung für deren Bestand und beschäftigungsfördernde Wirkung. Eine längere, über mehrere Produktionen dauernde Unterbrechung der Zusammenarbeit, sei es aufgrund der Kooperation mit anderen fachlich Vorgesetzten, in anderen Genres oder Positionen oder aufgrund außerberuflicher Aktivitäten, kann hingegen die Stabilität der Beziehung und damit ihre beschäftigungsstabilisierende Wirkung gefährden. Damit verschließen sich zum einen die Möglichkeiten, Arbeitserfahrung und Reputation in verschiedenen Produktionsbereichen, Positionen und Berufen zu akkumulieren und dadurch Nachfrageschwankungen ausgleichen zu können oder Aufstiege innerhalb der Teamhierarchie anzubahnen. Zum anderen kann die Abhängigkeit von einem oder wenigen fachlich Vorgesetzten, die regelmäßig für Projekte Rekrutierungsentscheidungen treffen, kaum durch den Aufbau zusätzlicher Kooperationsbeziehungen reduziert werden.

Die Dominanz der engen vertikalen Beziehungen bei der Projektrekrutierung bindet somit die beruflichen Schicksale von Teammitgliedern in einer Art Vakanzkette aneinander, sodass im Extremfall Aufstiege nur durch den Aufstieg des jeweiligen fachlich Vorgesetzten möglich werden. Es können sich also genau die Netzwerkstrukturen, die eine Stabilisierung der Beschäftigungschancen fördern, als mobilitätshinderlich erweisen. Schließlich reduziert auch der Verzicht auf eine projektbezogene Mitarbeit aufgrund der Priorisierung außerberuflicher Aktivitäten und Verpflichtungen nicht nur das aktuelle persönliche Einkommen, und gefährdet durch die Unterbrechung der Zusammenarbeit in einem festen Team zukünftige Beschäftigungsmöglichkeiten. Eine Unterbrechung der Kontakte sowie eine zu explizite Nutzung sozialer Beziehungen für die individuellen Arbeitsmarktstrategien gefährden den Bestand der Beziehungen. Gleichzeitig gefährdet dies die soziale Integration in das Arbeitsteam, oder, wie im Fall der Architekten, die aus dem privaten oder nachbarschaftlichen Umfeld Aufträge akquirieren, die Integration im Herkunftsmilieu. Schließlich erschwert es die Abhängigkeit von engen, freundschaftsähnlichen Beziehungen in der Zusammenarbeit, berufliche und außerberufliche Bindungen und Aktivitäten voneinander abzugrenzen oder gleichberechtigt zu pflegen.

Aus der biografischen Perspektive wurde deutlich, dass für die Filmschaffenden die Unsicherheit hinsichtlich zukünftiger Beschäftigungs-, Einkommens- und Aufstiegschancen im Zusammenspiel mit den Ansprüchen an die kurzfristige Verfügbarkeit, langen Arbeitszeiten, Anpassungsdruck an die Lebensführung, vor allem die schwierige Vereinbarkeit von Erwerbsarbeit und außerberuflichen Bindungen mit zunehmender Berufserfahrung und zunehmendem Alter häufig belastend wirken. Unabhängig von der Etablierung in einem Genre und trotz durchgängig hoher Motivation und Identifikation mit dem Filmgeschäft überlegten die Interviewpartner, den Beruf zu wechseln oder sich zumindest ergänzende Einkommensquellen zu erschließen. Dies zeigt, dass sich die Bedürfnisse nach stabiler Beschäftigung und Planbarkeit sowie nach Abgrenzbarkeit und Vereinbarkeit von Berufs- und Privatleben verändert haben: Die Aspekte, die in der Phase des Berufseinstiegs besonders attraktiv erschienen, werden also für die länger in der Branche Tätigen eher zum Anlass, nach alternativen, stabileren Beschäftigungsmöglichkeiten zu suchen. Dazu gehören die Intensität und Flexibilität der Projekteinbindung, die Diffusität der Grenzen zwischen Berufs- und Privatleben sowie die Wechsel des Arbeitsorts von Produktion zu Produktion. Auch die materielle Absicherung, sowohl kurzfristig als auch im Hinblick auf die Versorgung im Rentenalter, wurde als zunehmend problematisch thematisiert. Ein Berufswechsel wird allerdings dadurch erschwert, dass die Berufserfahrung in der Filmbranche schwer in anderen Branchen verwertbar ist. Eine Investition in formale Qualifikationen wird aber durch die Dominanz der informellen Rekrutierungspraktiken entmutigt und durch die intensive und unplanbare Projekteinbindung verhindert. Die Unregelmäßigkeit und Kurzfristigkeit der Projektbeschäftigung lassen die Grenzen zwischen Erwerbslosigkeit und Pausen zwischen Projekten verschwimmen, was es schwierig macht, einen richtigen Zeitpunkt für den Ausstieg aus der Branche zu bestimmen.

Architekten können demgegenüber auf die einmal erworbenen formalen Fachqualifikationen als Ressource im Arbeitsmarkt zurückgreifen. Auch wenn Empfehlungen und persönliche Bekanntschaft mit Auftraggebern zu Aufträgen oder Beschäftigungsverhältnissen verhelfen können, führen auch formale Bewerbungsverfahren zur Beschäftigung in einem Architekturbüro oder zu einem Auftrag. Nicht zuletzt gibt es vielfältige zertifizierte Weiterbildungsmöglichkeiten, die durch die öffentliche Listung als Sachverständiger oder Gutachter zu Aufträgen führen können, welche wiederum potenziell den Weg zu Folgeaufträgen eröffnen. Somit verfügen Architekten durch ihre Ausbildung trotz projekt- und marktbedingter Unsicherheiten und Flexibilitätsanforderungen über einen vergleichsweise stabilen, von persönlichen Empfehlungen und subjektiven Einschätzungen durch Kollegen und Kunden unabhängigen Arbeitsmarktstatus. Auch haben sie bessere Möglichkeiten, berufliche und private Beziehungen und Verpflichtungen voneinander abzugrenzen. Allerdings sind angestellte Architekten in kleinen Architekturbüros in der Wahl von Arbeitszeit und -ort, und damit in den Möglichkeiten, berufliche und außerberufliche Verpflichtungen auszubalancieren, stärker eingeschränkt als Selbstständige.

Für die Arbeitsforschung lässt sich aus den gewonnenen Erkenntnissen schließen, dass oft sehr heterogene Phänomene unter Konzepte wie »Entgrenzung« und »Arbeitskraftunternehmer« subsumiert werden. Zwar wird hier der Entgrenzungsthese zugestimmt, wonach die Arbeitszeitflexibilisierung die Beschäftigten vor die Aufgabe stellt, selbst aktiv eine Balance zwischen Berufs- und Privatleben herzustellen. Es hat sich allerdings gezeigt, dass die institutionelle Basis einer Abgrenzung beider Sphären nicht unterschätzt werden darf. In beiden Berufsgruppen fehlte weitgehend eine wirksame Begrenzung der Verfügbarkeit in Form von (eingehaltenen) tariflichen Bestimmungen der Arbeitszeit. Eine große Bedeutung hatte jedoch in der vorliegenden Analyse das Ausmaß einer Durchsetzung des Berufsprinzips für die Begründung von Autonomiespielräumen im Arbeitsprozess und im Arbeitsmarkt, die eine Vereinbarkeit beruflicher und außerberuflicher Anforderungen erleichterten. Demgegenüber führte die fehlende enge Kopplung von Qualifikation, Tätigkeit und Erwerbschance, wie im Fall der Filmschaffenden, zusammen mit der Interdependenz im Arbeitsprozess zu einer großen Abhängigkeit von informellen Netzwerken. Diese erwiesen sich als erstaunlich rigide und setzten der Handlungsfähigkeit dieser Arbeitskraftunternehmer deutliche Grenzen. Wenig Regulierung vergrößert somit die Abhängigkeit von Netzwerken, die Mobilität einschränken und zudem kaum transparent und zielgerichtet instrumentalisierbar sind. Außerdem wird damit auch die Abgrenzung der beruflichen und der lebensweltlichen Sphäre erschwert. Durch die Notwendigkeit der Netzwerkpflege werden Ansprüche an die Verfügbarkeit der Beschäftigten gestellt, die sich schwer langfristig durchhalten lassen und die mit der außerberuflichen Lebensplanung in Konflikt stehen. Professionalisierung ermöglicht in deregulierten, flexiblen Arbeitsmärkten dagegen zumindest eine funktionale, wenn schon keine quantitative Begrenzung der Ansprüche an Erwerbstätige und eine bessere Planbarkeit.

Schließlich hat die Analyse der Lebensverläufe verdeutlicht, dass sowohl die Ebene der Arbeitsorganisation als auch die Netzwerkeinbindung in der Lebensverlaufs- und Biografieforschung systematischer berücksichtigt werden müssen. So zeigte sich bei den Filmschaffenden im Lebensverlauf eine zunehmend weniger formalisierte Zugangsregulierung und eine verstärkte Abhängigkeit von Gatekeepern aus dem Nahbereich. Die Relevanz partikularistischer Zugangsregulierung in diesem Projektarbeitsmarkt führt dazu, dass weder das Privat- noch das Berufsleben langfristig geplant werden kann. Es zeigte sich darüber hinaus eine Verflechtung von Karriereverläufen innerhalb der stabilen Arbeitsteams, die aufgrund fehlender betrieblicher Arbeitsmärkte und innerbetrieblicher Vakanzketten nicht zu erwarten waren. Eine derart intensive Inklusion und Verschränkung von Arbeit und Lebensführung *außerhalb* von Organisationen wurde schließlich bislang weder konzeptionell noch empirisch erfasst.[2]

Artikulation und Vertretungsfähigkeit der Interessen von Projektbeschäftigten

Beschäftigung in beiden untersuchten Projektarbeitsmärkten, und am stärksten in der Film- und Fernsehindustrie, steht im deutlichen Kontrast zu den institutionellen und kollektiv ausgehandelten Begrenzungen (vgl. Streeck 1996: 164ff.) der Verfügbarkeit von Beschäftigten in fordistischen Normalarbeitsverhältnissen. Daraus entstehen große Probleme der Vereinbarkeit und Abgrenzung von Erwerbs- und Privatleben sowie Belastungen, die vielen Beschäftigten diese Art der Erwerbstätigkeit nicht als dauerhaft und nachhaltig erscheinen lässt. Gleichwohl korrespondiert das Interesse der Beschäftigten, insbesondere in der Film- und Fernsehindustrie, an einer nachhaltigeren Gestaltung der Arbeits- und Beschäftigungsbedingungen nicht mit den Interessenvertretungsstrukturen. Vielmehr erscheint die Interessenvertretung als fragmentiert und wenig einflussreich. Kleine, oft mit regionalem Schwerpunkt organisierte Berufsverbände

2 Ein möglicher Anknüpfungpunkt wäre hierfür die Typologie von Inklusionsverhältnissen von Brose, Holtgrewe und Wagner (1994), die jedoch die hier betrachtete Form der Einbindung in Projektarbeitsmärkte ebenfalls nicht abdeckt.

stehen in diesem Bereich der ebenfalls noch wenig einflussreichen Dienstleistungsgewerkschaft Ver.di gegenüber. Betriebsräte und Tarifverträge haben insbesondere im freien Produktionsmarkt nur eine marginale Bedeutung.

Dies führt zu der Frage, welche Voraussetzungen in den Projektarbeitsmärkten für eine Artikulation und Organisierung von Arbeitnehmerinteressen bestehen. Es wird in der vorliegenden Arbeit argumentiert, dass die Mobilitäts-, Netzwerk- und Organisationsstrukturen wichtige »vororganisatorische Organisationsmechanismen« (Streeck 1981: 62) darstellen, die bei der Analyse der Interessenvertretungsstrukturen einer systematischen Berücksichtigung bedürfen.

Die kleinbetriebliche Struktur von Architektur und Film- und Fernsehwirtschaft spricht dafür, dass die betrieblichen Arbeitsbeziehungen eher konfliktfrei verlaufen. Außerdem ist die Beschäftigung häufig an die Projektlaufzeit gekoppelt, und der hohe Selbstständigenanteil und die Fluktuation der Beschäftigten erschweren generell eine am Betrieb ansetzende Interessenvertretung. Eine besondere Bedeutung hat aber die Trennung zwischen der Rolle des Arbeitgebers und des fachlich Vorgesetzten sowie die Frage, wer den Zugang zu Projekten ermöglicht oder verhindert. Sowohl die Koordination der Zusammenarbeit als auch die Zusammensetzung der Teams wird in Film- und Fernsehproduktionen in der Regel an Filmschaffende delegiert, sodass die Positionen durch die jeweiligen fachlich Vorgesetzten besetzt werden. Arbeits- und Beschäftigungsbedingungen werden hingegen mit den Produktionsfirmen als den formalen Auftrags- beziehungsweise Arbeitgebern ausgehandelt. Folglich können Arbeitgeber nur eingeschränkt mit dem Entzug von Beschäftigungsmöglichkeiten drohen, um bestimmte Arbeits- und Beschäftigungsbedingungen durchzusetzen.

Die engen vertikalen Beziehungen zwischen Assistenten und fachlich Vorgesetzten (Heads of Department), die sich in der wiederholten Zusammenarbeit in Filmprojekten herausbilden, sowie die professionelle und aufstiegsbezogene Identifikation mit Vorgesetzten bergen zudem Solidarisierungspotenziale. Diese Beziehungen werden zum einen als Ressource bei den individualisierten Aushandlungen von Arbeits- und Beschäftigungsbedingungen eingesetzt. Zum anderen kann die Trennung zwischen fachlich Vorgesetzten und Arbeitgebern sowie die geteilte professionelle Identität dazu führen, dass vor allem zwischen Filmschaffenden und Produktionsfirmen eine Konfliktlinie wahrgenommen wird, die den Ausgangspunkt einer berufsbezogenen Interessenvertretungsstruktur bildet. Aufgrund der Statusheterogenität innerhalb der engen beruflichen Beziehungsnetzwerke, der schwachen Betriebsbindung und der erschwerten Kontaktmöglichkeiten mit Statusgleichen außerhalb der Arbeit kann andererseits angenommen werden, dass die Ausbildung einer Arbeitnehmeridentität, die zu einer umfassenden Solidarisierung führt, in diesen Arbeitszusammenhängen behindert wird.

Bei Architekten wird die Dominanz berufsbezogener gegenüber gewerkschaftlicher Interessenvertretung plausibel, wenn man die Heterogenität der Beschäftigungsformen (Staatsbaubeamte und Privatarchitekten) in der frühen Phase der Entstehung von Interessenvertretungsstrukturen berücksichtigt. Zudem wird die berufsgruppenbezogene Interessenorganisation auch begünstigt (und die Arbeitnehmervertretung tendenziell geschwächt) durch die enge Zusammenarbeit in den überwiegend kleinen Büros und den Karriereverlauf, der idealtypisch die Bürogründung und somit den Übergang in die Unternehmer- beziehungsweise Büroleitungs- und Arbeitgeberrolle vorsieht.

In dem Maße allerdings, wie die Solidarisierung auch auf partikularistischen Kriterien beruht, wie es insbesondere bei der Netzwerkstruktur in der Filmbranche der Fall ist, besteht die Gefahr, dass die Beschäftigten sich fragmentieren und sich Spaltungstendenzen vestärken. Dies würde im Extremfall in einer dualen Struktur des Arbeitsmarktes resultieren, in denen eine Gruppe von gut eingebundenen Beschäftigten wegen der engen beruflichen Beziehungen nicht nur über bessere Beschäftigungs- und Einkommenschancen verfügt, sondern auch über eine größere Primärmacht und wenig Interesse an einer Verrechtlichung und Versachlichung der Arbeitsbeziehungen. Zudem sind auch Verhandlungspotenziale dieser strukturell Begünstigten, die auf stabilen Kooperationsstrukturen im Projektteam beruhen, fragil und führen nicht zu stabilen, berechenbaren oder gar einklagbaren Gagen. Tatsächlich wirkt die starke Vernetzung in der Film- und Fernsehindustrie potenziell einem expliziten Interessenhandeln entgegen, indem die Schädigung der Reputation der Filmschaffenden bei den Produktionsfirmen als informelle Sanktion zukünftige Beschäftigungschancen bedroht. Die informelle, fragmentarische Interessenvertretung in kohäsiven Kooperationsstrukturen scheint somit einer Verrechtlichung der Arbeitsbeziehungen entgegenzustehen.

Auch zur Erklärung der bislang kaum erforschten Arbeitsbeziehungen außerhalb von Betrieben und des dualen Systems der Interessenvertretung erschließt die Untersuchung von Karriere- und Netzwerkstrukturen eine wichtige Perspektive, denn auf diese Weise sind Solidarisierungspotenziale und Spaltungstendenzen besser zu erkennen. Allerdings sollte man über eine Beobachtung von netzwerkgestützter Selbstvertretung der Interessen nicht auf deren Wirksamkeit und Nachhaltigkeit schließen, da so das Potenzial informeller Interessenvertretung schnell überschätzt wird. Ebenso ist es wichtig, nicht vorschnell von einer Interessenkongruenz zwischen fachlich Vorgesetzten und Arbeitgebern auszugehen, weil damit die eigentlichen Konfliktlinien und Solidarisierungspotenziale verkannt werden können. Die professionelle Identität und auch partikularistische Selektionskriterien in den Produktionsteams können zwar auch für die

Durchsetzung von Leistungsverdichtung ausgenutzt werden, lassen sich aber eben nicht auf Effizienzkriterien reduzieren.

Zum Verhältnis von institutioneller Regulierung und informellen Netzwerken in Projektarbeitsmärkten

Dort, wo die Beschäftigung vom Normalarbeitsverhältnis abweicht und an Projektdauer und -erfolg gebunden ist, und wo eine wirksame institutionelle Begrenzung der Ansprüche an die Beschäftigten fehlt, wie in der relativ wenig professionalisierten Film- und Fernsehindustrie, wird die Abhängigkeit von informellen Netzwerken massiv erhöht: Die soziale Integration in ein Arbeitsteam aus »Gleichgesinnten« kompensiert belastende Arbeitsbedingungen (wie räumliche Trennung vom Wohnort und lange Arbeitszeiten). Von zentraler Bedeutung ist zudem, dass stabile und freundschaftsähnliche Beziehungen zu fachlich Vorgesetzten die Wahrscheinlichkeit erhöhen, für zukünftige Projekte rekrutiert zu werden. Darüber hinaus ist die informelle Unterstützung durch Vorgesetzte und Kollegen unabdingbar, um sich über mögliche berufliche Strategien zu orientieren und Positionswechsel zu vollziehen, aber auch, um in den individualisierten Aushandlungen der Arbeits- und Beschäftigungsbedingungen in einem Projekt akzeptable oder gar vorteilhafte Ergebnisse zu erzielen. Außerberufliche Beziehungen sind wichtig, um etwa während einer Produktion die Betreuung von Kindern zu übernehmen oder um angesichts der Einkommensschwankungen notfalls materielle Unterstützung zu gewähren.

Charakteristisch für diese umfassende Verschiebung von kollektiver Risikoregulierung zur informellen Unterstützung in Netzwerken sind insbesondere fünf Aspekte. Erstens forciert eine solche Entwicklung die Instrumentalisierung lebensweltlicher Bezüge, die mit deren inhärenter Logik konfligieren und zur Überstrapazierung der Beziehungen führen können. Der Aufbau stabiler sozialer Bindungen, die über einen beiläufigen arbeitsmarktbezogenen Informationsaustausch hinausgehende soziale Unterstützung leisten können, erfordert Zeit und ungerichtete Aufmerksamkeitsbekundungen (vgl. Bourdieu 1983), sodass eine Instrumentalisierung nicht kurzfristig möglich ist. Die zu extensive und explizite Nachfrage nach Unterstützung bedroht zudem die affektuellen Grundlagen und damit den Fortbestand dieser Beziehungen (vgl. Kapitel 7).

Zweitens können die Flexibilitätsanforderungen der Projektarbeit die für die Sozialintegration wie für Unterstützungsleistungen maßgeblichen Beziehungen unterminieren. So werden in der Filmwirtschaft und Architektur hohe Ansprüche an die kurzfristige Verfügbarkeit und Bereitschaft zu langen Arbeitszeiten der Beschäftigten gestellt, was zu Problemen bei der Planung und Durchführung regelmäßiger außerberuflicher Aktivitäten führt, mit denen informelle Beziehungen stabilisiert werden können. Enge langfristige Beziehungen sind jedoch eine wichtige Grundlage für die Mobilisierung vieler sozialer, emotionaler und materieller Unterstützungsleistungen.

Drittens unterscheiden sich informelle Unterstützungsleistungen von einer institutionellen Risikoregulierung dadurch, dass der Zugang zu ihnen nicht auf universalistischen Kriterien beruht. Der Partikularismus informeller Unterstützung durch soziale Beziehungen impliziert eine Beschränkung des Zugangs auf der Grundlage von Sympathien, askriptiven Merkmalen wie Geschlecht und Herkunft oder Ähnlichkeit in Bezug auf Einstellungen und Lebensstile (vgl. Kapitel 2, 4, 6, 7). Dort, wo die Abhängigkeit von informeller Unterstützung für die Stabilisierung von Beschäftigung und Einkommen, für die Vermittlung von Orientierungswissen sowie für die Erhöhung der Aufstiegschancen besonders groß ist, resultiert aus dem Partikularismus und der Diffusität der Ansprüche an befreundete und bei der Rekrutierung bevorzugte Kollegen ein erheblicher Anpassungsdruck an Lebensstil, Einstellungen und Verhaltensweisen. Beschäftigungsrelevante Beziehungen werden in der Zusammenarbeit sowie bei Feiern und Freizeitaktivitäten gepflegt, sodass die Anforderungen an die kurzfristige Verfügbarkeit für die Projektmitarbeit sowie für den Austausch in der Freizeit groß sind. Dadurch werden die Möglichkeiten, außerberuflichen Verpflichtungen nachzukommen, außerberufliche Beziehungen zu pflegen, aber auch alternative Beschäftigungsmöglichkeiten zu erschließen, eingeschränkt. Schließlich können auch ähnliche Lebensstile und -situationen Zusammenhalt und Unterstützung fördern.

Im Hinblick auf die quantitative Begrenzung der Verfügbarkeit wurde viertens gezeigt, dass tarifvertragliche und gesetzliche Arbeitszeitbegrenzungen sowohl in Architekturprojekten als auch in Film- und Fernsehproduktionen häufig überschritten werden. In beiden Bereichen sind sowohl die Mitbestimmungs- als auch die Interessenvertretungsstrukturen nur schwach ausgeprägt, der professionelle Ethos und der informelle Druck von Vorgesetzten, Kunden oder Kollegen begünstigen die Anpassung der Arbeitszeit an die Projekterfordernisse beziehungsweise Vorgaben der Auftraggeber. Konkret auf den Arbeitsprozess bezogen wurde schließlich deutlich, dass die Definition von Berufsrollen, insbesondere die Zuweisung von Aufgaben aufgrund gesatzter Regeln und die kodifizierten Kriterien der Bewertung der Arbeit und der Qualifikation, im Arbeitsprozess Autonomie vermitteln. Damit wird die Formulierung funktional spezifischer und universalistischer Ansprüche an die Arbeitnehmer möglich. Die Trennung von Person und Amt sowie von Wohn- und Arbeitsort (Weber

[1921] 1972: 124ff.) als Kennzeichen rationaler Organisationen ist hingegen in der Film- und Fernsehproduktion wenig ausgeprägt. Das Fehlen kodifizierter Kriterien zur Bewertung der Arbeit und der Qualifikation, die enge, interaktive Zusammenarbeit im Team bei räumlicher Trennung vom Wohnort und die langen Arbeitszeiten begünstigen eine Ausweitung der Ansprüche an die Kollegen über funktionale Qualifikationen hinaus. Die Kriterien der Bewertung der Zusammenarbeit und der Selektion von Projektpartnern werden nicht nur partikularistischer, sondern auch diffuser. Die Einschätzung der Persönlichkeit des Kollegen ist untrennbar mit der Bewertung der Eignung verbunden. Die Diffusität der Ansprüche spiegelt sich nicht zuletzt darin wider, dass sich berufliche Beziehungen mit freundschaftlichen Aspekten vermischen. Zugleich erschweren es der ständige Wechsel des Arbeitsortes und die flexiblen Arbeitszeiten, nicht erwerbsbezogene Kontakte zu pflegen.

Schließlich tragen die vielfältigen Unterstützungsleistungen, die in informellen Beziehungsnetzwerken mobilisiert werden können und auf die atypisch Beschäftigte in wenig regulierten Arbeitsmarktsegmenten besonders angewiesen sind – wie Rekrutierung, Empfehlung, Förderung des Aufstiegs, materielle sowie emotionale Unterstützung und Vermittlung von Orientierungswissen –, vor allem den Charakter freiwilliger Gefälligkeiten oder informeller Verpflichtungen und Reziprozitätsnormen. Diese informellen Verpflichtungen aus sozialen Bindungen können aufgrund ihrer Kontroll- und Unterstützungsfunktionen die kurzfristige Beschäftigung ein Stück weit absichern (vgl. Marsden 2004). Doch durch ihre Freiwilligkeit und Abhängigkeit von sozialen Beziehungsstrukturen unterscheiden sie sich von institutionell abgesicherten, auf Grundlage transparenter und universalistischer Kriterien gewährten Ansprüchen und einklagbaren, statusähnlichen Rechten (vgl. Streeck 1988; Streeck/Thelen 2005: 10).

Zusammenfassend ergibt sich aus dieser Diskussion der Leistungen und Voraussetzungen der informellen versus der institutionellen Risikoregulierung von Beschäftigung eine interessante Perspektive auf aktuelle Transformationsprozesse in der Arbeitswelt. Mit der Herausbildung von deregulierten, wenig professionalisierten und hochgradig flexiblen Arbeitsmarktsegmenten, wie sie hier am Beispiel der Film- und Fernsehwirtschaft beschrieben wurde, scheint sich im Hinblick auf die Regulierung der Beschäftigung und der Beschäftigungs- und Einkommensrisiken sowie das Verhältnis von Arbeit und Lebenswelt eine Abkehr des von Weber ([1920] 1988b) beschriebenen Modernisierungs- und Rationalisierungspfades abzuzeichnen: An die Stelle von Planbarkeit und Kalkulierbarkeit der Produktionsprozesse und der Arbeit tritt die kurzfristige, dafür umso intensivere Einbindung in Projekte, die die Beschäftigten als ganze Person und nicht begrenzt auf die Berufsrolle inkludieren. An die Stelle einer Trennung von Amt und Person, von Arbeit und Lebensführung tritt die Ausweitung der

Bewertungs- und Selektionskriterien auf die Persönlichkeit, Einstellungen und Lebensstil. Die Beobachtbarkeit und infolgedessen die soziale Kontrollmöglichkeiten (vgl. R. L. Coser 1961) werden durch eine temporäre Entgrenzung von Arbeits- und Wohnort ausgeweitet. Soziale Bindungen und Identifikationsmöglichkeiten werden tendenziell durch die Projektarbeitsmärkte monopolisiert und diese erinnern damit an die von Lewis Coser beschrieben gierigen Institutionen (vgl. L. Coser 1974). Die Ausdifferenzierung der sozialen Kreise (Simmel 1992: 309ff.), denen eine Person angehört, wird durch den Partikularismus arbeits- und beschäftigungsrelevanter Beziehungen sowie die Einschränkung der Freiräume für die Anbahnung und Pflege außerberuflicher Bindungen rückgängig gemacht. Die Abhängigkeit von gemeinschaftsartigen sozialen Beziehungen zur Beschäftigungs- und Einkommenssicherung erhöht jedoch auch den Konformitätsdruck innerhalb der Arbeitsteams und begrenzt die Mobilitätschancen.

Paradox erscheint allerdings, dass diese Ausweitung der Ansprüche an die Loyalität, Anpassung, Flexibilität und Verfügbarkeit der Beschäftigten hier gerade nicht wie in den clanartigen Organisationsstrukturen (Ouchi 1980) oder bei der von Lewis Coser (1974) beschriebenen Hausdienerschaft auf dem Versprechen von Beschäftigungs- und Einkommenssicherheit beruht. Oder, allgemeiner ausgedrückt, die Vereinnahmung der Beschäftigten wird, abgesehen von einem Mindestmaß an staatlich gewährleisteten Sozialleistungen, nicht durch Status kompensiert (vgl. Streeck 1988). Tatsächlich führen die beschriebenen Organisations- und Arbeitsmarktstrukturen tendenziell zu einer Machtverteilung, zu Bindungs- und Karrieremustern, die eine gewerkschaftliche Organisierung der Beschäftigten sowie die Etablierung und Durchsetzung kollektiver Regulierung der Beschäftigungs- und Arbeitsbedingungen und damit eine Institutionalisierung industrieller Bürgerrechte (Marshall 1965) erschweren.

Anhang
Gesprächsleitfäden

1a Gesprächsleitfaden für Experteninterviews in der Film- und Fernsehwirtschaft

Regionale Situation

Wie schätzen Sie – insbesondere in der Region – die aktuelle wirtschaftliche und Arbeitsmarktentwicklung ein? Worin sehen Sie Ursachen für die Entwicklung?
Wie stellt sich die Unternehmensstruktur dar?

Regionale Mobilität

Wie ortsgebunden arbeiten Film- und Fernsehschaffende?

Rekrutierungspraktiken

Wie wird der Zugang zu Projekten hergestellt?
– Welche Rolle spielen Guides, Ausschreibungen, Kontakte – welcher Art?
– Gibt es wiederholte Zusammenarbeit im gleichen Team oder Wechsel?
Wie werden Mitarbeiter ausgewählt? Was sind die Kriterien? (je: Head of Department, Assistenten, Praktikanten – Rolle von Zusatzqualifikationen, Zertifikaten)
Planungshorizont: Wann wird für ein Projekt rekrutiert (wie kurzfristig, erst nach dem Dreh)?
Wie lassen sich typische Erwerbsverläufe charakterisieren?
Ist eine Spezialisierung üblich (vs. wechselnde Auftraggeber aus allen Bereichen) nach Genre, Sender/Senderfamilie (privat – öffentlich/rechtlich), Spielfilm, Werbung? Wann und wie erfolgt diese Spezialisierung typischerweise (Ausbildung, erste Tätigkeiten, später im Berufsverlauf)?
Wie ist die Altersstruktur im Beruf?

Erwerbsformen/Vertragsarten

Welches sind die üblichen Beschäftigungsformen?
Welchen Stellenwert haben Wechsel und Mischformen zwischen abhängiger Beschäftigung und Selbstständigkeit (zum Beispiel Angestellte mit selbstständiger Nebentätigkeit)?

Arbeitsbedingungen

Welche Bedeutung kommt Tarifverträgen vs. der projektbezogenen Aushandlung der Arbeits- und Beschäftigungsbedingungen zu?
Wie gestalten sich Arbeitszeit, Qualifizierungsmöglichkeiten und Entlohnung?

Soziale Sicherung

Wie werden Zeiten zwischen Projekten überbrückt?
Wie schätzen Sie die soziale Absicherung ein? Wer trägt die Risiken von schwankender Nachfrage oder Krankheit?

1b Gesprächsleitfaden für Experteninterviews in der Architektur

Regionale Situation

Wie schätzen Sie – insbesondere in der Region – die aktuelle wirtschaftliche und Arbeitsmarktentwicklung ein? Worin sehen Sie Ursachen für die Entwicklung?
Wie stellt sich die Bürostruktur/Unternehmensstruktur dar?
Auftragsakquise: Welche Rolle spielen persönliche Kontakte (zu wem), Bauherren-Bindung, Wettbewerbe?
Welche Bedeutung haben Leistungen außerhalb der HOAI (Honorarordnung für Architekten und Ingenieure)?

Regionale Konzentration

Wie groß ist ungefähr das Einzugsgebiet der Architekturbüros? Gibt es überregionale Kooperationen?

Arbeitsmarkt und Beschäftigung

Können Sie etwas zur durchschnittlichen Beschäftigungsdauer sagen?
Was ist Ihrer Erfahrung nach der übliche Weg, neue Mitarbeiter zu rekrutieren? Wie finden Architekten Arbeit?
Welche Anforderungen an Qualifikation/Spezialisierung gibt es (HOAI-Phasen: eher Entwurf oder Ausführung)?
Wie lassen sich typische Beschäftigungsverläufe charakterisieren?
Welche Rolle spielen Selbstständige in der Bürozusammensetzung/Personalstruktur (Anteil, Einbindung projektübergreifend, für gesamte Projektdauer)?

Arbeitsbedingungen

Welche Bedeutung kommt Tarifverträgen vs. der projektbezogenen Aushandlung der Arbeits- und Beschäftigungsbedingungen zu?
- Arbeitszeiten
- Qualifizierungsmöglichkeiten
- Entlohnung

Wie gestalten sich Arbeitszeit, Qualifizierungsmöglichkeiten und Entlohnung?

Situation der sozialen Sicherung

Wie werden Zeiten zwischen Projekten überbrückt?
Wie schätzen Sie die soziale Absicherung ein? Wer trägt die Risiken von schwankender Nachfrage oder Krankheit?

2a Leitfaden für die Interviews mit Filmschaffenden

Berufseinstieg/Berufsverlauf

Wie sind Sie zum Film/Fernsehen gekommen?
Was war Ihr berufliches Ziel?
Können Sie den Übergang von der Ausbildung in den Beruf beschreiben?
Wie sind Sie an Ihr erstes Projekt gekommen?
Können Sie Ihre erste Tätigkeit in diesem Bereich beschreiben (Beschäftigungsform, Tätigkeit; Praktika, Befristung, Assistenz, Volontariat)?

Gegebenenfalls nachfragen

Arbeitgeber-, Berufs-, oder Positionswechsel, wichtiges und letztes Projekt, zusätzliches Studium/Ausbildung

– Wie kam es dazu?

– Wie haben Sie von dem neuen Projekt/von der freien Position erfahren?

– Haben Sie zu dieser Zeit nach einer solchen Stelle aktiv gesucht?

– Haben Sie dabei Unterstützung erfahren?

Waren Sie auch in anderen Bereichen außer Kamera tätig?

Arbeiten Sie auf Lohnsteuerkarte oder Rechnung? Wechseln Sie zwischen angestellter und selbstständiger Tätigkeit?

Wie häufig arbeiten Sie an einem anderen als Ihrem üblichen Arbeitsort? Wie häufig mussten Sie arbeitsbedingt Ihren Wohnort wechseln?

Wie überbrücken Sie die Zeit, bis ein neues Projekt beginnt/finanziert wird?

Wie erfahren Sie von neuen Projekten? Wie weit konnten Sie planen (in Bezug auf Beschäftigung, Einkommen)?

Aushandlung Honorar (Tarifvertrag? Für jedes Projekt neu?)

Wie beurteilen Sie Ihre zukünftige Beschäftigungssituation?

Rekrutierungskriterien

Was ist Ihrer Meinung nach wichtig, um bei dieser Tätigkeit beruflich erfolgreich zu sein?

Wenn Sie Verstärkung in einem Projekt benötigen, wie wählen Sie aus?

Wenn kurzfristig eine Stelle in Ihrem Projekt frei würde, wie würden Sie die besetzen?

Wenn Sie nach Empfehlungen für eine offene Projektstelle gefragt würden, wen würden Sie empfehlen?

Informelle Beziehungen

In vielen Situationen spielt der Austausch mit anderen eine wichtige Rolle. Auf die verschiedenen Beziehungen im privaten und Arbeitsumfeld würde ich zum Schluss gern etwas genauer eingehen.

- Gab/Gibt es Personen, die für Ihre berufliche Entwicklung von besonderer Bedeutung waren/sind? In welcher Weise? Mit wem sprechen Sie über Ihre berufliche Zukunft oder beraten berufliche Entscheidungen?
- Mit wem besprechen Sie neue Ideen, wichtige fachliche Angelegenheiten und neue Entwicklungen in Ihrem Beruf? Wen würden Sie bei fachlichen Problemen um Rat fragen?

– Mit wem unternehmen Sie etwas in der Freizeit, teilen Interessen und/oder Hobbys?

Wie würden Sie das Verhältnis zwischen beruflichem und privatem Umfeld beschreiben?

Haben sich Ihr berufliches und Ihr privates Umfeld seit Ihren ersten Berufsjahren verändert?

Haben Sie darüber hinaus noch heute mit früheren Kommilitonen oder den ersten Arbeitskollegen/Vorgesetzten zu tun? Was verbindet Sie heute?

Familiäre Situation

Leben Sie in einer Partnerschaft? Haben Sie Kinder?
Wenn ja: Wie lässt sich dies mit Ihrer Tätigkeit vereinbaren?
Wenn nein: Können Sie sich vorstellen, zukünftig eine Familie zu gründen?
Welchen Beruf hat ihr Partner/ihre Partnerin?

Zur Person

Geburtsjahr
Schulabschluss, Ausbildung
Beruf der Eltern
Familienstand, Beruf, Kinder
Geschätzte Wochenarbeitszeit inklusive Vorbereitungs- und Qualifizierungszeit

2b Leitfaden für die Interviews mit Architekten

Berufseinstieg

Wie sind Sie zur Architektur gekommen?

Wie würden Sie den Übergang vom Studium in den Beruf beschreiben?

Können Sie Ihre erste Tätigkeit in diesem Bereich beschreiben (Beschäftigungsform, Tätigkeit; Praktika, Befristung, Werkverträge)?

Waren Sie auch abhängig beschäftigt/selbstständig tätig?

Hatten, haben Sie Angestellte, freie Mitarbeiter, Partner?

Haben Sie vorher schon mit ihnen zusammengearbeitet? Woher kennen Sie sie? Wie haben Sie sie rekrutiert?

Gegebenenfalls nachfragen

Waren Sie bereits während der Ausbildung/des Studiums in Architekturbüros tätig?

Arbeitgeber-, Berufs- oder Positionswechsel, wichtiges und letztes Projekt, zusätzliches Studium/Ausbildung

- Wie kam es dazu?
- Wie haben Sie von dem neuen Projekt/von der freien Position erfahren?
- Haben Sie zu dieser Zeit nach einer solchen Stelle aktiv gesucht?
- Haben Sie dabei Unterstützung erfahren?

Wie bekommen Sie Aufträge? Woher kennen Sie Auftraggeber? Mit wem arbeiten Sie häufiger zusammen?

Wie überbrücken Sie die Zeit, bis ein neues Projekt beginnt/finanziert wird? Wie viele Projekte bearbeiten Sie gleichzeitig?

Haben Sie sich spezialisiert?

Wie häufig arbeiten Sie an einem anderen als Ihrem üblichen Arbeitsort? Wie häufig mussten Sie bislang arbeitsbedingt Ihren Wohnort wechseln?

Wie weit können Sie planen (in Bezug auf Beschäftigung, Einkommen)?

Wie sehen Sie Ihre zukünftige Beschäftigungssituation?

Rekrutierungskriterien

Was ist Ihrer Meinung nach wichtig, um bei dieser Tätigkeit beruflich erfolgreich zu sein?

Wenn Sie Verstärkung in einem Projekt benötigen, wie wählen Sie aus?

Wenn Sie nach Empfehlungen für eine offene Projektstelle gefragt würden, wen würden Sie empfehlen?

Familiäre Situation

Leben Sie in einer Partnerschaft? Haben Sie Kinder?

Wenn ja: Wie lässt sich dies mit Ihrer Tätigkeit vereinbaren?

Wenn nein: Können Sie sich vorstellen, zukünftig eine Familie zu gründen?

Welchen Beruf hat ihr Partner/ihre Partnerin?

Informelle Beziehungen

In vielen Situationen spielt der Austausch mit anderen eine wichtige Rolle. Auf die verschiedenen Beziehungen im privaten und Arbeitsumfeld würde ich zum Schluss gern etwas genauer eingehen.

– Gab/Gibt es Personen, die für Ihre berufliche Entwicklung von besonderer Bedeutung waren/sind? In welcher Weise?
– Mit wem besprechen Sie neue Ideen, wichtige fachliche Angelegenheiten und neue Entwicklungen in Ihrem Beruf?
– Wen würden Sie bei fachlichen Problemen um Rat fragen?
– Mit wem sprechen Sie über Ihre berufliche Zukunft oder beraten berufliche Entscheidungen?
– Mit wem unternehmen Sie etwas in der Freizeit, teilen Interessen und/oder Hobbys?

Wie würden sie das Verhältnis zwischen beruflichem und privatem Umfeld beschreiben?

Haben sich Ihr berufliches und Ihr privates Umfeld seit Ihren ersten Berufsjahren verändert?

Haben Sie darüber hinaus noch heute mit früheren Kommilitonen oder den ersten Arbeitskollegen/Vorgesetzten zu tun? Was verbindet Sie heute?

Zur Person

Geburtsjahr
Schulabschluss, Ausbildung
Beruf der Eltern
Familienstand, Beruf, Kinder
Geschätzte Wochenarbeitszeit inklusive Vorbereitungs- und Qualifizierungszeit

Abbildungen und Tabellen

Abbildungen

Tabellen

Abkürzungen

AKNW	Architektenkammer Nordrhein-Westfalen
ARD	Arbeitsgemeinschaft der öffentlich-rechtlichen Rundfunkanstalten Deutschlands
ASIA	Arbeitgeberverband Selbständiger Ingenieure und Architekten
BAK	Bundesarchitektenkammer
BDA	Bund Deutscher Architekten
BDB	Bund Deutscher Baumeister und Ingenieure
BMBF	Bundesministerium für Bildung und Forschung
BVK	Bundesverband Kamera
Dacho	Dachorganisation Filmschaffender Künstler Deutschlands
DAG	Deutsche Angestellten-Gewerkschaft
DAI	Deutsche Architekten- und Ingenieurverband
DFU	Deutsche Union der Filmschaffenden
DGB	Deutscher Gewerkschaftsbund
DIW	Deutsches Institut für Wirtschaftsforschung
DOP	Director of Photography
FFA	Filmförderungsanstalt
FH	Fachhochschule
FLAA	Freie Liste Angestellter Architekten
HOAI	Honorarordnung für Architekten und Ingenieure
IG Medien	Industriegewerkschaft Medien
IG BCE	Industriegewerkschaft Bergbau Chemie Energie
KSK	Künstlersozialkasse
RFFU	Rundfunk-Fernseh-Film-Union
SPIO	Spitzenorganisation der deutschen Filmwirtschaft
VAA	Vereinigung Angestellter Architekten
VDAI	Verband Deutscher Architekten- und Ingenieurvereine e.V.
Ver.di	Vereinte Dienstleistungsgewerkschaft
VfA	Verein freischaffender Architekten
ZDF	Zweites Deutsches Fernsehen

Literatur

Abel, Jörg/Peter Ittermann/Ludger Pries, 2005: Erwerbsregulierung in hochqualifizierter Wissensarbeit – individuell und kollektiv, diskursiv und partizipativ. In: *Industrielle Beziehungen* 12, 28–50.

Altmann, Norbert, et al., 1986: Ein »Neuer Rationalisierungstyp« – Neue Anforderungen an die Industriesoziologie. In: *Soziale Welt* 37, 191–206.

Arthur, Michael B./Denise Rousseau, 1996: *The Boundaryless Career: A New Employment Principle for a New Organizational Era.* Oxford: Oxford University Press.

Baethge, Martin/Volker Baethge-Kinsky, 1998: Jenseits von Beruf und Beruflichkeit? Neue Formen von Arbeitsorganisation und Beschäftigung und ihre Bedeutung für eine zentrale Kategorie gesellschaftlicher Integration. In: *MittAB* 31, 461–472.

Baron, James N./William T. Bielby, 1980: Bringing the Firms Back in: Stratification, Segmentation and the Organisation of Work. In: *American Sociological Review* 45, 737–765.

Batt, Rosemary, et al., 2001: *Net Working: Work Patterns and Workforce Policies for the New Media Industry.* Washington, D.C.: Economic Policy Institute.

Baumann, Arne, 2002a: Informal Labour Market Governance: The Case of the British and German Media Production Industries. In: *Work, Employment and Society* 16, 27–46.

——, 2002b: *Path Dependency or Convergence? The Emergence of Labour Market Institutions in the Media Production Industries of the UK and Germany.* Dissertation. Florenz: Europäisches Hochschulinstitut.

Baumann, Arne/Helmut Voelzkow, 2004: Recombining Governance Modes: The Media Sector in Cologne. In: Colin Crouch et al. (Hg.), *Changing Governance of Local Economies: Responses of European Local Production Systems.* Oxford: Oxford University Press, 261–282.

BDA, o.J.: Quality Sells – Ergebnisse der BDA-Mitgliederumfrage.

Beck, Hanno, 2002: *Medienökonomie: Print, Fernsehen und Multimedia.* Berlin: Springer.

Beck, Ulrich, 1986: *Risikogesellschaft: Auf dem Weg in eine andere Moderne.* Frankfurt a.M.: Suhrkamp.

Beck, Ulrich/Elisabeth Beck-Gernsheim, 1993: Nicht Autonomie, sondern Bastelbiographie. In: *Zeitschrift für Soziologie* 22, 178–187.

Becker, Gary S., 1964: *Human Capital: A Theoretical and Empirical Analysis, with Special Reference to Education.* New York: Columbia University Press.

Beckert, Jens/Jörg Rössel, 2004: Kunst und Preise: Reputation als Mechanismus der Reduktion von Ungewissheit am Kunstmarkt. In: *Kölner Zeitschrift für Soziologie und Sozialpsychologie* 56, 32–50.

Behrens, Johann/Ursula Rabe-Kleberg, 1991: Gatekeeping in the Life Course: A Pragmatic Typology. In: Walter R. Heinz (Hg.), *Theoretical Advances in Life Course Research*. Weinheim: Deutscher Studien Verlag, 237–260.

Berger, Peter A., 2004: Individualisierung als Integration. In: Angelika Poferl/Natan Sznaider (Hg.), *Ulrich Becks kosmopolitisches Projekt*. Baden-Baden: Nomos, 98–114.

Berger, Peter A./Dirk Konietzka/Matthias Michailow, 2001: Beruf, soziale Ungleichheit und Individualisierung. In: Thomas Kurtz (Hg.), *Aspekte des Berufs in der Moderne*. Opladen: Leske + Budrich, 209–237.

Bernard, Mitchell, 1994: Post-Fordism, Transnational Production, and the Changing Global Political Economy. In: Richard Stubbs/Geoffrey R. D. Underhill (Hg.), *Political Economy and the Changing Global Order*. New York: St. Martin's Press, 216–229.

Betzelt, Sigrid, 2006: *Flexible Wissensarbeit: AlleindienstleisterInnen zwischen Privileg und Prekarität*. ZeS-Arbeitspapier 3/2006. Bremen: Universität Bremen, Zentrum für Sozialpolitik.

Blau, Judith R., 1984: *Architects and Firms: A Sociological Perspective on Architectural Practice*. Cambridge, MA: MIT Press.

Blau, Peter M., 1955: *The Dynamics of Bureaucracy: A Study of Interpersonal Relationships in Two Government Agencies*. Chicago: University of Chicago Press.

Bleses, Peter, 2005: Unternehmerischer Autonomiebedarf: Die Entgeltgestaltung im Rundfunksektor. In: Nicole Mayer-Ahuja/Harald Wolf (Hg.), *Entfesselte Arbeit – neue Bindungen: Grenzen der Entgrenzung in der Medien- und Kulturindustrie*. Berlin: edition sigma, 221–262.

Blossfeld, Hans-Peter/Karl Ulrich Mayer, 1988: Arbeitsmarktsegmentation in der Bundesrepublik Deutschland: Eine empirische Überprüfung von Segmentationstheorien aus der Perspektive des Lebenslaufs. In: *Kölner Zeitschrift für Soziologie und Sozialpsychologie* 40, 262–283.

Blumer, Herbert, 1954: What Is Wrong with Social Theory? In: *American Sociological Review* 19, 3–10.

Boes, Andreas, 2004: *Die wundersame Neubelebung eines vermeintlichen Auslaufmodells: IT-Beschäftigte und Mitbestimmung nach dem Ende des New Economy-Hypes*. Arbeitspapier 9 des Projekts ARB-IT2. München: Institut für Sozialwissenschaftliche Forschung (ISF).

Boes, Andreas/Tobias Kämpf/Kira Marrs, 2005: *Zwischen Atomisierung und neuer Solidarität*. Arbeitspapier 10 des Projekts ARB-IT2. München: Institut für Sozialwissenschaftliche Forschung (ISF).

Bolenz, Eckhard, 1991: *Vom Baubeamten zum freiberuflichen Architekten: Technische Berufe im Bauwesen (Preußen/Deutschland, 1799–1931)*. Frankfurt a.M.: Lang.

——, 1994: Baubeamte in Preußen, 1799–1930: Aufstieg und Niedergang einer technischen Elite. In: Peter Lundgreen/André Grelon (Hg.), *Ingenieure in Deutschland, 1770–1990*. Frankfurt a.M.: Campus, 117–140.

Boltanski, Luc/Ève Chiapello, [1999] 2003: *Der neue Geist des Kapitalismus*. Konstanz: UVK.

Bolte, Karl M./Ulrich Beck/Michael Brater, 1988: Der Berufsbegriff als Instrument soziologischer Analyse. In: Karl M. Bolte (Hg.), *Mensch, Arbeit und Betrieb. Beiträge zur Berufs- und Arbeitskräfteforschung. Ergebnisse aus dem Sonderforschungsbereich »Theoretische Grundlagen sozialwissenschaftlicher Berufs- und Arbeitskräfteforschung« der Universität München*. Weinheim: VCH Verlag, 39–54.

Bosch, Gerhard, 2004: Towards a New Standard Employment Relationship in Western Europe. In: *British Journal of Industrial Relations* 42, 617–636.

Bosch, Gerhard/Klaus Zühlke-Robinet, 2000: *Der Bauarbeitsmarkt: Soziologie und Ökonomie einer Branche*. Frankfurt a.M.: Campus.

Bourdieu, Pierre, 1983: Ökonomisches Kapital, kulturelles Kapital, soziales Kapital. In: Reinhard Kreckel (Hg.), *Soziale Ungleichheiten*. Soziale Welt, Sonderband 2. Göttingen: Otto Schwartz, 183–198.

Boyer, Robert/Jean-Pierre Durand, [1993] 1997: *After Fordism*. Houndmills: Macmillan Press.

Briedis, Kolja/Karl-Heinz Minks, 2003: *Zwischen Hochschule und Arbeitsmarkt: Eine Befragung der Hochschulabsolventinnen und Hochschulabsolventen des Prüfungsjahres 2001*. Hannover: HIS GmbH.

Bröckling, Ulrich, 2005: Projektwelten: Anatomie einer Vergesellschaftungsform. In: *Leviathan* 33, 364–383.

Brose, Hans-Georg/Ursula Holtgrewe/Gabriele Wagner, 1994: Organisationen, Personen und Biographien: Entwicklungsvarianten von Inklusionsverhältnissen. In: *Zeitschrift für Soziologie* 23, 255–274.

Brückner, Hannah/Karl Ulrich Mayer, 2005: De-Standardization of the Life Course: What it Might Mean? And if It Means Anything, Whether It Actually Took Place? In: Ross Macmillan (Hg.), *The Structure of the Life Course: Standardized? Individualized? Differentiated?* Amsterdam: Elsevier, 27–53.

Bundesamt, Statistisches, 2005: *Erwerbstätigenstatistik 2003*, Bundesingenieurkammer. <www.destatis.de>

——, 2006: *Strukturerhebung im Dienstleistungsbereich 2004. Architektur- und Ingenieurbüros.* <www.destatis.de>

Bundesarchitektenkammer, 2008: *Bundeskammerstatistik*, Stand 1.1.2008.

Burt, Roland S., 1992: The Social Structure of Competition. In: Nitin Nohria/Robert G. Eccles (Hg.), *Networks and Organizations: Structure, Form, and Action*. Boston: Harvard Business School Press, 57–91.

Castells, Manuel, 2001: Bausteine einer Theorie der Netzwerkgesellschaft. In: *Berliner Journal für Soziologie* 4, 423–439.

——, 2004: *Der Aufstieg der Netzwerkgesellschaft*. Opladen: Leske + Budrich.

Clark, Vincent Alan, 1985: Entstehung und Professionalisierung der Architektenberufe in England und Deutschland im 19. und 20. Jahrhundert. In: Werner Conze/Jürgen Kocka (Hg.), *Bildungssystem und Professionalisierung in internationalen Vergleichen*. Stuttgart: Klett-Cotta, 529–542.

Coser, Lewis A., 1974: *Greedy Institutions: Patterns of Undivided Commitment*. New York: Free Press.

Coser, Rose Laub, 1961: Insulation from Observability and Types of Social Conformity. In: *American Sociological Review* 26, 28–39.

——, 1984: The Greedy Nature of *Gemeinschaft*. In: Walter W. Powell/Richard Robbins (Hg.), *Conflict and Consensus: A Festschrift in Honor of Lewis A. Coser*. New York: Free Press, 221–239.

Crozier, Michel/Erhard Friedberg, 1979: *Macht und Organisation*. Königstein/Ts.: Athenäum.

Daheim, Hansjürgen, 2001: Berufliche Arbeit im Übergang von der Industrie- zur Dienstleistungsgesellschaft. In: Thomas Kurtz (Hg.), *Aspekte des Berufs in der Moderne*. Opladen: Leske + Budrich.

Dahrendorf, Ralf, 1956: Industrielle Fertigkeiten und soziale Schichtung. In: *Kölner Zeitschrift für Soziologie und Sozialpsychologie* 8, 540–568.

Dankbaar, Ben, 1995: The Crisis of Fordism: Restructuring in the Automobile Industry. In: Joris van Ruysseveldt/Rien Huiskamp/Jacques van Hoof (Hg.), *Comparative Industrial and Employment Relations*. London: Sage, 293–314.

Deutschmann, Christoph, 2002: *Postindustrielle Industriesoziologie: Theoretische Grundlagen, Arbeitsverhältnisse und soziale Identitäten*. Weinheim: Juventa.

Diewald, Martin, 1990: *Soziale Beziehungen: Verlust oder Liberalisierung? Soziale Unterstützung in informellen Netzwerken*. Berlin: edition sigma.

——, 2003: Kapital oder Kompensation? Erwerbsbiographien von Männern und die sozialen Beziehungen zu Verwandten und Freunden. In: *Berliner Journal für Soziologie* 13, 213–238.

DIW, 2002: *Film- und Fernsehwirtschaft in Deutschland 2000/2001*. Berlin: Deutsches Institut für Wirtschaftsforschung.

Doeringer, Peter B./Michael J. Piore, 1971: *Internal Labor Markets and Manpower Analysis*. Lexington: Heath Lexington Books.

Dörre, Klaus, 2001: Entsteht ein neues Produktionsmodell? Empirische Befunde, arbeitspolitische Konsequenzen, Forschungsperspektiven. In: Forschungsinstitut Arbeit, Bildung, Partizipation (Hg.), *Jahrbuch Arbeit, Bildung, Kultur, Band 19/20*. Recklinghausen: FIAB, 9–34.

——, 2005: Prekarisierung contra Flexicurity: Unsichere Beschäftigungsverhältnisse als arbeitspolitische Herausforderung. In: Martin Kronauer/Grudrun Linne (Hg.), *Flexicurity: Die Suche nach Sicherheit in der Flexibilität*. Berlin: edition sigma, 53–71.

Durkheim, Emile, [1893] 1992: *Über soziale Arbeitsteilung: Studie über die Organisation höherer Gesellschaften*. Frankfurt a.M.: Suhrkamp.

——, 1999: *Physik der Sitten und des Rechts: Vorlesungen zur Soziologie der Moral*. Frankfurt a.M.: Suhrkamp.

Ebers, Mark, et al., 2000: Strukturwandel und Steuerungsformen von Netzwerken in der deutschen Bauindustrie. In: Jörg Sydow/Arnold Windeler (Hg.), *Steuerung von Netzwerken: Konzepte und Praktiken*. Wiesbaden: Westdeutscher Verlag, 251–279.

Edwards, Richard C., 1984: Forms of Control in the Labor Process: An Historical Analysis. In: Frank Fischer/Carmen Sirianni (Hg.), *Critical Studies in Organization and Bureaucracy*. Philadelphia: Temple University Press, 109–142.

Eikhof, Doris Ruth/Axel Haunschild, 2007: For Art's Sake! Artistic and Economic Logics in Creative Production. In: *Journal of Organizational Behavior* 28, 523–538.

Elbing, Sabine/Helmut Voelzkow, 2006: Marktkonstitution und Regulierung der unabhängigen Film- und Fernsehproduktion – Staat, Verbände und Gewerkschaften im deutsch-britischen Vergleich. In: *Industrielle Beziehungen* 13, 314–339.

Erlinghagen, Marcel/Matthias Knuth, 2002: *Auf der Suche nach dem »Turbo-Arbeitsmarkt«: Zwischenbericht an die Deutsche Forschungsgemeinschaft (DFG) zum Projekt »Restrukturierung des Arbeitsmarktes. Disaggregierte Längsschnittanalysen mit der IAB-Beschäftigtenstichprobe«*. Graue Reihe des Instituts Arbeit und Technik, Nr. 2002-03. Gelsenkirchen: Institut Arbeit und Technik.

Estévez-Abe, Margarita/Torben Iversen/David Soskice, 2001: Social Protection and the Formation of Skills: A Reinterpretation of the Welfare State. In: Peter A. Hall/David Soskice (Hg.), *Varieties of Capitalism: The Institutional Foundations of Comparative Advantage*. Oxford: Oxford University Press, 145–183.

Etzioni, Amitai, 1965: Organizational Control and Structure. In: James March (Hg.), *Handbook of Organizations*. Chicago: Rand McNally, 650–677.

Faulkner, Robert R./Andy B. Anderson, 1987: Short-Term Projects and Emergent Careers: Evidence from Hollywood. In: *American Journal of Sociology* 92, 879–909.

FFA-Filmförderungsanstalt, 2008: *FFA info 1/08*. Berlin.

Finlay, William, 1982: Workers' Control and Control of Workers: The Case of West Coast Longshoremen. In: *Critical Sociology* 11, 51–61.

Fischer, Claude S./Stacey J. Oliker, 1983: A Research Note on Friendship, Gender, and the Life Cycle. In: *Social Forces* 62, 124–133.

FORMATT-Institut, 2005: *Fernseh- und Film-Produktionsmarkt Deutschland 2003 und 2004*. Dortmund.

Freidson, Eliot, 2001: *Professionalism: The Third Logic*. Cambridge: Polity Press.

Goffman, Erving, 1959: *The Presentation of Self in Everyday Life*. New York: Anchor Books.

Goodman, Richard Alan/Lawrence Peter Goodman, 1976: Some Management Issues in Temporary Systems: A Study of Professional Development and Manpower – The Theater Case. In: *Administrative Science Quarterly* 21, 494–501.

Gottschall, Karin, 1999: Freie Mitarbeit im Journalismus: Zur Entwicklung von Erwerbsformen zwischen selbständiger und abhängiger Beschäftigung. In: *Kölner Zeitschrift für Soziologie und Sozialpsychologie* 51, 635–654.

Gottschall, Karin/Sigrid Betzelt, 2001: *Alleindienstleister im Berufsfeld Kultur: Versuch einer erwerbssoziologischen Konzeptionalisierung*. ZeS-Arbeitspapier 18/2001. Bremen: Universität Bremen, Zentrum für Sozialpolitik, 1–25.

——, 2003: Zur Regulation neuer Arbeits- und Lebensformen: Eine erwerbssoziologische Analyse am Beispiel von Alleindienstleistern in Kulturberufen. In: Karin Gottschall/G. Günter Voß (Hg.), *Entgrenzung von Arbeit und Leben: Zum Wandel der Beziehung von Erwerbstätigkeit und Privatsphäre im Alltag*. München und Mering: Hampp, 203–229.

Gottschall, Karin/Karen Shire, 2007: *Skill Formation and Employment in Services*. Vortrag auf dem Workshop »Asset Specificity and Skill Regimes – Concepts and Implications«, Max-Planck-Institut für Gesellschaftsforschung, Köln, 9.–10. November 2007.

Gottschall, Karin/G. Günter Voß, 2003: Entgrenzung von Arbeit und Leben: Zur Einleitung. In: Karin Gottschall/G. Günter Voß (Hg.), *Entgrenzung von Arbeit und Leben: Zum Wandel der Beziehung von Erwerbstätigkeit und Privatsphäre im Alltag*. München und Mering: Hampp, 11–33.

Goudswaard, Anneke/Matthieu de Nanteuil, 2000: *Flexibility and Working Conditions: A Qualitative and Comparative Study in Seven EU Member States. A Summary*. Dublin: European Foundation for the Improvement of Working and Living Conditions. <www.eurofound.europa.eu/publications/htmlfiles/ef0007.htm>

Grabher, Gernot, 2002a: Cool Projects, Boring Institutions: Temporary Collaboration in Social Context. In: *Regional Studies* 36(3), 205–214.

——, 2002b: Fragile Sector, Robust Practice: Project Ecologies in New Media. In: *Environment and PlanningA* 34, 1911–1926.

——, 2002c: The Project Ecology of Advertising: Tasks, Talents and Teams. In: *Regional Studies* 36(3), 245–262.

Granovetter, Mark S., 1985: Economic Action and Social Structures: The Problem of Embeddedness. In: *American Journal of Sociology* 91, 481–510.

Granovetter, Mark S., 1995: *Getting a Job: A Study of Contacts and Careers.* Chicago: The University of Chicago Press.

——, 2002: The Strength of Weak Ties. In: John Scott (Hg.), *Social Networks: Critical Concepts in Sociology.* London: Routledge, 60–80.

Grüttner, Michael, 1984: *Arbeitswelt an der Wasserkante: Sozialgeschichte der Hamburger Hafenarbeiter 1886–1914.* Göttingen: Vandenhoeck & Ruprecht.

Hall, Peter A./David Soskice, 2001: An Introduction to Varieties of Capitalism. In: Peter A. Hall/David Soskice (Hg.), *Varieties of Capitalism: The Institutional Foundations of Comparative Advantage.* Oxford: Oxford University Press, 1–68.

Hans-Bredow-Institut für Medienforschung, Hamburg, in Kooperation mit der Arbeitsgruppe Kommunikationsforschung München (AKM), 2006: *Beschäftigte und wirtschaftliche Lage des Rundfunks in Deutschland 2004.* Berlin: VISTAS.

Haunschild, Axel, 2003: Managing Employment Relationships in Flexible Labour Markets: The Case of German Repertory Theatres. In: *Human Relations* 56, 899–929.

——, 2004: Employment Rules in German Theatres: An Application and Evaluation of the Theory of Employment Systems. In: *British Journal of Industrial Relations* 42, 685–703.

Heinz, Walter R., 1991: Introduction: Institutional Gatekeeping and Biographical Agency. In: Walter R. Heinz (Hg.), *Theoretical Advances in Life Course Research.* Weinheim: Deutscher Studien Verlag, 9–27.

——, 1996: Status Passages as Micro-Micro-Linkages in the Life Course Research. In: Ansgar Weymann/Walter R. Heinz (Hg.), *Society and Biography: Interrelationships between Social Structure, Institutions and the Life Course.* Weinheim: Deutscher Studien Verlag, 51–65.

——, 2000: Selbstsozialisation im Lebenslauf: Umrisse einer Theorie biographischen Handelns. In: Erika M. Hoerning (Hg.), *Biographische Sozialisation.* Stuttgart: Lucius + Lucius, 165–186.

Henninger, Annette/Karin Gottschall, 2005: Freelancer in den Kultur- und Medienberufen: freiberuflich, aber nicht freischwebend. In: Nicole Mayer-Ahuja/Harald Wolf (Hg.), *Entfesselte Arbeit – neue Bindungen: Grenzen der Entgrenzung in der Medien- und Kulturindustrie.* Berlin: edition sigma, 153–183.

Henninger, Annette/Nicole Mayer-Ahuja, 2005: *Arbeit und Beschäftigung in den Hamburger »Creative Industries«: Presse/Verlagswesen, Film/Rundfunk, Design, Werbung/Multimedia und Software/IT-Dienstleistungen.* Expertise im Auftrag der Forschungs- und Beratungsstelle Arbeitswelt (FORBA), Wien.

Hinton, James, 1973: *The First Shop Stewards' Movement.* London: George Allen & Unwin.

Hobsbawm, Eric J., 1964: *Labouring Men: Studies in the History of Labour.* London: Weidenfeld and Nicholson.

Hollstein, Betina, 2003: Netzwerkveränderungen verstehen: Zur Integration von struktur- und akteurstheoretischen Perspektiven. In: *Berliner Journal für Soziologie* 13(2), 153–174.

Holtgrewe, Ursula, 2002: Das narrative Interview. In: Stefan Kühl/Petra Strodtholz (Hg.), *Methoden der Organisationsforschung.* Reinbek Rowohlt, 71–102.

Homans, George Caspar, 1972: *Theorie der sozialen Gruppe.* Opladen: Westdeutscher Verlag.

Hommerich, Christoph/Thomas Ebers, 2006: *Analyse der Kosten- und Ertragssituation in Architekturbüros: Ergebnisse einer Repräsentativbefragung im Auftrag der Bundesarchitektenkammer e.V.* Bergisch-Gladbach: Hommerich Forschung.

Hommerich, Christoph/Thomas Ebers 2008: *Analyse der Büro- und Kostenstruktur der freiberuflich tätigen Mitglieder der Architektenkammern: Ergebnisse einer Repräsentativbefragung im Auftrag der Bundesarchitektenkammer e.V.* Bergisch-Gladbach: Hommerich Forschung.

Hommerich, Nicole, 2006: *Unsicherer Blick in die Zukunft.* Architektenkammer Nordrhein-Westfalen. <www.aknw.de>

Hopf, Christel, 2000: Qualitative Interviews – ein Überblick. In: Uwe Flick/Ernst von Kardorff/Ines Steinke (Hg.), *Qualitative Forschung: Ein Handbuch.* Reinbek: Rowohlt, 349–360.

Ibarra, Herminia, 1992a: Homophily and Differential Returns: Sex Differences in Network Structure and Access in an Advertising Firm. In: *Administrative Science Quarterly* 37, 422–447.

——, 1992b: Structural Alignments, Individual Strategies, and Managerial Action: Elements toward a Network Theory of Getting Things Done. In: Nitin Nohria/Robert G. Eccles (Hg.), *Networks and Organizations: Structure, Form and Action.* Boston: Harvard Business School Press, 165–188.

——, 1995: Race, Opportunity, and Diversity of Social Circles in Managerial Networks. In: *Academy of Management Journal* 38, 673–703.

Iljine, Diana/Klaus Keil, 2000: *Der Produzent: Das Berufsbild des Film- und Fernsehproduzenten in Deutschland.* München: TR-Verlagsunion.

Institut für Wirtschaftsforschung, ifo, 2006: *Architektur- und Ingenieurbüros.* Berlin: Bundesverband der Deutschen und Volksbanken Raiffeisenbanken (BVR).

Iversen, Torben, 2005: *Capitalism, Democracy, and Welfare.* Cambridge Studies in Comparative Politics. Cambridge: Cambridge University Press.

Jansen, Dorothea, 2003: *Einführung in die Netzwerkanalyse: Grundlagen, Methoden, Anwendungen*: Opladen: Leske + Budrich.

Jones, Candace, 1996: Careers in Project Networks: The Case of the Film Industry. In: Michael B. Arthur/Denise M. Rousseau (Hg.), *The Boundaryless Career: A New Employment Principle for a New Organizational Era.* New York: Oxford University Press, 58–75.

Jürgens, Ulrich, 1984: Die Entwicklung von Macht, Herrschaft und Kontrolle im Betrieb als politischer Prozess: Eine Problemskizze zur Arbeitspolitik. In: Ulrich Jürgens/Frieder Naschold (Hg.), *Arbeitspolitik: Materialien zum Zusammenhang von politischer Macht, Kontrolle und betrieblicher Organisation der Arbeit.* Opladen: Westdeutscher Verlag, 58–91.

Kahn, Robert L./Toni C. Antonucci, 1980: Convoys Over the Life Course: Attachment, Roles and Social Support. In: *Life-Span Development and Behavior* 3, 253–286.

Kalleberg, Arne L., 2009: Precarious Work, Insecure Workers: Employment Relations in Transition. In: *American Sociological Review* 74, 1–22.

Kalleberg, Arne L./Aage B. Sorensen, 1979: The Sociology of Labor Markets. In: *Annual Review of Sociology* 5, 351–379.

Kalmijn, Matthijs, 2003: Shared Friendship Networks and the Life Course: An Analysis of Survey Data on Married and Cohabiting Couples. In: *Social Networks* 25, 231–249.

Kauschke, Andree/Ulrich Klugius, 2000: *Zwischen Meterware und Maßarbeit: Mark- und Betriebsstrukturen der TV-Produktion in Deutschland.* Produktionspraxis 6. Konstanz: UVK.

Kelle, Udo, 2000a: Computergestützte Analyse qualitativer Daten. In: Uwe Flick/Ernst von Kardorff/Ines Steinke (Hg.), *Qualitative Forschung: Ein Handbuch.* Reinbek: Rowohlt, 485–502.

Kelle, Udo, 2000b: Qualitative und quantitative Methoden: kein Gegensatz. In: Uwe Flick/ Ernst von Kardoff/Ines Steinke (Hg.), *Qualitative Forschung: Ein Handbuch.* Reinbek: Rowohlt, 299–309.

Kelle, Udo/Susan Kluge, 2001: Einleitung. In: Susan Kluge/Udo Kelle (Hg.), *Methodenintegration in der Lebenslaufforschung: Integration qualitativer und quantitativer Verfahren in der Lebenslauf- und Biographieforschung.* Weinheim: Juventa, 11–33.

——, 1999: *Vom Einzelfall zum Typus.* Opladen: Leske + Budrich.

Kelly, John, 1998: *Rethinking Industrial Relations: Mobilization, Collectivism and Long Waves.* London: Routledge.

Kerr, Clark, 1954: *The Balkanization of Labor Markets: Labor Mobility and Economic Opportunity.* In: E. Wight Bakke et al., *Labor Mobility and Economic Opportunity.* Cambridge, MA: The MIT Press, 92–110.

King, Valarie/Glen H. Elder, 1995: American Children View Their Grandparents: Linked Lives across Three Rural Generations. In: *Journal of Marriage and the Family* 57, 165–178.

Knoke, David, 2001: *Changing Organizations: Business Networks in the New Political Economy.* Boulder: Westview Press.

Kocyba, Hermann/Stephan Voswinkel, 2008: Kritik (in) der Netzwerkökonomie. In: Gabriele Wagner/Philipp Hessinger (Hg.), *Ein neuer Geist des Kapitalismus?* Wiesbaden: VS Verlag für Sozialwisssenschaften, 41–62.

Kohli, Martin, 1985: Die Institutionalisierung des Lebenslaufes: Historische Befunde und theoretische Argumente. In: *Kölner Zeitschrift für Soziologie und Sozialpsychologie* 37, 1–29.

——, 1988: Normalbiographie und Individualität: Zur institutionellen Dynamik des gegenwärtigen Lebenslaufregimes. In: Hanns-Georg Brose/Bruno Hildenbrand (Hg.), *Vom Ende des Individuums zur Individualität ohne Ende.* Opladen: Leske + Budrich, 33–53.

——, 2000: Arbeit im Lebenslauf: Alte und neue Paradoxien. In: Jürgen Kocka/Claus Offe (Hg.), *Geschichte und Zukunft der Arbeit.* Frankfurt a.M.: Campus, 362–382.

——, 2003: Der institutionalisierte Lebenslauf: ein Blick zurück und ein Blick nach vorn. In: Jutta Allmendinger (Hg.), *Entstaatlichung und soziale Sicherheit. Verhandlungen des 31. Kongresses der Deutschen Gesellschaft für Soziologie in Leipzig 2002.* Opladen: Leske + Budrich, 525–545.

Koppetsch, Cornelia, 2006: Zwischen Disziplin und Kreativität: Zum Wandel beruflicher Identitäten im neuen Kapitalismus. In: *Berliner Journal für Soziologie* 16, 155–172.

Kratzer, Nick, 2005: Vermarktlichung und Individualisierung: Zur Produktion von Ungleichheit in der reflexiven Modernisierung. In: *Soziale Welt* 56, 247–266.

Kratzer, Nick/Dieter Sauer, 2003: Entgrenzung von Arbeit: Konzepte, Thesen, Befunde. In: Karin Gottschall/G. Günter Voß (Hg.), *Entgrenzung von Arbeit und Leben: Zum Wandel der Beziehung von Erwerbstätigkeit und Privatsphäre im Alltag.* München und Mering: Hampp, 87–123.

——, 2005: Flexibilisierung und Subjektivierung von Arbeit. In: Martin Baethge et al. (Hg.), *Berichterstattung zur sozioökonomischen Entwicklung in Deutschland.* Wiesbaden: VS Verlag für Sozialwissenschaften, 125–149.

Kratzer, Nick, et al., 2003: *Flexibilisierung und Subjektivierung von Arbeit.* Zwischenbericht zur »Berichterstattung zur Sozio-ökonomischen Entwicklung der Bundesrepublik Deutschland: Arbeit und Lebensweisen«. München: ISF.

Kühn, Thomas, 2002: Soziale Netzwerke im Fokus qualitativer Sekundäranalysen: Am Beispiel einer Studie zur Biografiegestaltung junger Erwachsener. In: Betina Hollstein/Florian Straus (Hg.), *Qualitative Netzwerkanalyse: Konzepte, Methoden, Anwendungen.* Wiesbaden: VS Verlag für Sozialwissenschaften, 391–415.

Kühnel, Katja, 2003: *Filmwirtschaft: Branchenfakten mit Fokus auf Berlin.* Berlin: IHK Berlin.

Lang, Frieder, 2003: Die Gestaltung und Regulation sozialer Beziehungen im Lebenslauf: Eine entwicklungspsychologische Perspektive. In: *Berliner Journal für Soziologie* 13, 175–195.

Lazarsfeld, Paul F./Robert K. Merton, 1954: Friendship as Social Process: A Substantive and Methodological Analysis. In: Morroe Berger/Theodore Abel/Charles H. Page (Hg.), *Freedom and Control in Modern Society.* New York: D. Van Nostrand, 18–66.

Lazega, Emmanuel, 2000: Rule Enforcement among Peers: A Lateral Control Regime. In: *Organization Studies* 21, 193–214.

Lipset, Seymour Martin, 1960: The Political Process in Trade Unions: A Theoretical Statement. In: Walter Galenson/Seymour Martin Lipset (Hg.), *Labor and Trade Unionism: An Interdisciplinary Reader.* New York: Wiley, 216–242.

Lipset, Seymour Martin/Martin Trow/James Coleman, 1956: *Union Democracy: The Inside Politics of the International Typographical Union.* New York: Free Press.

Littek, Wolfgang/Ulrich Heisig/Christel Lane, 2005: Die Organisation professioneller Arbeit in Deutschland: Ein Vergleich mit England. In: Thomas Klatetzki/Veronika Tacke (Hg.), *Organisation und Profession.* Wiesbaden: VS Verlag für Sozialwissenschaften, 73–118.

Littler, Craig R., 1982: *The Development of the Labour Process in Capitalist Societies.* London: Heinemann Educational Books.

——, 1987: Theorie des Managements und der Kontrolle. In: Eckart Hildebrandt/Rüdiger Seltz (Hg.), *Managmentstrategien und Kontrolle: Eine Einführung in die Labour Process Debate.* Berlin: edition sigma, 27–75.

Lutz, Burkart/Werner Sengenberger, 1974: *Arbeitsmarkstrukturen und öffentliche Arbeitsmarktpolitik: Eine kritische Analyse von Zielen und Instrumenten.* Schriften der Kommission für wirtschaftlichen und sozialen Wandel, Bd. 26. Göttingen: Schwartz.

Manning, Stefan/Jörg Sydow, 2005: Arbeitskräftebindung in Projektnetzwerken der Fernsehfilmproduktion: Die Rolle von Vertrauen, Reputation und Interdependenz. In: Nicole Mayer-Ahuja/Harald Wolf (Hg.), *Entfesselte Arbeit – neue Bindungen: Grenzen der Entgrenzung in der Medien- und Kulturindustrie.* Berlin: edition sigma, 185–219.

Manwaring, Tony, 1984: The Extended Internal Labour Market. In: *Cambridge Journal of Economics* 8, 161–187.

Marrs, Kira, 2007: *Zwischen Leidenschaft und Lohnarbeit: Ein arbeitssoziologischer Blick hinter die Kulissen von Film und Fernsehen.* Berlin: edition sigma.

Marrs, Kira/Andreas Boes, 2003: Alles Spaß und Hollywood? Arbeits- und Leistungsbedingungen bei Film und Fernsehen. In: Markus Pohlmann et al. (Hg.), *Dienstleistungsarbeit: Auf dem Boden der Tatsachen. Befunde aus Handel, Industrie, Medien und IT-Branche.* Berlin: edition sigma, 187–242.

Marsden, David, 2004: The ‚Network Economy' and Models of the Employment Contract. In: *British Journal of Industrial Relations* 42, 659–684.

Marsden, David, 1999: *A Theory of Employment Systems: Micro-Foundations of Societal Diversity.* Oxford: Oxford University Press.

Marsden, Peter V./Elizabeth H. Gorman, 2001: Social Networks, Job Changes, and Recruitment. In: Ivar E. Berg/Arne L. Kalleberg (Hg.), *Sourcebook of Labor Markets*. New York: Kluwer/Plenum, 467–501.

Marshall, Thomas H., 1965: *Class, Citizenship and Social Development*. New York: Anchor Books.

Marx, Karl, 1962: *Das Kapital. Kritik der Politischen Ökonomie, Erster Band*. Berlin: Dietz.

Mattauch, Christine, 2006: *Aktuelle Umfrage-Ergebnisse: Konjunkturtief verändert Strukturen im Planungsbereich*. Architektenkammer Nordrhein-Westfalen. <www.aknw.de>

Matuschek, Ingo, 2003: Hilfreiche Koproduktion: Die Sozialisierung entgrenzter Arbeit. In: Karin Gottschall/G. Günter Voß (Hg.), *Entgrenzung von Arbeit und Leben: Zum Wandel der Beziehung von Erwerbstätigkeit und Privatsphäre im Alltag*. München und Mering: Hampp, 333–358.

Mayer-Ahuja, Nicole/Harald Wolf, 2004: Jenseits des Hype: Arbeit bei Internetdienstleistern. In: *SOFI-Mitteilungen* 32, 79–96.

Mayer, Karl Ulrich, 1987: Lebenslaufforschung. In: Wolfgang Voges (Hg.), *Methoden der Biographie- und Lebenslaufforschung*. Opladen: Leske + Budrich, 51–73.

——, 1990: Lebensverläufe und sozialer Wandel: Anmerkungen zu einem Forschungsprogramm. In: Karl Ulrich Mayer (Hg.), *Lebensverläufe und sozialer Wandel*. Kölner Zeitschrift für Soziologie und Sozialpsychologie, Sonderheft 31, 7–21. Opladen: Westdeutscher Verlag.

——, 1995: Gesellschaftlicher Wandel, Kohortenungleichheit und Lebensverläufe. In: Peter A. Berger/Peter Sopp (Hg.), *Sozialstruktur und Lebenslauf*. Opladen: Leske + Budrich, 27–47.

——, 2000: Arbeit und Wissen: Die Zukunft von Bildung und Beruf. In: Jürgen Kocka/Claus Offe (Hg.), *Geschichte und Zukunft der Arbeit*. Frankfurt a.M.: Campus, 383–409.

——, 2001: The Paradox of Global Social Change and National Path Dependencies: Life Course Patterns in Advanced Societies. In: Alison Woodward/Martin Kohli (Hg.), *Inclusions and Exclusions in European Societies*. London: Routledge, 89–110.

Mayer, Karl Ulrich/Hans-Peter Blossfeld, 1990: Die gesellschaftliche Konstruktion sozialer Ungleichheit im Lebensverlauf. In: Peter A. Berger/Stefan Hradil (Hg.), *Lebenslagen, Lebensläufe, Lebensstile*. Göttingen: Otto Schwartz, 297–318.

Mayer, Karl Ulrich/Heike Solga, 2008: *Skill Formation: Interdisciplinary and Cross-National Perspectives*. Cambridge: Cambridge University Press.

McDonald, Steve, 2005: Patterns of Informal Job Matching across the Life Course: Entry-Level, Reentry-level, and Elite Non-Searching. In: *Sociological Inquiry* 75, 403–428.

McDonald, Steve/Glen H. Elder, Jr., 2006: When Does Social Capital Matter? Non-Searching For Jobs Across the Life Course. In: *Social Forces* 85, 522–549.

McPherson, Miller/Lynn Smith-Lovin/James M. Cook, 2001: Birds of a Feather: Homophily in Social Networks. In: *Annual Review of Sociology* 27, 415–444.

Menger, Pierre-Michel, 1999: Artistic Labor Markets and Careers. In: *Annual Review of Sociology* 25, 541–574.

Merton, Robert K., 1957: The Role-Set: Problems in Sociological Theory. In: *British Journal of Sociology* 8, 106–120.

Midler, Christophe, 1995: »Projectification« of the Firm: The Renault Case. In: *Scandinavian Journal of Management* 11, 363–375.

Mintzberg, Henry, 1979: *The Structuring of Organizations: The Synthesis of the Research*. Englewood Cliffs: Prentice Hall.

Moldaschl, Manfred, 2003: Subjektivierung: Eine neue Stufe in der Entwicklung der Arbeitswissenschaften? In: Manfred Moldaschl/G. Günter Voß (Hg.), *Subjektivierung von Arbeit.* München und Mering: Hampp, 25–56.

Moldaschl, Manfred/Dieter Sauer, 2000: Internalisierung des Marktes: Zur neuen Dialektik von Kooperation und Herrschaft. In: Heiner Minssen (Hg.), *Begrenzte Entgrenzungen*. Berlin: edition sigma, 205–224.

Moldaschl, Manfred/G. Günter Voß, 2003: Zur Einführung. In: Manfred Moldaschl/G. Günter Voß (Hg.), *Subjektivierung von Arbeit.* München und Mering: Hampp, 15–23.

Molina, José Luis, 2001: The Informal Organizational Chart in Organizations: An Approach from the Social Network Analysis. In: *Connections* 24, 78–91.

Morgan, David L./Margaret B. Neal/Paula Carder, 1997: The Stability of Core and Peripheral Networks Over Time. In: *Social Networks* 19, 9–25.

Mossig, Ivo, 2006: *Netzwerke der Kulturökonomie: Lokale Knoten und globale Verflechtungen der Film- und Fernsehindustrie in Deutschland und den USA*. Bielefeld: Transcript.

Mückenberger, Ulrich, 1990: Normalarbeitsverhältnis: Lohnarbeit als normativer Horizont sozialer Sicherheit? In: Christoph Sachße/H. Tristram Engelhardt (Hg.), *Sicherheit und Freiheit.* Frankfurt a.M.: Suhrkamp, 158–178.

Müller-Jentsch, Walther, 2005: Künstler und Künstlergruppen: Soziologische Ansichten einer prekären Profession. In: *Berliner Journal für Soziologie* 15, 159–177.

Müller, Walter/Marita Jacob, 2008: Qualifications and the Returns to Training across the Life Course. In: Karl Ulrich Mayer/Heike Solga (Hg.), *Skill Formation: Interdisciplinary and Cross-National Perspectives.* Cambridge: Cambridge University Press, 126–172.

Myles, John, 1990: States, Labor Markets, and Life Cycles. In: Roger Friedland/A. F. Robertson (Hg.), *Beyond the Marketplace: Rethinking Economy and Society.* New York, 271–300.

Nelson, Bruce, 2001: *Divided We Stand: American Workers and the Struggles for Black Equality.* Princeton: Princeton University Press.

Neubauer, Michael G., 1996: *Kameraleute im aktuell-dokumentarischen Bereich: Qualifikationen – Tätigkeiten – Perspektiven.* Konstanz: UVK Medien.

O'Mahony, Siobhan/Beth A. Bechky, 2006: Stretchwork: Managing the Career Progression Paradox in External Labor Markets. In: *Academy of Management Journal* 49, 918–941.

Offe, Claus, 1970: *Leistungsprinzip und industrielle Arbeit.* Kritische Schriften zur Politikwissenschaft. Frankfurt a.M.: Europäische Verlagsanstalt.

Osterland, Martin, 1990: »Normalbiographie« und »Normalarbeitsverhältnis«. In: Peter A. Berger/Stefan Hradil (Hg.), *Lebenslagen, Lebensläufe, Lebensstile.* Göttingen: Schwartz, 351–362.

Ouchi, William G., 1980: Markets, Bureaucracies, and Clans. In: *Administrative Science Quarterly* 25, 129–141.

Pappi, Franz Urban, 1987: Die Netzwerkanalyse aus soziologischer Perspektive. In: Franz Urban Pappi/Juergen van Koolwijk/Maria Wieken-Mayser (Hg.), *Methoden der Netzwerkanalyse: Ein Lehrbuch in acht Bänden.* München: Oldenbourg, 11–38.

Parsons, Talcott, 1951: *The Social System.* New York: The Free Press.

Pettinger, Lynne, 2005: Friends, Relations and Colleagues: The Blurred Boundaries of the Workplace. In: Lynne Pettinger et al. (Hg.), *A New Sociology of Work?* Malden, MA: Blackwell, 39–55.

Pfennig, Astrid/Uwe Pfennig, 1987: *Egozentrierte Netzwerke: verschiedene Instrumente – verschiedene Ergebnisse?* In: ZUMA-Nachrichten 21, 64–77.

Platman, Kerry, 2004: ‚Portfolio Careers' and the Search for Flexibility in Later Life. In: *Work, Employment & Society* 18, 573–599.

Polanyi, Karl, [1944] 2001: *The Great Transformation: The Political and Economic Origins of Our Time.* 2. Auflage. Boston: Beacon Press.

Pongratz, Hans J., 2004: Arbeitskraft und Subjektivität. In: Hans J. Pongratz/G. Günter Voß (Hg.), *Typisch Arbeitskraftunternehmer? Befunde der empirischen Arbeitsforschung.* Berlin: edition sigma, 7–32.

Pongratz, Hans J./G. Günter Voß, 2003: *Arbeitskraftunternehmer: Erwerbsorientierungen in entgrenzten Arbeitsformen.* Forschung aus der Hans-Böckler-Stiftung, Bd. 47. Berlin: edition sigma.

Powell, Walter P., 1996: Weder Markt noch Hierarchie. Netzwerkartige Organisationsformen. In: Patrick Kenis/Volker Schneider (Hg.), *Organisation und Netzwerke: Institutionelle Steuerung in Wirtschaft und Politik.* Frankfurt a.M.: Campus, 213–271.

Powell, Walter W., 2001: The Capitalist Firm in the Twenty-First Century: Emerging Patterns in Western Enterprise. In: Paul DiMaggio (Hg.), *The Twenty-First Century Firm.* Princeton: Princeton University Press, 33–68.

Raabe, Beate, 2004: *Architekten: Lage weiterhin schwierig.* Arbeitsmarkt-Information für qualifizierte Fach- und Führungskräfte 2/2004. Bonn: Bundesagentur für Arbeit, Zentralstelle für Arbeitsvermittlung (ZAV).

——, 2006: *Arbeitsmarkt kompakt – Informationen für Arbeitnehmer: Ingenieure.* Bonn: Arbeitsmarkt-Informationsservice (AMS) der Zentralstelle für Arbeitsvermittlung (ZAV).

Raider, Holly J./Roland S. Burt, 1996: Boundaryless Careers and Social Capital. In: Michael B. Arthur/Denise M. Rousseau (Hg.), *The Boundaryless Career: A New Employment Principle for a New Organizational Era.* Oxford: Oxford University Press, 187–200.

Rath, Jürgen, 1988: *Arbeit im Hamburger Hafen.* Hamburg: Ergebnisse-Verlag.

Roeber, Georg/Gerhard Jacoby, 1973: *Handbuch der filmwirtschaftlichen Medienbereiche.* Pullach: Verlag Dokumentation Saur.

Roethlisberger, Fritz J./William J. Dickson, 1970: *Management and the Worker: An Account of a Research Program conducted by the Western Electric Company, Hawthorne Works, Chicago.* Cambridge, MA: Harvard University Press.

Rosenfeld, Rachel A., 1992: Job Mobility and Career Processes. In: *Annual Review of Sociology* 18, 39–61.

Sauer, Dieter, 2002: *Neue Zumutungen an Arbeitskraft im Prozess kapitalistischer Restrukturierung.* Beitrag zur Arbeitstagung »Unselbständige Selbständige oder Arbeitskraftunternehmer? Kontroversen über Autonomie und Herrschaft in der neuen Unternehmensorganisation«, 23.–24. Mai 2002, Köln. München: Institut für Sozialwissenschaftliche Forschung e.V.

Schütze, Fritz, 1983: Biographieforschung und narratives Interview. In: *Neue Praxis. Kritische Zeitschrift für Sozialarbeit und Sozialpädagogik* 13, 283–293.

Schweizer, Thomas, 1996: *Netzwerkanalyse – ethnologische Perspektiven.* Berlin: Reimer.

Sengenberger, Werner, 1987: *Struktur und Funktionsweise von Arbeitsmärkten: Die Bundesrepublik Deutschland im internationalen Vergleich.* Frankfurt a.M.: Campus.

Shire, Karen, 2002: *Knowledge Intensive Work and the Transformation of Employment Relations in Europe.* Konferenzbeitrag. 4th St. Gobain Conference on Work and Work Skills in a Changing Economy, Paris, 20.–21. Juni 2002.

Simmel, Georg, 1992: *Soziologie: Untersuchungen über die Formen der Vergesellschaftung.* Frankfurt a.M.: Suhrkamp.

Sjurts, Insa, 2004: Organisation der Contentproduktion: Strategische Alternativen aus ökonomischer Sicht. In: Jörg Sydow/Arnold Windeler (Hg.), *Organisation der Content-Produktion.* Wiesbaden: VS Verlag für Sozialwissenschaften, 18–36.

Smith-Doerr, Laurel/Walter W. Powell, 2005: Networks and Economic Life. In: Neil J. Smelser/Richard Swedberg (Hg.), *The Handbook of Economic Sociology.* New York: Russell Sage Foundation, 379–403.

Stinchcombe, Arthur L., 1959: Bureaucratic and Craft Administration of Production: A Comparative Study. In: *Administrative Science Quarterly* 4, 168–187.

——, 1965: Social Structure and Organizations. In: James G. March (Hg.), *Handbook of Organizations.* Chicago: Rand McNally, 142–193.

——, 1990: *Information and organizations.* Berkeley: University of California Press.

Streeck, Wolfgang, 1981: *Gewerkschaftliche Organisationsprobleme in der sozialstaatlichen Demokratie.* Königstein/Taunus: Athenäum.

——, 1988: *Status und Vertrag als Grundkategorien einer soziologischen Theorie der industriellen Beziehungen.* Discussion Paper FS I 88-3. Berlin: Wissenschaftszentrum Berlin für Sozialforschung.

——, 1995: *German Capitalism: Does It Exist? Can It Survive?* MPIfG Discussion Papers 95/5. Köln: Max-Planck-Institut für Gesellschaftsforschung.

——, 1996: Lean Production in the German Automobile Industry: A Test Case for Convergence Theory. In: Suzanne Berger/Ronald Dore (Hg.), *National Diversity and Global Capitalism.* Ithaca, NY: Cornell University Press, 138–170.

——, 2005: The Sociology of Labor Markets and Trade Unions. In: Neil J. Smelser/Richard Swedberg (Hg.), *The Handbook of Economic Sociology.* Princeton: Princeton University Press, 254–283.

Streeck, Wolfgang/Kathleen Thelen, 2005: Introduction: Institutional Change in Advanced Political Economies. In: Wolfgang Streeck/Kathlen Thelen (Hg.), *Beyond Continuity: Institutional Change in Advanced Political Economies.* New York: Oxford University Press, 1–39.

Stroink, Klaus, 1992: Hierarchie und Kontrolle in der Bauproduktion. In: Gerd Syben (Hg.), *Marmor, Stein und Computer: Beiträge zur Industriesoziologie des Bausektors.* Berlin: edition sigma, 81–101.

Struck, Olaf, 2005: Betrieb und Arbeitsmarkt. In: Martin Abraham/Thomas Hinz (Hg.), *Arbeitsmarktsoziologie.* Wiesbaden: VS Verlag für Sozialwissenschaften, 169–198.

——, 2006: *Flexibilität und Sicherheit: Empirische Befunde, theoretische Konzepte und institutionelle Gestaltung von Beschäftigungsstabilität.* Wiesbaden: VS Verlag für Sozialwissenschaften.

Struck, Olaf, et al., 2007: Instabile Beschäftigung: Neue Ergebnisse zu einer alten Kontroverse. In: *Kölner Zeitschrift für Soziologie und Sozialpsychologie* 59, 294–317.

Suitor, J. Jill/Barry Wellman/David L. Morgan, 1997: It's About Time: How, Why, and When Networks Change. In: *Social Networks* 19, 1–7.

Syben, Gerd, 1997: *Integration and Disintegration of Roles and Actors: The German Contracting System under Change.* Le Groupe Bagnolet Working Paper No. 10. London.

Syben, Gerd, 1999: *Die Baustelle der Bauwirtschaft.* Berlin: edition sigma.

Sydow, Jörg/Udo Staber, 2002: The Institutional Embeddedness of Project Networks: The Case of Content Production in German Television. In: *Regional Studies* 36, 215–227.

Sydow, Jörg/Arnold Windeler, 1999: Projektnetzwerke: Management von (mehr als) temporären Systemen. In: Johann Engelhard/Elmar J. Sinz (Hg.), *Kooperation im Wettbewerb: Neue Formen und Gestaltungskonzepte im Zeichen der Globalisierung und Informationstechnologie.* Wiesbaden: Gabler, 211–235.

Tolbert, Pamela S., 1996: Occupations, Organizations, and Boundaryless Careers. In: Michael. B. Arthur/Denise M. Rousseau (Hg.), *The Boundaryless Career: A New Employment Principle for a New Organizational Era.* Oxford: Oxford University Press, 331–349.

Tönnies, Ferdinand, 1897: Hafenarbeiter und Seeleute in Hamburg vor dem Strike 1896/97. In: *Archiv für soziale Gesetzgebung und Statistik* 10, 173–238.

——, 1979: *Gemeinschaft und Gesellschaft: Grundbegriffe der reinen Soziologie.* Darmstadt: Wissenschaftliche Buchgesellschaft.

Tünte, Markus/Birgit Apitzsch/Shire Karen, 2007: *New Employment Practices in Project Networks: Beyond External and Internal Flexibility.* Konferenzbeitrag. Annual Meeting of the International Working Party for Labour Market Segmentation (IWPLMS), 5.–7. Juli 2007, Aix-en-Provence, Frankreich.

Tunstall, Jeremy, 1993: *Television Producers.* London: Routledge.

Uzzi, Brian, 2001: Social Structure and Competition in Interfirm Networks: The Paradox of Embeddedness. In: Mark Granovetter/Richard Swedberg (Hg.), *The Sociology of Economic Life.* Boulder: Westview Press, 207–238.

Vobruba, Georg, 2006: Grundlagen der Soziologie der Arbeitsflexibilität. In: *Berliner Journal für Soziologie* 16, 25–35.

Voß, G. Günter, 2001a: Auf dem Weg zum Individualberuf? Zur Beruflichkeit des Arbeitskraftunternehmers. In: Thomas Kurtz (Hg.), *Aspekte des Berufs in der Moderne.* Opladen: Leske + Budrich.

——, 2001b: Der Arbeitskraftunternehmer und sein Beruf. In: Werner Dostal/Peter Kupka (Hg.), *Globalisierung, veränderte Arbeitsorganisation und Berufswandel.* Nürnberg: Institut für Arbeitsmarkt- und Berufsforschung, 155–172.

——, 1998: Die Entgrenzung von Arbeit und Arbeitskraft: Eine subjektorientierte Interpretation des Wandels der Arbeit. In: *Mitteilungen aus der Arbeitsmarkt- und Berufsforschung* 31, 473–487.

Wagner, Gabriele, 2007: Ein »neuer Geist des Kapitalismus«? Paradoxien der Selbstverantwortung. In: *Österreichische Zeitschrift für Soziologie* 32, 3–24.

Weber, Max, [1921] 1972: *Wirtschaft und Gesellschaft: Grundriß der verstehenden Soziologie.* Tübingen: Mohr.

——, [1920] 1988a: *Die protestantische Ethik und der Geist des Kapitalismus. Gesammelte Aufsätze zur Religionssoziologie I.* Tübingen: Mohr, 17–206.

——, [1920] 1988b: *Gesammelte Aufsätze zur Religionssoziologie I.* Tübingen: Mohr.

Wellman, Barry, 1979: The Community Question: The Intimate Networks of East Yorkers. In: *American Journal of Sociology* 84, 1201–1231.

Wellman, Barry, et al., 1997: A Decade of Network Change: Turnover, Persistence and Stability in Personal Communities. In: *Social Networks* 19, 27–50.

Welter, Thomas, 2005a: Abschied vom Generalisten. In: *Deutsches Architektenblatt* 1/2005, 27–29.

——, 2005b: Alternativen sind gefragt: Welche Chancen haben junge Architekten und kommende Absolventen? In: *Deutsches Architektenblatt* 12/2005, 10–11.

Wiesand, Andreas Johannes/Karla Fohrbeck/Dorothea Fohrbeck, 1984: *Beruf Architekt: Eine zusammenfassende Darstellung und Interpretation der Berufswirklichkeit und Berufsgeschichte von Architekten.* Düsseldorf: Hatje.

Williamson, Oliver E., 1981: The Economics of Organization: The Transaction Cost Approach. In: *American Journal of Sociology* 87, 548–577.

Windeler, Arnold, 2004: Organisation der TV-Produktion in Projektnetzwerken. In: Jörg Sydow/Arnold Windeler (Hg.), *Organisation der Content-Produktion.* Wiesbaden: VS Verlag für Sozialwissenschaften, 55–76.

Windeler, Arnold/Jörg Sydow, 2004: Vernetzte Content-Produktion und die Vielfalt möglicher Organisationsformen. In: Jörg Sydow/Arnold Windeler (Hg.), *Organisation der Content-Produktion.* Wiesbaden: VS Verlag für Sozialwissenschaften, 1–54.

Windeler, Arnold/Carsten Wirth, 2004: Arbeitsregulation in Projektnetzwerken: Eine strukturationstheoretische Analyse. In: *Industrielle Beziehungen* 11, 295–319.

——, 2005: Strukturation von Arbeitsregulation: Eine relationale Mehrebenenperspektive. In: Michael Faust/Maria Funder/Manfred Moldaschl (Hg.), *Die »Organisation« der Arbeit.* München und Mering: Hampp, 163–191.

Windeler, Arnold/Carsten Wirth/Jörg Sydow, 2001: Die Zukunft in der Gegenwart erfahren: Arbeit in Projektnetzwerken der Fernsehproduktion. In: *Arbeitsrecht im Betrieb* 22, 12–18.

Windolf, Paul, 1986: Recruitment, Selection, and Internal Labor-Markets in Britain and Germany. In: *Organization Studies* 7, 235–254.

Witzel, Andreas, 2000: Das problemzentrierte Interview. In: *Forum: Qualitative Sozialforschung/ Forum: Qualitative Social Research* 1(1), Art. 22.
<www.qualitative-research.net/fqs-texte/1-00/1-00witzel-d.htm> (1.8.2004)

Zelizer, Viviana A., 2009: Intimacy in Economic Organizations. In: Nina Bandelj (Hg.), *Economic Sociology of Work.* Bingley: Emerald, 23–55.